为我唱首歌吧

公民读本（个人编）

主编／李庆明
编选／李　冰

二十一世纪出版社
21st Century Publishing House
全国百佳出版社

图书在版编目（CIP）数据

公民读本. 个人编：为我唱首歌吧 / 李庆明，李冰主编.
-- 南昌：二十一世纪出版社，2011.11（2022.4重印）

ISBN 978-7-5391-6968-2

Ⅰ.①中… Ⅱ.①李… ②李… Ⅲ.①公民教育－基本知识－中国 Ⅳ.①D648.3

中国版本图书馆CIP数据核字(2011)第208309号

公民读本：为我唱首歌吧 李庆明 / 主编 李冰 / 编选

责任编辑 文 欢
出版发行 二十一世纪出版社（江西省南昌市子安路75号 330009）
www.21cccc.com cc21@163.net
出 版 人 张秋林
经　　销 新华书店
印　　刷 北京金康利印刷有限公司
版　　次 2011年11月第1版 2022年4月第3次印刷
开　　本 700×1000 mm 1/16
印　　张 27
字　　数 380千
书　　号 ISBN 978-7-5391-6968-2
定　　价 39.00元

赣版权登字—04—2011—566

声明：本书未能联系到的部分文章作者，请与本社人文出版中心王智接洽，联系电话：010-82859262

序

高雅阅读铸就高贵灵魂

李庆明

奉献在读者面前的《公民读本》丛书，是一套公民修养的启蒙读本。

"蒙以养正，圣功也。"[①]儿童的德性成长不仅关乎儿童自身的福祉，也关乎家庭、社会、民族、国家和人类未来的福祉。"太上有立德，其次有立功"，我深信，与才智、事功相比较，德性对于人格成长和社会发展的影响更基本，更重要，更核心，也更久远。而且，因为儿童是纯洁、脆弱、需要依靠的，当下的生长环境对儿童的健康发展又充满前所未有而且难以预料的挑战甚至威胁，我们就更有义务和责任牵起孩子们的手，向他们展示曾经有过的、还在绵延的并且一定会变得更加美好的世界！柏拉图早就说过："你知道，开一个好头，对于做任何事情都是重要的，尤其是那些尚处于年青和稚嫩阶段的事物；因为正是个性形成的时候，此时留下的印象也最深刻……""年青时形成的观念是很难消除和改变的，因此，年轻人成长时首次听到的故事应该是美德的典范……"柏拉图认为，"没有哪种训练能比这更高贵的了。"[②]

柏拉图的这番话无疑道出了道德启蒙对于个人一生发展的奠基意义。我想，其中还有两点提示特别值得我们深入思考：一是阅读与德性成长的关系；二是如何在当下的语境中理解"美德典范"。

我们这里所说的"阅读"，不是一般的知识性阅读，而主要是指具有文化意蕴、文学意味的阅读。德性知识的阅读如果不是附着在、蕴涵在诗意弥漫、情理交融的文学语言之中，那么往往会大打折扣，甚至无效。梁启超曾经详细的描述过文学作品的这种"浸润于国民脑质"的功能："文学的功效不可思议。动人心速，入人心深，住人心久，一经被他感化了，登时现于行事。"当然，不一定只是文学阅读，凡

① 《易·蒙》。

② 《理想国》。

是具有“诗”（诗意）、“史”（史韵）、“思”（理趣）的“文化阅读”（the reading with cultural roots），包括文学、历史、政治（乃至时政）、哲学、科学、数学等方面的文化阅读，都能深刻持久地影响儿童思想道德的成长。我相信，童年需要并且适合这种斯文的、高贵的阅读。这样的阅读会使儿童气质斯文，灵魂纯朴，童心不灭。而由它发出的道德指引，给人的现实生活带来光亮、梦想和希望，而且激发他的道德反省和自觉，从而由感性而理性，加深了道德的积淀。

有人希望通过阅读“四书”“五经”，阅读《孝经》《弟子规》等所谓儒家经典来拯救时代的思想道德危机。对此，我是很怀疑的。事实上，一百年间的尊孔读经运动都是以偃旗息鼓而告终的。这并不令人惋惜。道理很简单，传统礼教与道德文化毕竟从根本上宣扬的是一套与现代文明格格不入的主张，它的一套核心价值观念——所谓“修齐治平”（即修身、齐家、治国、平天下）说，其实不过是一套以血缘关系为纽带和以宗法等级为基础建立起来的专制主义、禁欲主义、人伦（而非人文）主义的道德化政治和政治化道德系统，它所造就的封闭、僵化、愚昧、依附、奴性、亲缘等级性，以及虚文、虚荣、虚伪等国民劣根性对于现代文明进程的巨大妨碍，显而易见。当然，传统思想道德文化并非没有可取之处，但需要我们细细扒梳整理，以适应、充实、完善现代文明的变革与发展。

相形之下，有一种美德主义的伦理学和德育主张看上去更为人所称道和接纳。美国前教育部长威廉·贝内特可以被看做这方面的一个代表。他曾编著过一本盛极一时、甚至被誉为美国儿童“圣经”的《美德书》，他希望把人类那些具有卓越高尚价值如同情、自律、责任、友谊、工作、勇气、毅力、诚实、忠诚和信念的美德故事呈现在儿童面前。美德伦理(the ethic of virtue) 作为个人所表现的卓越道德品质与成就，注重的是人格理想完善基础上道德的圆满实现，它常常要求个人在遭遇并意识到权利与义务、功利与责任、欲望与理性、世俗与神圣等矛盾冲突的时候，根据道德良知做出超越狭隘功利的自主抉择，通过意志的痛苦努力，放弃或牺牲个人的利益、幸福甚至生命，以服从社群（团体、民族、国家等）的义务、指令或利益，充分彰显了人性的尊严和高尚。美德伦理对成长中的儿童和走向未来的社会拥有积淀厚重和高蹈卓越的道德文化，具有十分重要的作用。

我们把这种伦理称之为“公民伦理”或“公民德性”。我们认为，现代文明社会倡导的德育应当是公民德性或公民伦理教育。而儿童阅读的所谓“美德的典范”，则应当是启迪、濡染和造就公民伦理或公民德性的经典。

倡导公民伦理和公民阅读，具有十分迫切的意义。热捧传统文化的人可能忽视了一个简单的事实，中国传统道德文化始终存在公民文化的缺位，以至梁启超发出了这样的喟叹："我国民所最缺者，公德其一端也。"[①]。古代中国从来不存在"公民社会"，也无所谓"公民"，而只有依附于国家的臣民、顺民，抑或与之敌对的刁民、暴民。因此，直至今天，仍有不少中国人认为公共事务就是政府的责任，而与公民无关。也因此，我们就不难理解，为什么上个世纪初，在经历了洋务运动、戊戌变法失败，经济、政治强国迷梦破碎之后，许多仁人志士试图通过国民性启蒙与改造探索中国的出路。从龚自珍、魏源的"人心风俗"改造主张，到康有为、梁启超、严复、谭嗣同的"新民"说，再到陈独秀、李大钊、鲁迅等人的个性主义的"立人"说，莫不彰显对于公民人格的召唤和执著。目睹中国公民素质缺失的现状，重温国民性改造时代那些依旧振聋发聩的言说，我们会有芒刺在背的愧疚、忧患，和自我救赎、奋起直追的强烈冲动。胡锦涛总书记在中共十七大报告中指出："加强公民意识教育，树立社会主义民主法治、自由平等、公平正义理念。"就是向我们发出的最强烈的时代召唤！

当然，对于公民德性或公民伦理的理解，一直是众说纷纭的。公民和公民教育的思想发轫于古希腊，例如，在古希腊，公民在亚里士多德"人天生是一个政治动物"的语境里，扮演的是能说会道、参与公共事务的"政治人"角色；而在罗马帝国，公民则是"法律人"（legalis homo），或自然的权利承担者；到了近现代，公民除了政治、法律身份外，还因为社会与国家的分离而具有了"社会的个人"的性质，他和国家的关系不再是传统社会那种家国一体的关系。国家对于社会和个人的控制越来越小，而个人所拥有的社会空间、公共空间越来越大，他必须遵循公共空间的游戏规则。此外，对于公民素质的理解，还一直存在共和主义、自由主义、社群主义以及国别取向和世界取向的视角。

梳理了这些公民观念与主张，我一直在思考一个问题，能不能构建一种社会主义公民观念的假说呢？社会主义公民观念与学说不可能从天而降，凭空产生，它会自觉积极地吸取人类优秀的思想财富。2007年3月16日，温家宝总理在十届全国人大五次会议记者招待会上答中外记者问时说过这样一段话："民主、法制、自由、人权、平等、博爱，这不是资本主义所特有的，这是整个世界在漫长的历史过程中共同形成的文明成果，也是人类共同追求的价值观。"[②]基于此，我借用中国本土道德文化中的"修齐治平"提出一个重建国民精神的新"五爱"说或新"修齐治平"说，也

---

① 《新民说》。

② www.xinhuanet.com(新华网)：《在十届全国人大五次会议记者招待会上温家宝总理答中外记者问》。

即：爱自己（“修身”），爱亲人（“齐家”），爱大家（“为公”），爱祖国（“治国”），爱人类（“平天下”）。

“在爱里一切都得到丰足。”（纪伯伦：《爱》）“新五爱”由个体为基础，向家庭、社会、国家（包括祖国）、世界次第扩展，构成一个相互独立又相互依存的有机整体，从不同侧面陶冶、锤炼、丰富人的公民素养。我认为，每个人心中只有同时拥有了这五种爱，他的公民素养才是完整丰足、和谐圆融的。

李冰老师的这套《公民读本》就是根据上述文化阅读和公民伦理教育（包括与公民伦理互补的美德伦理乃至圣德伦理教育）的主张，精心编写出来的。它一共分为五编：第一编为个人编：《为我唱首歌吧》；第二编为家庭编：《家，甜蜜的家》；第三编为社会编：《全世界都在对我微微笑》；第四编为国家编：《我有一个梦想》；第五编为世界编：《万国之上还有人类在》。分别涉及公民伦理教育的五个领域。

虽然我是这套读本的主编，负责确定了读本的主旨与立意，勾画了读本的基本框架和选编原则，但绝大部分的选材、编辑、加工都是由李冰老师独立完成的，周其星、李燕妮、郭晓云、林静子、唐维芳、高夏华、梁素芬、张晓琴等老师也在编写过程中为读本素材的初步搜集与整理付出了辛勤劳动。由于李冰老师的出色工作，我提出的修改意见是微乎其微的。李冰老师是一位优秀的中学历史老师，不仅勤于读书，还一直大胆尝试通过历史教学开展公民启蒙教育，做过《恶魔的背影——聚焦希特勒》、《天堂此时——解读恐怖主义》、《希特勒的孩子们》、《圆明园的前世今生》等发人深省、令人惊叹的公民阅读个案研究。一套洋洋百余万字的《公民读本》更是凝聚了她几年的心血与智慧。在一个浮华而喧嚣的都市，能抵拒诱惑，甘于寂寞，沉埋书斋，熟读精思，真是难能可贵。这套《公民读本》即使存有诸多不足与缺憾，但可以想见，它的面世，对于我国青少年儿童的精神成长，必是一个福音！

我坚信：高雅阅读必能铸就高贵灵魂！

2011年9月30日完稿于“拼音识字斋”

目录

前言……李冰 / 1

我之歌

为什么我就是我……林亚娜 / 2
我是谁？（外一则）……何怀宏 / 3
你的“自我”在哪里？……周国平 / 7
你是谁？……乔斯坦·贾德 / 9
成为你自己……周国平 / 12
我就是最大的奇迹……奥格·曼狄诺 / 14
人是什么？……赵鑫珊 / 16
我之歌（节选）……李青松 / 23
自己之歌（节选）……沃尔特·惠特曼 / 29
自我……张中行 / 31
青春……苏雪林 / 36
孤独是一种高贵……刘烨园 / 42
独处的充实……周国平 / 44
自画像……蒙田 / 46

慢慢走，欣赏啊

十八岁出门远行……余华 / 50
窃读记……林海音 / 56
童年游戏……陈村 / 61
五味……汪曾祺 / 65
我的幼年教育……本杰明·富兰克林 / 69
读书的艺术……林语堂 / 73
躲进书里……赵丽宏 / 79

怎样读书……………………………………胡适 / 84
学问与趣味……………………………………梁实秋 / 88
哲学开始于仰望天穹（外一则）……………………………………周国平 / 90
美从何处寻？……………………………………宗白华 / 93
审美的最高境界是心绪的自由和舒心的爽快……………………………………弗里德里希·席勒 / 99
“黄金律”……………………………………苏霍金 / 104
慢慢走，欣赏啊——人生的艺术化……………………………………朱光潜 / 108
盛唐之音（节选）……………………………………李泽厚 / 114

让生命美丽

狮子的头发烧掉后……………………………………贝尔·伦特 / 124
去年的树……………………………………新美南吉 / 129
永不道别……………………………………威廉·C·博伊尔斯 / 131
为我唱首歌吧……………………………………艾德里安 / 133
狐狸的窗户……………………………………安房直子 / 137
世界上只有小巴勒一个人……………………………………西斯高尔德 / 144
卖炭者与绅士……………………………………亚米契斯 / 148
幸福是灵魂的事（外一则）……………………………………周国平 / 150
最后一片藤叶……………………………………欧·亨利 / 154
朋友四型……………………………………余光中 / 157
友谊……………………………………桑塔耶那 / 159
怜悯是人的天性……………………………………卢梭 / 165
爱城故事（节选）……………………………………欣林 / 169
爱我们的仇敌……………………………………戴尔·卡内基 / 174
乞丐……………………………………屠格涅夫 / 180
手（节选）……………………………………萧红 / 182
留在我心底的眼睛……………………………………苏叔阳 / 195
不管怎样总是爱他们…………………………………… / 198

我为什么生活

翠龟……………………………………米切尔·恩德 / 200

花婆婆……芭芭拉·库尼 / 206
种树的男人……让·焦诺 / 210
活了一百万次的猫……左野洋子 / 215
苦难……吴越 / 219
简单生活……李清明 / 220
青年在选择职业时的考虑……卡尔·马克思 / 224
当九十岁来临时……奥利佛·文德尔·霍姆斯 / 228
我为什么生活……伯兰特·罗素 / 229
我的忏悔……列夫·托尔斯泰 / 231
我们这一代人的怕和爱……刘小枫 / 241
贝多芬传……罗曼·罗兰 / 249
西西弗的神话……阿尔贝·加缪 / 262
荣誉与爱荣誉……罗家伦 / 266
希伯来开辟神话……《圣经》 / 270

人人独立，国家就能独立

那年我们十二岁……王安忆 / 274
中国公学18年级毕业赠言……胡适 / 276
一只特立独行的猪……王小波 / 278
笨蛋总比坏蛋强……李零 / 281
自由心灵，简单人生……梁东元 / 286
真理面前半步也不后退……布鲁诺 / 293
我的世界观……阿尔伯特·爱因斯坦 / 295
独立之精神 自由之思想……陈寅恪 / 299
人人独立，国家就能独立……福泽谕吉 / 302
能思想的苇草……帕斯卡尔 / 305
少年中国说……梁启超 / 308
门槛……屠格涅夫 / 311
学者的态度与精神……宗白华 / 313
影的告别……鲁迅 / 315

在自由和力量中飞翔

在自由和力量中飞翔……沃尔特·惠特曼 / 318
像自由一样的字眼……兰斯顿·休斯 / 319
小狗……亚历山大·索尔仁尼琴 / 320
四大自由（节选）……富兰克林·罗斯福 / 321
自由的精神……勒尼德·汉德 / 323
自由与恐惧……林贤治 / 325
危险思想与言论自由……李大钊 / 330
自由……郑振铎 / 333
自由……阿克顿 / 335
两种自由概念……以塞亚·伯林 / 339
自由与责任……西园寺昌美 / 342

生之灿烂，死之静美

历史……A·弗朗斯 / 346
生命……金克木 / 348
谈生命……冰心 / 349
石缝间的生命……林希 / 352
热爱生命（节选）……杰克·伦敦 / 355
一片叶子落下来……利奥·巴斯卡利亚 / 372
天蓝色的彼岸（节选）……艾利克斯·希尔 / 376
小女孩与死神……约克·舒比格 / 394
獾的礼物……苏珊·华莱 / 397
一封来自冰岛的信……印第安娜·厄娜 / 400
珍爱生命……邵燕祥 / 406
感激与宁静……人邻 / 408
生命的幸运（外一则）……何怀宏 / 410
六岁的美丽……张波 / 413
论死亡……弗兰西斯·培根 / 417
论死亡……科尔曼 / 419

前言

我一直在思考这样的问题：在孩子纯洁透明的生命之初，在他蹒跚学步的童蒙时代，风华正茂的少年岁月，该拿什么来滋养他，建造他生生不息的精神家园？

有人认为，给童年和少年知识和相应的才能最重要。我不认同这种见解。难道还有什么比人活着更重要吗？活着可是生命成长与发展的根基啊！紧接的问题是：怎样活着才是有意义和价值的？美国大哲学家威廉·詹姆斯曾意味深长地问道："人生值得过吗？"在对哈佛大学生的演讲中，他回答了这个问题：值得过的人生一定是有意义的人生，而人生意义的由来正在于人类有其道德理想和价值信仰。

詹姆斯是对的。法国有句谚语："人而无德，生而何益。"把道德提到了生死存亡的高度，是不是有点儿危言耸听？我觉得不是。几乎每个人儿时都听过《狼来了》的故事，结局是撒谎的孩子被狼吃掉了（一说他放牧的羊统统被吃掉了，或他和羊都被吃掉了）。总之，这是一个关于道德与生命的故事。有道德的生活才使我们的生命变得安稳无虞，变得有意义，有尊严，有光彩；才使知识、才能、成就、财富、幸福等成为可能和现实。

英国著名诗人雪莱说过："道德中最大的秘密就是爱。"我非常赞同本书主编李庆明先生提出的"新五爱"主张，即爱自己、爱亲人、爱大家、爱祖国、爱人类。我想，这些爱一定存在着水乳交融的关联，因而缺一不可。记得前苏联的伟大教育家苏霍姆林斯基说过："如果一个孩子连他的妈妈也不爱，他还会爱别人、爱家乡、爱祖国吗？"揭示的不就是这种关联吗？正是这些互相补充、滋养和丰富的爱，构成文明社会"好公民"的精神世界。编写这样一套读本，就是想在孩子们空灵的生命之杯，斟上爱的琼浆，轻酌慢饮，让爱的涌流在孩子的生命世界里欢歌劲舞，奔腾不息。在持续地阅读、吟诵与沉思冥想中，一扇通往未来的门打开了。

有人说：生命的早晨就像一天的黎明，充满纯真、美景和融洽。孩子对爱有着天然的渴求。但孩子会像容器一样接受现成的道德说教吗？不会。道德只能陶冶和熏陶，孩子只会在美仑美奂的文字宫殿里优游流连，乐而忘返，这也是他们的天性。所以，我努力提供给孩子的，只能是道德文字的经典和范例。孩子们可以不拘顺序，跨越年龄界限随意阅览，反复品读，让道德文字的芬芳弥漫在校园、家庭、社区的每一个角落……从这里，孩子们将开始健全的公民生活。因为选编的是经典，我期待这套读本会令阅读者爱不释手，常读常新。

特别感谢朱小蔓、朱永新两位大家，主编告诉我，他的公民教育探索深受朱永新教授新教育思想的影响与启迪，而朱小蔓教授对我跟随她访学期间研究公民阅读提出的许多切中肯綮的批评指导至今令人难忘！

衷心感谢梅子涵教授，是他向21世纪出版社热情推荐了这套读本，感谢袁伟时教授、陈家琪教授、傅杰教授、王彬彬教授和他的弟子周红博士；此外，还要深切缅怀已经故去的文史专家商友敬先生，他生前一直关心读本的编写，多次亲临指导，令人铭记终身！

真诚感谢广东省教育厅、深圳市委宣传部、深圳团市委、深圳市教育局、深圳南山区委宣传部、南山区教育局诸位具有远见卓识的领导对探索社会主义公民教育的理解、支持和指导，否则，包括这套公民读本编写在内的所有探索与研究都很难想象会进展顺利，并取得一个又一个成果。

21世纪出版社张秋林社长自始至终关心读本的出版，充分表现出一位出版家对于青少年儿童思想道德成长的极大热忱与殷殷期望，出版社北京人文中心张明主任、读本的责任编辑文欢女士高度负责，一丝不苟，其精湛的专业水准和高尚的职场伦理给我们留下深刻的印象，也在此一并致以谢忱！深表感谢！

李 冰

2011年10月

著名哲学家莱布尼茨说过，天底下没有两片完全相同的树叶，世上只有一个“我”。“我”横空出世，体验了生命的悠远与轮回，参悟了时空的无限与永恒，然而我到底是谁？人是什么？怎样才能认识自我，如何才会了解别人？人一生会遭遇怎样的经历？人死之后还会有生命吗？这些人类对自身的追问和思考，或许能唤醒你内心深处对生命的赞叹与对人生终极意义的关怀和寻觅……

第一章

我之歌

为什么我就是我[①]

◇ 林亚娜

林亚娜 （1926—2003），原名林太乙，当代作家。文学大师林语堂先生次女。著有《林语堂传》、《明月几时有》、《萧邦，你好》等小说。

我有时想：我为什么生为人类？为什么我的名字叫林亚娜？为什么我是林语堂的女儿？

我又很觉得奇怪：为什么我不是狗？或是一只猫？或是一只大象呢？倘若我是一只象，我又应该怎样呢？那时候，我将在树林中过日子呢，还是被关在中央公园的动物园里呢？倘使我生为一匹马的话，我的环境又将是怎样呢？

这些想法，常在我心里盘旋，但谁也不能替我解答这些问题。倘若我是一株树，人们要砍下我的枝条，我又将怎么办？我喜欢被人们砍下来吗？倘若我生而为一头海洋中的大鲸鱼，人们把我捉住了，我又将怎样？同时，做鲸鱼的景况，又不知道是怎样？

现在，我是生活在中国人的家里，我为什么不生为一个法国人、德国人、英国人，或是美国人呢？我为什么又不是一个哥伦布时代的野蛮人呢？

谁使我成为一个女孩子呢？我不喜欢做女孩子，我却高兴做个男孩子。谁决定我做女孩子呢？他知道我不喜欢做男孩吗？还有，谁又敢说我是应该生于1926年4月1日呢？

谁又敢说我应该生有十只手指、两只眼睛、一张嘴呢？像上面这些事情，没有哪个能够证明那样是不错的。现在，我已成了我，但为什么我就是我呀？

---

① 选自《吾家》，林阿苔、林亚娜、林妹妹著，潘荣蜀译，东北师范大学出版社1994年版。

我是谁？[①]（外一则）

◇ 何怀宏

何怀宏 （1954—），哲学博士，著有《若有所思》、《生命的沉沦》、《契约伦理与社会正义》、《良心论》等书，译著主要有《道德箴言录》、《沉思录》、《正义论》、《伦理学体系》等。

一个婴儿刚生下来时；知冷知热，知痛知饿，他能感觉到“我”，但却不能思考到“我”，也不会说“我”。

等他长大一点，他一直听见大人们叫他“宝宝要吃饭了”，“宝宝要睡觉了”，他还一直以为他就叫“宝宝”呢，他就是“宝宝”，“宝宝”就是他一个。然而他却听见妈妈说：“我要给你洗澡了。”听见奶奶说：“我要给你喂饭了。”又听见爸爸说：“我要带你出去玩了。”他可能哪一天心里会产生疑问：怎么那么多人是“我”？究竟谁是“我”？

或许那一天他说出了这一疑问，然后他妈妈告诉他：“傻孩子，你也是‘我’啊，宝宝也是‘我’，现在是妈妈对宝宝说话，妈妈是‘我’，宝宝是‘你’，而当宝宝对妈妈说话时，宝宝就是‘我’，妈妈却变成了‘你’了。”

宝宝可能一下子还是不很明白这些绕口的道理，认识“我”是一个复杂的、需要反复体会的过程，但他终究会明白的。

而当他第一次明白“宝宝”就是“我”，“我”就是“宝宝”而开始说出“我要吃饭”、“我要喝水”时，他才不仅感觉到我，也思考到我，“我”字在他那里开始言说，他真正成为一个自我意识到的全体，成为一个面

---

① 选自《画说哲学·珍重生命》，何怀宏著，广东教育出版社1996年版。

对他人的行为主体。

一个人生下来并不会立即得到可言说的“我”，而在死亡时却会立刻失去可言说的“我”，他只有在活着的时候才能说“我”，他一死，人们只会说“他”，说“×××”，大概只有很少几个人仍会在心里默默地与他对话，对他以“你”相称，至于自我言说的“我”，却是永远与他无缘了。

然而，一个知道了自己说“我”的孩子当然也会知道：别人也可以如此说“我”，他的爸爸、妈妈都在说：“我……”他见到的年纪相仿的孩子也在口齿不清地说：“我……”他所生活的世界并不是一个只有我这一个“我”的世界，而是一个有许多个“我”的世界。这世界是一个所有人都互为主体，因而也互为对象的世界，是一个每一个人都与他人共在的世界。

甚至于，随着一个人的成长、就业、结婚成家、生儿育女，“我”就越来越多地由他人所规定，由社会所规定，由他生前就已存在的风俗和文化所规定，直到“我”成为一个社会角色和人生功能的牢固集合体。“我”就是我的各种社会身份、我的各种生活功能。

这个坚硬的“我”却可能有几许消融的时刻，一刹那间，看来很结实的东西融化了，一切外在的规定都消失了，“我”一下子又什么都不是，“我”又回到了最初那个我。

这时，最初的那个问题又会重新出现：

谁是我？或者，我是谁？

这样一些时刻就是哲学上自我反省的时刻，在这时候，问题的实质当然已经不再是谁可以称“我”的问题，而是“我”是什么，乃至于“我”应当成为什么的问题。

何怀宏教授哲人般的精彩言论与思索对伦理学界、人文乃至社会学科都产生了重要的影响。

身份与境遇

我们作为一个人，有许多种不同的身份，而只有在某些境遇中，我们才能看清楚我们的根本身份。

下面这个真实的故事是发生在第二次世界大战期间的一个圣诞节前夜，在荷兰的边境线旁的一个非常小的村子里。

一队美国兵敲打着一扇小木门，他们已经敲打过了这个村庄里许多其他的门了，在雪地里跋涉了一天，早已精疲力尽了的他们不敢肯定这扇小门里是否一定还住着人。

但是，这一次，一位老奶奶打开了门。透过打开的门，他们可以看到屋里壁炉中闪烁的火苗，同时他们还闻到了很香的烤土豆的味道。

《何怀宏品读〈沉思录〉》（江苏人民出版社2011版）

他们进了屋，在餐桌前坐下，老人什么也没有说，她只是出门拿了一些土豆进来，放到了火旁。

可是，突然又听到了敲门声，屋里的人警觉地把手放到了枪上，一阵沉默之后，老奶奶站了起来，她坚定地拉开门。门口站着的是几个德国士兵，他们的手上也拿着武器，

这敌对的双方在这圣诞节的前夜，在一位手无寸铁的老人面前遭遇了。

老人很平静，没有丝毫的惊恐，她说话了："进来吧，放下你们的武器，今天，在我这里只有人，没有美国人，也没有德国人。"

在一阵长长的沉默之后，双方都松弛了下来，他们一起在餐桌前坐下，老奶奶又出了一次门，拿来的还是一些土豆。

土豆烤熟之前，暖和过来了的人们在屋子里开始活跃起来，他们结结巴巴地谈到了战争之前，谈到了他们的妻子和孩子，谈到了土地、天气和收成，谈到了学校、工厂和医院，现在屋子里坐着的原来只是几位农民，几位工人，一名教师和一位画家。

这个夜晚平静而愉快地过去了，第二天，太阳染红了白雪的时候，这两队人离开了老奶奶的家，他们各自向自己的阵地走去。

在战斗打响的时候，他们还可能互相射击，他们现在的身份还是士兵，但他们应当由此明白了，他们不仅仅是只有士兵一种身份，他们还同时是父亲、儿

子或丈夫，他们还是工人、农民或者教师，而士兵这种身份还是相对短暂的，是很不自然和迫不得已的。

一个人在他漫长的一生中，可能会有很多种身份，或者说，扮演许多种角色，有些身份可能是临时和次要的，有些身份则可能是长久和重要的，但最长久和最重要的，当然就是：在这世界上好好做一个人。

因此，他就还得经常提醒自己，自己的其他身份与自己作为人的这一根本身份是否相符合。

你的“自我”在哪里？[①]

◇ 周国平

周国平 （1945—），哲学家、作家。主要著作有《尼采：在世纪的转折点上》、《人与永恒》、《周国平文集》等。

一个孩子摔了一跤，觉得痛，便说：“我痛了。”接着又说：“我不怕痛。”这个觉得痛的“我”和这个不怕痛的“我”是不是同一个“我”呢？

一个男孩爱上了一个女孩，可是女孩不爱他。他对自己说：“我太爱她了。”接着说：“可是我知道她不爱我。”然后发誓道：“我一定要让她爱上我！”在这里，爱上女孩的“我”、知道女孩不爱自己的“我”以及发誓要让女孩爱上自己的“我”又是不是同一个“我”呢？

一位著名的作家叹息说：“我获得了巨大的名声，可是我仍然很孤独。”这个获得名声的“我”和这个孤独的“我”是不是同一个“我”？

我在照镜子，从镜子里审视着自己。那个审视着我自己的“我”是谁，那个被我自己审视的“我”又是谁，它们是不是同一个“我”？

你拉开抽屉，发现一张小时候的照片，便说：“这是小时候的我。”你怎么知道这是小时候的“我”呢？小时候的“我”和现在的“我”是凭什么东西成为同一个“我”的呢？

夜深人静之时，你一人独处，心中是否浮现过这样的问题：“我是谁？我从哪里来？我将到哪里去？”

---

① 选自《画说哲学·我们对世界的认识》，周国平著，广东教育出版社1996年版。

古希腊哲学家苏格拉底把“认识你自己”看作哲学的最高要求。可是，认识“自我”真是一件比认识世界更难的事。上面的例子说明，它至少包括以下三个难题：

第一，我有一个肉体，又有一个灵魂，其间的关系是怎样的？有人说，灵魂只是肉体的一种功能。如果真是这样，为什么灵魂有时候会反叛肉体，譬如说，会为了一种理想而忍受酷刑甚至牺牲生命？如果不是这样，灵魂是不同于肉体并且高于肉体的，那么，它也必有高于肉体的来源，那来源又是什么？如此不同的两样东西是怎么能够结合在一起的？既然它不来源于肉体，为什么还会与肉体一同死亡？或者相反，在肉体死亡之后，灵魂仍能继续存在？

第二，灵魂究竟是什么？如果说它是指我的全部心理活动和内心生活，那么，它就是一个非常复杂的东西。一方面，它包括理性的思维、观念、知识、信仰等等。另一方面，它包括非理性的情绪、情感、欲望、冲动等等。其中，究竟哪一个方面代表真正的“自我”呢？有的哲学家主张前者，认为理性是人区别于动物的本质特征，因而不同个人之间的真正区别也在于理性的优劣强弱。有的哲学家主张后者，认为理性只是人的社会性一面，个人的真正独特性和个人一切行为的真实动机深藏在无意识的非理性冲动之中。他们究竟谁对谁错，或者都有道理？

第三，我从小到大经历了许多变化，凭什么说我仍是那同一个“我”呢？是凭我对往事的记忆吗？那么，如果我因为某种疾病暂时或长久丧失了记忆，我还是不是“我”呢？是凭我对我自己仍然活着的一种意识，即所谓“自我意识”吗？可是，问题恰好在于，我是凭什么意识到这仍然活着的正是“我”，使我在变化中保持连续性的这个“自我意识”究竟是什么？

现在我把这些难题交给你自己去思考。

你是谁？[1]

◇ 乔斯坦·贾德

乔斯坦·贾德（1952—），挪威著名作家。他的作品还包括《青蛙城堡》、《纸牌的秘密》、《圣诞的故事》、《西西莉亚的世界》等书。

苏菲的妈妈心情不好时，总是把他们家称为“动物园”。事实上，苏菲也的确养了许多心爱的动物。一开始时是三只金鱼：金冠、小红帽和黑水手。然后她又养了两只鹦哥，名叫史密特和史穆尔，然后是名叫葛文的乌龟，最后是猫咪雪儿。这些都是爸妈买给她作伴的。因为妈妈总是很晚才下班回家，而爸爸又常航行四海，很少在家。

苏菲把书包丢在地板上，为雪儿盛了一碗猫食。然后她便坐在厨房的高脚椅上，手中仍拿着那封神秘的信。

你是谁？

她怎么会知道？不用说，她的名字叫苏菲，但那个叫做苏菲的人又是谁呢？她还没有想出来。

如果她取了另外一个名字呢？比方说，如果她叫做安妮的话，她会不会变成了别人？

这使她想起爸爸原本要将她取名为莉莉。她试着想象自己与别人握手，并且介绍自己名叫莉莉的情景，但却觉得好像很不对劲，像是别人在自我介绍一般。

她跳起来，走进浴室，手里拿着那封奇怪的信。她站在镜子前面，凝视着自己的眼睛。“我的名字叫莉

---

① 选自《苏菲的世界》，（挪威）乔斯坦·贾德著，萧宝森译，作家出版社2000年版。

莉。”她说。

镜中的女孩却连眼睛也不眨一下。无论苏菲做什么，她都依样画葫芦。苏菲飞快地做了一个动作，想使镜中的影像追赶不及，但那个女孩却和她一般的敏捷。

“你是谁？”苏菲问。

镜中人也不回答。有一刹那，她觉得很迷惑，弄不清刚才问问题的到底是她，还是镜中的影像。

乔斯坦·贾德的著作《苏菲的世界》一经出版就风靡全球，被誉为“全世界最易读懂的哲学书”。

苏菲用食指点着镜中的鼻子，说：“你是我。”

对方依旧没有反应。于是她将句子颠倒过来，说：“我是你。”

苏菲对自己的长相常常不太满意。时常有人对她说她那一双杏眼很漂亮，但这可能只是因为她的鼻子太小，嘴巴有点太大的缘故。还有，她的耳朵也太靠近眼睛了。最糟糕的是她有一头直发，简直没有办法打扮。有时她的爸爸在听完一首德彪西的曲子之后会摸摸她的头发，叫她：“亚麻色头发的女孩。”（编按：为德彪西钢琴“前奏曲”之曲名）对他来说，这当然没有什么不好，因为这头直板板的深色头发不是长在他的头上，他毋需忍受那种感觉。不管泡沫胶或造型发胶都无济于事。有时她觉得自己好丑，一定是出生时变了形的缘故。以前妈妈总是念叨她当年生苏菲时难产的情况，不过，难道这样就可以决定一个人的长相吗？

她居然不知道自己是谁，这不是太奇怪了吗？她也没有一点权力选择自己的长相，这不是太不合理了吗？这些事情都是她不得不接受的。也许她可以选择交什么朋友，但却不能选择自己要成为什么人。她甚至不曾选择要做人。

人是什么？

她再度抬起头，看看镜中的女孩。

“我要上楼去做生物课的作业了。”她说，语气中几乎有些歉意。她很快走到了走廊。一到这儿，她想：“不，我还是到花园去好了。”

“猫咪！猫咪！猫咪！”苏菲追猫追到门阶上，并且随手关上了前门。

当她拿着那封神秘的信，站在花园中的石子路上时，那种奇怪的感觉又浮现了。她觉得自己好像一个在仙子的魔棒挥舞之下，突然被赋予了生命的玩具娃娃。她现在能够在这个世界上四处漫游，从事奇妙的探险，这不是一件很不寻常的事吗？

雪儿轻巧地跳过石子路，滑进了浓密的红醋栗树丛中。它是一只活泼的猫，毛色光滑，全身上下从白色的胡须到左右摇晃的尾巴都充满了蓬勃的生气。它此刻也在这园子中，但却未像苏菲一样意识到这件事实。

当苏菲开始思考有关活着这件事时，她也开始意识到她不会永远活着。

她想：“我现在是活在这世上，但有一天我会死去。”

人死之后还会有生命吗？这个问题猫咪也不会去想，这倒是它的福气。

苏菲的祖母不久前才去世。有六个多月的时间，苏菲天天都想念她。生命为何要结束呢？这是多么不公平呀！

苏菲站在石子路上想着，她努力思考活着的意义，好让自己忘掉她不会永远活着这件事。然而，这实在不太可能。现在，只要她一专心思索活着这件事，脑海中便会马上浮现死亡的念头。反过来说也是如此：唯有清晰地意识到有一天她终将死去，她才能都体会活在世上是多么美好。这两件事就像钱币的正反两面，被她不断翻来转去，当一面变得更大、更清晰时，另外一面也随之变得大而清晰。生与死正是一枚钱币的正反两面。

“如果你没有意识到人终将死去，就不能体会活着的滋味。”她想。然而，同样的，如果你不认为活着是多么奇妙而不可思议的事时，你也无法体认你必须死去的事实。

苏菲记得那天医生说告诉祖母她生病了时，祖母说过同样的话。她说：“现在我才体认到生命是何等可贵。”

大多数人总是要等到生病后才了解，能够活着是何等的福气。这是多么悲哀的事！

成为你自己[①]

◇ 周国平

童年和少年是充满美好理想的时期。如果我问你们，你们将来想成为怎样的人，你们一定会给我许多漂亮的回答。譬如说，想成为拿破仑那样的伟人，爱因斯坦那样的大科学家，曹雪芹那样的文豪，等等。这些回答都不坏，不过，我认为比这一切都更重要的是：首先应该成为你自己。

姑且假定你特别崇拜拿破仑，成为像他那样的盖世英雄是你最大的愿望。好吧，我问你：就让你完完全全成为拿破仑，生活在他那个时代，有他那些经历，你愿意吗？你很可能会激动得喊起来太愿意啦！我再问你：让你从身体到灵魂整个儿都变成他，你也愿意吗？这下你或许有些犹豫了，会这么想：整个儿变成了他，不就是没有我自己了吗？对了，我的朋友，正是这样。那么，你不愿意了？当然喽，因为这意味着世界上曾经有过拿破仑，这个事实没有改变，唯一的变化是你压根儿不存在了。

由此可见，对于每一个人来说，最宝贵的还是他自己。无论他多么羡慕别的什么人，如果让他彻头彻尾成为这个别人而不再是自己，谁都不肯了。

也许你会反驳我说：你说的真是废话，每个人都已

---

① 选自《画说哲学·精神的故乡》，周国平著，广东教育出版社1997年版。

经是他自己了，怎么会彻头彻尾成为别人呢？不错，我只是在假设一种情形，这种情形不可能完全按照我所说的方式发生。不过，在实际生活中，类似情形却常常在以稍微不同的方式发生着。真正成为自己可不是一件容易的事。世上有许多人，你可以说他是随便什么东西，例如是一种职业，一种身份，一个角色，唯独不是他自己。如果一个人总是按照别人的意见生活，没有自己的独立思考，总是为外在的事务忙碌，没有自己的内心生活，那么，说他不是他自己就一点儿也没有冤枉他。因为确确实实，从他的头脑到他的心灵，你在其中已经找不到丝毫真正属于他自己的东西了，他只是别人的一个影子和事务的一架机器罢了。

那么，怎样才能成为自己呢？这是真正的难题，我承认我给不出一个答案。我还相信，不存在一个适用于一切人的答案。我只能说，最重要的是每个人都要真切地意识到他的“自我”的宝贵，有了这个觉悟，他就会自己去寻找属于他的答案。在茫茫宇宙间，每个人都只有一次生存的机会，都是一个独一无二、不可重复的存在。正像卢梭所说的，上帝把你造出来后，就把那个属于你的特定的模子打碎了。名声、财产、知识等等是身外之物，人人都可求而得之，但没有人能够代替你感受人生。你死之后，没有人能够代替你再活一次。如果你真正意识到了这一点，你就会明白，活在世上，最重要的事就是活出你自己的特色和滋味来。你的人生是否有意义，衡量的标准不是外在的成功，而是你对人生意义的独特领悟和坚守，从而使你的自我焕发出个性的光华。

在历史上，每当世风腐败之时，人们就会盼望救世主出现。其实，救世主就在每个人的心中。耶稣是基督教徒公认的救世主，可是连他也说：“一个人得到了整个世界，却失去了自我，又有何益？”《圣经》中有许多谬说，但这一句是金玉良言，值得我们永远牢记。

我就是最大的奇迹[①]

◇ 奥格·曼狄诺

奥格·曼狄诺（1924—），美国企业家、作家和演说家。著有《世界上最伟大的推销员》这部被翻译成多国文字，销量上百万的奇书。

我是造物主的最大奇迹。

自从开天辟地以来，世界上就没有第二个人有我这种精神、有我这种心胸、有我这种眼睛、有我这种耳朵、有我这双手、有我这种头发、有我这种嘴巴。完全像我一样地能走、能说、能动、能想的人，以前没有，既在没有，将来也不会有。四海之内皆兄弟也。但是，我却与众不同。我是独一无二的造化。

我内心里燃烧着经过无数代传下来的火焰。它的热度，不断地刺激我的精神，要我成为比我现在，以及比我将来更好的我。我要扇起这不满足之火，我要向世界宣布我的独特性。

没有人能够复制我的字体，没有人能够做我凿刻出来的标志，没有人能创造出我的成果，实际上，也没有人拥有完全像我一样的推销能力。从今以后，我要将这不同之点大书特书。因为这是使我达到完美之境的一种资产。

我不再徒劳无用地模仿别人。相反地，我要把我的独特性拿到市场上去展览。我不但要宣扬它，而且还要推销它。我要从现在开始，强调我的不同点，隐藏我的相似点。所以，对于我推销的货品，我也要应用此原则。推销员和货物都与众不同，我以这种不同为荣。

---

① 摘自《中学生阅读》，2001年第九期。

我是珍奇的人。凡是珍奇的东西都是无价之宝，所以，我的价值也无法估量。我是千万年进化而来的成品，所以，我在精神和身体两方面，都比以前的所有帝王和圣贤强得多。

但是，我的技巧、我的精神、我的心胸，以及我的身体都会污浊、腐烂和死亡，我必须将它们善加利用。我有无尽的潜力。我只使用了小部分头脑，我只弯曲了少许筋骨。但是，我能够使我昨天的成就增加一百倍或一百倍以上，我愿意这么做，从今天就开始。

我以后将永远不再对昨天的成就感到满意，也不再对我微小的事业任意自我宣扬。我能完成的工作，远比我现有的和将来的为多。为什么创造我的那个奇迹，随着我的出生而结束呢？为什么我不能使那个奇迹延伸到我今天的事业上去呢？

我是造物主的最大奇迹。

我不是偶然来到尘世的，我来到这里是为了一个目的，那个目的就是想长成一座高山，而非缩成一颗沙粒。从今以后，我要竭尽一切力量去成为一座最高的山，将我的潜力发挥到最大的限度。

人是什么？[1]

◇ 赵鑫珊

赵鑫珊 （1938—），著名作家、哲学家。著有《人类文明之旅》（上下册）、《建筑是首哲理诗》、《战争与男性荷尔蒙》等。

人是什么？

夜深人静，辗转无寐，尤其是当窗子被呼啸的北风刮得咯吱咯吱作响的时候，这个老大难问题就会像一缕魔烟似的从我心底冒出来，困惑我自己，难为我自己。

我知道，要回答清楚这个同人类自身一样古老的问题是着实不易的。因为即便是像爱因斯坦这样一生充满智慧的人，有时候也难免被这个最古老、最棘手的问题弄得非常尴尬，手足无措。

晚年，爱因斯坦曾做过如下一段自白：

“一个人很难知道在他自己的生活中什么是有意义的，当然也就不应当以此去打扰别人。鱼对于它终生都在其中游泳的水又知道些什么呢？”

但是，爱因斯坦毕竟从某个侧面做出了较明确的回答：

“苦和甜来自外界，坚强则来自内心，来自一个人的自我努力。”

二十多年来，这个教人自强不息的回答总是像伫立在夜雾茫茫的大海上的一座灯塔，若隐若现，时明时暗，照着我的人生航程。尤其是在“十年文革”时期，当

① 选自《科学艺术哲学断想》，赵鑫珊著，文汇出版社2005年版。本文有删节。

我六年里一个人住在羊圈的时候。当时我一无所有，只有我的意志和自我努力，偷偷读了许多数学、物理书，并用一些方程式在自己的内心构筑了一座永不会陷落的城堡，直到今天。

在其他许多地方，爱因斯坦则用非常明确的语言和结论回答了“人是什么”这个万古恒新的问题：“我们吃别人种的粮食，穿别人缝的衣服，住别人造的房子。我们的大部分知识和信仰都是通过别人所创造的语言由别人传授给我们的……个人之所以成其为个人，以及他的生存之所以有意义，与其说是靠他个人的力量，不如说是由于他是伟大人类社会的一个成员，从生到死，社会都在支配着他的物质生活和精神生活。”

我想，爱因斯坦这段有关“人是什么”的质朴见解，是能为我们欣然接受的。

不同的人，对“人是什么”这个问题的回答是迥然不同的。即便是同一个人，不同时期也会有不同答案。比如，19世纪法国大作家雨果的回答有时候就非常忧郁，特别暗淡。雨果说，我们都是罪人；我们都被判了死刑，但是都有一个不定期的缓刑期；我们只有一个短暂的期间，然后我们所呆的这块地方就不再会有我们了。

后来，雨果这个充满悲观主义色彩的回答，竟有意无意地成了20世纪40年代法国存在主义思潮的先声之一、因为加缪（A.Camus）也把人看成是古希腊神话中终生服苦役的西西弗斯，他命中注定要永远推一块巨石上山，当石块靠近山顶时又滚下来，于是重新再推，如此循环不息。也许，人生的意义恰恰在于鼓起勇气，毅然决然，把巨石再次推上山顶。也许奋斗、格斗、拼搏过程比到达目标更重要。

歌德在论及西西弗斯的时候，则是激昂慷慨、意气风发这种调子。因为诗人的一生实在是富有伟大创造力、为人类文化做出了很大贡献的一生。1824年1月27日，风烛残年的歌德在同爱克曼交谈的时候，回顾了自己的一生：

“人们通常把我看成是一个最幸运的人，我自己也没有什么可抱怨的，对我这一生所经历的路程也并不挑剔。我这一生基本上只是辛苦地工作。我可以说，我活了七十五岁，没有哪一个月过的是真正舒服的生活。就好像推一块石头上山，石头不停地滚下来又推上去。我的年表将是这番话的清楚说明。”

——读者啊，这就是人哪!

回答“人是什么”这个问题，在康德哲学体系中也是非常重要的。晚年，他甚至断言，全部哲学事业都可以归结为对这个问题的回答。七十五岁的时候，康德不是用话语而是用他一生创造性的脑力劳动，用他在哲学这块精神园地上辛勤的耕耘做出了如下的回答：

人是借助于令人惊异的能力——想象力——创造文化的生物。“在生活中达到了（绝对）满意——这本身就是一个征候，它表明这是一种无所事事的安谧，一切动机都已停止，感觉以及与此相关的活动也迟钝了。但是，这样一种状态就像心脏在动物机体中停止了工作一样，是与人的精神生活格格不入的。”在康德看来，人就是不断地进行创造性的工作；工作是使人得到快乐的最好方法。

爱因斯坦逝世前不久，他对友人说：“只要有一天你得到了一件合理的事情去做，从此你的工作和生活都会有点奇异的（a little strange）色彩。”（见美国杂志《现代物理学评论》（Review of Modern Physics），1956年第一期，《Einsrein》一文）当然，关于什么是“一件合理的事情”，并没有标准、统一的答案。因人而异。有人热衷于收集邮票或古玩；也有人专心专意去收集各种奇怪、美丽的石头。更多的人则是搓麻将。有人甚至就死在麻将桌旁。他是“为麻将而麻将”，就像“为艺术而艺术”，也不乏一种悲壮。只有悲壮的人生才值得一过！

的确，爱因斯坦一生之所以能朝气蓬勃，光霁日明，都是因为他总是在做一件件合理的事情。对于他，生与死的区别仅仅在于是不是在研究物理学问题，是不是在思索大自然的统一结构，是不是在不断地接近“他”，即接近斯宾诺莎的上帝——自然。

歌德、康德和爱因斯坦像西西弗斯那样劳碌一生，自然使我想起了孔子同他弟子的一段对话：

子贡倦于学，告仲尼曰：“愿有所息。”仲尼曰：“生无所息。”

东、西方哲学家竟有如此一致的见解，的确给了我极深刻的印象。在我们为中华民族腾飞于世界而奋力拼搏的时代，不妨赋予“生无所息”这句格言以崭新的含义，写在我们的旗帜上。

我想，人是由三部分组成的：对往事的追忆、对现时的把握和对未来的憧憬。

不必惊异，笔者的回答竟是如此。十八岁的青年，大概只有憧憬；八十岁的老人，尽是回忆；至于一个六十来岁的中年人，往往就来回摆动在憧憬和回忆之间。这种还在摆动的人，说明他还不老，至少在心理结构上，他还不老。这点很重要。人有生理年龄和心理年龄之分。有的人只有二十八岁，但心理岁数是七十八岁。但是，不管是谁，对眼前现时的把握，都应该是重点；作为整体的第二个组成部分，作为中间环节，它的比重应该占百分之九十五。

“人生思幼日。”谁没有童梦重温的经历？

那放学回家，进屋叫一声“妈”的少年时光；那圆明园的秋天里的春天，林间小道上的幽会和散步，穿过茫茫的夜色，情人走了，从此再也没有回来……

对往事的追忆，有好几层意义。

在一些触景生情的场合，往事历历，那风雨不蚀的记忆，实在是人性一种根深蒂固的表现，那是一种无法抗拒的心理冲力，就像春天来了，种子破土发芽不可抗拒。

当一个人在现实生活中有时感到孤独、寂寞的时候，他就会从一些甜美的回忆中得到某种难以言传的慰藉和快乐；这快乐恐怕不下于历史学家和地质学家追溯某个王朝的兴衰史和自然界的演化史所得到的乐趣。因为这些科学家崇奉这样一句格言：“使已死的东西复活，其愉快不下于创造。”

况且，“使已死的东西复活”还有另一层更重大的意义：串起记忆中那早已散落的明珠，是为了借助于昔日这面反射镜来照亮当前人生的道路，增强憧憬未来的信心和勇气。

说也不信，生活中的痛苦（只要这种痛苦是真挚的，善良的），一俟到了回忆中，往往也会觉得它有淡淡的甜美，化成深沉的诗。普希金写道：“而那过去了的，就会变成亲切的怀恋。”这就像枯藤、老树、昏鸦这些令人伤感的对象一经成了诗歌和绘画的题材，往往就会给人以最高的美学享受。——我把这种最高的美学享受称之为甜美的忧郁或忧郁的甜美。

肖邦的十九首夜曲为什么能牵动你的心，勾你的魂？就是因为这位多愁善感的“钢琴诗人”用旋律和音响造出了“甜美的忧郁”这种诗境。

牛希济的“记得绿罗裙，处处怜芳草”这两句诗，何以具有不朽的艺术魅力？原因之一，也是因为它在你心中造出了“甜美的忧郁”这种境界。

回忆无疑是许多杰出文学艺术作品的创造心理动机之一，同时也构成了它们的一大内容。可以说，没有回忆，文学艺术就会失去光彩，干瘪得不成样子。

一首曲子往往会令我们感动得热泪盈眶，原因之一，就是因为它能勾起人们对往事的追忆。美国电影《翠堤春晓》插曲《当我们还年轻》最具有这种功能。因为它的词曲本身就充满了回忆。出自回忆，勾起回忆：

“当我们还年轻，在美妙的五月早晨，你曾说，你爱我，当我们还年轻。

“你曾说，你爱我，啊!我们心心相印，我们欢笑，我们哭叫，然后分手时刻来到，别忘了，你爱我，当我们还年轻。”

谁没有青春时代？谁没有往日的爱情？当你满头白发，站在落日的斜晖中，突然听到从远处深秋的树林里飘来了这首歌曲，你怎能抗拒它的感情力量？你怎能抗拒回忆？

有感情的人怎能抗拒感情？有回忆的人怎能抗拒回忆？

没有回忆的人是残缺的人，干巴巴的人；人类和个人从本质上说都是历史的。人类的历史意识给人类以智慧，使人类意识到自身在当前的处境，有利于瞻望未来。回忆就是个人的历史意识活动。没有这种活动的人，甚至无法欣赏许多文学艺术作品，更谈不上去从事文学艺术创作。比如，有些成年人居然这样评价《城南旧事》这部影片：“小孩片，没劲!”说这种话的人，自己就是一个孩子。因为孩子是不会有多少回忆的。

唐诗宋词的创作心理背景之一，也是对往事的追忆：

“多少蓬莱旧事，空回首，烟霭纷纷。斜阳外，寒鸦数点，流水绕孤村。”

追忆往事就其本质来说，也是一种幻想，一种“白日梦”。它们的功用往往是用幻想来弥补现时生活中的缺陷和不足。弗洛伊德说，夜梦是愿望的满足；白日梦即幻想，也是愿望的实现。诗歌创作和梦（夜梦和白日梦）往往是一回事。对往事的追忆，在人性中是多么根深蒂固!

至于希望和对未来的憧憬，在本质上也是幻想，也是梦。

18世纪法国著名思想家伏尔泰说得好：上天赐给人两样东西——希望和梦——来减轻他的苦难遭遇。

没有希望的人，就是绝望的人，就是死气沉沉、没有生气的人。人一天也不能没有希望。它在人性中所扎下的根，比回忆往事更深，更牢。它是精神的细胞，是精神的白血球和红血球；是一个人生命力旺盛的标志之一。

“夕阳无限好，只是近黄昏”的老人，也有不乏充满希望的人。这是一些真正的人，永不衰老的人：“老骥伏枥，志在千里；烈士暮年，壮心不已。”

贝多芬就是在满脑子的创作计划中溘然长逝的。（他说准备再写出几部大作品，然后就像一个老小孩那样同尘世告别。）

1945年4月，爱因斯坦以荣誉退职教授的名义退休了。在他退休前几个月，他同斯特恩教授进行过一次诚挚的谈话。爱因斯坦说，他正在苦心推敲相对论的某些变化，他的退休决不会中断这项工作。

对此，施特恩发表评论说：“退休并不意味着爱因斯坦已经放弃了今后的一切科学活动，一个公务人员可以退休，一个有才智的人却不能退休。”

我想，这就是“烈士暮年，壮心不已”的真正涵义。德国著名哲学家布洛赫（E.Bloch，1885—1977）的代表作十三卷本的《希望的原理》。可见，关于希望，布洛赫有多少话要说！

希望就是理想，就是追求；它是梦的朋友，幻想的亲兄弟；它原是人性的影子，却老走在人的前面，诱惑我们，拖着我们往前走……

18世纪德国著名思想家兼文学家莱辛说过，不断追求真理要比占有真理更高贵。这是爱因斯坦最喜欢引用的一句格言，他把它作为自己一生的座右铭，从中得到力量，得到慰藉。

的确，使人真正感到幸福和满足的，是不断地追求，是追求的过程。充满希望的旅行（过程），要比到达目的地好。

我以为，这是支配人类一切活动的一条最根本的心理学原理。希望将永远陪伴我们，一直到我们闭上眼睛、同世界做最后告别的那一天。我愿在希望中去死，而不愿在无望中偷生。

不断追求、充满希望的人，正是孔子所说的“生无所息”的生活强者。毕加索也是这样一位大艺术家。他在六十岁学习版画技术，七十岁学陶工，他那永不衰竭的追求艺术美的热情令人叹服。他说：“永远不会有这么一天……可以说‘我已经完成了自己的工作’，‘明天是星期天’。一旦你的工作结束，便意味着你必须开始新的工作。……你永远都不能说‘结束’这两个字。”

再让我们来谈谈构成人的最重要部分——对现实的把握吧!

“现实”是什么?

现代西方逻辑实证主义哲学家和操作主义物理学家都思索过这个问题。爱因斯坦也为这个问题伤透了脑筋。爱因斯坦认为,“现时”(the now)的经验是人所专有的东西,是同过去和将来在本质上都不同的东西,然而这种重大的差别在物理学中并不出现,也不可能出现。这种经验不能为科学所掌握,对他来说,似乎是一件痛苦但又无可奈何的事。

对我们这些不是物理学家的人来说,自然没有必要去为“现时”的物理意义而坐立不安。我们只满足于对“现时”作日常经验的理解:“现时”的经验是每人所专有的东西,每个人都有自己的“现时”,每个人对过去、现在和将来都持有不同的态度。

至于笔者,则把现时(当前)看成是小学算术课本上的1,对未来的憧憬则看成是0。每个小学生都懂得:0的位置是很重要的。0只有在1的后面(而不是在1的前面)才能显示出它的价值和分量。1后面的0越多值越大。若用日常语言来说,就是:伟大志向造就伟大人物,但要以牢牢把握现时为必要的前提。

只有珍惜、牢牢地把握现时每一分钟,以最有效的方式献身于振兴中华的伟大事业,才是未来美景最可靠的保证。否则,就会在一个个五光十色的希望肥皂泡中蹉跎岁月,浪费自己的青春年华。

可是,失去对往事的回忆和对未来的希望,就难以把握现时。把握不了现时的人是一个不成其为人的人,是一个丧失了自我的人。在人生和世界的激流中,他必然会像初冬从树上飘落下来的最后一片枯叶,在西风残照中孤零零地漫无目的地乱舞。

至于回忆和希望的关系,我们或许可以这样说:回忆毕竟是远了、暗了的暮霭;希望才是近了、亮了的晨光。我不赞成佛学哲学的经典之一《心地观经》卷八的悲观主义:“过去已灭,未来未至,现在不住。”

一个人若是被这种悲观氛围所控制,他身上还会有一丝生气吗?

啊,人啊,多点希望,多点晨光……

我之歌[①]（节选）

◇ 李青松

李青松（1965—），当代诗人，已出版《灵魂的家园》、《灵魂的飞鸟》、《天真之歌》、《重温亲人·李青松乡音诗选》、《中外现代诗名家集粹·李青松短诗选》（中英文对照）等诗文集。

1

明心的寒，温暖着高高的峰
和仿佛雪峰的我，有谁知道
不愿走下高寒的我是谁
我只看见无边的白雪
映照出自己透明的心
无边地悲悯着寥廓的万物

2

我在茫茫的虚无中降生
没有一个肉体和灵魂在变幻的风中
为这血中的舞蹈而悲鸣
自己的眼泪滴落在白雪的檐角
冰冻成一排排春天的高栏
逾越的行者，因此重生和图腾

3

忧郁舞蹈的鹰
扇动黑色的翅膀

① 选自《百年华语诗坛十二家》，洛夫主编，北京台海出版社2003年版。

在鬼魂出没的幽冥
精灵般闪烁永恒的星光
一个婴儿的第一声啼哭
在明天荡起遥远的回响

4

远古的婴儿从神性的襁褓
站了起来，稚嫩的小手
轻轻抹开母亲昏睡的眼睛
瞬间舒展起博大的翅膀
驮起一个人类的预言和思想
命名且创造着来世的人间天堂

5

我尚未来到这个世界前
声音已来到人间
我尚未离开这个世界前
灵魂已进入天国
未来世纪的历史，已跌入我
波峰叠起的思潮之中

7

我乃天地之灵气
天地中来，天地中去
依天地而生天地
藉己之气而生万象之气
我代表创世的天庭
独自沉醉在风雪的怀抱里

8

在大自然的时空里
我看到了自己的微不足道
也感到了自己的决不可少
我的出生不是一次简单的事件
而是一个新纪元的开山
一场史无前例的精神的创造

11

我有父母体内爱与真的精血
更有父母心中没有的黎明与创造
我的每刻都在转世和投胎
我是风暴时刻把自己连根拔掉
我将超越灾难和自然规律
时刻都在接近玄之又玄的天道

18

苍天和大地
是我两只巨大的翅膀
没有人能使我下降
没有人不能让我忧伤
我高翔于众神之上
承载着时空的荣辱和悲欢

19

我依山水而生存
饮甘露和大气而灵性
得天意而成圣

灵魂高翔
精神矗立于大地
声音回响在天庭

20

我是上苍最虔诚的儿子
凭天的暗示否决和创造
天生我必养我
更不抛弃他最乖的儿子
他会如同凡间的父母一样
时刻养育并引领着我

21

我是一个撼动上天的人
我的虔诚无与伦比
我的真情无人匹敌
我的一切都是天意
或许你认为我迷信
请看太阳从我的掌心升起

22

我的辉煌不可比拟
我的磨难也无法回避
太阳也是后羿箭下留下的那一滴
创造万物也成就众生
好好地理解太阳吧
只有理解太阳才能理解我

23

在人世的盛宴上
我没有座席唯有站着
唯有挺拔在无人上坐的高峰
独饮清风云气法雨甘露
观江河轮转 日月升落
看天地变幻 众生忧乐

24

我只求简单的生活
我苛求充实的生命
生活让思想的出世
生命使真理的扎根
思想开启大时代
真理照射全人类

25

驱散满天的浮云
重现我的本真
感悟永恒的大道
要说有我
我的一切都是为了自己
甚至每一句话每一个举止

28

展开生命的翅膀
破译尘世的无常
搜索远古的民谣

升起不落的太阳
把人类引向自由的远方
让远方荡漾欢乐的诵唱

31

人生是梦
大梦预言命运
我在梦中度过了来生
人与妖温柔地私语
天真的小兽欢乐得打滚
诗人看到了天国的黎明

32

圣光栖落在我的枝头
漫山的小径和清晨
鸟虫交欢 花蕾受孕
满腹激情降成爱的胎儿
冲出缪斯的皇宫
在我的笔尖哇然临盆

33

灵感的草香
清酒一浇
便蓬勃开来
弥漫而来的
是我沉醉的诗句
以及诗意里散发的光芒

自己之歌[①]（节选）

◇ 沃尔特·惠特曼

沃尔特·惠特曼（1819—1892），美国著名诗人、人文主义者，其代表作品有诗集《草叶集》。

我赞美我自己，歌唱我自己，
我所讲的一切，将对你们也一样适合，
因为属于我的每一个原子，也同样属于你。
我邀了我的灵魂同我一道闲游，
我俯首下视，悠闲地观察一片夏天的草叶。
我的舌，我的血液中的每个原子，都是由这泥土
这空气构成，
我在这里生长，我的父母在这里生长，
他们的父母也同样在这里生长，
我现在是三十七岁了，身体完全健康，
希望继续不停地唱下去直到死亡。
教条和学派且暂时搁开，
退后一步，满足于现在它们所已给我的一切，
但绝不能把它们全遗忘，
不论是善是恶，我将随意之所及，
毫无顾忌，以一种原始的活力述说自然。

屋宇和房间里充满了芳香，
框架上也充满了芳香，
我自己呼吸到这种芳香，

① 选自《自己之歌——惠特曼诗精编》，（美）惠特曼著，长江文艺出版社2008年版。

我知道它，我欢喜它，
这种芬芳的气息，要使我沉醉，
但我不让自己沉醉。
大气并不是一种芳香，
它没有熏香之气，它是无嗅的物质，
但它永远适宜于我的呼吸，我爱它，
我愿意走到林边的河岸上，
去掉一切人为的虚饰，赤裸了全身，
我疯狂地渴望能这样接触到我自己。
我自己呼出的气息，
回声、水声、切切细语、爱根草、
合欢树、枝杈和藤蔓，
我的呼气和吸气，我的心的跳动，
血液和空气在我的肺里的流动，
嫩绿的树叶和干黄的树叶，
海岸和海边的黝黑的岩石和放在仓房里面的
谷草所吐的气息，
我吐出来散布在旋风里的文字的声音，
几次轻吻，几次拥抱，手臂的接触，
在柔软的树枝摇摆着的时候，
枝头清光和暗影的嬉戏，
独自一人时的快乐，或在拥挤的大街上、
在田边、在小山旁所感到的快乐。

《自己之歌》高度肯定“我”在生命及世界中的意义，同时也大声宣告了民主、自由之路的到来。

自我[1]

◇ 张中行

这个题目难写，可是不得不写，因为想谈与己身有关的许多方面，先要知道己身是怎么回事。这显然不容易。对于有些事，我们有时候感到，不想像是还明白，一想反而糊涂了。己身正是这样的事物，而且也许是最突出的，可以与“存在”或“有”（其对面的“无”同）并列。比如说，一阵发奇想，想问问，我吃饭，我与某人争论，总执着有个我，这“我”究竟是怎么回事？正是不问则已，一问麻烦就来了。可以用历史家的眼看，是由父母那里受生，有生命就有了我。但也有麻烦，是有我的一个重要条件是自己能觉知，受生之后多久能够自己觉知呢？确定某一刹那，恐怕实验心理学家也会为难吧？还可以用哲学家的眼看。很多人都知道，笛卡尔是用“我思”证明“我在”的。这显然也无用，因为思之前已经有了我。不得已，或者只能用叙述事实的办法，是受生以后，机体生长，感官的收获渐渐组成觉知（包括分辨实虚和感受苦乐），这觉知由一物和心的整体出发，并进而能够反照着整体，于是说这整体是“我”。这样说，所谓自我不过是个能反照的感知系统而已。也可以不学究气，只由常识方面认知。那就不必问究竟，只看现象。现象，或事实是，古今中外，有数不尽的人，每一个人是

张中行（1909—2006），著名学者、哲学家，散文家。作品有《负暄琐话》、《负暄续话》、《负暄三话》、《禅外说禅》、《文言和白话》、《作文杂谈》、《顺生论》、《文言常识》等行于世。

① 选自《顺生论》，张中行著，中华书局2006年版。

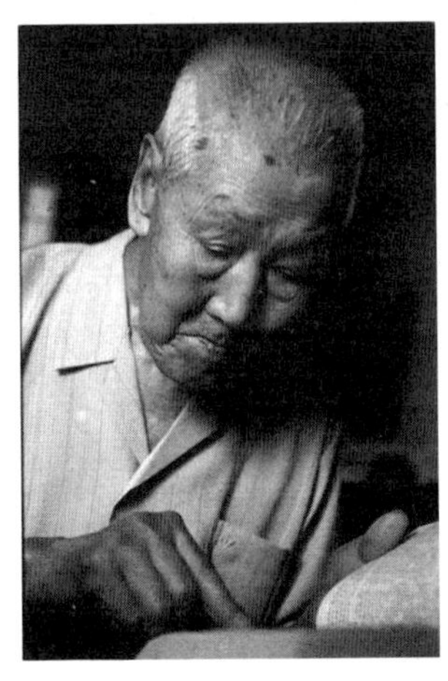

张中行先生博学多识，精通中国古典文字与西方哲学。他与季羡林、金克木、邓广铭并称为“未名四老”。

个物和心的整体，这整体有独自觉知的知识和苦乐，就自己觉得这整体是“我”。

神秘，或说有大力的是“觉知”。这神秘是由生命的性质来。生物与无生物的最本质的区别是，生物主动地要求保存、延续、扩充，这主动就是觉知，或慢慢发展为觉知。人类的觉知或者可以算作高等的，它能够以自己为对象，站在对面反观觉知。这有时就像是有了两个我，如悔的感情就来于，一个明智的我觉得那个糊涂的我做错了。其实，觉得有我，这我成为对象，如果相信笛卡尔“我思”的判断，总不得不承认，那觉知不是来自对象的我。总之，“我”就是这样神妙莫测。

但是它也有不神妙的一面，是一个人无论如何神通广大，想离开“我”是办不到的，因为能想和所想都来于觉知，觉知不能离开那个能觉知的整体（即反观时的“我”）。不幸是这能觉知的整体“生而有欲”，有欲就不能不求，求而常不能得，于是有苦。苦与“我”难解难分，为了离开苦，有些人无力对外，就想在“我”上打主意。如庄子就有这样的设想：

> 南郭子綦隐机（凭几）而坐，仰天而嘘，荅焉似丧其耦（躯体）。颜成子游（名偃）立侍乎前，曰：“何居乎？形固可使如槁木，而心固可使如死灰乎？今之隐机者，非昔之隐机者也？”子綦曰：“偃，不亦善乎，而问之也？今者吾丧我。”
>
> （《庄子·齐物论》）

丧我是“我”没有了；可是还有个“吾”，吾也是我，至多只是个造诣高超的我，可见还是没有离开我。佛家也有这种想法，认为“我执”是一切烦恼的本原，所以想除烦恼就要破我执。如何破？似乎只能乞援于万法皆空的认识。如果是这样，那就又是走向觉知，而觉知，显然只能是“我”觉知。就我的孤陋寡闻所知，真正丧我，只有一则笑话的故事可以当之无愧。这故事是：

一和尚犯罪，一人解之，夜宿旅店，和尚沽酒劝，其人烂醉，乃削其发而逃。其人酒醒，绕屋寻和尚不得，摩其头则无发矣，乃大叫曰：“和尚倒在，我却何处去了？”

（明·赵南星《笑赞·和尚》）

这自然是笑话；至于实际，蓄发变为秃头，如果生疑，是只能问，我的头发哪里去了。这就可见，人，生年不满百，情况也许如邯郸卢生之梦，外，环境，内，身和心，什么都时时在变，只有“我”却像是始终如一，总跟自己的觉知纠缠在一起，除去丧失知觉，是绝不能离开，哪怕是拉开一点距离的。

因此，我们就只好不问究竟，考虑人生问题，对付世间的诸多大事小事，都由自我出发。自我，与身外的无数自我，即他人相比，有类的同点，有个体的异点。如一首二足是类同；同是一首，有大小、胖瘦、美丑等区别，是个体间必有差异。这就自我说，是生来就受“天命之谓性”的制约，只能顺受。昔人称顺受为认命，命指命运，包括得于先天和遇于后天的。这里只说得于先天的，也包括无限花样。不能不化简，只算作举例，可以分为身和心两种。两方面，都有得天独厚和得天独薄的；厚薄之间，自然又必致有若干等级和无限花样。只说厚薄。就身说，项羽力能扛鼎，西施有沉鱼落雁之容，是得天厚；相反，刘伶是“鸡肋不足以当君拳”，无盐甚丑，就得天不厚了。心也是这样，世间有神童，也不少弱智儿，这是同受白天，而厚薄相差很多。这差异，受生的“我”不当负责，却不能不承担。有违公道之义吗？老子早已说过，“天地不仁（无觉知）”，我们，以及外面的大环境，都来自天，而并非来自公道。如屈原，作《天问》，吐一点点郁闷，结果还是不得不跳汨罗江。所以说，既已有了“我”，这“我”就带来“天命之谓性”，不幸而不厚，甚至很薄，怨，难免，却没用，上策是用荀子的办法，求以人力补天然。如何补？显然，具体的必千头万绪，只好说几个原则。

一是“顺应”。上面已经说过，“我”之来，我不能负责，却不能不承担。这里说顺应，是要求“知道”有此情况。古今中外许多贤哲都重视这样的知。深思冥索，所求不过是想了解，外看，大千世界，内省，方寸之间，究竟是怎么回事。有些人明白说出这种心情，如孔子说“畏天命”，斯宾诺莎说人的最上德是知天，等等，都是。知天然后才可以知命。知命，我的理解，可以包括三方面的意义。一方面是外推，姑且限于有生之物，要知道，不只近邻，如五伦及路人张三李四，就是远邻，鸡犬蚊蝇，直到单细胞生物，都是在同一个天命的笼罩之下，所谓“民吾同胞，物吾与也”，说可怜就同样可怜。另一方面是知止，就是要安于自己的能力有限，具体说是接受天命而不强求了解天命之所以然。《礼记·中庸》篇就是这样处理的，它说过“天命之谓性”之后，接着不问“何谓天命”，而说“率性之谓道”，意思是，生之谓性，已如此，逆，无力，也许还有大麻烦，那就顺着来吧。对付“我”当然也只好这样，逆，如自杀，非绝不可能，总是太反常了。还有一个方面是知足，是感知有“我”之后就不要嫌弃。这种态度是由务实的精神来，例如生来不聪明，你嫌弃也不会变鲁钝为聪明，也就只好用庄子的办法，“知其不可奈何而安之若命”（当然也可以尽人力图补救）。幸而天命同时也赋予人知足之性，愚而自以为智，中人而自以为至美，老子天下第一，都是这种天性的表现。这种性对天（假定为也有觉知）有好处，是不会有人向他造反；对人也有好处，是集为“我”的一体，由生到死，都亲亲爱爱。

二是“自知”。这是因为过于在“我”的范围内亲亲爱爱，就会如俗话所常说，无自知之明。一个人，得于天，很少能够，或说不能，独厚，至厚，各方面都厚；后天也一样，不可能各方面造诣都最高。不厚不高而自以为厚为高，对人对己都无利，或说有小害甚至大害。所以应该有自知之明。这明来于多往外看，然后虚心比较。其结果就有如把自己放在衡器上衡量，一看明白了，本以为超过一斤，原来只有几两。这有好处，一是可以自谦，二是可以自励。其结果都会是造诣的向上，烦恼的减少。

三是“珍重”。这是由另一个角度考虑的，既然有了“我”，而“我”又至亲唯一，而且生涯只此一次，就应该珍而重之。如何珍重？还是率性，尽力求活得好。何谓好？不过是经历丰富且有价值而已。丰富，有价值，仍需要解释，为省力，用举例法，如某甲目不识丁，某乙古今中外读了数十万卷书，我们说某乙的生活比某甲丰富；汉武帝大量杀人，司马迁忍辱写《史记》，都忙累了一辈子，二人相比，我们说后者的生活有价值。这看法是常识也承认的，好说。难说的是为什么要看重活得好，或说为什么要珍重“我”。可以由认识论方面找些理由。柏克莱主教说存在就是被觉知，罗素认为最确实的所知是感觉所收（构成感知的材料），这能知的显然是“我”，没有“我”，外界如何，甚至有没有，至少是我不能知道了。这是说，“我”最质实，还最亲切，因为苦乐、是非等等，都是以“我”

为本位的。为本位，就值得珍视吗？理由难说，只好信任情意，是活得好可以心安，反之就心不能安。人，碌碌一生，瞑目之前，难免算浮生之账，如果所得（丰富和有价值）不少甚至很多，总比毫无所得好得多吧？有哲学癖的人或者会说，这也是自欺，因为难于证明有究极价值。这是又往上追问天命；我们既已只顾率性，那就珍重自我，算作安于自欺也好。

四是"超脱"。这不是要求如佛家理想的能破我执，而是遇见某种情况，宜于向这个理想靠近。这某种情况指欲的对象利禄之类和欲而不得之后的苦的情绪。人生于世，受天命之谓性的制约，总难免要，或多或少，见世俗的"可欲"而心不能静。于是而求，世间不只一人，僧多粥少，因而不能常如愿，或说常不能如愿。其后跟来的必是懊丧，苦恼。为"我"的活得好计，这不合算，所以要改弦更张。理论上有抓紧和放松两条路。抓紧，如果有成的机会不多，就会火上加油，越陷越深。所以不如放松。办法是跳到身外，视"我"为一般人，一时冷眼看，如叔本华所说，不过都是苦朋友，不如意乃当然，也就可以一笑置之了吧？能够反观也一笑是超脱，虽然有近于阿Q之嫌，如果以活得好为处理自我的目标，就，至少是有时，不能不用它。

青春[1]

◇ 苏雪林

苏雪林（1897—1999），现代女作家、文学研究家。作品有《绿天》、《棘心》、《屠龙集》等。

记得法国作家左拉的《约翰戈东之四时》曾以人之一生比为年之四季，我觉得很有意味，虽然这个譬喻是自古以来，就有人说过了。但芳草夕阳，永为新鲜诗料，好譬喻又何嫌于重复呢？

不阴不晴的天气，乍寒乍暖的时令，一会儿是袭袭和风，一会儿是滂滂细雨，春是时哭时笑的，春是善于撒娇的。树枝间新透出叶芽，稀疏琐碎地点缀着，地上黄一块，黑一块，又浅浅的绿一块，看去很不顺眼，但几天后，便成了一片蓊然的绿云，一条缀满星星野花的绣毡了。压在你眉梢上的那厚厚的灰黯色的云，自然不免教你气闷，可是他转瞬间会化为如纱的轻烟，如酥的小雨。新婚紫燕，屡次双双来拜访我的矮椽，软语呢喃，商量不定，我知道他们准是看中了我的屋梁，果然数日后，便衔泥运草开始筑巢了。远处，不知是画眉，还是百灵，或是黄莺，在试着新吭呢。强涩地，不自然地，一声一声变换着，像苦吟诗人在推敲他的诗句似的。绿叶丛中紫罗兰的嗫嚅，芳草里铃兰的耳语，流泉边迎春花的低笑，你听不见么？我是听得很清楚的。她们打扮整齐了，只等春之女神揭起绣幕，便要一个一个出场演奏。现在它们有点浮动，有点不耐烦。春是准备的。春是等待的。

---

① 选自《屠龙集》，苏雪林著，商务印书馆1941年版。

几天没有出门，偶然涉足郊野，眼前竟换了一个新鲜的世界。到处怒绽着红紫，到处隐现着虹光，到处悠扬着悦耳的鸟声，到处飘荡着迷人的香气，蔚蓝天上，桃色的云，徐徐伸着懒腰，似乎春眠未足，还带着惺忪的睡态。流水却瞧不过这小姐腔，它泛着潋滟的霓彩，唱着响亮的新歌，头也不回地奔赴巨川，奔赴大海……春是烂漫的，春是永远向着充实和完成的路上走的。

春光如海，古人的比喻多妙，多恰当。只有海，才可以形容出春的饱和，春的浩瀚，春的磅礴洋溢，春的澎湃如潮的活力与生意。

春在工作，忙碌地工作，它要预备夏的壮盛，秋的丰饶，冬的休息，不工作又怎么办？但春一面在工作，一面也在游戏，春是快乐的。

春不像夏的沉郁，秋的肃穆，冬的死寂，它是一味活泼，一味热狂，一味生长与发展，春是年青的。

当一个十四五岁或十七八岁的健美青年向你走来，先有爽朗新鲜之气迎面而至。正如睡过一夜之后，打开窗户，冷峭的晓风带来的那一股沁心的微凉和葱茏的佳色。他给你的印象是爽直、纯洁、豪华、富丽。他是初升的太阳，他是才发源的长河，他是能燃烧世界也能燃烧自己的一团烈火，他是目射神光，长啸生风的初下山时的乳虎，他是奋鬣扬蹄，控制不住的新驹。他也是热情的化身，幻想的源泉，野心的出发点，他是无穷的无穷，他是希望的希望。呵！青年，可爱的青年，可羡慕的青年。

青年是透明的，身与心都是透明的。嫩而薄的皮肤之下，好像可以看出鲜红血液的运行，这就形成他或她容颜之春花的娇，朝霞的艳。所谓“吹弹得破”，的确教人有这样的担心。忘记哪一位西洋作者有“水晶的笑”的话，一位年轻女郎嫣然微笑时，那一双明亮的双瞳，那两行粲然如玉的牙齿，那唇角边两颗轻圆的笑涡，你能否认这“水晶的笑”四字的意义么？

青年是永远清洁的。为了爱整齐的观念特强，青年对于身体，当然时时拂拭，刻刻注意。然而青年身体里似乎天然有一种排除尘垢的力，正像天鹅羽毛之洁白，并非由于洗濯而来。又似乎古印度人想象中三十二天的天人，自然鲜洁如出水莲花，一尘不染。等到头上华萎，五官垢出，腋下汗流，身上那件光华夺目的宝衣也积了灰尘时，他的寿命就快告终了。

青年最富于爱美心。衣履的讲究，头发颜脸的涂泽，每天费许多光阴于镜里的徘徊顾影，追逐银幕和时装铺新奇的服装的热心，往往叫我们难以了解，或成了可怜悯的讽嘲。无论如何贫寒的家庭，若有一点颜色，定然聚集于女郎身上。这就是碧玉虽出自小家，而仍然不失其为碧玉的秘密。为了美，甚至可以忍受身体上的戕残，如野蛮人的文身穿鼻，过去妇女之缠足束腰。我有个窗友因面麻而请教外科医生，用药烂去一层面皮。三四十年前，青年妇女，往往就牙医无故拔除一牙而镶之以金，说笑时黄光灿露，可以增加不少的妩媚。于今我还听见许多人为了门牙之略欠整齐而拔去另镶的，血淋淋地也不怕痛。假如陆判官的换头术果然灵验，我敢断定必有无数女青年毫不迟疑地袒露其细细粉颈，而去欢迎他靴统子里抽出来那柄璋利如霜小匕首的。

青年是没有年龄高下之别的，也永远没有丑的，除非是真正的嫫母和戚施。记得我在中学读书时，眼中所见那群同学，不但大有美丑之分，而且竟有老少之别。凡那些皮肤粗黑些的，眉目庸蠢些的，身材高大些的，举止矜庄些的，总觉得她们生得太“出老”一点，猜测她们年龄时，总会将它提高若干岁。至于二十七八岁或三十一二的人——当时文风初开的内地学生年龄是有这样的在我们这些比较年轻的一群看来，竟是不折不扣的“老太婆”了。这样的“老太婆”还出来念什么书，活现世！轻薄些的同学的口角边往往会漏出了这样嘲笑。现在我看青年的眼光竟和从前大大不同了，媸妍胖瘦，当然还分辨得出，而什么“出老”的感觉，却已消灭于乌有之乡，无论他或她容貌如何，既然是青年，就要还他一份美，所谓“青春的美”。挺拔的身躯，轻轻的步履，通红的双颊，闪着青春之焰的眼睛，每个青年都差不多，所以看去年纪也差不多。从飞机下望大地，山陵原野都一样平铺着，没有多少高下隆洼之别，现在我对于青年也许是坐着飞机而下望的。哈，坐着年龄的飞机！

但是，青年之最可爱的还是他身体里那股淋漓元气，换言之，就是那股愈汲愈多，愈用愈出的精力。所谓“青年的液汁”，这真是个不舍昼夜滚滚其来的源泉，它流转于你的血脉，充盈于你的四肢，泛滥于你的全身，永远要求向上，永远要求向外发展。它可以使你造成博学，习成绝技，创造惊天动地的事业。青年是世界上的王，它便是青年王国拥有的一切财富。

当我带着书踱上讲坛，下望墨压压地一堂青年的时候，我的幻想，往往开出无数芬芳美丽的花：安知他们中间将来没有李白、杜甫、荷马、莎士比亚那样伟大的诗人么？安知他们中间，将来没有马可尼、爱迪生、居里夫人一般的科学家；朱子、王阳明、康德、斯宾塞一般的哲学家么？学经济的也许将来会成为一位银行界的领袖；学政治的也许就仗着他将中国的政治扶上轨道；学化学或机械的也许将来会发明许多东西，促成中国的工业化，现代化。也许他们中真有人能创无声飞机，携带什么不孕粉，到扶桑三岛巡礼一回，聊以答谢他们三年来赠送我们的这许多野蛮惨酷礼品的厚意。不过，我还是希望他们中间有人能向世界宣传中国优越的文化，和平的王道，向世界散布天下为公的福音，叫那些以相斫为高的刽子手们，初则眙愕相顾，继则心悦诚服……青年的前途是浩荡无涯的，是不可限量的，但能以致此，还不是靠着他们这“青年的精力”？

春是四季里的良辰，青年是人生的黄金时代。是春天，就该鸟语花香，风和日丽，但霪雨连绵，接连三四十日之久，气候寒冷得像严冬，等到放晴时，则九十春光，阑珊已尽，这样的春天岂非常有？同样，幼年多病，从药炉余鼎间逝去了寂寂的韶华；父母早亡，养育于不关痛痒者之手，像墙角的草，得不着阳光的温煦，雨露的滋润；生于寒苦之家，半饥半饱地挨着日子，既无好营养，又受不着好教育，这种不幸的青年，又何常不多？咳，这也是春天，这也是青年！

西洋文学多喜欢赞美青春歌颂青春，中国人是尚齿敬老的民族，虽然颇爱嗟卑叹老，却瞧不起青年。真正感觉青春之可贵，认识青春之意义的，似乎只有那个素有佻达文人之名的袁子才。他对美貌少年，辄喜津津乐道，有时竟教人于字里行间，嗅出浓烈的肉味。对于历史上少年成功者，他每再三致其倾慕之忱，而于少年美貌而又英雄如孙策其人者，向往尤切。以形体之完美为高于一切，也许有点不对，但这种希腊精神，却是中国传统思想里所难以找出的。他又主张少年的一切欲望都应当给以满足，满足欲望则必需要金钱，所以他竟高唱“宁可少时富，老来贫不妨”。这样大胆痛快的话，恐怕现在还有许多人为之吓倒吧。他永久羡着青春，《湖上杂咏》之一云：

葛岭花开三月天，游人来往说神仙，老夫心与游人异，不羡神仙羡少年。

说到神仙。又引起我的兴趣来了。中国人最羡慕神仙，自战国到宋以前一千数百年，帝皇、后妃、贵族、大官以及一般士庶，都鼓荡于这一股热潮中。中国人对修仙付过了很大的代价，抱了热烈的科学精神去试验，坚决的殉道精神去追求。前者仆而后者继，这个失败了，那个又重新来，唐以后这风气才算衰歇了些，然而神仙思想还盘踞于一般人潜意识界呢。

做神仙最大的目的，是返老还童和长生。换言之，就是保持青春于永久。现在医学界盛传什么恢复青春术，将黑猩猩，大猩猩，长臂猿的生殖腺移植人身，便可以收回失去的青春。不过这方法流弊很多，因所恢复的青春，仅能维持数年之久，过此则衰惫愈甚，好像是预支自己体中精力而用之，并没有多大便宜可占，因之尝试者似乎尚不踊跃。至于中国神仙教人炼的九转还丹，只有黍子大的一颗，度下十二重楼，便立刻脱胎换骨，而且从此就能与天地比寿，日月齐光了。有这样的好处，无怪乎许多人梦寐求之，为金丹送命也甘心了。

不过炼丹时既需要仙传的真诀，极大的资本，长久的时间，吃下去又有未做神仙先做鬼的危险，有些人也就不敢尝试。况且成仙有捷径也有慢法，拜斗踏罡，修真养性慢慢地熬去，功行圆满之日，也一样飞升。但这种修炼需要数十年至百余年不等，到体力天然衰老时，可不又惹起困难么？于是聪明的中国人又有什么“夺舍法”。学仙人在这时候推算得什么地方有新死的青年，便将自己的灵魂钻入其尸体，于是钟漏垂歇的衰翁，立刻便可以变成一个血气充盈的小伙子，这方法既简捷又不伤廉，因为它并没有伤害尸主之生命。

少时体弱多病，在凄风冷雨中度过了我的芳春，现在又感受早衰之苦。所以有时遇见一个玉雪玲珑的女孩，我便不免于中一动。我想假如我懂得夺舍法据这可爱身体而有之，我将怎样用她青年的精力而读书，而研究，而学习我以前未学现在想学而已嫌其晚的一切。便是娱乐，我也一定比她更会享受。这念头有点不良，我自己也明白，可是我既没有获得道家夺舍法之秘传，也不过是骗骗自己的空想而已。

中年人或老年人见了青年，觉得不胜其健羡之至，而青年却似乎不能充分地了解青春之乐。所谓“不识庐山真面目，只缘身在此山中”，谁说不是一条真理？好像我们称孩子的时代为黄金，其实孩子果真知道自己快乐么？他们不自知其乐，而我们强名之为乐，我总觉得这是不该的。

再者青年总是糊涂的，无经验的。以读书研究而论，他们往往不知门径与方法，浪费精神气力而所得无多。又血气正盛，嗜欲的拘牵，情欲的缠纠，冲动的驱策，野心的引诱，使他们陷于空想、狂热、苦恼、追求以及一切烦闷之中，如苍蝇之落于蛛网，愈挣扎则缚束愈紧。其甚者从此趋于堕落之途，及其觉悟则已老大徒悲了。若能以中年人的明智，老年人的淡泊，控制青年的精力，使它向正当的道路上发展，则青年的前途，岂不更远大，而其成功岂不更快呢。

仿佛记得英国某诗人有再来一次的歌，中年老年之希望恢复青春，也无非是这“再来一次”的意识之刺激罢了。祖与父之热心教育其子孙，何尝不是因为觉得自己老了，无能为力了，所以想利用青年的可塑性，将他们抟成一尊比自己更完全优美的活像。当他们教育青年学习时，凭自己过去的经验，授与青年以比较简捷的方法，将自己辛苦探索出来的路线，指导青年，免得他们再纡回曲折地乱撞。他们未曾实现的希望，要在后一代人身上实现，他们没有满足的野心，要叫后一代人来替他们满足。他们的梦，他们的愿望，他们奢侈的贪求，本来都已成了空花的，现在幻想在后代人头上收获其甘芳丰硕的果。因此，当他们勤勤恳恳地教导子孙时，如其说是由于慈爱，无宁说是出于自私，如其说是在替子孙打算，无宁说是自己慰安。这是另一种“夺舍法”，他们的生命是由此而延续，而生命的意义是靠此而完成的。

据说法朗士常恨上帝或造物的神造人的方法太笨：把青春位置于生命过程的最前一段，使人生最宝贵的爱情，磨折于生活重担之下。他说假如他有造人之权的话，他要选取虫类如蝴蝶之属做榜样。要它先在幼虫时期就做完各种可厌恶的营养工作，到了最后一期，男人女人长出闪光翅膀，在露水和欲望中活了一会儿，就相抱相吻地死去。读了这一串诗意的词句，谁不为之悠然神往呢。不止恋爱而已，想到可贵青春度于糊涂昏乱之中之可惜，对于法朗士的建议，我也要竭诚拥护的了。

不过宗教家也有这么类似的说法，像基督教就说凡是热心爱神奉侍神的人，受苦一生，到了最后的一刹那，灵魂便像蛾之自蛹中蜕出，脱离了笨重躯壳，栩栩然飞向虚空，浑身发出光明，出入水火，贯穿金石，大千世界无不游行自在，又获得一切智慧，一切满足，而且最要紧的是从此再不会死。这比起法朗士先生所说的一小时蝴蝶的生命不远胜么？有了这种信仰的人，对于人世易于萎谢的青春，正不必用其歆羡吧？

孤独是一种高贵[①]

◇ 刘烨园

刘烨园（1954—），中国现代作家。著有散文随笔集《忆简》、《途中的根》、《栈一冬的片断》、《领地》、《中年的地址》、《精神收藏》、《旧课本》等。

诸多文章常常误把孤单倾吐成孤独，然而它不是。似乎只有久久地体验过孤单与孤独不同的人，才能深悟二者的真谛。孤单是个人独处的一种“生态”形式，就人而言，它是物质的——即身体的，它的最高的精神活动，大抵止于思念。游子在外，远离故土，离别家人，其状态便是典型的孤单，有如离群的孤雁。想想当年告别都市，独在异乡的插队生涯，几乎每一个知青，都会有孤单的彻骨之感。原有的市井生活被隔断了，原来熟悉的一切消失了，身份改变了，环境陌生，语言陌生，生活习俗陌生，人也陌生，连自己也成了乡间的陌生的“异类”。理想在哪儿，抱负在哪儿，情调在哪儿，书籍在哪儿？于是孤单所固有的茫然感、无着落感、飘浮感、凄凉感、寂寞感，唐诗宋词里的落魄感、恐惧感、渺小感、虚无感便一一涌来，有如在黑夜中，举目无光。这是人远离同类、远离人群、无所依托的被抛弃被疏离被伤害的寒冷，从人性之根那儿升起的寒冷。而当我们说尼采孤独、鲁迅孤独、梭罗孤独时，就已经不是孤单了。它们不同质。

孤单有时是和孤独连在一起的。孤独在物质——身体上，也许呈现出孤单一人的生存形态，就像梭罗在瓦尔登湖独自搭起木屋，靠砍柴、钓鱼自食其力一样。

---

① 选自《向着太阳歌唱——青少年美德天地（修订版）》，徐传德主编，商务印书馆2007年版。

但更多的时候，孤独却是在熟悉的人群里，习惯了的故土上，家人环绕的天伦中。孤独是一种精神的存在之态，它远离了现实，超越了现实，是精神永远向上，不停地已经走得很远了的必然。它已经难以得到世俗的理解和认同了。起初也许“高处不胜寒”，但绝无恐惧，绝无寂寞，也绝无虚无、渺小等等低层次的人性之气。人的思绪和本质将渐渐征服“高处”的“独自”而豪迈和坦然。这时灵魂特别丰富，往事和历史特别亲切，尊严和信念特别坚定，情感和美特别纯粹；这时人心特别容易和人类永恒的真理及创造了这一切的大师和他们的书籍沟通，特别能够蔑视和可怜现实的卑琐无聊——和人类、时空、精神、生命相比，现实委实太渺小太短暂了。这时人心充满着过另一种生活的冲动和自信，像白云在远处、深处漫游和攀援；这时生活中的那个为生计为琐事而奔忙而恼怒的自己不存在了，人间烟火被忘记了，思路清晰，领悟力大增，灵感奇异，情欲难忘，判断深刻，周围环境杳然而去，你完全是你自己了，世界仿佛只余你自己……然而你又不是你自己，是所有血肉的化身，是一缕精神的量子。不管以后的日子将怎样，不管你还会做些什么，不管生活如何依旧，你已不是从前的那个你了。这是很丰富也很有力量的瞬间。似乎没有什么是你不可征服的，也似乎没有什么能再征服你。你倏然长大了，长壮了。你是自己又是“人”。你和人类在一起，和精神在一起，和纯粹和彻底在一起；你得到的体验、滋润、养育、信念、人格、强力、美好、深刻都是现实不能给予的，也是生活无法相抵的。你也许痛苦，但苦得美，苦得有价值有滋味有充实，是以后坚定的日子再生的前奏。你不再是那只装满了各个码头各条街道各种世俗灰尘的旅行包，你抖落了它们，还原了人的真谛——这时的孤独，一种高贵的质在熠熠闪亮。

不可弄混了涵义，不要贴错了标签，不能玷污了孤独——它可不是人人都会有的。那些把“孤独”诉说得那么无力那么苍白那么愁思如海的人不妨认真读读尼采、鲁迅、梭罗和罗丹、贝多芬、茨威格、克尔凯郭尔、帕斯捷尔纳克等等一切真正孤独的人的著作，他们并不孤单，永远和横亘在历史、现实、未来的血脉息息相连，源远流长。

孤单离孤独远着呢，也许一生也到不了。

孤单令人同情，使人理解，但很可怕，难以忍受；孤独给人底蕴，激人向往，充满希望和无限风光。这个世界，缺少的不是孤单，是孤独。它是优秀的标志和家园，犹如被污染的都市稀有的一角晴朗。

独处的充实[①]

◇ 周国平

怎么判断一个人究竟有没有他的“自我”呢？我可以提出一个检验的方法，就是看他能不能独处。当你自己一个人呆着时，你是感到百无聊赖，难以忍受呢，还是感到一种宁静、充实和满足？

对于有“自我”的人来说，独处是人生中的美好时刻和美好体验，虽则有些寂寞，寂寞中却又有一种充实。独处是灵魂生长的必要空间。在独处时，我们从别人和事务中抽身出来，回到了自己。这时候，我们独自面对自己和上帝，开始了与自己的心灵以及与宇宙中的神秘力量的对话。一切严格意义上的灵魂生活都是在独处时展开的。和别人一起谈古说今，引经据典，那是闲聊和讨论；唯有自己沉浸于古往今来大师们的杰作之时，才会有真正的心灵感悟。和别人一起游山玩水，那只是旅游；唯有自己独自面对苍茫的群山和大海之时，才会真正感受到与大自然的沟通。所以，一切注重灵魂生活的人对于卢梭的这话都会发生同感：“我独处时从来不感到厌烦，闲聊才是我一辈子忍受不了的事情。”这种对于独处的爱好与一个人的性格完全无关，爱好独处的人同样可能是一个性格活泼、喜欢朋友的人，只是无论他怎么乐于与别人交往，独处始终是他生活中的必

① 选自《画说哲学·精神的故乡》，周国平著，广东教育出版社1997年版。

需。在他看来，一种缺乏交往的生活当然是一种缺陷，一种缺乏独处的生活则简直是一种灾难了。

当然，人是一种社会性的动物，他需要与他的同类交往，需要爱和被爱，否则就无法生存。世上没有一个人能够忍受绝对的孤独。但是，绝对不能忍受孤独的人却是一个灵魂空虚的人。世上正有这样的一些人，他们最怕的就是独处，让他们和自己呆一会儿，对于他们简直是一种酷刑。只要闲了下来，他们就必须找个地方去消遣，什么卡拉OK舞厅啦，录相厅啦，电子娱乐厅啦，或者就找人聊天。自个儿呆在家里，他们必定会打开电视机，没完没了地看那些粗制滥造的节目。他们的日子表面上过得十分热闹，实际上他们的内心极其空虚，他们所做的一切都是为了想方设法避免面对面看见自己。对此我只能有一个解释，就是连他们自己也感觉到了自己的贫乏，和这样贫乏的自己呆在一起是顶没有意思的，再无聊的消遣也比这有趣得多。这样做的结果是他们变得越来越贫乏，越来越没有了自己，形成了一个恶性循环。

独处的确是一个检验，用它可以测出一个人的灵魂的深度，测出一个人对自己的真正感觉，他是否厌烦自己。对于每一个人来说，不厌烦自己是一个起码的要求。一个连自己也不爱的人，我敢断定他对于别人也是不会有多少价值的，他不可能有高质量的社会交往。他跑到别人那里去，对于别人只是一个打扰，一种侵犯。一切交往的质量都取决于交往者本身的质量。唯有在两个灵魂充实丰富的人之间，才可能有真正动人的爱情和友谊。我敢担保历史上和现实生活中找不出一个例子，能够驳倒我的这个论断，证明某一个浅薄之辈竟也会有此种美好的经历。

自画像[1]

◇ 蒙田

蒙田（1533—1592），法国思想家、散文家。

本人身材矮小粗壮，面部丰满而不臃肿。性情嘛，半开朗半忧郁，合乎多血质（多血质，古代生物学用语，属多血质的人可能有忧郁症）与激动之间。

“双腿、前胸，满布浓毛。”[2]身子结实，体魄强壮，虽则年事相当，但极少受疾病之苦。也许这是我暂时的情况，因为我正步入衰老之年，四十大寿早已过去了……

“年岁渐长，体魄日衰，盛年不再，暮境即来。”[3]今后的我，将不是完全的人，再不复是原来的我。我一天天消逝，已再不属于自己。“岁月之流，渐次将我们的一切带走。”[4]

我的身体状况与精神状态，二者十分相称。我并不活跃好动，但精力充沛、持久。我能吃苦耐劳，但只有我主动去接受劳苦生涯的时候是如此，只有我乐于去这样做的时候是如此。“乐然后不知艰辛。”[5]否则，倘若我不能被某种乐趣所吸引，倘若不是纯粹出于我个人的意愿，而是受别的什么支配，我就会一事无成。因为我

---

① 选自《蒙田随笔》，（法）蒙田著，梁宗岱、黄建华译，湖南人民出版社1987年版。

② 古罗马诗人马提雅尔的诗句。

③ 古罗马诗人、思想家卢克莱修的诗句。

④⑤ 古罗马诗人贺拉斯的诗句。

是这样的人：除了健康和生命能令我担忧之外，我是什么都不想去操心的，而且我也不愿意以身心之苦去换取任何东西。

“如果竟以此为代价，我宁愿不要那奔流入海的塔古斯河夹带而下的全部金沙。”[①]因为我性爱悠闲，而且十分喜欢无拘无束，我是有心要这样做的。

我尽量密切观察自己，眼睛不停地盯在自己身上，就像一个没有什么身外事的人那样。“不管北国谁家君主施威，不问底里达特王因何失势。”[②]我发现自己的懦弱和虚荣心好不容易才敢于直说出来。

我立足虚浮不稳，觉得会随时摇晃，失却平衡。我的目光无定，自感空腹，饭后却不一样。当我身强体壮或是风光明媚的时候，我便和颜悦色、喜气扬眉。但如果我的脚上长了鸡眼，我就会愁眉苦脸，对人不予理会。

同一匹马的步伐，有时我觉得沉重，有时则觉得轻快。同一段路这一回我觉得很短，另一回我又觉得很长。同一样事物，有时觉得有趣，有时则感到乏味。某个时候我什么都能够做，换另一个时候我什么都做不了。今天我认为那是乐趣，明天也可能变成烦恼。

千种易变无常的行为，万般反复不定的思绪，集于我一人之身。我既郁郁寡欢又暴跳如雷。有时是愁肠百结，不能自已，有时却满怀欢畅。某一时候我捧起书本，读到某些段落，会觉得美妙之极，激起内心的波澜，换一个时候再读这些段落，不管我如何反复翻阅，如何琢磨，我总觉得晦涩难懂，兴味索然。

即使就我自己所写的东西来说吧，我也有许多时候体会不出原先的想法。我不知道自己想说的是什么，我打算修改一下，加进一点新的意思，往往弄得更糟，以致失掉了原来较丰富的含义。

我不断前进，复又折回，反反复复。我的思想总不能笔直前行，它飘忽无定，东游西串。“宛如大海上一叶扁舟，在狂怒的风暴中漂流。”[③]

任何人只要像我那样观察自己，在谈及本人的时候，都会说出差不多类似的话来的。

---

① 古罗马诗人尤维纳利斯的诗句。

② 古罗马诗人贺拉斯的诗句。

③ 古罗马诗人卡图卢斯的句子。

《诗人反抗战争》　　麦绥莱勒（1920）

“每个人的生命史就是他自己的作品”。生命可以是情趣丰富的，也可以是情趣干枯的，游戏、美食、旅行、音乐、阅读种种种种都是生命珠链中晶莹剔透、珠圆玉润的明珠，自由快乐、酣畅淋漓、溢彩流光……在日益喧嚣浮躁的年代，让我们学会放慢匆匆的脚步，倾听潺潺流淌的心泉，关注路边的拙石枯木，体验身旁每一处曼妙的风景，和自己最喜爱的作家心灵相约，欣赏和品味自己与他人的人生，让我们的生命因此变得更加丰盈而瑰丽、斯文而高贵。

慢慢走，欣赏啊！

第二章

慢慢走，欣赏啊

十八岁出门远行[①]

◇ 余华

余华 （1960—），中国大陆先锋派小说代表人物。著有短篇小说集《十八岁出门远行》、《世事如烟》和长篇小说《活着》、《兄弟》、《许三观卖血记》等。

柏油马路起伏不止，马路像是贴在海浪上。我走在这条山区公路上，我像一条船。这年我十八岁，我下巴上那几根黄色的胡须迎风飘飘，那是第一批来这里定居的胡须，所以我格外珍重它们，我在这条路上走了整整一天，已经看了很多山和很多云。所有的山所有的云，都让我联想起了熟悉的人。我就朝着它们呼唤他们的绰号，所以尽管走了一天，可我一点也不累。我就这样从早晨里穿过，现在走进了下午的尾声，而且还看到了黄昏的头发。但是我还没走进一家旅店。我在路上遇到不少人，可他们都不知道前面是何处，前面是否有旅店。他们都这样告诉我："你走过去看吧。"我觉得他们说的太好了，我确实是在走过去看。可是我还没走进一家旅店。我觉得自己应该为旅店操心。我奇怪自己走了一天竟只遇到一次汽车。那时是中午，那时我刚刚想搭车，但那时仅仅只是想搭车，那时我还没为旅店操心，那时我只是觉得搭一下车非常了不起。我站在路旁朝那辆汽车挥手，我努力挥得很潇洒。可那个司机看也没看我，汽车和司机一样，也是看也没看，在我眼前一闪就他妈的过去了。我就在汽车后面拼命地追了一阵，我这样做只是为了高兴，因为那时我还没有为旅店操

① 选自《十八岁出门远行》，余华著，作家出版社1989年版。

心。我一直追到汽车消失之后，然后我对着自己哈哈大笑，但是我马上发现笑得太厉害会影响呼吸，于是我立刻不笑。接着我就兴致勃勃地继续走路，但心里却开始后悔起来，后悔刚才没在潇洒地挥着手里放一块大石子。现在我真想搭车，因为黄昏就要来了，可旅店还在它妈肚子里，但是整个下午竟没再看到一辆汽车。要是现在再拦车，我想我准能拦住。我会躺到公路中央去，我敢肯定所有的汽车都会在我耳边来个急刹车。然而现在连汽车的马达声都听不到。现在我只能走过去看了，这话不错，走过去看。公路高低起伏，那高处总在诱惑我，诱惑我没命奔上去看旅店，可每次都只看到另一个高处，中间是一个叫人沮丧的弧度。尽管这样我还是一次一次地往高处奔，次次都是没命地奔。眼下我又往高处奔去。这一次我看到了，看到的不是旅店而是汽车。汽车是朝我这个方向停着的，停在公路的低处。我看到那个司机高高翘起的屁股，屁股上有晚霞。司机的脑袋我看不见，他的脑袋正塞在车头里。那车头的盖子斜斜翘起，像是翻起的嘴唇。车箱里高高堆着箩筐，我想着箩筐里装的肯定是水果。当然最好是香蕉。我想他的驾驶室里应该也有，那么我一坐进去就可以拿起来吃了，虽然汽车将要朝我走来的方向开去，但我已经不在乎方向。我现在需要旅店，旅店没有就需要汽车，汽车就在眼前。我兴致勃勃地跑了过去，向司机打招呼："老乡，你好。"司机好像没有听到，仍在弄着什么。"老乡，抽烟。"这时他才使了使劲，将头从里面拔出来，并伸过来一只黑乎乎的手，夹住我递过去的烟。我赶紧给他点火。他将烟叼在嘴上吸了几口后，又把头塞了进去。于是我心安理得了，他只要接过我的烟，他就得让我坐他的车。我就绕着汽车转悠起来，转悠是为了侦察箩筐的内容。可是我看不清，便去使用鼻子闻，闻到了苹果味，苹果也不错，我这样想。不一会他修好了车，就盖上车盖跳了下来。我赶紧走上去说："老乡，我想搭车。"不料他用黑乎乎的手推了我一把，粗暴地说："滚开。"我气得无话可说，他却慢悠悠地打开车门钻了进去，然后发动机响了起来。我知道要是错过这次机会，将不再有机会。我知道现在应该豁出去了。于是我跑到另一侧，也拉开车门钻了进去。我准备与他在驾驶室里大打一场。我进去时首先是冲着他吼了一声："你嘴里还叼着我的烟。"这时汽车已经活动了。然而他却笑嘻嘻地十分友好地看起我来，这让我大惑不解。他问："你上哪？"我说："随便上哪。"他又亲切地问："想吃苹果吗？"他仍然看着我。"那还用问。""到后面去拿吧。"他把汽车开得那么快，我敢爬出驾驶室爬到后面

去吗？于是我就说：“算了吧。”他说：“去拿吧。”他的眼睛还在看着我。我说：“别看了，我脸上没公路。”他这才扭过头去看公路了。汽车朝我来时的方向驰着，我舒服地坐在座椅上，看着窗外，和司机聊着天。现在我和他已经成为朋友了。我已经知道他是在个体贩运。这汽车是他自己的，苹果也是他的。我还听到了他口袋里面钱儿叮当响。我问他：“你到什么地方去？”他说：“开过去看吧。”这话简直像是我兄弟说的，这话可多亲切。我觉得自己与他更亲近了。车窗外的一切应该是我熟悉的，那些山那些云都让我联想起来了另一帮熟悉人来了，于是我又叫唤起另一批绰号来了。现在我根本不在乎什么旅店，这汽车这司机这座椅让我心安而理得。我不知道汽车要到什么地方去，他也不知道。反正前面是什么地方对我们来说无关紧要，我们只要汽车在驰着，那就驰过去看吧。可是这汽车抛锚了，那个时候我们已经是好得不能再好的朋友了。我把手搭在他肩上，他把手搭在我肩上。他正在把他的恋爱说给我听，正要说第一次拥抱女性的感觉时，这汽车抛锚了。汽车是在上坡时抛锚的，那个时候汽车突然不叫唤了，像死猪那样突然不动了。于是他又爬到车头上去了，又把那上嘴唇翻了起来，脑袋又塞了进去。我坐在驾驶室里，我知道他的屁股此刻肯定又高高翘起，但上嘴唇挡住了我的视线，我看不到他的屁股，可我听得到他修车的声音。过了一会他把脑袋拔了出来，把车盖盖上。他那时的手更黑了，他把脏手在衣服上擦了又擦，然后跳到地上走了过来。“修好了？”我问。“完了，没法修了。”他说。我想完了，“那怎么办呢？”我问。“等着瞧吧。”他漫不经心地说。我仍在汽车里坐着，不知该怎么办。眼下我又想起什么旅店来了。那个时候太阳要落山了，晚霞则像蒸气似的在升腾。旅店就这样重又来到了我脑中，并且逐渐膨胀，不一会便把我的脑袋塞满了。那时我的脑袋没有了，脑袋的地方长出了一个旅店。司机这时在公路中央做起了广播操，他从第一节做到最后一节，做得很认真。做完又绕着汽车小跑起来。司机也许是在驾驶室里呆得太久，现在他需要锻炼身体了。看着他在外面活动，我在里面也坐不住，于是，打开车门也跳了下去。但我没做放手操也没小跑。我在想着旅店和旅店。这个时候我看到坡上有五个骑着自行车下来，每辆自行车后座上都用一根扁担绑着两只很大的箩筐，我想他们大概是附近的农民，大概是卖菜回来。看到有人下来，我心里十分高兴，便迎上去喊道："老乡，你们好。"那五个骑到我跟前时跳下了车，我很高兴地迎了上去，问："附近有旅店吗？"他们没有回答，而是问我："车上装的是什么？"我说："是苹果。"他们五人推着自行车走到汽车旁，有两个人爬到了汽车上，接着就翻下来十筐苹果，下面三个人把筐盖掀开往他们自己的筐里倒。我一时间还不知道发生了什么，那情景让我目瞪口呆。我明白过来就冲了上去，责问："你们要干什么？"他们谁也没理睬我，继续倒苹果。我上去抓住其中一个人的手喊道："有人抢苹果啦！"这时有一只拳头朝我鼻子上狠狠地揍来了，我被打出几米远。爬起来用手一摸，鼻子软塌塌地不是贴着而是挂在脸上了，鲜血像是伤心的眼泪一样流。可当我看清打我的那个身强力壮的大汉时，他们五人已经跨上自行车骑走了。司机此刻正在慢慢地散步，嘴唇翻着大口喘气，他刚才大概跑累了。他好像一点也不知道刚才的事。我朝他喊："你的苹果被抢走了！"可他根本没注意我在喊什么，仍在慢慢地散步。我真想上去揍他一拳，也让他的鼻子挂起来。我跑过去对着他的耳朵大喊："你的苹果被抢走了。"他这才转身看了我起来，我发现他的表情越来越高兴，我发现他是在看我的鼻子。

这时候，坡上又有很多人骑着自行车下来了，每辆车后都有两只大筐，骑车的人里面有一些孩子。他们蜂拥而来，又立刻将汽车包围。好些人跳到汽车上面，于是装苹果的箩筐纷纷而下，苹果从一些摔破的筐中像我的鼻血一样流了出来。他们都发疯般往自己筐中装苹果。才一瞬间工夫，车上的苹果全到了地下。那时有几辆手扶拖拉机从坡上隆隆而下，拖拉机也停在汽车旁，跳下一帮大汉开始往拖拉机上装苹果，那些空了的箩筐一只一只被扔了出去。那时的苹果已经满地滚了，所有人都像蛤蟆似的蹲着捡苹果。我是在这个时候奋不顾身扑上去的，我大声骂着："强盗！"扑了上去。于是有无数拳脚前来迎

《十八岁出门远行》是余华的成名作。余华在告诉我们，十八岁走向社会之后，这个社会虽然有时那么可怕，但有时又是那么可爱，这些都不重要。重要的是年轻的我们要清楚地知道我们需要什么，这样我们才能自由地接近真实。

接，我全身每个地方几乎同时挨了揍。我支撑着从地上爬起来时，几个孩子朝我击来苹果。苹果撞在脑袋上碎了，但脑袋没碎。我正要扑过去揍那些孩子，有一只脚狠狠地踢在我腰部。我想叫唤一声，可嘴巴一张却没有声音。我跌坐在地上，我再也爬不起来了，只能看着他们乱抢苹果。我开始用眼睛去寻找那司机，这家伙此刻正站在远处朝我哈哈大笑，我便知道现在自己的模样一定比刚才的鼻子更精彩了。那个时候我连愤怒的力气都没有了。我只能用眼睛看着这些使我愤怒极顶的一切。我最愤怒的是那个司机。坡上又下来了一些手扶拖拉机和自行车，他们也投入到这场浩劫中去。我看到地上的苹果越来越少，看着一些人离去和一些人来到。来迟的人开始在汽车上动手，我看着他们将车窗玻璃卸了下来，将轮胎卸了下来，又将木板橇了下来。轮胎被卸去后的汽车显得特别垂头丧气，它趴在地上。一些孩子则去捡那些刚才被扔出去的箩筐。我看着地上越来越干净，人也越来越少。可我那时只能看着了，因为我连愤怒的力气都没有了。我坐在地上爬不起来，我只能让目光走来走去。现在四周空荡荡了，只有一辆手扶拖拉机还停在趴着的汽车旁。有几个人在汽车旁东瞧西望，是在看看还有什么东西可以拿走。看了一阵后才一个一个爬到拖拉机上，于是拖拉机开动了。这时我看到那个司机也跳到拖拉机上去了，他在车斗里坐下来后还在朝我哈哈大笑。我看到他手里抱着的是我那个红色的背包。他把我的背包抢走了。背包里有我的衣服和我的钱，还有食品和书。可他把我的背包抢走了。我看着拖拉机爬上了坡，然后就消失了，但仍能听到它的声音，可不一会连声音都没有了。四周一下了寂静下来，天也开始黑下来。我仍在地上坐着，我这时又饥又冷，可我现在什么都没有了。我在那里坐了很久，然后才慢慢爬起来，我爬起来时很艰难，因为每动一下全身就剧烈地疼痛，但我还是爬了起来。我一拐一拐地走到汽车旁边。那汽车的模样真是惨极了，它遍体鳞伤地趴在那里，我知道自己也是遍体鳞伤了。天色完全黑了，四周什么都没有，只有遍体鳞伤的汽车和遍体鳞伤的我。我无限悲伤地看着汽车，汽车也无限悲伤地看着我。我伸出手去抚摸了它。它浑身冰凉。那时候开始起风了，风很大，山上树叶摇动时的声音像是海涛的声音，这声音使我恐惧，使我也像汽车一样浑身冰凉。我打开车门钻了进去，座椅没被他们撬去，这让我心里稍稍有了安慰。我就在驾驶室里躺了下来。我闻到了一股漏出来的汽油味，那气味像是我身内流出的血液的气味。外面风越来越大，但我躺在座椅上开始感到暖和一点了。我感到这汽车虽然遍体鳞伤，可它心窝还是健全的，还是暖和的。我知道自己的心窝也是暖和的。我一直在寻找旅店，没想到旅店你竟在这里。我躺在汽车的心窝里，想起了那么一个晴朗温和的中午，那时的阳光非常美丽。我记得自己在外面高高兴兴地玩了半天，然后我回家了，在窗外看到父亲正在屋内整理一个红色的背包，我扑在窗口问："爸爸，你要出门？"父亲转过身来温和地说："不，是让你出门。""让我出门？""是的，你已经十八了，你应该去认识一下外面的世界了。"后来我就背起了那个漂亮的红背包，父亲在我脑后拍了一下，就像在马屁股上拍了一下。于是我欢快地冲出了家门，像一匹兴高采烈的马一样欢快地奔跑了起来。

窃读记[①]

◇ 林海音

林海音 （1918—2001），著名作家。作品有《城南旧事》、《作客美国》、《林海音自选集》、《林海音童话集》等。

转过街角，看见三阳春的冲天招牌，闻见炒菜的香味，听见锅勺敲打的声音，我松了一口气，放慢了脚步。下课从学校急急赶到这里，身上已经汗涔涔的，总算到达目的地——目的地可不是三阳春，而是紧邻它的一家书店。

我趁着漫步给脑子一个思索的机会："昨天读到什么地方了？那女孩不知以后嫁给谁？那本书放在哪里？左角第三排，不错。……"走到三阳春的门口，便可以看见书店里仍像往日样地挤满了顾客，我可以安心了。但是我又担忧那本书会不会卖光了，因为一连几天都看见有人买，昨天好像只剩下一两本了。

我跨进书店门，暗喜没人注意。我踮起脚尖，使矮小的身体挨蹭过别的顾客和书柜的夹缝，从大人的腋下钻过去，哟，把头发弄乱了，没关系，我到底挤到里边来了。在一片花绿封面的排列队里，我的眼睛过于急忙地寻找，反而看不到那本书的所在。从头来，再数一遍，啊！它在这里，原来不是在昨天那位置了。

我庆幸它居然没有被卖出去，仍四平八稳地躺在书架上，专候我的光临。我多么高兴，又多么渴望地伸手去拿，但和我的同时抵达的，还有一双巨掌，十个手

---

① 选自《新语文读本·小学卷》，王尚文、曹文轩、方卫平主编，广西教育出版社2002年版。

指大大地分开来，压住了那本书的整个："你到底买不买？"

声音不算小，惊动了其他顾客，他们全部回过头来，面向着我。我像一个被捉到的小偷，羞惭而尴尬，涨红了脸。我抬起头，难堪地望着他——那书店的老板，他威风凛凛地俯视着我。店是他的，他有全部的理由用这种声气对待我。我用几乎要哭出来的声音，悲愤地反抗了一句："看看都不行吗？"其实我的声音是多么软弱无力！

在众目睽睽下，我几乎是狼狈地跨出了店门，脚跟后面紧跟着的是老板的冷笑："不是一回了！"不是一回了？那口气对我还算是宽容的，仿佛我是一个不可以再原谅的惯贼。但我是偷窃了什么吗？我不过是一个无力购买而又渴望读到那本书的穷学生！

曾经有一天，我偶然走过书店的窗前，窗前刚好摆了几本慕名很久而无缘一读的名著，欲望推动着我，不由得走进书店，想打听一下它的价钱。也许是我太矮小了，不引人注意，竟没有人过来招呼，我就随便翻开一本摆在长桌上的书，慢慢读下去，读了一会儿仍没有人理会，而书中的故事已使我全神贯注，舍不得放下了。直到好大工夫，才过来一位店员，我赶忙合起书来递给他看，煞有其事似的问他价钱，我明知道，任何便宜价钱对于我都是枉然的，我绝没有多余的钱去买。

但是自此以后，我得了一条不费一文钱读书的门径。下课后急忙赶到这条"文化街"，这里书店林立，使我有更多的机会。

读书的时光总是很快乐。

一页，两页，我如饥饿的瘦狼，贪婪地吞读下去，我很快乐，也很惧怕，这种窃读的滋味！有时一本书我要分别到几家书店去读完，比如当我

觉得当时的环境已不适宜我再在这家书店站下去的话，我便要知趣地放下书，若无其事地走出去，然后再走入另一家。

我希望到顾客正多着的书店，就是因为那样可以把矮小的我挤进去，而不致被人注意。偶然进来看书的人虽然很多，但是像我这样常常光顾而从不买一本的，实在没有。因此我要把自己隐藏起来，真是像个小偷似的。有时我贴在一个大人的身边，仿佛我是与他同来的小妹妹或者女儿。

最令人开心的是下雨天，感谢雨水的灌溉，越是倾盆大雨我越高兴，因为那时我便有充足的理由在书店呆下去。好像躲雨人偶然避雨到人家的屋檐下，你总不好意思赶走吧？我有时还要装着皱着眉头不时望着街心，好像说：“这雨，害得我回不去了。”其实，我的心里是怎样高兴地喊着：“再大些！再大些！”

但我也不是读书能够废寝忘食的人，当三阳春正上座，飘来一阵阵炒菜香时，我也饿得饥肠辘辘，那时我也不免要做个白日梦：如果袋中有钱该多么好？到三阳春吃碗热热的排骨大面，回来这里已经有人给摆上一张弹簧沙发，坐上去舒舒服服地接着看。我的腿真够酸了，交替着用一条腿支持另一条，有时忘形地撅着屁股依赖在书柜旁，以求暂时的休息。明明知道回家还有一段路程要走，可是求知的欲望这么迫切，使我舍不得放弃任何捉住的窃读机会。

为了解决肚子的饥饿，我又想出了一个好办法：临时买上两个铜板（两个铜板或许有）的花生米放在制服口袋里，当智慧之田丰收，而胃袋求救的时候，我便从口袋里掏出花生米来救急。要注意的是花生皮必须留在口袋里，回到家把口袋翻过来，细碎的花生皮便像雪花样地飞落下来。

但在这次屈辱之后，我的小心灵确受了创伤，我的因贫苦而引起的自卑感再次地犯发，而且产生了对人类的仇恨。有一次刚好读到一首真像为我写照的小诗时，更增加了我的悲愤。那小诗是一个外国女诗人的手笔，我曾抄录下来，贴在床前，伤心地一遍遍读着。小诗说：

我看见一个眼睛充满热烈希望的小孩，
在书摊上翻开一本书来，
读时好似想一口气念完。
摆书摊的人看见这样，

我看见他很快地向小孩招呼：
“你从来没有买过书，
所以请你不要在这里看书。”
小孩慢慢地踱着叹口气，
他真希望自己从来没有认过字母，
他就不会看这老东西的书了。
穷人有好多苦痛，
富的永远没有尝过。
我不久又看见一个小孩，
他脸上老是有菜色，
那天最少是没有吃过东西——
他对酒店的冻肉用眼睛去享受。
我想着这个小孩情形必定更苦，
这么饿着，想着，这样一个便士也没有。
对着烹得精美的好肉空望，
他免不了希望他生来没有学会吃东西。

我不再去书店，许多次我经过文化街都狠心咬牙地走过去。但一次，两次，我下意识地走向那熟悉的街，终于有一天，求知的欲望迫使我再度停下来，我仍愿一试，因为一本新书的出版广告，我从报上知道好多天了。

我再施惯技，又把自己藏在书店的一角。当我翻开第一页时，心中不禁轻轻呼道：“啊！终于和你相见！”这是一本畅销书，那么厚厚的一册，拿在手里，看在眼里，多够分量！受了前次的教训，我更小心地不敢贪婪，多串几家书店更妥当些，免得再遭遇到前次的难堪。

每次从书店出来，我都像喝醉了酒似的，脑子被书中的人物所扰，踉踉跄跄，走路失去控制的能力。“明天早些来，可以全部看完了。”我告诉自己。想到明天仍可以占有书店的一角时，被快乐激动的忘形之躯，便险些撞到树干上去。

可是第二天走过几家书店都看不见那本书时，像在手中正看得起劲的书被人抢去一样，我暗暗焦急，并且诅咒地想：皆因没有钱，我不能占有读书的全部快乐，世上有钱的人这样多，他们把书买光了。

我惨淡无神地提着书包，抱着绝望的心情走进最末一家书店。昨天在这里看书时，已经剩下最后一册了，可不是，看见书架上那本书的位置换了另外的书，心整个沉下了。

正在这时，一个耳朵架着铅笔的店员走过来了，看那样子是来招呼我的（我多么怕受人招待），我慌忙把眼睛送上了书架，装作没看见。但是一本书触着我的胳膊，轻轻地送到我的面前："请看吧，我多留了一天没有卖。"

啊，我接过书害羞得不知应当如何对他表示我的感激，他却若无其事地走开了。被冲动的情感，使我的眼光久久不能集中在书本上。

当书店的日光灯忽地亮了起来，我才觉出站在这里读了两个钟点了。我合上最后一页——咽了一口唾沫，好像所有的智慧都被我吞食下去了。然后抬头找寻那耳朵上架着铅笔的人，好交还他这本书。在远远的柜台旁，他向我轻轻地点点头，表示他已经知道我看完了，我默默地把书放回书架上。

我低着头走出去，黑色多皱的布裙被风吹开来，像一把支不开的破伞，可是我浑身都松快了。摸摸口袋里是一包忘记吃的花生米，我拿一粒花生米送进嘴里，忽然想起有一次国文先生鼓励我们用功的话：

"记住，你是吃饭长大，也是读书长大的！"

但是今天我发现这句话还不够用，它应当这么说：

"记住，你是吃饭长大，读书长大，也是在爱里长大的！"

童年游戏[①]

◇ 陈村

陈村 （1954—），当代作家。著有《陈村文集》（4卷）、《走通大渡河》等。

看着今天的孩子，我总会生出一点儿怜悯。他们不光缺少玩儿的时间，就是玩儿起来也很可怜。他们和机器玩儿，和从来没活过的玩具动物玩儿。他们很少气喘吁吁，大笑大叫。他们经不起输，更谈不上输得颇有风度。人本来是应该和人玩儿的，和活物玩儿。电视屏幕上的动物，即使是叫人开心的唐老鸭，毕竟不给人以实物感。

遥想我们小时候，那真是非常快乐。当一名上海弄堂里的“野蛮小鬼”味道实在好极了。这会儿，眼看着许多颇有情趣的玩儿法即将失传，实在叫人非常痛心。

那时，最基本的游戏是捉人，好人坏人（或称官兵强盗，不过这是书面语）。说起来倒是当坏人有趣，可以逃得背井离乡，鸡飞狗跳，什么样的黑暗肮脏的地方也敢钻进去爬出来。当好人实在很辛苦，遍地找寻着坏人，鸡窝也要伸个头过去闻一闻。这种游戏通常总是闹得不欢而散。坏人逃得飞快，好人没法追上，便在后面独自耍起赖来。假如用一点儿计，便能将坏人赶进伏击圈。撕打挣扎是免不了的，但坏人的最终义务是举手投降，手臂后折，被好人神气活现地押回弄堂。有时还要审上一审，强迫他供出同伙的隐匿所。这时，坏人往往成了叛徒（因为不成叛徒就没法玩儿了）。叛徒们个个兴高

① 选自《陈村亲情美文》，陈村著，广东人民出版社1999年版。

采烈，比好人更起劲地去捉拿自己的同党。这种游戏对精力过剩的孩子特别合适。

文雅些的是打弹子。男孩的口袋里总有几个彩色玻璃球，随时随地打起来，这是对“眼火”的考验。手上的准头好，便可一赢再赢，只是赢来的弹子上都是“麻皮”，很不光洁。打弹子时，经常将手在泥地上搓一搓，不知是因为手汗还是为了运气。于是，这项运动成为所有的大人们深恶痛绝的不卫生的游戏。

打弹子分为两种，通常以击中对方为赢。另一种复杂些，叫做“眯老×洞”（童言无忌）。预先挖好若干小洞，然后一个洞一个洞地打，以首先进完所有的洞者为胜。其实，这是小型的高尔夫球。一旦放大了，由外国人玩儿，挥动镶银的高尔夫球杆玩儿，身价就大不同了，要花多少万美元去当一个会员。可玩儿来玩儿去，不也就是进进洞么？

更高级的是打康乐球，和今天的打台球比较接近。枪法准的人可以将“排子”一枪光，手势潇洒。不过，这是需要花钱的游戏，不很普及。

同样要花钱的还有打乒乓，八分钱打一个小时。还有，八分钱游一小时泳。从池子里极不乐意地爬起来（再不起来要罚款了，教练用圈的竹竿套你的头，把你按到水里，叫你吃水），将游泳裤顶在头上，赤着膊在骄阳下走回家去，觉得腋下特别光滑。人晒得黝黑，屁股就显得雪白。夏天的野小鬼总是黑黑的。赤着脚溜出家门，去哪里偷偷抽一根篱笆，将面筋粘在梢上，结伙去粘知了。柏油晒化了，烫得一跳一跳地走，脚上粘着一层黑色。不捉知了就去捉金乌虫，去捉皮虫，去捡电车票，捡捧冰的棒头。

每隔一阵会出现新玩儿法。打腻了弹子就弹橡皮筋，弹中为胜。用纸折成长条子，一二三四地在手里翻动，最后伸出食中两指在空中猛地夹住（有种玩儿法必须只叼住一张）。还有飞香烟牌子。香烟壳子也是好东西，红牡丹绿牡丹十分金贵。那时没有万宝路，否则可以值许多。在孩子的眼中没有废物，几段烂木头也是好东西，可以玩儿个半天一天。

男孩儿最好的玩具是弹弓，这是家长们心惊肉跳的东西，最简单的只须在左手的食指和拇指间套根橡皮筋，上课时用纸折的子弹去弹同学的后脑勺（绝对不敢弹老师）。讲究一些的要用粗粗的铅丝，橡皮筋二三十根，成组地对称地一环套一环地延伸，中间是一块牛皮。子弹不再是纸，用泥巴搓成球，在煤炉下烤烤。这样的子弹可以弹死麻雀，可以将门牌上的搪瓷弹脱。当然，弹人是很危险的，弹中眼睛后果不堪设想。不过，我知道的弹弓无计其数，并没听见过把谁的眼睛给弹瞎了，可见即便是孩子也知道节制。最好听的是弹玻璃窗，乒乓一声，祸就闯下了。如果没逃走或没赖掉，晚上挨打是免不了的。

弹弓是男孩子的游戏。

冬天的孩子穿得都很单薄，一般也就是一套卫生衫裤。冷了可以斗鸡，支起一条腿，用膝盖相互撞击。可以跳山羊，一直跳到“小包头”和“大包头”，边跳边叫当山羊的孩子“头咬卵”。冬天还可以抽贱骨头（陀螺），鞭子总是消耗得很快，越抽越短，就偷来母亲的裤带再抽。贱骨头上涂它一点红，转起来就红了一圈。也可以斗，让它们像蟋蟀一样对打。所有的游戏都要一点体力，都有输赢和竞争。从进贡电车票到刮鼻子弹耳朵皮，赌起来不算破费。赌具也很简陋，被家长没收算不上很大的损失。何况有时是无法没收的。例如男子比谁尿得高，这真是“天生我材必有用”。

树上的桑子和白果可以白吃。树上的“元宝”和“黄鱼籽”可以对掷。树叶的梗可以斗（那种酱色的老梗称为“老将”）。丝草可以用来引蟋蟀。最可恶的是五爪的蟋蟀，是蟋蟀中的残疾人，据说它斗起来十分拼命，一旦被发现立即处死。蟋蟀和盆有说不尽的讲究。一条弄堂一条弄堂地斗。赢是赢一个光荣，没什么物质利益，一旦胜利，整条弄堂的男孩儿都趾高气扬。蟋蟀输了就被关进集中营，那里有许多“败鬼蟀”。败了，往天上扔三下（俗称“掼三掼”），据说再去斗就又能开牙了。金铃子是用来听的。而“油葫芦”即不中看又不中听，粗胚，没人喜欢。

男孩儿和女孩儿一般玩儿不到一起，否则会唱出“介许多萝卜夹了一块肉，酱油蘸蘸肉丝炒咸菜”的童谣。那时的女孩儿常常跳橡皮筋，一直可以跳到“一举手”之高，韧带是很松的。也跳绳，一个接一个的“双飞”，令人眼花缭乱，叫人在一旁数得没有耐性。再就是踢毽子，家中找出个铜板，叫弟弟去公鸡的尾巴上拔几根花羽毛，将毽子踢得身前身后飞舞。课间休息的时候，她们拿出麻将牌，在老师的讲台上玩儿抓麻将，手指是那么灵活。

现在，每当我走进弄堂，会诧异孩子们都到哪里去了。很少能看见捉对厮杀舞枪弄剑的场面。现在，没有钱是玩儿不了的。没有人养蚕养鸡鸭鹅养蝌蚪了。现在的孩子被一扇扇家门分隔了，被作业和课外的艺术活动分割了。他们的手不再乌黑，口袋里不再藏着各种不伦不类的东西。他们很少闯祸。他们只有纸上的竞争。孩子们无疑比过去听话多了。他们不再聚集起来玩儿上一玩儿。走进弄堂，倒是听见大人在玩儿，大人不必考试也不必去想将来。大人一桌一桌地坐着，坐得端端正正，就像四块麻将。

一代孩子有一代孩子的童年。我曾在晒台上将童年的风筝放向天空，那块简陋的“屁股帘子”是我的幸福。想起它，耳边就传来木拖板的声音，它为昔日的上海打着节奏。

五味[1]

◇ 汪曾祺

汪曾祺（1920—1998），现当代著名小说家、文学家。代表作有《大淖记事》、《骑兵列传》、《受戒》等。

山西人真能吃醋！几个山西人在北京下饭馆，坐定之后，还没有点菜，先把醋瓶子拿过来，每人喝了三调羹醋。邻坐的客人直瞪眼。有一年我到太原去，快过节了。别处过春节，都供应一点好酒，太原的油盐店却都贴出一个条子："供应老陈醋，每户一斤"。这在山西人是大事。

山西人还爱吃酸菜，雁北尤甚。什么都拿来酸，除了萝卜白菜，还包括杨树叶子，榆树钱儿，有人来给姑娘说亲，当妈的先问，那家有几口酸菜缸，酸菜缸多，说明家底子厚。

辽宁人爱吃酸菜白肉火锅。

北京人吃羊肉酸菜汤下杂面。

福建人、广西人爱吃酸笋，我和贾平凹在南宁，不爱吃招待所的饭，到外面瞎吃。平凹一进门，就叫："老友面！""老友面"者酸笋肉丝氽汤下面也，不知道为什么叫做"老友"。

傣族人也爱吃酸。酸笋炖鸡是名菜。

延庆山里夏天爱吃酸饭。把好好的饭焐酸了，用井拔凉水一和，呼呼地就下去了三碗。

都说苏州菜甜，其实苏州菜只是淡，真正甜的是无锡，无锡炒鳝糊放那么多糖！包子的肉馅里也放很多

① 选自《旅食集》，汪曾祺著，广东旅游出版社1992年版。

糖，没法吃！

四川夹沙肉用大片肥猪肉夹了洗沙蒸，广西芋头扣肉用大片肥猪肉夹芋泥蒸，都极甜，很好吃，但我最多只能吃两片。

广东人爱吃甜食，昆明金碧路有一家广东人开的甜品店，卖芝麻糊、绿豆沙，广东同学趋之若鹜。“番薯糖水”即用白薯切块熬的汤，这有什么好喝的呢？广东同学曰：“好耶！”

北京人不是不爱吃甜，只是过去糖难得，我家曾有老保姆，正定乡下人，六十多岁了，她还有个婆婆，八十几了。她有一次要回乡探亲，临行称了二斤白糖，说她的婆婆就爱喝个白糖水。

北京人很保守，过去不知苦瓜为何物，近年有人学会吃了，菜农也有种的了。农贸市场上有很好的苦瓜卖，属于“细菜”，价颇昂。

北京人过去不吃蕹菜，不吃木耳菜，近年也有人爱吃了。

北京人在口味上开放了！

北京人过去就知道吃大白菜，由此可见，大白菜主义是可以被打倒的。

北京人初春吃苣荬菜。苣荬菜分甜荬、苦荬，苦荬相当的苦。

有一个贵州的年轻女演员上我们剧团学戏，她的妈妈远迢迢给她寄来一包东西，是“者耳根”，或名“则尔根”，即鱼腥草。她让我尝了几根。这是什么东西？苦，倒不要紧，它有一股强烈的生鱼腥味，实在招架不了！

剧团有一干部，是写字幕的，有时也管杂务。此人是个吃辣的专家，他每天中午饭不吃菜，吃辣椒下饭。全国各地的，少数民族的，各种辣椒，他都千方百计地弄来吃。剧团到上海演出，他帮助搞伙食，这下好，不会缺辣椒吃。原以为上海辣椒不好买，他下车第二天就找到一家专卖各种辣椒的铺子，上海人有一些是能吃辣的。

我们吃辣是在昆明练出来的，曾跟几个贵州同学在一起用青辣椒在火上烧烧，蘸盐水下酒，平生所吃辣椒之多矣，什么朝天椒、野山椒，都不在话下。我吃过最辣的辣椒是在越南。1947年，由越南转道往上海，在海防街头吃牛肉粉。牛肉极嫩，汤极鲜，辣椒极辣，一碗汤粉，放三四丝辣椒就辣得不行，这种辣椒的颜色是桔黄色的，在川北，听说有一种辣椒本身不能吃，用一根线吊在灶上，汤做得了，把辣椒在汤里涮涮，就辣得不得了。云南佧佤族有一种辣椒，叫“涮涮辣”，与川北吊在灶上的辣椒大概不相上下。

四川不能说是最吃辣的省份。川菜的特点是辣面而且麻，——搁很多花椒。四川的小面馆的墙壁上黑漆大书三个字：麻辣烫。麻婆豆腐、干煸牛肉丝、棒棒鸡，不放花椒不行。花椒得是川椒，捣碎，菜做好了，最后再放。

周作人说他的家乡整年吃咸极了的咸菜和咸极了的咸鱼，浙东人确是吃得很咸，有个同学，是台州人，到铺子里吃包子，掰开包子就往里倒酱油。口味的咸淡和地域是有关系的，北京人说南甜北咸东辣西酸，大体不错。河北、东北人口重，福建菜多很淡。但这与个人的性格习惯也有关，湖北菜并不咸，但闻一多先生却嫌云南蒙自的菜太淡。

中国人过去对吃盐很讲究，如桃花盐、水晶盐，“吴盐胜雪”，现在则全国都吃再制精盐。只有四川人腌咸菜还坚持用自贡产的井盐。

我不知道世界上还有什么国家的人爱吃臭。

过去上海、南京、汉口都卖油炸臭豆腐干。长沙火宫殿的臭豆腐因为一个大人物年轻时常吃而出了名，这位大人物后来还去吃过，说了一句话：“火宫殿的臭豆腐还是好吃”。“文化大革命”中火宫殿的影壁上就出现了两行大字：

最高指示：

火宫殿的臭豆腐还是好吃

我们一个同志到南京出差，他的爱人是南京人，嘱咐他带点臭豆腐干回来。他千方百计，居然办到了。带在火车引起一车厢的人强烈抗议。

除臭豆腐干外，面筋、百叶（千张）皆可臭。蔬菜里的莴苣、冬瓜、豇豆皆可臭。冬笋的老根咬不动，切下来随手就扔进臭坛子里。——我们那里很多人家都有个臭坛子，一坛子“臭卤”。腌芥菜挤下的汁放几天即成“臭卤”。臭物中最特殊的是臭苋菜杆。苋菜长老了，主茎可粗如拇指，高三四尺，截成二寸许小段，入臭坛，臭熟后，外皮是硬的，里面的芯成果冻状。噙住一头，一吸，芯肉即入口中。这是佐粥的无上妙品。我们那里叫做“苋菜秸子”，湖南人谓之“苋菜咕”，因为吸起来“咕”的一声。

北京人说的臭豆腐指臭豆腐乳。过去是小贩沿街叫卖的：

“臭豆腐，酱豆腐，王致和的臭豆腐。”

臭豆腐就贴饼子，熬一锅虾米皮白菜汤，好饭！现在王致和的臭豆腐用很大的玻璃方瓶装，很不方便，一瓶一百块，得很长时间才能吃完，而且卖得很贵，成了奢侈品。我很希望这种包装能改进，一器装五块足矣。

我在美国吃过最臭的“气死”（干酪），洋人多闻之掩鼻，对我说起来实在没有什么，比臭豆腐差远了。

甚矣，中国人口味之杂也，敢说堪为世界之冠。

我的幼年教育[①]

◇ 本杰明·富兰克林

本杰明·富兰克林（1706—1790），美国政治家、科学家、作家。参加起草著名的《独立宣言》，著有《自传》。法国经济学家杜尔哥颂扬他："从天空抓到雷电，从专制统治者手中夺回权力。"

我自幼即好读，手中偶有点钱便都用以购书。我爱读《天路历程》，我的第一部书便是班扬的这套小书。后来我又将这书卖掉以购买布尔顿的《历史丛书》；书为坊间廉价小本，计不下四五十册。我父亲的少量藏书多属于宗教论战性质，这些我也大都稍加涉猎，但日后每以此为憾事，因为正值我求知的欲望如饥似渴之年，却苦于无适当的书可读，而我此时已决定将来不做牧师。父亲书中我最耽读不倦的是普鲁塔克的《名人传》，唯有在这部书上我认为我的时光最不虚抛。那里另有笛福书一种，名《计划论》，以及马瑟博士书一种，名《为善论》，这两书对我都有开茅塞之效，对我日后某些重要作为曾发生过相当的启迪作用。这种浓厚的书癖终于使我父亲决定让我进印刷业，尽管此时他已有一子（即詹姆斯）在这行业。1717年詹姆斯携印刷机与字模等自英格兰归，于波斯顿开店营业。我对印刷业的爱好远较父亲强烈，唯下海当水手的念头仍未完全忘怀。考虑此事后果堪忧，父亲遂不再耽搁，立即催我去詹姆斯处做学徒。我推脱过一阵，但终于听从父意，正式立了字据，彼时我还不过十二周岁。按合同规定，学徒期满将为二十一岁，唯最后一年得领伙计工资。不久

① 选自《外国文化名人论读书苦乐》，老品主编，中央编译出版社1996年版。

我对印刷一行已事事熟炼，詹姆斯倚重我如左右手。这时我开始有机会接触到好书。利用与书肆学徒相识关系，我有时竟能从那里借上一册小书，但每次必速看速还，不敢污损。有时一本书晚间借回，次日天明即须归还，这时我便一卷在手，连宵赶读，以防到时还不回去，叫人来催。

此后不久，一位名叫马修·亚当斯的商人常来我印刷所，其人颇聪明，于各类书籍庋藏甚富，得知我好读，因邀我至其书室中，慨然将我所欲读的书惠借给我阅读。此时我对诗的兴趣正浓，间或也稍有所作；詹姆斯以为此事或亦不为无利，对我稍稍鼓励之，因而我遂开始写时事诗，记得其中一首名《灯塔悲剧》，记船长威斯雷克及其二女海上遇难事；另一为水手歌，记海贼狄乞（绰号黑髯客）就擒事。按两诗格调均不高，不脱克洛柏街腔调；印成后，兄命我去市中售卖。前一种销路极佳，以其事发生未久，人们的印象尚深。这事给了我很大鼓励，但父亲对我的作诗则大加嘲笑，说作诗的人大抵都是乞丐。因此我遂绝作诗念头，实际上我即使作诗也不会成为很好诗人；但文章对我则不同，它在我一生当中用途颇广，甚至可说是我日后的主要立身之阶，因此下文即将说明，处于我当时的环境下，我曾如何学到这点本领。

城中当时另有一位嗜书青年，名约翰·柯林斯，与我很熟。有时我们也争论一些问题，而且还特别喜欢这种争论和盼望有机会进行互驳，然而这种好辩，这里附带一笔，往往容易变成一种不良习惯，结果在人们面前也好呶呶不休，非常招人反感；不仅败坏谈兴，制造不和，甚至使人失去应有的友谊。我这毛病便是受了我父亲宗教论战书籍的影响。我日后注意到，有修养的人们从来便很少涉入争端，当然下述几种人则是例外，这即是律师、学人以及爱丁堡出身的各类人们。一次柯林斯与我发生了一场争辩，内容系关于妇女受教育有无必要，以及妇女是否具有此种能力的问题。他的看法是这种做法不够妥当；而且她们天生不适学习。我自己则站在反对的一方，当然这也多少有点为辩而辩。他的口才比我流畅得多，而且词汇丰富，左右逢源；但我总不免认为，他的优势却主要来自言词，而不是来自逻辑力量。由于到分手时这个问题依然没有辩清，而短期内彼此又不可能晤面，于是我便坐下来将我的论据详细写出，然后誊清寄去。他接信即复，我得复再答，如是书来信往，双方所作均不下三四通，一次父亲偶然见到了我的这些辩论文字，并仔细看了。看后，他没有涉及所论内容，而只就文字本身做了一些指点；他认为，在拼写与标点方面，我比我的对手好些（这点当然应归功于印刷所的训练），但在语句的雅驯以及条达清通等方面，我都显有不足，这些他都一一举出实例说明。我觉得他的批评颇能切中我的要害，因而从此更加留意文章写法，锐意精进，以期有成。就在这时，我偶然遇到《旁观者》的零本一册。书为第三卷。这书我以前从未见过。我把它购回反复阅读，读后心爱不已。我认为这书的文字极佳，因思有意模拟之。抱此目的，我遂取其中数篇，将篇中各句所表述的意思，略加隐括，即置之一旁不顾；数日以后，不看原书而径行重述原文，方法即将隐括语中的意义，一一仔细表出，其详尽须与原作无异，用字则尽我所能，务求妥贴。然后拿我重写的《旁观者》与原文相比较，找出谬误，加以改正。然而我发现，我的词汇仍嫌不足，或用字想字时来得吃力，而这种能力，如其我不中辍作诗的话，早应不成问题；因为经常须要寻找同意但不同音（为了押韵）或不同长度（为了音律）的词汇这件事，势必要使我时刻去追求变化，并把这类事牢记在心，渐而至于精熟。因此，我遂把若干故事改写为诗；过上一段，当原文已经完全忘却，再把那些诗改写回去。另外，我有时还把我的提要有意打乱，数周之后，待我须要足句完篇时，再对这些进行一番认真整理。我这样做是为了学会如何把思想安排得富于条理。然后，取来原作互相比较，发现种种纸缪，即加改正；但有时在某些非关宏旨的细节上，我觉得我竟较原作的写法与语言更稍胜一筹，因而不禁暗自庆幸，自忖将来或者有望成为一位不坏的英文作家，也未可知，因为在这事上我确是不无奢望的。我练习作文与读书一般多在夜晚工余与次日上工之前，或趁礼拜假日，这时我总是设法一个人躲在印刷所内，尽量逃避礼拜仪式，这一节幼时父亲对我的要求素来极严，而我自己也的确至今把它视作一桩责任，只是我有时感到我无暇履行罢了。

本杰明·富兰克林是资本主义精神最完美的代表。

正当我一心为文的时期，我读到了一部英文法（记得为葛林武德所著），书末附有讲解修辞与逻辑的短论二篇，后者篇末载有苏格拉底辩论法范例一则；不久我又购得色诺芬的《苏格拉底回忆录》，其中关于这个方法的例证则更为详尽。我对这个方法爱之入迷，并学着试用，于是废弃了我以前那种生硬反驳与正面辩论，而处处以一个谦逊的探询者与存疑者态度出现。当时读过沙夫斯柏里与柯林斯诸人的书，对我们宗教教义中若干处早有疑议，故我感到辩论时采用这个方法对我极为有利，但对我的对手则颇具困惑作用；因而耽之不倦，并经过不断练习而日臻精熟，这时即使许多学问高于我的人也每每为我所屈，因为辩论的结局他们常常不能预见，致陷入窘境之中而不能自拔，结果每辩必胜，而实际上不论我的能力或主张都未必如此高明正确。这个方法我曾连续用过多年，但也渐加放弃，而仅将谦逊的表达习惯保留下来；凡遇有所主张因而可能起争辩时，"当然"、"无疑"以及其他自以为是的词语便很少出口；而宁可使用"我把某事理解为如此如此"；"由于某种某种理由，在我看来，或我不妨认为，如此如此"；"依我的想法某事可能如此"；或"如若我不错的话，某事可能如此"。这个习惯，我认为，每当我从事某种措施的推行，需要发表见解和说服人们的时候，往往给我带来极大便利；另外，既然交谈的目的无非为了提供情况、了解情况、使人心悦与使人乐从，因此我深愿一切好心聪明的人士切勿因自己的主观自是态度而影响自己的应有作为。因为那种态度势必要引起反感，招怨树敌，甚至使我们处处遭到失败，这时即使是一副天生的语言才能（亦即提供或接受情况与乐趣的才能），也必无济于事。如其你的目的在于提供情况，发表意见，过分自信与专断的态度每每容易产生龃龉，使人不能耐心聆听。如其你的目的在于从他人获取情况和增长知识，但同时对你目前的看法却又表现得十分拘执，厌恶争辩的谦虚人们必将望望然而去之，听任你错误如故。因此，以这种态度出之，既不能为你赢得听话人的好感，也不能获得你所争取者的乐从。

读书的艺术

◇ 林语堂

林语堂 （1895—1976），现代文学家。主要作品有《剪拂集》、《大荒集》、《无所不谈》、《生活的艺术》、《吾国吾民》等。

读书或书籍的享受素来被视为有修养的生活上的一种雅事，而在一些不大有机会享受这种权利的人们看来，这是一种值得尊重和妒忌的事。当我们把一个不读书者和一个读书者的生活上的差异比较一下，这一点便很容易明白。那个没有养成读书习惯的人，以时间和空间而言，是受着他眼前的世界所禁锢的。他的生活是机械化的，刻板的；他只跟几个朋友和相识者接触谈话，他只看见他周遭所发生的事情。他在这个监狱里是逃不出去的。可是当他拿起一本书的时候，他立刻走进一个不同的世界；如果那是一本好书，他便立刻接触到世界上一个最健谈的人。这个谈话者引导他前进，带他到一个不同的国度或不同的时代，或者对他发泄一些私人的悔恨，或者跟他讨论一些他从来不知道的学问或生活问题。一个古代的作家使读者随一个久远的死者交通；当他读下去的时候，他开始想象那个古代的作家相貌如何，是哪一类的人。孟子和中国最伟大的历史家司马迁都表现过同样的观念。一个人在十二小时之中，能够在一个不同的世界里生活二小时，完全忘怀眼前的现实环境：这当然是那些禁锢在他们的身体监狱里的人所妒羡的权利。这么一种环境的改变，由心理上的影响说来，是和旅行一样的。

不但如此，读者往往被书籍带进一个思想和反省的境界里去。纵使那是一本关于现实事情的书，亲眼看见那些事情或亲历其境，和在书中读到那些事情，其间也有不同的地方，因为在书本里所叙述的事情往往变成一片景象，而读者也变成一个冷眼旁观的人。所以，最好的读物是那种能够带我们到这种沉思的心境里去的读物，而不是那种仅在报告事情的始末的读物。我认为人们花费大量的时间去阅读报纸，并不是读书，因为一般阅报者大抵只注意到事件发生或经过的情形的报告，完全没有沉思默想的价值。

据我看来，关于读书的目的，宋代的诗人和苏东坡的朋友黄山谷所说的话最妙。他说："三日不读，便觉语言无味，面目可憎。"他的意思当然是说，读书使人得到一种优雅和风味，这就是读书的整个目的，而只有抱着这种目的的读书才可以叫做艺术。一人读书的目的并不是要"改进心智"，因为当他开始想要改进心智的时候，一切读书的乐趣便丧失净尽了。他对自己说："我非读莎士比亚的作品不可，我非读索福客俪（Sophocles）的作品不可，我非读伊里奥特博士（Dr. Eliot）的《哈佛世界杰作集》不可，使我能够成为有教育的人。"我敢说那个人永远不能成为有教育的人。他有一天晚上会强迫自己去读莎士比亚的《哈姆雷特》（Hamlet），读毕好像由一个噩梦中醒转来，除了可以说他已经"读"过《哈姆雷特》之外，并没有得到什么益处。一个人如果抱着义务的意识去读书，便不了解读书的艺术。这种具有义务目的的读书法，和一个参议员在演讲之前阅读文件和报告是相同的。这不是读书，而是寻求业务上的报告和消息。

所以，依黄山谷氏的说话，那种以修养个人外表的优雅和谈吐的风味为目的的读书，才是唯一值得嘉许的读书法。这种外表的优雅显然不是指身体上之美。黄氏所说的"面目可憎"，不是指身体上的丑陋。丑陋的脸孔有时也会有动人之美，而美丽的脸孔有时也会令人看来讨厌。我有一个中国朋友，头颅的形状像一颗炸弹，可是看到他却使人欢喜。据我在图画上所看见的西洋作家，脸孔最漂亮的当推吉斯透顿。他的髭须，眼镜，又粗又厚的眉毛，和两眉间的皱纹，合组而成一个恶魔似的容貌。我们只觉得那个头颅中有许许多多的思念在转动着，随时会由那对古怪而锐利的眼睛里迸发出来。那就是黄氏所谓美丽的脸孔，一个不是脂粉装扮起来的脸孔，而是纯然由思想的力量创造起来的脸孔。讲到谈吐的风味，那完全要看一个人读书的方法如何。一个人的谈吐有没有"味"，完全要看他的读书方法。如果读者获得书中的"味"，他便会在谈吐中把这种风味表现出来；如果他的谈吐中有风味，他在写作中也免不了会表现出风味来。

所以，我认为风味或嗜好是阅读一切书籍的关键。这种嗜好跟对食物的嗜好一样，必然是有选择性的，属于个人的。吃一个人所喜欢吃的东西终究是最合卫生的吃法，因为他知道吃这些东西在消化方面一定很顺利。读书跟吃东西一样，“在一人吃来是补品，在他人吃来是毒质。”教师不能以其所好强迫学生去读，父母也不能希望子女的嗜好和他们一样。如果读者对他所读的东西感不到趣味，那么所有的时间全都浪费了。袁中郎曰：“所不好之书，可让他人读之。”

所以，世间没有什么一个人必读之书。因为我们智能上的趣味像一棵树那样地生长着，或像河水那样地流着。只要有适当的树液，树便会生长起来，只要泉中有新鲜的泉水涌出来，水便会流着。当水流碰到一个花岗岩石时，它便由岩石的旁边绕过去；当水流涌到一片低洼的溪谷时，它便在那边曲曲折折地流着一会儿；当水流涌到一个深山的池塘时，它便恬然停驻在那边；当水流冲下急流时，它便赶快向前涌去。这么一来，虽则它没有费什么气力，也没有一定的目标，可是它终究有一天会到达大海。世上无人人必读的书，只有在某时某地，某种环境，和生命中的某个时期必读的书。我认为读书和婚姻一样，是命运注定的或阴阳注定的。纵使某一本书，如《圣经》之类，是人人必读的，读这种书也有一定的时候。当一个人的思想和经验还没有达到阅读一本杰作的程度时，那本杰作只会留下不好的滋味。孔子曰：“五十以学《易》。”便是说，四十五岁时候尚不可读《易经》。孔子在《论语》中的训言的冲淡温和的味道，以及他的成熟的智慧，非到读者自己成熟的时候是不能欣赏的。

且同一本书，同一读者，一时可读出一时之味道来。其景况适如看一名人相片，或读名人文章，未见面时，是一种味道，见了面交谈之后，再看其相片，或读其文章，自有另外一层深切的理会。或是与其人绝交以后，看其照片，读其文章，亦另有一番味道。四十学《易》是一种味道，到五十岁看过更多的人世变故的时候再去学《易》，又是一种味道。所以，一切好书重读起来都可以获得益处和新乐趣。我在大学的时代被学校强迫去读《西行记》（West ward Ho!）和《亨利埃士蒙》（Henry Esmond），可是我在十余岁时候虽能欣赏《西行记》的好处，《亨利埃士蒙》的真滋味却完全体会不到，后来渐渐回想起来，才疑心该书中的风味一定比我当时所能欣赏的还要丰富得多。

由是可知读书有二方面，一是作者，一是读者。对于所得的实益，读者由他自己的见识和经验所贡献的分量，是和作者自己一样多的。宋儒程伊川先生谈到孔子的《论语》时说："读《论语》，有读了全然无事者；有读了后，其中得一两句喜者；有读了后，知好之者；有读了后，直有不知手之舞之足之蹈之者。"

我认为一个人发现他最爱好的作家，乃是他的知识发展上最重要的事情。世间确有一些人的心灵是类似的，一个人必须在古今的作家中，寻找一个心灵和他相似的作家。他只有这样才能够获得读书的真益处。一个人必须独立自主去寻出他的老师来，没有人知道谁是你最爱好的作家，也许甚至你自己也不知道。这跟一见倾心一样。人家不能叫读者去爱这个作家或那个作家，可是当读者找到了他所爱好的作家时，他自己就本能地知道了。关于这种发现作家的事情，我们可以提出一些著名的例证。有许多学者似乎生活于不同的时代里，相距多年，然而他们思想的方法和他们的情感却那么相似，使人在一本书里读到他们的文字时，好像看见自己的肖像一样。以中国人的语法说来，我们说这些相似的心灵是同一条灵魂的化身，例如有人说苏东坡是庄子或陶渊明转世的①，袁中郎是苏东坡转世的。苏东坡说，当他第一次读庄子的文章时，他觉得他自从幼年时代起似乎就一直在想着同样的事情，抱着同样的观念。当袁中郎有一晚在一本小诗集里，发见一个名叫徐文长的同代无名作家时，他由床上跳起，向他的朋友呼叫起来，他的朋友开始拿那本诗集来读，也叫起来，于是两人叫复读，读复叫，弄得他们的仆人疑惑不解。伊里奥特（George Eliot，英国女诗人）说她第一次读到卢梭的作品时，好像受了电流的震击一样。尼采（Nietzsche）对于叔本华（Schopenhauer）也有同样的感觉，可是叔本华是一个乖张易怒的老师，而尼采是一个脾气暴躁的弟子，所以这个弟子后来反叛老师，是很自然的事情。

只有这种读书方法，只有这种发见自己所爱好的作家的读书方法，才有益处可言。像一个男子和他的情人一见倾心一样，什么都没有问题了。她的高度，她的脸孔，她的头发的颜色，她的声调，和她的言笑，都是恰到好处的。一个青年认识这个作家，是不必经他的教师的指导的。这个作家是恰合他的心意的；他的风格，他的趣味，他的观念，他的思想方法，都是恰到好处的。于是读者开

---

① 苏东坡曾做过一件卓绝的事情：他步陶渊明诗集的韵，写出整篇的诗来。在这些《和陶诗》后，他说他自己是陶渊明转世的；这个作家是他一生最崇拜的人物。

始把这个作家所写的东西全都拿来读了，因为他们之间有一种心灵上的联系，所以他把什么东西都吸收进去，毫不费力地消化了。这个作家自会有魔力吸引他，而他也乐自为所吸；过了相当的时候，他自己的声音相貌，一颦一笑，便渐与那个作家相似。这么一来，他真的浸润在他的文学情人的怀抱中，而由这些书籍中获得他的灵魂的食粮。过了几年之后，这种魔力消失了，他对这个情人有点感到厌倦，开始寻找一些新的文学情人；到他已经有过三四个情人，而把他们吃掉之后，他自己也成为一个作家了。有许多读者永不曾堕入情网，正如许多青年男女只会卖弄风情，而不能钟情于一个人。随便那个作家的作品，他们都可以读，一切作家的作品，他们都可以读，他们是不会有甚么成就的。

这么一种读书艺术的观念，把那种视读书为责任或义务的见解完全打破了。在中国，常常有人鼓励学生“苦学”。有一个实行苦学的著名学者，有一次在夜间读书的时候打盹，便拿锥子在股上一刺。又有一个学者在夜间读书的时候，叫一个丫头站在他的旁边，看见他打盹便唤醒他。这真是荒谬的事情。如果一个人把书本排在面前，而在古代智慧的作家向他说话的时候打盹，那么，他应该干脆地上床去睡觉。把大针刺进小腿或叫丫头推醒他，对他都没有一点好处。这么一种人已经失掉一切读书的趣味了。有价值的学者不知道什么叫做“磨练”，也不知道什么叫做“苦学”。他们只是爱好书籍，情不自禁地一直读下去。

这个问题解决之后，读书的时间和地点的问题也可以找到答案。读书没有合宜的时间和地点。一个人有读书的心境时，随便什么地方都可以读书。如果他知道读书的乐趣，他无论在学校内或学校外，都会读书，无论世界有没有学校，也都会读书。他甚至在最优良的学校里也可以读书。曾国藩在一封家书中，谈到他的四弟拟入京读较好的学校时说：“苟能发奋自立，则家塾可读书，即旷野之地，热闹之场，亦可读书，负薪牧豕，皆可读书。苟不能发奋自立，则家塾不宜读书，即清净之乡，神仙之境，皆不能读书。”有些人在要读书的时候，在书台前装腔作势，埋怨说他们读不下去，因为房间太冷，板凳太硬，或光线太强。也有些作家埋怨说他们写不出东西来，因为蚊子太多，稿纸发光，或马路上的声响太嘈杂。宋代大学者欧阳修说他的好文章都在“三上”得之，即枕上，马上，和厕上。有一个清代的著名学者顾千里据说在夏天有“裸体读经”的习惯。在另一方面，一个人不好读书，那么，一年四季都有不读书的正当理由：

春天不是读书天；夏日炎炎最好眠；

等到秋来冬又至，不如等待到来年。

那么，什么是读书的真艺术呢？简单的答案就是有那种心情的时候便拿起书来读。一个人读书必须出其自然，才能够彻底享受读书的乐趣。他可以拿一本《离骚》或奥玛开俨（Omar Khayyam，波斯诗人）的作品，牵着他的爱人的手到河边去读。如果天上有可爱的白云，那么，让他们读白云而忘掉书本吧，或同时读书本和白云吧。在休憩的时候，吸一筒烟或喝一杯好茶则更妙不过。或许在一个雪夜，坐在炉前，炉上的水壶铿铿作响，身边放一盒淡巴菰，一个人拿了十数本哲学，经济学，诗歌，传记的书，堆在长椅上，然后闲逸地拿起几本来翻一翻，找到一本爱读的书时，便轻轻点起烟来吸着。金圣叹认为雪夜闭户读禁书，是人生最大的乐趣。陈继儒（眉公）描写读书的情调，最为美妙："古人称书画为丛笺软卷，故读书开卷以闲适为尚。"在这种心境中，一个人对什么东西都能够容忍了。此位作家又曰："真学士不以鲁鱼亥豕为意，好旅客登山不以路恶难行为意，看雪景者不以桥不固为意，卜居乡间者不以俗人为意，爱看花者不以酒劣为意。"

关于读书的乐趣，我在中国最伟大的女诗人李清照（易安，1081—1141）的自传里，找到一段最佳的描写。她的丈夫在太学作学生，每月领到生活费的时候，他们夫妻总立刻跑到相国寺去买碑文水果，回来夫妻相对展玩咀嚼，一面剥水果，一面赏碑帖，或者一面品佳茗，一面校勘各种不同的板本。他在《金石录后序》这篇自传小记里写道：

> 余性偶强记，每饭罢，坐归来堂烹茶，指堆积书史，言某事在某书某卷第几页第几行，以中否角胜负，为饮茶先后。中即举杯大笑，至茶倾覆怀中，反不得饮而起。
>
> 甘心老是乡矣！故虽处忧患困穷而志不屈。……于是几案罗列，枕席枕藉，意会心谋，目往神授，乐在声、色、狗、马之上。……

这篇小记是她晚年丈夫已死的时候写的。当时她是个孤独的女人，因金兵侵入华北，只好避乱南方，到处漂泊。

躲进书里[①]

◇ 赵丽宏

赵丽宏 （1951—），散文家，上海作协副主席。著有《珊瑚》、《生命草》、《心画》等三十多部诗集、散文集、报告文学集。作品曾数十次获奖，《诗魂》获新时期全国优秀散文集奖。

不管人世如何喧嚣拥挤，动荡不安，有一个好所在永远可以成为你的避风港，成为一间与尘嚣隔绝的小屋。你可以躲进去，独自面对一个丰富有趣的世界，把烦恼和焦躁忘记得干干净净。

这个好所在便是书。

小时候，一读书便忘记了一切，自己完全成了书中的主人。或忧或怒，或喜或悲，都是情不自禁。有时读着读着，会忍不住笑出声来；有时被书中的情景感动，泪水不知不觉地滴落在书页上。七八岁的时候读《西游记》，总觉得自己就是孙悟空，常常是边读边手舞足蹈，恨不得立时就学会七十二变，变成一只鸟飞到云里去，或者一个跟斗翻出十万八千里，见识一下遥远的世界是什么模样。再大一些读《水浒》，读《三国演义》，读《东周列国志》，这些书要比课本上学的历史有趣得多。小时候也翻过《红楼梦》，觉得没劲。喜欢《红楼梦》是中学时代的事，一喜欢就读得入痴入迷，一边读一边奇怪：人世间男男女女的感情纠葛，为什么这样复杂？小时候读书从来不管时间场合，无论在什么地方都能读，走路读，吃饭读，睡觉读，上厕所也读……于是旁人便觉得这捧着书忘乎所以的小子有点痴。常常是大人的一

---

① 选自《二十世纪中国著名作家散文经典》，吉林摄影出版社2000年版。

声叫喊把我从痴梦中惊醒……

等到“文化大革命”开始后，读书成了一件可怕的事情，因为所有的读书人几乎都成了革命的对象，非批即斗，一个个被整得灵魂出窍，惶惶不可终日。记得有一次，在一条僻静的马路上，看见一群造反队员斗一位大学教授。教授书房里的书籍全都被扔到街上，堆得像一座小山。教授头上戴着一顶高帽子站在书山上，造反队员将书一本一本撕烂了朝教授头上扔。可怜的教授几乎被埋在书堆中。后来造反队员大概觉得这样还不够痛快，又开始烧书，马路顿时成为一条火龙。教授畏缩在路边的围墙下，呆呆地看着自己心爱的书在火光中化为灰烬，脸上老泪纵横……这情景使我想起以前在电影里看到过的镜头：日本强盗在中国放火焚烧民宅，民宅的主人眼睁睁看着烈火吞噬自己的家院，来不及逃走的亲人正在火海中惨叫，然而却无法去救……世界上还有什么比这样的事情更残酷呢？那时烧书似乎成了一种革命的象征，抄家者烧，藏书者自己也烧，街上到处可以看见火光，看见在青烟中飘扬的纸灰。人们把书一捆捆投到火堆里，看火舌舔着书页，看书籍化为美丽的火焰，然后变成灰色的蝴蝶，满天习舞……这也使人想起办丧事时为死者烧的纸钱，也是这样的火花，也是这样的飞灰……

然而书的吸引力并没有因此而消失。无数代哲人和智者在书中描绘创造的那些博大的世界，不可能被几堆愚昧的火烧毁。从好书中流露出来的感情，闪烁着的思想，会像墨彩一样浸染你的心胸，会像子弹一样射中你的灵魂，这样的色彩和弹痕留在心灵中，无论如何也不会消失，它们已经和你的生命融和在一起，没有任何力量能驱除它们。中学时代我很喜欢两本散文诗集，一本是泰戈尔的《飞鸟集》，另一本是鲁迅的《野草》。读这样的书犹如欣赏韵味无穷的音乐，其中的每一段旋律，都可以让你反复回味，时时能品出新鲜的韵味来。那时觉得这两本书很优美，也很神秘。越是神秘，越是想读，直读到能背出其中的许多段落来。“文化大革命”中，《飞鸟集》和大部分文学名著一样，成了应该投到火堆中去的禁书。而《野草》却是极难得的一个例外，因为它的作者是鲁迅。即便是当着那些臂戴红袖章的造反好汉们，也可以堂而皇之地读《野草》。《野草》中的一些文字，甚至成了当时流行的革命语录。譬如：“地火在地下运行，熔岩一旦喷出，将烧尽一切野草……”不过我还是很难将《野草》和那些激昂的政治口号连在一起。这时读《野草》，竟生出许多先前未有过的感想来。我在鲁迅那些优美的文字里，读到的是一个痛苦的、迷茫的、充满幻想的灵魂在苦苦思索……我常常想，倘若鲁迅先生只有这一本薄薄的《野草》，他同样是一个了不起的大作家。

到农村“插队落户”时，几乎没有什么书可带，行囊里寥寥几本印刷品中，有一本是《野草》。很多小说往往只能读一遍，看一个故事而已，第一遍觉得新鲜，第二遍便无味了。《野草》这样的书却可以一遍一遍读下去。所以我当时颇有点阿Q地想：我这是“以一当十”，“以一当百”。有一次，生产队里开批判大会，我怀揣着那本《野草》，坐在后排的一个角落里。听得无聊，便从怀里拿出《野草》来读。一读进去，周围的喧嚣世界仿佛就不存在了。我再也听不见批判会在开些什么，会场里一阵阵海潮般的口号声也不能把我从书中拽出来，我的耳边只有鲁迅的声音，那是带着浓重绍兴腔的普通话，忧伤的声音，低沉的声音，描绘出一幅幅暗淡却又美妙离奇的画，使我迷醉。我读着《影的告别》，读着《雪》，读着《死火》，读着《死后》，从那些文字中散发出来的情绪，轻轻的拨动着我的心弦。我听见那忧伤而低沉的声音正音乐般地在说：

> 我愿意这样，朋友——
>
> 我独自远行，不但没有你，并且再没有别的影在黑暗里，只有我被黑暗沉没，那里世界全属于我自己。

听着这样的声音，我完全沉浸在自己的思想里。突然，有一只大手在我背上猛击了一下，于是我猛醒，一下子从书中被揪回到现实之中。现实还是批判会，是一阵口号之后的间歇，会场上出奇的静，静得有些不自然。我发现，自己已经成了周围农民注意的中心，无数双眼睛正默默地瞪着我，就像在瞪着一个怪物。原来，会议主持人刚刚点了我的名。开批判会竟敢开小差，而且是在看一本发了黄的旧书，那还了得!我连忙结结巴巴地声明：

“这……这是《野草》！”

“野草？什么野草？大概是毒草吧！”

“这是鲁迅的书！鲁迅先生！”我不顾一切地人喊道，这是一种出于本能的自我保护的咆哮。

“哦，鲁迅先生，是鲁迅先生？那……那你要向鲁迅先生学习啊！”

主持人的表情一下子缓和下来。尽管我周围的农民们未必知道鲁迅，但是主持人知道，是鲁迅先生救了我！

身边只允许有一本《野草》的文化荒年早已成为遥远过去。现在，可供选择的好书就像春天的花草一样，多得叫人眼花缭乱。你尽可以在大庭广众之下读任何一本书，不会有一个人来干涉你。不过，真的要找到一本能让我躲进去、沉醉其中而忘记一切的书，就像当年读的《野草》那样的书，并不是一件容易的事。十年前，读欧文·斯通的《渴望生活》和亨利·戴维·梭罗的《瓦尔登湖》时，我依稀又重温到当年读《飞鸟集》和《野草》时的情景，《渴望生活》是画家凡·高的传记，写得充满激情和诗意。画家的命运坎坷而暗淡，然而那种渴求创造的强烈欲望和追寻艺术的执着激情，却使人激动不已。《瓦尔登湖》是一本散文集，书中流露出的那种恬淡，那种对大自然的陶醉，对人生的静静的思索，无不拨动着我的心弦。《渴望生活》是当时的畅销书之一，喜欢的人很多；《瓦尔登湖》知道的人并不多，也许不是人人都有耐心读完它，然而我喜欢。

那时我住在浦东，每天要坐汽车经过黄浦江隧道，费很长的时间到市区上班。在车上的时间特别难熬，车窗外每天重复着同样的风景，尤其是遇到交通堵塞，心里就更加焦躁。这时，倘若有一本好书在手中，便能在瞬间度过漫长的时光。在公共汽车上读书，只要真的读进去，就能旁若无人，就像在自己的书房里读书一样，任何噪声都不可能干扰我的情绪，有人挤我，有人推我，有人踩我的脚，我都可以木然无知。《瓦尔登湖》就使我在拥挤喧闹的公共汽车上有了一个美妙的藏身之处。有一次，汽车在幽暗的隧道里被堵住了，前面的障碍怎么也排除不了。车窗外，只能看见灰暗毛糙的隧道壁，车厢里，空气混浊，一片抱怨之声。这时，我便从包里拿出那本《瓦尔登湖》来。随手翻开，是那篇《声》。《声》里描绘的是一个极为宁静的世界，那里有山谷，有森林，有飞着的或是唱着的禽鸟，有乡间公路上马车的辚辚声，有“宇宙七弦琴上的微音”似的教堂钟声，有“游唱诗人歌喉”似的牛叫声……当这些声音和每一张叶子和每一枝松针寒暄过以后，回声便接过了这旋律，给它转了一个调，又从一个山谷，传给了另一个山谷……“回声，不仅把值得重复一遍的钟声重复，还重复了山林中的一部分声音，犹如一个林中女妖所唱出的一些微语和乐音……”《瓦尔登湖》中的这些声音，就这样奇妙地在我心里回旋，使我也仿佛成了在瓦尔登湖畔流连忘返，沉醉于美丽天籁中的农夫……《声》之后是《寂寞》，瓦尔登湖畔的寂寞并不是那种可怕的闭塞和孤独，而是一种安闲，一种宁静，一种远离尘嚣的超然。作者在山林湖泊之间独自思索着，“太阳，风雨，夏天，冬天，——大自然的不可描写的纯洁和恩惠，他们永远提供这么多的健康，这么多的快乐！对我们人类这样的同情，如果有人为了正当的原因悲痛，那大自然也会受到感动，太阳暗淡了，风像活人一样悲叹，云端里落下泪雨，树木到仲夏脱落下叶子，披上丧服。难道我们不该与土地息息相通吗？我自己不也是一部分绿叶和青菜的泥土吗？”……这样的寂寞，是一种令人神往的寂寞。对于整天在喧嚣和拥挤中忙忙碌碌的现代城市人来说，这样的寂寞是多么难能可贵！寂寞之后是《访客》，于是我又和梭罗一起，在他的林中小木房里，接待许多有趣的人物。我们的客人是纯朴而又聪明的伐木者，是渔夫和猎人，是隐居山林的智者，是一些没有被都市尘嚣污染的健康的人……和这些有趣的人围着红彤彤的炉火，谈天说地，道古论今，是一件多么快乐的事情……就在我兴致勃勃漫步于瓦尔登湖时，汽车已经驶出黑暗的隧道，车窗外日光灿烂，周围乘客脸上的愁容已经消失。听人们的议论时我才知道，刚才，汽车竟在隧道里滞留了整整一个小时!而我居然什么也不知道，只是躲进书里做了一次愉快的旅行。如果没有《瓦尔登湖》，这黑暗的一个小时将会多么漫长……

我想，今后我的生活内容大概还会有很多变化，然而一件事情是不会改变的，那就是读书。现在，我已有七八个书橱，大概有好几千册书吧。要想把所有的书都读一遍，几乎不可能。于是我常常站在书橱前，慢慢地扫视着那一排排五彩斑驳的书脊，心里在想：今天，我能躲进哪一本书中去呢？

怎样读书[①]

◇ 胡适

胡适 （1891—1962），字适之，现代著名学者、诗人、历史家、文学家、哲学家。因提倡文学生命而成为新文化运动的领袖。著有《尝试集》、《中国哲学史大纲》、《四十自述》、《胡适手稿》、《白话文学史》、《胡适文存》、《胡适选集》、《胡适论学近著》等。

读书的方法，据我个人的经验，有两个条件：

（一）精

（二）博

精

从前有“读书三到”的读书法，实在是很好的；不过觉得三到有点不够，应该有四到，是眼到、口到、心到、手到。

眼到

眼到是个个字都要认得。中国字的一点一撇，外国的a，b，c，d，一点也不可含糊，一点也不可放过。那句话初看似很容易，然而我国人犯这错误的毛病的，偏是很多。记得有人翻译英文，误port为pork，于是葡萄酒一变而为猪肉了。这何尝不是眼不到的缘故。谁也知道，书是集字而成的，要是字不能认清，就无所谓读书，也不必求学。

口到

前人所谓口到，是把一篇文章能烂熟地背出来。现

① 选自《中学人文读本·人与自然》，丁东主编，四川教育出版社2003年版。

在虽没有人提倡背书，但我们如果遇到诗歌以及有精彩的文章，总要背下来，他至少能使我们在作文的时候，得到一种好的影响，但不可模仿。中国书固然要如此，外国书也要那样去做。进一步说，念书能使我们懂得他文法的结构和其他的关系。我们有时在小说和剧本上遇到好的句子尚且要把他记下来，那关于思想学问上的，更是要紧了。

心到

心到是要懂得每一句每一字的意思。做到这一点，要有外的帮助，有三个条件：

（一）参考书，如字典、辞典、类书等。平常说："工欲善其事，必先利其器。"我们读书，第一要工具完备。

（二）做文法上的分析。

（三）有时须比较，参考融会，贯通。往往几个平常的字，有许多解法，倘是轻忽过去，就容易生出错误来。例如英文中的一个turn字，作Vt. 有十五解，Vi. 有十三解，n. 有二十六解，共有五十四解。

又如strike，Vt. 有三十一解，vi. 有十六解，n. 有十八解，共有六十五解。

又如go，Vi. 有二十二解，vt. 有三解，n. 有九解，共有三十四解。

又如中文的"言"字、"于"字、"维"字，都是意义很多的，只靠自己的能力有时固然看不懂，字典里也查不出来，到了这时候非参考比较和融会贯通不可了。

还有前人关于心到很重要的几句话，把他来说一说：

宋人张载说："读书先要会疑"，"于不疑处有疑，方是进矣。"又说："可疑而不疑者不会学，学则须疑。""学贵心悟，守旧无功。"

手到

何谓手到？手到有几个意思：

（一）标点分段；

（二）查参考书；

（三）做札记。札记分为四种：

（甲）抄录备忘。

（乙）提要。

（丙）记录心得。记录心得，也很重要。张横渠曾说："心中苟有所开，即便札记，否则还失之矣”。

（丁）参考诸书而融会贯通之，做有系统之文章。

手到的功用，可以帮助心到。我们平常所吸收进来的思想，无论是听来的，或者是看来的，不过在脑子里有一点好或坏的模糊而又零碎的东西罢了。倘若费一番功夫，把他芟除的芟除，整理的整理，综合起来作成札记，然后那经过整理和综合的思想，就永久留在脑中，于是这思想就属于自己的了。

博

就是什么书都读。中国人所谓“开卷有益”，原也是这个意思。我们为什么要博呢？有两个答案：

（一）博是为参考；

（二）博是为做人。

博是为参考

有几个人为什么要戴眼镜呢？（学时髦而戴眼镜的，不在此问题内。）干脆答一句：是因为看不清楚，戴了眼镜以后，就可以看清楚了。现在戴了眼镜看是清楚的，可是不戴眼镜的时候看去还是糊涂的。王安石先生答曾子固书里说：

> “……读经而已，则不足以知经。故自百家诸子之书，至《难经》、《素问》、《本草》诸小说，无所不读；农夫女工，无所不问；然后于经为能知其大体而无疑。盖后世学者与先王之时异矣；不如是，不足以尽圣人故也。……致其知而后读，以有所去取，故异学不能乱也。唯其不能乱，故能有所去取者，所以明吾道而已。……”

他“读经而已，则不足以知经。”我们要推开去说，读一书而已，则不足以知其书。比如我们要读《诗经》，最好先去看一看北大的《歌谣周刊》，便觉《诗经》容易懂。倘先去研究一点社会学，文字学，音韵学，考古学等等以后，去看《诗经》，就比前更懂得多了。倘若研究一点文字学，校勘学，论理学，心理学，数学，光学以后去看《墨子》，就能全明白了。

大家知道的：达尔文研究生物演进的状态的时候，费了三十多年光阴，积了许多材料，但是总想不出一个简单的答案来，偶然读那马尔萨斯的《人口论》，便大悟起来，了解了那生物演化的原则。

所以我们应该多读书，无论什么书都读，往往一本极平常的书中，埋伏着一个很大的暗示。书既是读得多，则参考资料多，看一本书，就有许多暗示从书外来。用一句话包括起来，就是王安石所谓“致其知而后读”。

博是为做人

像旗杆似的孤零零地只有一技之艺的人固然不好，就是说起来什么也能说的人，然而一点也不精，仿佛是一张纸，看去虽大，其实没有什么实质的也不好。我们理想中的读书人是又精又博，像金字塔那样，又大，又高，又尖。所以我说：“为学当如埃及塔，要能博大要能高。”

学问与趣味[①]

◇ 梁实秋

梁实秋（1903—1987），中国著名的散文家、学者、文学批评家、翻译家，国内第一个研究莎士比亚的权威。代表作有散文集《雅舍小品》、译作《莎士比亚全集》等。

前辈的学者常以学问的趣味启迪后生，因为他们自己实在是得到了学问的趣味，故不惜现身说法，诱导后学，使他们在愉快的心情之下走进学问的大门。例如，梁任公先生就说过："我是个主张趣味主义的人，倘若用化学化分'梁启超'这件东西，把里头所含一种元素名叫'趣味'的抽出来，只怕所剩下的仅有个零了。"任公先生注重趣味，学问甚是渊博，而并不存有任何外在的动机，只是"无所为而为"，故能有他那样的成就。一个人在学问上果能感觉到趣味。有时真会像是着了魔一般，真能废寝忘食，真能不知老之将至，苦苦钻研，锲而不舍，在学问上焉能不有收获？不过我尝想，以任公先生而论，他后期的著述如历史研究法，先秦政治思想史，以及有关墨子佛学陶渊明的作品，都可说是他的一点"趣味"在驱使着他，可是他在年轻的时候，从师受业，诵读典籍，那时节也全然是趣味么？作八股文，作试帖诗，莫非也是趣味么？我想未必。大概趣味云云，是指年长之后自动作学问之时而言，在年轻时候为学问打根底之际恐怕不能过分重视趣味。学问没有根底，趣味也很难滋生。任公先生的学问之所以那样的博大精深，涉笔成趣，左右逢源，不能不说一大部分得力于他的学

---

① 选自《梁实秋散文集》第一集，梁实秋著，中国广播电视出版社1989年版。

问根底之打得坚固。

我曾见许多年轻的朋友，聪明用功，成绩优异，而语文程度不足以达意，甚至写一封信亦难得通顺，问其故则曰其兴趣不在语文方面。又有一些位，执笔为文，斐然可诵，而视数理科目如仇雠，勉强才能及格，问其故则亦曰其兴趣不在数理方面，而且他们觉得某些科目没有趣味，便撇在一边视如敝屣，怡然自得，振振有词，略无愧色，好像这就是发扬趣味主义。

殊不知天下没有没有趣味的学问，端视吾人如何发掘其趣味，如果在良师指导之下按部就班地循序而进，一步一步地发现新天地，当然乐在其中，如果浅尝辄止，甚至躐等躁进，当然味同嚼蜡，自讨没趣。一个有中上天资的人，对于普通的基本的文理科目，都同样的有学习的能力，绝不会本能地长于此而拙于彼。只有懒惰与任性，才能使一个人自甘暴弃地在“趣味”的掩护之下败退。

由小学到中学，所修习的无非是一些普通的基本知识。就是大学四年，所授课业也还是相当粗浅的学识。世人常称大学为“最高学府”，这名称易滋误解，好像过此以上即无学问可言。大学的研究所才是初步研究学问的所在，在这里做学问也只能算是粗涉藩篱，注重的是研究学问的方法与实习。学无止境，一生的时间都嫌太短，所以古人皓首穷经，头发白了还是在继续研究，不过在这样的研究中确是有浓厚的趣味。

在初学的阶段，由小学至大学，我们与其倡言趣味，不如偏重纪律。一个合理编列的课程表，犹如一个营养均衡的食谱，里面各个项目都是有益而必需的，不可偏废，不可再有选择。所谓选修科目也只是在某一项目范围内略有拣选余地而已。一个受过良好教育的人，犹如一个科班出身的戏剧演员，在坐科的时候他是要服从严格纪律的，唱工作工武把子都要认真学习，各种角色的戏都要完全谙通，学成之后才能各按其趣味而单独发展其所长。学问要有根底，根底要打得平正坚实，以后永远受用。初学阶段的科目之最重要的莫过于语文与数学。语文是阅读达意的工具，国文不通便很难表达自己，外国文不通便很难吸取外来的新知。数学是思想条理之最好的训练。其他科目也各有各的用处，其重要性很难强分轩轾，例如体育，从另一方面看也是重要得无以复加。总之，我们在求学时代，应该暂且把趣味放在一边，耐着性子接受教育的纪律，把自己锻炼成为坚实的材料。学问的趣味，留在将来慢慢享受一点也不迟。

哲学开始于仰望天穹[①]（外一则）

◇ 周国平

哲学是从仰望天穹开始的。

每个人在童年时期必定会有一个时刻，也许是在某个夏夜，抬头仰望，突然发现了广阔无际的星空。这时候，他的心中会油然生出一种神秘的敬畏感，一个巨大而朦胧的问题开始叩击他的头脑：世界是什么？

这是哲学的悟性在心中觉醒的时刻。每个人心中都有这样的悟性，可是并非每个人都能够把它保持住的。随着年龄增长，我们日益忙碌于世间的事务，上学啦，做功课啦，考试啦，毕业后更不得了，要养家糊口，发财致富，扬名天下，哪里还有闲工夫去看天空，去想那些“无用”的问题？所以，生活越来越繁忙，世界越来越喧闹，而哲学家越来越稀少了。

当然，对于大多数人来说，这是不得已的，也是无可指责的。不过，如果你真的对哲学感兴趣，那你就最好把闲暇时看电视和玩游戏机的时间省出一些来，多到野外或至少是户外去，静静地看一会儿天，看一会儿云，看一会儿繁星闪烁的夜空。有一点我敢断言：对于大自然的神秘无动于衷的人，是不可能真正领悟哲学的。

关于古希腊最早的哲学家泰勒斯，有一则广泛流传

---

① 选自《画说哲学·我们对世界的认识》，周国平著，广东教育出版社2003年版。

对于大自然的神秘无动于衷的人，是不可能真正领悟哲学的。

的故事。有一回，他走在路上，抬头仰望天上的星象，如此入迷，竟然不小心掉进了路旁的一口井里。这情景被一个姑娘看见了，便嘲笑他只顾看天而忘了地上的事情。姑娘的嘲笑也许不无道理，不过，泰勒斯一定会回答她说，在无限的宇宙中，人类的活动范围是如此狭小，忙于地上的琐事而忘了看天是一种更可笑的无知。

包括泰勒斯在内的好几位古希腊哲学家同时都是天文学家，这大概不是偶然的。德国哲学家康德说，世上最使人惊奇和敬畏的两样东西就是头上的星空和心中的道德律。中国最早的哲学家孔子、墨子、老子、孟子也都曾默想和探究“天”的道理。地上沧桑变迁，人类世代更替，苍天却千古如斯，始终默默无言地覆盖着人类的生存空间，衬托出了人类存在的有限和生命的短促。它的默默无言是否蕴含着某种高深莫测的意味？它是神的居所还是物质的大自然？仰望天穹，人不由自主地震撼于时间的永恒和空间的无限，于是发出了哲学的追问：这无始无终无边无际的世界究竟是什么？

先有鸡还是先有蛋？

先有鸡，还是先有蛋？这一个看上去很简单的问题好像难倒了所有人。宇宙有没有一个开端的问题其实与这个问题非常相似。

让我们来讨论一下这个问题。

你当然知道：如果你说先有鸡，我会问你这只鸡从哪里来，如果你说先有蛋，我同样会问你这只蛋从哪里来，所以这两个答案都是不可取的。你很可能会用进化论来解释，当某种动物进化成鸡的时候，这种动物的蛋也就变成了鸡的蛋，所以鸡和蛋几乎是同时产生的，不能分出先后。事实上，许多人都是这么回答的。可是，这种回答只是把问题往前推了，因为对于在鸡之前的那种动物（比方说某种鸟）来说，问题仍然存在：先有这种鸟，还是先有这种鸟的蛋？即使一直推到植物，我仍然可以问：先有这种植物，还是先有这种植物的种子？推到靠细胞分裂来繁殖的单细胞生物，我仍然可以问：先有这种单细胞生物，还是先有它的分裂？在所有这些场合，问题仍是那同一个问题，问题的性质丝毫没有变。那么，我们还是回到鸡和蛋的例子上来吧。

这个问题的难点在于，我们既不能追溯到第一只鸡，它不是蛋孵出来的，也不能追溯到第一只蛋，它不是鸡生出来的。在鸡与蛋的循环中，我们不能找到一个开端。然而，没有开端又似乎是荒谬的，我们无法想象在既没有第一只鸡也没有第一只蛋的情况下，怎么会有现在的鸡和蛋。

世界有没有一个开端的问题只是在无限大的规模上重复了这个难题。难题的实质也许在于，我们不能接受某个结果没有原因。如果你为世界确定了一个开端，就必定要面对这个问题：造成这个开端的原因是什么？无论你把原因归结为世界在这开端之前的某种状态还是上帝，你实际上都已经为这个开端本身指出了一个更早的开端，因而它也就不成其为开端了。如果你否认世界有一个开端，也就是否认世上发生的一切事件有一个初始的原因，那么，没有这个初始的原因，后来的这一切事件又如何能作为结果发生呢？我们的思想在这里陷入了两难的困境。康德认为这个困境是人类思想无法摆脱的，他称之为“二律背反”。但是，也有的哲学家反对他的看法，认为这个困境是由我们思想方法的错误造成的，譬如说，用因果关系的模式去套宇宙过程就是一种错误的思想方法。这两种看法究竟哪种对，哪种错？我建议你不妨再仔细想想鸡与蛋的问题，然后再加以评论。

美从何处寻?[1]

◇ 宗白华

宗白华 （1897—1986），哲学家、美学家、诗人。我国现代美学的先行者和开拓者，著有《宗白华全集》、《美学散步》、《艺境》等。

啊，诗从何处寻？
在细雨下，点碎落花声，
在微风里，飘来流水者，
在蓝空天末，摇摇欲坠的孤星。

（《流云小诗》）

尽日寻春不见春，
芒鞋踏遍陇头云，
归来笑拈梅花嗅，
春在枝头已十分。

（宋罗大经：《鹤林玉露》中载某尼悟道诗）

诗和春都是美的化身，一是艺术的美，一是自然的美。我们都是从目观耳听的世界里寻得她的踪迹。某尼悟道诗大有禅意，好像是说“道不远人”，不应该“道在迩而求诸远”。好像是说：“如果你在自己的心中找不到美，那么，你就没有地方可以发现美的踪迹。”

然而梅花仍是一个外界事物呀，大自然的一部分呀!你的心不是“在”自己的心的过程里，在感情、情绪、思维里找到美；而只是“通过”感觉、情绪、思维找到

① 选自《美学散步》，宗白华著，上海人民出版社2006年版。

美，发现梅花里的美。美对于你的心，你的“美感”是客观的对象和存在。你如果要进一步认识她，你可以分析她的结构、形象、组成的各部分，得出“谐和”的规律、“节奏”的规律、表现的内容、丰富的启示，而不必顾到你自己的心的活动，你越能忘掉自我，忘掉你自己的情绪波动，思维起伏，你就越能够“漱涤万物，牢笼百态”（柳宗元语），你就会像一面镜子，像托尔斯泰那样，照见了一个世界，丰富了自己，也丰富了文化。人们会感谢你的。

那么，你在自己的心里就找不到美了吗？我说，如果我们的心灵起伏万变，经常碰到情感的波涛，思想的矛盾，当我们身在其中时，恐怕尝到的是苦闷，而未必是美。只有莎士比亚或巴尔扎克把它形象化了，表现在文艺里，或是你自己手之舞之，足之蹈之，把你的欢乐表现在舞蹈的形象里，或把你的忧郁歌咏在有节奏的诗歌里，甚至于在你的平日的行动里、语言里。一句话，就是你的心要具体地表现在形象里，那时旁人会看见你的心灵的美，你自己也才真正的切实地具体地发现你的心里的美。除此以外，恐怕不容易吧！你的心可以发现美的对象（人生的，社会的，自然的），这“美”对于你是客观的存在，不以你的意志为转移。（你的意志只能指使你的眼睛去看她，或不去看她，而不能改变她。你能训练你的眼睛深一层地去认识她，却不能动摇她。希腊伟大的艺术不因中古时代而减少它的光辉。）

宋朝某尼虽然似乎悟道，然而她的觉悟不够深，不够高，她不能发现整个宇宙已经盎然有春意，假使梅花枝上已经春满十分了。她在踏遍陇头云时是苦闷的、失望的。她把自己关在狭窄的心的圈子里了。只在自己的心里去找寻美的踪迹是不够的，是大有问题的。王羲之在《兰亭序》里说：“仰观宇宙之大，俯察品类之盛，所以游目骋怀，足以极视听之娱，信可乐也。”这是东晋大书法家在寻找美的踪迹。他的书法传达了自然的美和精神的美。不仅是大宇宙，小小的事物也不可忽视。诗人华滋沃斯曾经说过：“一朵微小的花对于我可以唤起不能用眼泪表达出的那样深的思想。”

达到这样的、深入的美感，发见这样深度的美，是要在主观心理方面具有条件和准备的。我们的感情是要经过一番洗涤，克服了小己的私欲和利害计较。矿石商人仅只看到矿石的货币价值，而看不见矿石的美的特性。我们要把整个情绪和思想改造一下，移动了方向，才能面对美的形象，把美如实地和深入地反映到心里来，再把它放射出去，凭借物质创造形象给表达出来，才成为艺术。中国古代曾有人把这个过程唤做“移人之情”或“移我情”。琴曲《伯牙水仙操》的序上说：

伯牙学琴于成连，三年而成。至于精神寂寞，情之专一，未能得也。成连曰："吾之学不能移人之情，吾师有方子春在东海中。"乃赍粮从之，至蓬莱山，留伯牙曰："吾将迎吾师!"划船而去，旬日不返。伯牙心悲，延颈四望，但闻海水汩波，山林窗冥，群鸟悲号。仰天叹曰："先生将移我情!"乃援操而作歌云："繄洞庭兮流斯护，舟楫逝兮仙不还，移形素兮蓬莱山，呜钦伤宫仙不还。"

伯牙由于在孤寂中受到大自然强烈的震撼，生活上的异常遭遇，整个心境受了洗涤和改造，才达到艺术的最深体会，把握到音乐的创造性的旋律，完成他的美的感受和创造。这个"移情说"比起德国美学家栗卜斯的"情感移入论"似乎还要深刻些，因为它说出现实生活中的体验和改造是"移情"的基础呀!并且"移易"和"移人"是不同的。

这里我所说的"移情"应当是我们审美的心理方面的积极因素和条件，而美学家所说的"心理距离"、"静观"，则构成审美的消极条件。长沙女子郭六芳有一首诗《舟还长沙》说得好：

侬家家住两湖东，
十二珠帘夕照红，
今日忽从江上望，
始知家在画图中。

自己住在现实生活里，没有能够把握它的美的形象。等到自己对自己的日常生活有相当的距离，从远处来看，才发现家在画图中，溶在自然的一片美的形象里。

但是在这主观心理条件之外，也还需要客观的物的方面的条件。在这里是那夕照的红和十二珠帘的具有节奏与和谐的形象。宋人陈简斋的海棠诗云："隔帘花叶有辉光"。帘子造成了距离，同时它的线文的节奏也更能把帘外的花叶纳进美的形象，增强了它的光辉闪灼，呈显出生命的华美，就像一段欢愉生活嵌在素朴而具有优美旋律的歌词里一样。

这节奏，这旋律，这和谐等等，它们是离不开生命的表现，它们不是死的机械的空洞的形式，而是具有丰富内容，有表现、有深刻意义的具体形象。形象不是形式，而是形式和内容的统一，形式中每一个点、线、色、形、音、韵，都表现着内容的意义、情感、价值。所以诗人艾里略说：“一个造出新节奏的人，就是一个拓展了我们的感情并使它更为高明的人。”又说：“创造一种形式并不是仅仅发明一种格式、一种韵律或节奏，而且也是这种韵律或节奏的整个合式的内容的发觉。莎士比亚的十四行诗并不仅是如此这般的一种格式或图形，而是一种恰是如此思想感情的方式”，而具有着理想的形式的诗是“如此这般的诗，以致我们看不见所谓诗，而但注意着诗所指示的东西”（《诗的作用和批评的作用》）。这里就是“美”，就是美感所受的具体对象。它是通过美感来摄取的美，而不是美感的主观的心理活动自身。就像物质的内部结构和规律是抽象思维所摄取的，但自身却不是抽象思维而是具体事物。所以专在心内搜寻是达不到美的踪迹的。美的踪迹要到自然、人生、社会的具体形象里去找。

但是心的陶冶，心的修养和锻炼是替美的发见和体验做准备的。创造“美”也是如此。捷克诗人里尔克在他的《柏列格的随笔》里有一段话精深微妙，梁宗岱曾把它译出，现介绍如下：

> ……一个人早年作的诗是这般乏意义，我们应该毕生期待和采集，如果可能，还要悠长的一生；然后，到晚年，或者可以写出十行好诗。因为诗并不像大家所想象，徒是情感（这是我们很早就有了的），而是经验。单要写一句诗，我们得要观察过许多城许多人许多物，得要认识走兽，得要感到鸟儿怎样飞翔和知道小花清晨舒展的姿势。得要能够回忆许多远路和僻境，意外的邂逅，眼光光望它接近的分离，神秘还未启明的童年，和容易生气的父母，当他给你一件礼物而你不明白的时候（因为那原是为别人设的欢喜）和离奇变幻的小孩子的病，和在一间静穆而紧闭的房里度过的日子，海滨的清晨和海的自身，和那与星斗齐飞的高声呼号的夜间的旅行——而单是这些犹未足，还要享受过许多夜不同的狂欢，听过妇人产时的呻吟，和坠地便瞑目的婴儿轻微的哭声，还要曾经坐在临终人的床头和死者的身边，在那打开的、外边的声音一阵阵拥进来的房里。
>
> 可是单有记忆犹未足，还要能够忘记它们，当它们太拥挤的时候，还有很大的忍耐去期待它们回来。因为回忆本身还不是这个，必要等到

它们变成我们的血液、眼色和姿势了，等到它们没有了名字而且不能别于我们自己了，那么，然后可以希望在极难得的顷刻，在它们当中伸出一句诗的头一个字来。

这里是大诗人里尔克在许许多多的事物里、经验里，去踪迹诗，去发见美，多么艰辛的劳动呀！他说："诗不徒是感情，而是经验。"现在我们也就转过方向，从客观条件来考察美的对象的构成。改我们的感情，使它能够发现美。中国古人曾经把这唤做"移我情"，改变着客观世界的现象，使它能够成为美的对象，中国古人曾经把这唤做"移世界"。

"移我情"、"移世界"，是美的形象涌现出来的条件。

我们上面所引长沙女子郭六芳诗中说过："今日忽从江上望，始知家在画图中"，这是心理距离构成审美的条件。但是"十二珠帘夕照红"，却构成这幅美的形象的客观的积极的因素。夕照、月明、灯光、帘幕、薄纱、轻雾，人人知道是助成美的出现的有力的因素，现代的照相术和舞台布景知道这个而尽量利用着。中国古人曾经唤做"移世界"。

明朝文人张大复在他的《梅花草堂笔谈》里记述着：

邵茂齐有言，天上月色能移世界，果然！故夫山石泉涧，梵刹园亭，屋庐竹树，种种常见之物，月照之则深，蒙之则净，金碧之彩，披之则醇，惨悴之容，承之则奇，浅深浓淡之色，按之望之，则屡易而不可了。以至河山大地，邈若皇古，犬吠松涛，远于岩谷，草生木长，闲如坐卧，人在月下，亦尝忘我之为我也。今夜严叔向，置酒破山僧舍，起步庭中，幽华可爱，旦视之，酱盎纷然，瓦石布地而已，戏书此以信茂齐之语，时十月十六日，万历丙午三十四年也。

月亮真是一个大艺术家，转瞬之间替我们移易了世界，美的形象，涌现在眼前。但是第二天早晨起来看，瓦石布地而已。于是有人得出结论说：美是不存在的。我却要更进一步推论说，瓦石也只是无色、无形的原子或电磁波，而这个也只是思想的假设，我们能抓住的只是一堆抽象数学方程式而已。究竟什么是真实的存在？所以我们要回转头来说，我们现实生活里直接经验到的、不以我们的意志为转移的、丰富多采的、有声有色有形有相的世界就是真实存在的世界，这是我们生活和创造的园地。所以马克思很欣赏近代唯物论的第一个创始者培根的著作里所说的物质以其感觉的诗意的光辉向着整个的人微笑（见《神圣家族》），而不满意霍布士的唯物论里“感觉失去了它的光辉而变为几何学家的抽象感觉，唯物论变成了厌世论”。在这里物的感性的质、光、色、声、热等不是物质所固有的了，光、色、声中的美更成了主观的东西。于是世界成了灰白色的骸骨，机械的死的过程。恩格斯也主张我们的思想要像一面镜子，如实地反映这多采的世界。美是存在着的!世界是美的，生活是美的。它和真和善是人类社会努力的目标，是哲学探索和建立的对象。

美不但是不以我们的意志为转移的客观存在，反过来，它影响着我们，教育着我们，提高生活的境界和意趣。它的力量更大了，它也可以倾国倾城。希腊大诗人荷马的著名史诗《伊利亚特》歌咏希腊联军围攻特罗亚九年，为的是夺回美人海伦，而海伦的美叫他们感到九年的辛劳和牺牲不是白费的。现在引述这一段名句：

> 特罗亚长老们也一样的高踞城雉，
> 当他们看见了海伦在城垣上出现，
> 老人们便轻轻低语，彼此交谈机密：
> “怪不得特罗亚人和坚胫甲阿开人，
> 为了这个女人这么久忍受苦难呢，
> 她看来活像一个青春长驻的女神。
> 可是，尽管她多美，也让她乘船去吧，
> 别留这里给我们子子孙孙作祸根。”
>
> （引自缪朗山译《伊利亚特》）

荷马不用浓丽的词藻来描绘海伦的容貌，而从她的巨大的惨酷的影响和力量轻轻地点出她的倾国倾城的美。这是他的艺术高超处，也是后人所赞叹不已的。

我们寻到美了吗？我说，我们或许接触到美的力量，肯定了她的存在，而她的无限的丰富内含却是不断地待我们去发现。千百年来的诗人艺术家已经发见了不少，保藏在他们的作品里，千百年后的世界仍会有新的表现。每一个造出新节奏来的人，就是拓展了我们的感情并使它更为高明的人!

审美的最高境界是心绪的自由和舒心的爽快[①]

◇ 弗里德里希·席勒 著　李光荣 译

弗里德里希·席勒（1759—1805），德国剧作家、诗人。作品有《强盗》、《阴谋与爱情》等。

我们再从另一个角度来看心绪的审美心境。前一封信我们论述了当人们的注意力只贯注在个别的和特定的作用上时，他就什么东西也不会得到，即得到的是一个“零”；那么当他处于另一种情况下，人们看到了这里不存在任何的限制，而且在同一个实在中共同活动的各种“力”都被汇成了一个整体；这样，就可以看做是一种能够得到最高、最大实在的状态。同样，我们也认为这些人的看法是完全正确的；他们之所以完全正确，是认为审美状态在认识与道德方面可以给予最丰硕的成果，一种心绪的心境既然把人性的整体都包括在了自身之中，按照功能它也必然把人性的任何个别的外显囊括了进来；而且它在人的天生的整体中剔除了一切限制，当然也会从天性的任何外显中剔除一切限制。即它不保护人性的任何一个单个的功能，却能给任何一个功能提供没有丝毫区别的利益，而且正因为这一可以使一切功能都成为可能的功能，它就不会为任何一个个别的功能提供独有的方便。经验告诉我们，其他一切的训练或培育或学习虽然可以给心绪赋予某种独特的本领，但在给予本领的同时也为它划定了一个界限，只有审美的训练可以把心绪引领到不受任何限制的美好境

① 选自《大师谈美》，（德）席勒、（俄）普列汉诺夫等著，李光荣译，重庆出版集团、重庆出版社出版2008年版。

界。平常时候，我们在可能进入任何一种状态前，都要回顾一下这一状态之前的一种状态是什么样子的，并且还须分析一下它的下一种状态将会出现什么样的情况；只有审美的状态是自成一体，无须它顾（审美的起源以及得以延续的一切条件都被统一在了它的自身之中）。所以，一旦我们进入了审美状态，我们就觉得仿佛是脱离了时间的羁束，并享有了充分的自由，而完整表现的就是我们人性的纯洁——如它没有受到过任何外来（外在力）的玷污。

通过我们的感官并在随后的直接感觉中觉得舒服——凡是这一类东西，都表示着我们可以接受任何的一种印象，以便润浸我们的心绪，使其越来越温柔而灵活；但是，它同样可以使我们忘掉了人的发愤图强。那些能够使我们的思维紧张起来并进入到抽象概念里面去的东西，一方面可以使我们的精神增强进行各种抵抗的力量，但同时也使我们的精神变得越来越冷漠寒酷，白白地丧失了我们人的鲜活的感受性（虽然它能够使我们取得更大的自主性）。所以，无论是前者还是后者，到了最后都必然趋于疲沓或衰竭，因为鲜活的“材料”需要富有创造的力才能存在，它不能长时期地缺少这样的创造力；我们身上的各种“力”的存在，也不可能长时期地缺少宜于创造的“材料”。而与上述情况相反的是，如果我们能够置身于真正美的享受之中（哪怕是这样的一个片刻），我们也能主宰我们的承受力和能动力，使其达到均衡；或者在严肃和怡乐之间，在静止和运动之间，在信从和拒抗之间，甚至在抽象思维和观照之间都能够游刃有余地转换于其间，丝毫不觉得费力或疲惫。

如果我们再把精神的这种高尚的宁静和自由，与刚毅的性格和精明的知性相结合，就能达到那种仿佛从一件真正的艺术作品中把我们的桎梏加以解脱的那种心境，这是检验是否具有真正的美的品质的试金石。但是，如果我们经历了这样的美的享受之后，还仍然对某种感觉或行动格外地倾心，而对另外的感觉或行动感到厌恶，那就确切地证明了，我们并没有体验到那种纯粹的审美，也即是说我们还没有达到纯粹的审美境界。

事实上，由于人不可能摆脱实际中的对各种“力”的依附，我们也不可能完全地体验到纯粹的审美；我们说，一部杰出的艺术作品具有相当的审美作用，也只是说它接近了纯粹的审美理想。我们虽然可以把自由作为纯粹审美理想的巅峰，但当我们处于某种特殊的境遇中时，或当我们带有一种独特的倾向时，我们总是要偏离或背离这一最高的自由。所以，一种特定的艺术种类或这一种类中的一部特定的作品，如果给予我们心绪的那种心境越舒适，如果给予我们心绪的那种倾向限制得越少，我们就认为它是一种愈加高贵的艺术，这部作品也是一部愈加杰出的作品。我们可以比较一下不同的艺术作品，或者同一种艺术的不同作品所给予我们的感受来做进一步的说明。当我们听完一段美妙的乐曲，我们的感觉就活跃了；当我们读完一首美丽的诗文，我们的想象力就如同吸进了新鲜的空气或刚喝了提神的咖啡、醇酒，显得生气蓬勃；当我们欣赏完一座美的雕像或雄伟的建筑，我们的知性就如同春天的大地，缓缓地苏醒了过来。所以，在高尚的音乐刚刚享受之后就去进行抽象思维，在美好的诗歌享乐刚刚结束之后，就去做那些须要精确地按照规章制度操作的事情，在刚观赏完一座美的雕像和宏伟的建筑之后，就去刺激自己的想象力和扰动自己的情感，那他就是典型的狂躁症患者（完全地没有时间感，完全地不合时宜）。

席勒是德国古典文学中仅次于歌德的第二座丰碑。

当然，如果某一部艺术作品能达到更高的水准，或者不同种类的艺术已经达到相当的完善，则不但它们可以产生亲和力，而且必然地对心绪产生越来越相似的效果，这种效果是在它们各自的客观疆界并没有改动的前提下产生的。如果音乐趋于完善到最高程度，它就变成了具有形体的东西，使我们能够感受如同雕塑般的静穆的影响；而造型艺术趋于到最高的完美，则必然会使我们感受到音乐般的跃动；一首达到了最完善境界的诗文，必然使我们感觉到有声有色的强烈，并同时把我们放到恬静而爽畅的氛围中加以雕刻。因此，各个种类的艺术如果达到了相当的完美，则可以消除这种艺术本身的局限，但又没有把此类艺术的长处一并抛弃，即如果把这一艺术的特点聪明地运用，就能够使它更具有普适性，更能展现艺术的美。

但是，艺术家的艰难并不在于他要聪明地处理他所采用的那种艺术种类的局限，而是要面对他意欲加工的材料（素材）所带来的局限。我当然认为，一部真正的艺术作品，起作用的并不是它的材料，而是形式（处理材料即素材的方式）；因为形式可以对人的整体的“力”产生效力，而材料只对人的个别的“力”产生效力。无论一部艺术作品的材料如何的高尚和宽泛，其间都会对我们的精神产生限制，只有舒心的形式才能给予人最大的审美自由。因此，真正的艺术秘密一经被艺术大师掌握，他就会用形式来消除材料的局限。因为越是难于驾驭的材料，在消除了局限后就越是动人，给观赏者的感觉就越有诱惑力；当材料越来越充分地显示它的作用时，观赏者就越是喜欢这些材料，那么，这一艺术作品就越是成功。这里的“成功”的含义，就是观众或听众在欣赏完一部艺术作品后，他的心绪没有受到任何的损害，且保持了完全的自由，就像他脱离出第一创造者（自然）的保护时那样，他在走出艺术家为他设置的魔圈时，也保持了高度的纯洁和完善。即使是最猥琐的对象，在经过了艺术家的处理后，我们仍然可以直接从这个对象转向最高尚的严肃。最严肃的事情一旦被艺术家高明地处理后，我们仍然能够直接地转换成最轻松愉快的怡乐。像悲剧一样的激情艺术，乍看起来，仿佛不会给人以轻松，即不会使人感到有完全的自由（因它必须将悲壮一般的情愫强加给欣赏者）；但是，真正懂艺术的人知道，当如同狂飙一般的激情达到了高潮之后，留给我们的必然是心绪的自由和必然的爽快，而且它留给我们心绪自由的空间越大，这一作品就越完美。有关情或性的艺术我们已经见过许多，本来情欲或性欲就艺术来说并没有多少美的东西值得展示，但美的艺术的效果最后会不可避免地摆脱掉情欲或性欲的不美的影子，让人同样感到是美的艺术。但是，用美的教诲（去教育人）或从道德方面去遏恶劝善的艺术，却是不美的，因为再也没有比给人的心绪加上一个特定的倾向更使人讨厌的了，这一意图是与美的最高概念相冲突的（编译者按：作者这里特别指出是最高的美的概念，而不是一般的美。即“美”再美，或道德再高尚，都不能借艺术的功用来给观赏者强加一个心灵的倾向。否则就违背了美的宗旨。）。

不过，一个判断者仅仅从一部作品中得到了内容的收获，并不证明这部作品就没有形式，只能证明这个判断者看不到形式；也就是说，他不是太松懈就是太紧张，不是纯粹用知性就是纯粹用感官去欣赏艺术。对他来说，即使面对一部最成功的整体作品，他也只流连于细节；即使是具有最美的形式他也只看到物质。这种人只配受享未经加工的素材。他在享受一部作品时，不但看不到这部作品的整体与和谐，看不到它的有机组成，而且还费尽心机地搜寻艺术大师已经使之消失了的个别；他之对于艺术的兴趣，不是在道德方面寻求教诲，就是在物质方面寻求感官刺激，偏偏不会在他应该在的地方，即审美。这样的人，当他聆听一首庄严而悲壮的诗歌时，以为他在听一篇布道词；当他遇到一首质朴的或打趣的诗歌时，以为那不过是一杯平淡的饮料。既然他毫无审美的情趣，就一定会在一出悲剧或一部史诗（哪怕是一首颂扬救世主的史诗）里寻求修身或养身的方法和道理，而不是享受美的整体恩泽。

“黄金律”[①]

◇ 苏霍金

苏霍金，前苏联作家，代表作有《艺术与科学》。

我们先看看造型艺术，这种艺术在一定程度上依赖于黄金律，也可以说扎根于黄金律。古代的人就已经懂得，完美的艺术创造的基础就是作品各部分之间完美的数学关系。人们认为整个希腊建筑艺术是欧几里得学说的外部表现，而埃及金字塔则是几何学的“无声的讲述”。看来，当时数学已经作为一个“建筑艺术语法”了。时至今日它仍然起着这种作用。

古罗马时代的雕塑大师们创造了大量极其优秀的作品。这首先是因为他们当时就认真地研究了人体的比例关系。

大自然造就的人体比例关系是这样的：头部从下巴到额顶占全身的十分之一，手掌的长度也是这样。从手到肘弯的长度与胸宽相同，约为自长的四分之一，脚掌长度占全身长的六分之一。

身体的其他部分也相应地具有一定的协调的比例。因此，古罗马时代的雕塑家就已经注意到，一个人双臂展开的长度和身长一样。所以一个人伸展开来就像字母“X”的形状。我们设想一个人平躺在地上，伸开手脚，然后我们取一个大圆规，把一条腿固定在腹部中心，另一条腿画的圆正好经过脚端和手指端。

---

① 选自《艺术与科学》，（苏）苏霍金著，王仲宣译，三联书店1986年版。

显然，古人已经研究并测量过人体，问题只是如何把确定的比例关系用到艺术形式之中了。当时的艺术大师们成功地运用这种比例关系，创造出了十分优秀的雕塑作品。特别值得注意的是，当时人们还把人体比例用到了建筑艺术之中。据传说，男人的脚掌长度是身长的六分之一，于是人们就把这种比例关系用到建筑中，用以确定柱子的高度和直径的关系，这种柱子称为多利斯圆柱。

还有一个在实践中应用人体比例的例证。人们在建造古罗马狩猎女保护神狄爱娜庙时，利用苗条女子脚长与身高的比例来设计柱子，这种柱子比较细，显得比实际高。这样一来，建筑艺术中出现了两种柱子，一种取了男子的比例，另一种取了女子的比例。所谓的“黄金分割”是和谐性的最完美的表现。线段按这种方法分割时所得的比例最美。文艺复兴时代的数学家称这种比例为“神圣比例”。开普勒曾说：“几何学中有两件珍宝：：一是勾股定理，二是中外比。如果是第一件是黄金，那第二件就是宝石。”

黄金分割到底是怎么回事呢？这里只好使用毫不修饰的数学语言来说明。把线段分成两部分，如果其中一部分对于线段全长的比等于其余部分对这部分的比，这就称为中外比或黄金分割。

A　　　　B　　　C

如上图中分割线段AC时，使AB：BC=AC：AB

确实，按“黄金律”构成的图形中有它的动人之处。这是一个十分鲜明的特点，总能引起人们的注意。15世纪意大利数学家帕契奥里为黄金分割列出了一大堆优点，他写道：“黄金分割对我们的作用是：一、实质性的；二、特殊的；三、无法表达的；四、无法解释的；五、……最后，十七、是宝贵的。”然后他赞扬起达·芬奇的《最后的晚餐》是一幅完美的艺术杰作，而这幅画的基础就是考虑到了准确的比例。

后来人们才明白，黄金分割构成了许多自然界物体的结构。就说人体吧!原来腰部是成年人体的黄金分割点。有趣的是新生儿的腰是身体中点，即把身体均分。总之，人体的各部分都符合中外比的关系。

当人们证明了黄金分割是各种自然现象的基础时，这个规律便不仅被用于艺术里，而且在技术中也用它来制造各种机器。同时技术活动与艺术也并不是极端矛盾的。我们在后面一章里将会证明，美学标准正是机器和建筑物等的可靠性的一项重要指标。

现在我们想向大家介绍几位艺术大师的理论和实践，看他们是如何解决文艺创作与精确科学之间的关系的。

达·芬奇很早就闻名天下了。他身上具备科学家和画家两方面的天才，同时他还是一位颇具才干的文艺理论家，他致力于美的自然科学基础问题的研究，以确定据以创造美好事物的精确规律。

他认为数学是至关重要的。他强调艺术家首先应该了解并掌握这门学科，以便洞悉和谐的秘密，因为数学是建立在比例、尺度和数学的基础上。达·芬奇对那些堪称艺术顶峰的绘画对观众产生影响的原因进行了探索，他把这首先归“罪”于绘画的基础——一点、二线、三面，第四才是被面所包裹的体。

达·芬奇还特别注意研究透视的数学规律，即把现实物体转变成平面的规则，或者说是三维世界转变成两维世界的规则。此外，他从严格的几何学要求的立场来看待绘画，因而他的画无论在艺术上，还是在科学上都是完美无瑕的典范。

达·芬奇深刻理解数学在美术创作中所起的作用。他认为用艺术手法表现自然时，不能绕过精确科学，不能不考虑自然的数量特征。因此他遗憾地指出，一些从事艺术工作的人由于无知而不能理解绘画的科学原理。确实，他们正是因此而对这些原理一窍不通的。

文艺复兴时期的德国画家丢勒也非常执着地探索绘画的数学基础。他同不少著名的自然科学家通信，和其中一些人还直接会面，同他们讨论数学与绘画相关的一些问题。他同帕契奥里交往很深。总之，专家们都说他具有“天生的几何学家”的特点，丢勒确实对此当之无愧。

对德国的许多画家不研究测量学丢勒深感遗憾，因为没有这门科学是不能成为真正的画家的。他在这一点上同达·芬奇一致。他提出在人体画中必须遵从自然界确定的明确规则。所谓的规则就是指胸、面、头等人体部分的尺寸不是任意的，而是与身长有严格的比例关系。这种比例是古人早就提出来的。

有必要再提提当时意大利的画家乌切洛。他的引人注意之处，在于他在一辈子的创作生涯中与透视的数学规律的研究结下了不解之缘。尽管他没有取得达·芬奇那样辉煌的成就，但他在理论研究中还是留下了自己的足迹。

我们已经介绍了几位卓越的艺术大师，了解了他们对艺术的科学基础问题的见解，从而确信他们对于精确科学方法的了解对他们探索艺术的秘密有很大的帮助。他们找到了一系列的数学法则，这些法则指导画家和雕塑家的工作，使他们得以创造出非常美的作品。很多专家认为，达·芬奇、丢勒以及后来的安德烈洛、伦勃朗等艺术家的数学造诣，远比他们同代的许多自然科学家高深得多。

但这不一定能使读者信服，因为这一切发生在很久以前，当时确实必须研究绘画的数学基础。但是19世纪或现代的画家不一定要这样做了吧？可以断定，无论在什么时代，了解精确科学都是美术创作成绩的一个组成部分。

这里要提到俄罗斯杰出的画家苏里科夫创作生涯中的一件事。

他在创作《女贵族莫洛卓娃》时遇到了一个难题：怎样使观众觉得女贵族乘坐的雪橇正在飞驰呢？他凭着一种感觉知道，要想使雪橇产生动感，就必须严格地使滑道与画框保持一定的距离。画家为了找到这个位置，试验了许多不同的布局。用现代语言来说，就是不断地进行模拟，以便找出雪橇应该处于的那个唯一准确位置。他当时记下了这件事："对我说来，主要是布局。这里边肯定有着某种法则，但这只能去猜想。法则是确定的，即使你增长或缩短一寸画布，画上一个多余的点，构图一下子就会发生变化。"苏里科夫接着介绍了为此进行的一次非常重要的观察，他说："运动中有活点，也有死点。这是真正的数学。坐雪橇的人使这些点原地不动。必须找到雪橇和画框之间的距离，以便使它们动起来。距离稍有变化，雪橇就会停住。"

有趣的是，列夫·托尔斯泰夫妇看了这幅画之后，曾提议去掉下面一截，他们认为这部分毫无用处。但苏里科夫不以为然，他反驳说："什么也不能去掉，不然雪橇就停住了。"

现代荷兰画家伊谢尔同时还是一位科学家，他的创造活动证明，数学对造型艺术具有重要意义。他从美学角度出发，在画布上画出空间几何学图形。虽然他手里创造了很多艺术作品，但他对精确科学也很有兴趣。他写道："我往往觉得，我与数学之间的距离比和画家同行们之间的距离近得多。"

总之，如果要对上述的一切做出总结的话，那就是说可以赞同许多理论家和实践家的看法，完全可以承认：不论哪个画家，如果他不懂几何学，就不可能绘画。同时还得承认，包括现代画家在内，远非每个画家都掌握了这门古老的科学。显然，他们所以不能成功，在相当大的程度上是由于他们不善于、或者不愿意掌握精确科学的计算工具，包括圆规、量角仪和数字。

慢慢走，欣赏啊——人生的艺术化[①]

◇ 朱光潜

朱光潜（1897—1986），美学家、文艺理论家、翻译家，我国现代美学的开拓者和奠基者之一。

一直到现在，我们都是讨论艺术的创造与欣赏。在收尾这一节中，我提议约略说明艺术和人生的关系。

我在开章明义时就着重美感态度和实用态度的分别，以及艺术和实际人生之中所应有的距离，如果话说到这里为止，你也许误解我把艺术和人生看成漠不相关的两件事。我的意思并不如此。

人生是多方面而却相互和谐的整体，把它分析开来看，我们说某部分是实用的活动，某部分是科学的活动，某部分是美感的活动，为正名析理起见，原应有此分别，但是我们不要忘记，完满的人生见于这三种活动的平均发展，它们虽是可分别的而却不是互相冲突的。“实际人生”比整个人生的意义较为窄狭，一般人的错误在把它们认为相等，以为艺术对于“实际人生”既是隔着一层，它在整个人生中也就没有什么价值。有些人为维护艺术的地位，又想把它硬纳到“实际人生”的小范围里去。这般人不但是误解艺术，而且也没有认识人生。我们把实际生活看作整个人生之中的一片段，所以在肯定艺术与实际人生的距离时，并非肯定艺术与整个人生的隔阂。严格地说，离开人生便无所谓艺术，因为艺术是情趣的表现，而情趣的根源就在人生，反之，离开艺术也便无所谓人生，因为凡是创造和欣赏都是艺

① 选自《朱光潜全集》(2)，朱光潜著，安徽教育出版社1987年版。

术的活动，无创造、无欣赏的人生是一个自相矛盾的名词。

人生本来就是一种较广义的艺术。每个人的生命史就是他自己的作品。这种作品可以是艺术的，也可以不是艺术的，正犹如同是一种顽石，这个人能把它雕成一座伟大的雕像，而另一个人却不能使它“成器”，分别全在性分与修养。知道生活的人就是艺术家，他的生活就是艺术作品。

过一世生活好比做一篇文章，完美的生活都有上品文章所应有的美点。

第一，一篇好文章一定是一个完整的有机体，其中全体与部分都息息相关，不能稍有移动或增减，一字一句之中都可以见出全篇精神的贯注。比如陶渊明的《饮酒》诗本来是“采菊东篱下，悠然见南山”，后人把“见”字误印为“望”字，原文的自然与物相遇相得的神情便完全丧失。这种艺术的完整性在生活中叫做“人格”。凡是完美的生活都是人格的表现。大而进退取与，小而声音笑貌，都没有一件和全人格相冲突，不肯为五斗米折腰的乡里小儿，是陶渊明的生命史中所应有的一段文章，如果他错过这一个小节，便失其为陶渊明。下狱不肯脱逃，临刑时还叮咛嘱咐还邻人一只鸡的债，是苏格拉底的生命史中所应有的一段文章，否则他便失其为苏格拉底。这种生命史才可以使人把它当作一幅图画去惊赞，它就是一种艺术的杰作。

其次，“修辞立其诚”是文章的要诀，一首诗或是一篇美文一定是至性深情的流露，存于中然后形于外，不容有丝毫假借。情趣本来是物我交感共鸣的结果。景物变动不居，情趣亦自生生不息。我有我的个性，物也有物的个性，这种个性又随时地变迁而生长发展。每人在某一时会所见到的景物，和每种景物在某一时会所引起的情趣，都有它的特殊性，断不容与另一人在另一时会所见

到的景物，和另一景物在另一时会所引起的情趣完全相同。毫厘之差，微妙所在。在这种生生不息的情趣中我们可以见出生命的造化。把这种生命流露于语言文字，就是好文章，把它流露于言行风采，就是美满的生命史。

文章忌俗滥，生活也忌俗滥。俗滥就是自己没有本色而蹈袭别人的成规旧距。西施患心病，常捧心颦眉，这是自然的流露，所以愈增其美。东施没有心病，强学捧心颦眉的姿态，只能引人嫌恶。在西施是创作，在东施便是滥调。滥调起于生命的干枯，也就是虚伪的表现。“虚伪的表现”就是“丑”，克罗齐已经说过，“风行水上，自然成纹”，文章的妙处如此，生活的妙处也是如此。在什么地位，是怎样的人，感到怎样情趣，便现出怎样言行风采，叫人一见就觉其谐和完整，这才是艺术的生活。

俗语说得好：“唯大英雄能本色”，所谓艺术的生活就是本色的生活。世间有两种人的生活最不艺术，一种是俗人，一种是伪君子。“俗人”根本就缺乏本色，“伪君子”则竭力遮盖本色。朱晦庵有一首诗说：“半亩方塘一鉴开，天光云影共徘徊，问渠那得清如许？为有源头活水来。”艺术的生活就是有“源头活水”的生活。俗人迷于名利，与世浮沉，心里没有“天光云影”，就因为没有源头活水。他们的大病是生命的干枯。“伪君子”则于这种“俗人”的资格之上，又加上“沐猴而冠”的伎俩。他们的特点不仅见于道德上的虚伪，一言一笑、一举一动，都叫人起不美之感。谁知道风流名士的架子之中掩藏了几多行尸走肉？无论是“俗人”或是“伪君子”，他们都是生活中的“苟且者”，都缺乏艺术家在创造时所应有的良心。像柏格森所说的，他们都是“生命的机械化”，只能作喜剧中的角色。生活落到喜剧里去的人大半都是不艺术的。

艺术的创造之中都必寓有欣赏，生活也是如此。一般人对于一种言行常欢喜说它“好看”、“不好看”，这已有几分是拿艺术欣赏的标准去估量它。但是一般人大半不能彻底，不能拿一言一笑、一举一动纳在全部生命史里去看，他们的人格观念太淡薄，所谓“好看”、“不好看”往往只是“敷衍面子”。善于生活者则彻底认真，不让一尘一芥妨碍整个生命的和谐。一般人常以为艺术家是一班最随便的人，其实在艺术范围之内，艺术家是最严肃不过的。在锻炼作品时常呕心呕肝，一笔一画也不肯苟且。王荆公作“春风又绿江南岸”一句诗时，原来“绿”字是“到”字，后来由“到”字改为“过”字，由“过”字改为“入”字，由“入”字改为“满”字，改了十几次之后才定为“绿”字。即此一端可以想见艺术家的严肃了。善于生活者对于生活也是这样认真。曾子临死时记得床上的席子是季路的，一定叫门人把它换过才瞑目。吴季札心里已经暗许赠剑给徐君，没有实行徐君就已死去，他很郑重地把剑挂在徐君墓旁树上，以见“中心契合死生不渝”的风谊。像这一类的言行看来虽似小节，而善于生活者却不肯轻易放过，正犹如诗人不肯轻易放过一字一句一样。小节如此，大节更不消说。董狐宁愿断头不肯掩盖史实，夷齐饿死不愿降周，这种风度是道德的也是艺术的。我们主张人生的艺术化，就是主张对于人生的严肃主义。

艺术家估定事物的价值，全以它能否纳入和谐的整体为标准，往往出于一般人意料之外。他能看重一般人所看轻的，也能看轻一般人所看重的。在看重一件事物时，他知道执着，在看轻一件事物时，他也知道摆脱。艺术的能事不仅见于知用取，尤其见于知所舍。苏东坡论文，谓如水行山谷中，行于其所不得不行，止于其所不得不止。这就是取舍恰到好处，艺术化的人生也是如此。善于生活者对于世间一切，也拿艺术的口胃去评判它，合于艺术口胃者毫毛可以变成泰山，不合于艺术口胃者泰山也可以变成毫毛。他不但能认真，而且能摆脱。在认真时见出他的严肃，在摆脱时见出他的豁达。孟敏堕甑，不顾而去，郭林宗见到以为奇怪。他说：“甑已碎，顾之何益？”哲学家斯宾诺莎宁愿靠磨镜过活，不愿当大学教授，怕妨碍他的自由。王徽之居山阴，有一天夜雪初霁，月色清朗，忽然想起他的朋友戴逵，便乘小舟到剑溪去访他，刚到门口便把船划回去。他说：“乘兴而来，兴尽而返。”这几件事？彼此差很远，却都可以见出艺术家的豁达。伟大的人生和伟大的艺术都要同时并有严肃与豁达之胜。晋代清流大半只知道豁达而不知道严肃，宋朝理学又大半只知道严肃而不知道豁达。陶渊明和杜子美庶几算得恰到好处。

一篇生命史就是一种作品，从伦理的观点看，它有善恶的分别，从艺术的观点看，它有美丑的分别。善恶与美丑的关系究竟如何呢？

就狭义说，伦理的价值是实用的，美感的价值是超实用的，伦理的活动都是有所为而为，美感的活动则是无所为而为。比如仁义忠信等等都是善，问它们何以为善，我们不能不着眼到人群的幸福。美之所以为美，则全在美的形象本身，不在它对于人群的效用（这并不是说它对于人群没有效用）。假如世界上只有一个人，他就不能有道德的活动，因为有父子才有慈孝可言，有朋友才有信义可言。但是这个想象的孤零零的人还可以有艺术的活动，他还可以欣赏他所

生活在车水马龙的都市中，偶遇两边都是树木的小径，请让我们放慢脚步，慢慢走，欣赏啊。

居的世界，他还可以创造作品。善有所赖而美无所赖，善的价值是“外在的”，美的价值是“内在的”。

不过这种分别究竟是狭义的。就广义说，善就是一种美，恶就是一种丑。因为伦理的活动也可以引起美感上的欣赏与嫌恶。希腊大哲学家柏拉图和亚里士多德，讨论伦理问题时都以为善有等级，一般的善只有外在的价值，而“至高的善”则有内在的价值。这所谓“至高的善”究竟是什么呢？柏拉图和亚里士多德本来是一走理想主义的极端，一走经验主义的极端，但是对于这个问题，意见却一致。他们都以为“至高的善”在“无所为而为的玩索”。这种见解在西方哲学思潮上影响极大，斯宾诺莎、黑格尔、叔本华的学说都可以参证。从此可知西方哲人心目中的“至高的善”还是一种美，最高的伦理的活动还是一种艺术的活动了。

“无所为而为的玩索”何以看成“至高的善”呢？这个问题涉及西方哲人对于神的观念。从耶稣教盛行之后，神才是一个大慈大悲的道德家。在希腊哲人以及近代莱布尼兹、尼采、叔本华诸人的心目中，神却是一个大艺术家，他创造这个宇宙出来，全是为着自己要创造，要欣赏。其实这种见解也并不减低神的身份。耶稣教的神只是一班穷叫花子中的一个肯施舍的财主佬，而一般哲人心中的神，则是以宇宙为乐曲而要在这种乐曲之中见出和谐的音乐家。这两种观念究竟是哪一个伟大呢？在西方哲人想，神只是一片精灵，他的活动绝对自由而不受限制，至于人则为肉体的需要所限制而不能绝对自由。人愈能摆脱肉体需求的限制而作自由活动则离神亦愈近。“无所为而为的玩索”是唯一的自由活动，所以成为最上的理想。

这番话似乎有些玄渺，在这里本来不应说及。不过无论你相信不相信，有许多思想却值得当作一个意象悬在心眼前来玩味玩味。我自己在闲暇时也欢喜看看哲学书籍。老实说，我对于许多哲学家的话都很怀疑，但是我觉得他们有趣。我以为穷到究竟，一切哲学系统也都只能当作艺术作品去看。哲学和科学穷到极境，都是要满足求知的欲望。每个哲学家和科学家对于他自己所见到的一点真理（无论它究竟是不是真理）都觉得有趣味，都用一股热忱去欣赏它。真理在离开实用而成为情趣中心时就已经是美感的对象了。“地球绕日运行”，“勾方加股方等于弦方”类的科学事实，和《密罗斯爱神》或《第九交响曲》一样可以摄魂震魄。科学家去寻求这一类的事实，穷到究竟，也正因为它们可以摄魂震魄。所以科学的活动也还是一种艺术的活动，不但善与美是一体，真与美也并没有隔阂。艺术是情趣的活动，艺术的生活也就是情趣丰富的生活。人可以分为两种，一种是情趣丰富的，对于许多事物都觉得有趣味，而且到处寻求享受这种趣味。一种是情趣干枯的，对于许多事物都觉得没有趣味，也不去寻求趣味，只终日拼命和蝇蛆在一块争温饱。后者是俗人，前者就是艺术家。情趣愈丰富，生活也愈美满，所谓人生的艺术化就是人生的情趣化。

“觉得有趣味”就是欣赏。你是否知道生活，就看你对于许多事物能否欣赏。欣赏也就是“无所为而为的玩索。”在欣赏时人和神仙一样自由，一样有福。

阿尔卑斯山谷中有一条大汽车道，两旁景物极美，路上插着一个标语牌劝告游人说：“慢慢走，欣赏啊!”许多人在这车如流水马如龙的世界过活，恰如在阿尔卑斯山谷中乘汽车兜风，匆匆忙忙地急驰而过，无暇一回首流连风景，于是这丰富华丽的世界便成为一个了无生趣的囚牢。这是一件多么可惋惜的事啊!

朋友，在告别之前，我采用阿尔卑斯山路上的标语，在中国人告别习用语之下加上三个字奉赠：

“慢慢走，欣赏啊!”

盛唐之音[1]（节选）

◇ 李泽厚

李泽厚（1930—），著名哲学家，著有《美的历程》、《论语今读》等。

唐代历史揭开了中国古代最灿烂夺目的篇章。结束了数百年的分裂和内战，在从中原到塞北普遍施行均田制的基础上，李唐帝国在政治、财政、军事上都非常强盛。并且，随着经济的发展，南北朝那种农奴式的人身依附逐渐松弛，经由中唐走向消失。与此相应，出现了一系列新的情况和因素。“山东之人质，故尚婚娅”，“江左之人文，故尚人物”，“关中之人雄，故尚冠冕”，“代北之人武，故尚贵戚”（《新唐书·柳冲传》）。以杨隋和李唐为首的关中门阀取得了全国政权，使得“重冠冕”（官阶爵禄）压倒了“重婚娅”（强调婚姻关系的汉魏北朝旧门阀）、“重人物”（东晋南朝门阀以风格品评标榜相尚）、“重贵戚”（入主中原的原少数民族重血缘关系）等更典型的传统势力和观念。“仕”与“婚”同成为有唐一代士人的两大重要课题[2]，某种“告身”实即官阶爵禄在日益替代阀阅身份，成为唐代社会视为最高荣誉所在。社会风尚在逐渐变化。

这与社会政治上实际力量的消长联在一起，名气极大的南朝大门阀势力如王、谢，在齐梁即已腐朽没落；顽固的北朝大门阀势力如崔、卢，一开始在初唐就被皇

---

① 选自《美学三书》，李泽厚著，天津社会科学院出版社2003年版。

② 从陈寅恪说。参看陈著《元白诗笺证稿》。

室压制[①]。以皇室为中心的关中门阀，又接着被武则天所着意打击摧残。与此相映对的是，非门阀士族即世俗地主阶级的势力在上升和扩大。如果说，李世民昭陵陪葬墓的大墓群中，被赐姓李的功臣占据了比真正皇族还要显赫的位置规模[②]，预告了活人世界将有重大变化的话；那么，紧接着高宗、武后大搞“南选”，确立科举，大批不用赐姓的进士们，由考试而做官，参预和掌握各级政权，就在现实秩序中突破了门阀世胄的垄断。不必再像数百年前左思无可奈何地慨叹，“郁郁涧底松，离离山上苗，以彼径寸茎，荫此百尺条”。一条充满希望前景的新道路在向更广大的知识分子开放，等待着他们去开拓。

这条道路首先似乎是边塞军功。“宁为百夫长，胜作一书生。”（杨炯诗）从高门到寒士，从上层到市井，在初唐东征西讨、大破突厥、战败吐蕃、招安回纥的“天可汗”（太宗）时代里，一种为国立功的荣誉感和英雄主义弥漫在社会氛围中。文人也出入边塞，习武知兵。初、盛唐的著名诗人们很少没有亲历过大漠苦寒、兵刀弓马的生涯。与欧洲文艺复兴时代的文武全才、生活浪漫的巨人们相似，直到玄宗时的李白，依然是“白陇西布衣，流落楚汉，十五好剑术，遍于诸侯，三十成文章，历抵卿相”（《上韩荆州书》），一副强横乱闯甚至带点无赖气的豪迈风度，仍跃然纸上，这决不是宋代以后那种文弱书生或谦谦君子。

对外是开疆拓土，军威四震，国内则是相对的安定和统一。一方面，南北文化交流融合，使汉魏旧学（北朝）与齐梁新声（南朝）相互取长补短，推陈出新；另方面，中外贸易交通发达，“丝绸之路”引进来的不只是“胡商”会集，而且也带来了异国的礼俗、服装、音乐、美术以至各种宗教。“胡酒”、“胡姬”、“胡帽”、“胡乐”……是盛极一时的长安风尚。这是空前的古今中外的大交流大融合。无所畏惧无所顾忌地引进和吸取，无所束缚无所留恋地创造和革新，打破框框，突破传统，这就是产生文艺上所谓“盛唐之音”的社会氛围和思想基础。如果说，西汉是宫廷皇室的艺术，以铺张陈述人的外在活动和对环境的征服为特征（参看《美学三书》“楚汉浪漫主义”），魏晋六朝是门阀贵族的艺术，以转向人的内心、性格和思辨为特征（参看《美学三书》“魏晋风度”），那么唐代也

---

① 太宗曰，我与山东崔卢李郑，旧既无嫌，为其世代衰微，全无冠盖，犹自云士大夫……何以重之?……我今特定姓族者，欲崇今朝冕……不需论数世以前。止取今日定爵高下作等级。遂以崔干为第三等。（《旧唐书·高俭传》）

② 《昭陵陪葬墓调查记》，《文物》1977年第十期。

许恰似这两者统一的向上一环：既不纯是外在事物、人物活动的夸张描绘，也不只是内在心灵、思辨、哲理的追求，而是对有血有肉的人间现实的肯定和感受，憧憬和执着。一种丰满的、具有青春活力的热情和想象，渗透在盛唐文艺之中。即使是享乐、颓丧、忧郁、悲伤，也仍然闪灼着青春、自由和欢乐。这就是盛唐艺术，它的典型代表，就是唐诗。

昔人论唐宋诗区别者，夥矣。自《沧浪诗话》提出“本朝人尚理，唐人尚意兴”，诗分唐宋，唐又分初盛中晚以来，赞成者反对者争辩不休。今人钱钟书教授《谈艺录》曾概述各种论断，而认为，“诗分唐宋乃风格性分之殊，非朝代之别”，指出“唐诗多以丰神情韵擅长，宋诗多以筋骨思理见胜……非曰唐诗必出唐人，宋诗必出宋人也”；“夫人禀性，各有偏至，发为声诗，高明者近唐，沉潜者近宋”；“一生之中，少年才气发扬，遂为唐体，晚节思虑深沉，乃染宋调”。这说法是有道理的，唐宋诗确乎是两种风貌与不同性格，包括唐宋在内的历代诗人都可以各有所偏各有所好，不仅唐人可以有宋调，宋人可以发唐音，而且有时也很难严格区划。但是，这两种风格、性貌所以分称唐宋两体，不又正由于它们各是自己时代的产儿吗？“风格、性分之殊”，其基础仍在于社会、时代之别。少喜唐音，老趋宋调，这种个人心绪爱好随时间迁移的变异，倒恰好象征式地复现着中国后期传统社会和它的主角世俗地主知识分子由少壮而衰老，由朝气蓬勃、纵情生活到满足颓唐、退避现实的历史行程。唐诗之初盛中晚，又恰好形象地展现了这一行程中的若干重要环节和情景。

闻一多关于唐诗的论文久未为文学史著作所重视或采用。其实这位诗人兼学者相当敏锐地述说了由六朝宫体到初唐的过渡。其中提出卢照邻的“生龙活虎般腾踔的节奏”，骆宾王“那一气到底而又缠绵往复的旋律之中，有着欣欣向荣的情绪”[①]，指出“宫体诗在卢、骆手里是由宫廷走向市井，五律到王、杨的时代是从台阁移至江山与塞漠”[②]。诗歌随时代的变迁，由宫廷走向生活，六朝宫女的靡靡之音变而为青春少年的清新歌唱。代表这种清新歌唱成为初唐最高典型的，正是闻一多强调的刘希夷和张若虚：

洛阳城东桃李花，飞来飞去落谁家；洛阳女儿好颜色，坐见落花长

---

① 闻一多：《唐诗杂论·宫体诗的自赎》。

② 闻一多：《唐诗杂论·四杰》。

叹息。今年花落颜色改，明年花开复谁在？已见松柏摧为薪，更闻桑田变成海。古人无复洛城东，今人还对落花风，年年岁岁花相似，岁岁年年人不同……（《代悲白头翁》）[①]

春江潮水连海平，海上明月共潮生。滟滟随波千万里，何处春江无月明。江流宛转绕芳甸，月照花林皆似霰。空里流霜不觉飞，汀上白沙看不见。江天一色无纤尘，皎皎空中孤月轮。江畔何人初见月，江月何年初照人？人生代代无穷已，江月年年只相似。不知江月待何人，但见长江送流水。白云一片去悠悠，青枫浦上不胜愁。谁家今夜扁舟子，何处相思明月楼……（《春江花月夜》）

多么漂亮、流畅、优美、轻快哟!特别是后者，闻一多再三赞不绝口："更绝的宇宙意识!一个更深沉更寥廓更宁静的境界!在神奇的永恒前面，作者只有错愕，没有憧憬，没有悲伤。""他得到的仿佛是一个更神秘的更渊默的微笑，他更迷惘了，然而也满足了。""这里一番神秘而又亲切的，如梦境的晤谈，有的是强烈的宇宙意识。""这是诗中的诗，顶峰上的顶峰。"[②]

其实，这诗是有憧憬和悲伤的。但它是一种少年时代的憧憬和悲伤，一种"独上高楼，望断天涯路"的憧憬和悲伤。所以，尽管悲伤，仍感轻快，虽然叹息，总是轻盈。它上与魏晋时代人命如草的沉重哀歌，下与杜甫式的饱经苦难的现实悲痛，都决然不同。它显示的是，少年时代在初次人生展望中所感到的那种轻烟般的莫名惆怅和哀愁。春花春月，流水悠悠，面对无穷宇宙，深切感受到的是自己青春的短促和生命的有限。它是走向成熟期的青少年时代对人生、宇宙的初醒觉的"自我意识"：对广大世界、自然美景和自身存在的深切感受和珍视，对自身存在的有限性的无可奈何的感伤、惆怅和留恋。人在十六七或十七八岁，在似成熟而未成熟，将跨进独立的生活程途的时刻，不也常常经历过这种对宇宙无垠、人生有限的觉醒式的淡淡哀伤么？它实际并没有真正沉重的现实内容，它的美学风格和给人的审美感受，是尽管口说感伤却"少年不识愁滋味"，依然是一语百媚，轻快甜蜜的。永恒的江山、无垠的风月给这些诗

① 刘希夷写了许多边塞诗，却以本首更能表现上述特征。

② 闻一多：《唐诗杂论·宫体诗的自赎》。

人们，是一种少年式的人生哲理和夹着感伤、怅惘的激励和欢愉。你看，“人生代代无穷已，江月年年只相似。不知江月待何人，但见长江送流水”；你看，“年年岁岁花相似，岁岁年年人不同”；这里似乎有某种奇异的哲理，某种人生的感伤，然而它仍然是那样快慰轻扬、光昌流利……闻一多形容为“神秘”、“迷惘”、“宇宙意识”等等，其实就是说的这种审美心理和艺术意境。

张若虚《春江花月夜》是初唐的顶峰，经由以王勃为典型代表的“四杰”就要向更高的盛唐峰巅攀登了。于是，尚未涉世的这种少年空灵的感伤，化而为壮志满怀要求建功立业的具体歌唱：

……海内存知己，天涯若比邻。无为在歧路，儿女共沾巾。（王勃）

朝闻游子唱离歌，昨夜微霜初渡河。……莫见长安行乐处，空令岁月易蹉跎。（李颀）[①]

这不正是在上述那种少年感伤之后的奋发勉励么？它更实在，更成熟，开始真正走向社会生活和现实世间。一个人在度过了十六七岁的人生感伤期之后，也经常是成熟地具体地行动起来：及时努力，莫负年华，立业建功，此其时也。“四杰”之后，迎来了现实生活的五彩缤纷，展现了盛唐之音的鲜花怒放，它首先是由陈子昂著名的四句诗喊出来：

前不见古人，后不见来者，
念天地之悠悠，独怆然而涕下。

（《登幽州台歌》）

陈子昂写这首诗的时候是满腹牢骚、一腔愤慨的，但它所表达的却是开创者的高蹈胸怀，一种积极进取、得风气先的伟大孤独感。它豪壮而并不悲痛。同样，像孟浩然的《春晓》：

---

① 这里的次序如刘希夷、李颀以及其他人的一些诗作并非严格按时间安排和区分，而毋宁是一种逻辑和历史的统一体。

春眠不觉晓，处处闻啼鸟；
夜来风雨声，花落知多少。

尽管伤春惜花，但所展现的，仍然是一幅愉快美丽的春晨图画，它清新活泼而并不低沉哀惋。这就是盛唐之音[①]。此外如：

千里黄云白日曛，北风吹雁雪纷纷；
莫愁前路无知己，天下何人不识君。

（高适）

葡萄美酒夜光杯，欲饮琵琶马上催，
醉卧沙场君莫笑，古来征战几人回。

（王翰）

豪迈，勇敢，一往无前！即使是艰苦战争，也壮丽无比；即使是出征、远戍，也爽朗明快：

秦时明月汉时关，万里长征人未还，
但使龙城飞将在，不教胡马度阴山。

（王昌龄）

黄河远上白云间，一片孤城万仞山，
羌笛何须怨杨柳，春风不度玉门关。

（王之涣）

北风卷地百草折，胡天八月即飞雪；
忽如一夜春风来，千树万树梨花开……

（岑参）

---

① 对比之下，辛弃疾“更能消几番风雨，匆匆春又归去，惜春常恨花开早，何况落红无数！”便是何等缠绵哀痛。

个人、民族、阶级、国家在欣欣向荣的上升阶段的社会氛围中，盛极一时的边塞诗是构成盛唐之音的一个基本的内容和方面，它在中国诗史上确乎是前无古人的。就拿中唐李益著名的边塞诗来比，如“回乐峰前沙似雪，受降城外月如霜，不知何处吹芦管，一夜征人尽望乡”；“天山雪后海风寒，横笛偏吹行路难，碛里征人三十万，一时回首月中看”，同样题材、主题和风格，它们极近盛唐，然如仔细品味，其中毕竟微增秋厉，不似盛唐快畅了，更不用比“浊酒一杯家万里，燕然未勒归无计，羌管悠悠霜满地”（宋代范仲淹）之类的凄厉。题材主题基本相同，风格也似乎差别不大，但艺术作品和审美敏感仍然展现了各不相同的时代特征。

江山如此多娇!壮丽动荡的一面为边塞诗派占有，优美宁静的一面则由所谓田园诗派写出。像上面孟浩然的《春晓》是如此，特别是王维的辋川名句：

> 人闲桂花落，夜静春山空，月出惊山鸟，时鸣春涧中。
> 木末芙蓉花，山中发红萼，涧户寂无人，纷纷开且落。

忠实、客观、简洁，如此天衣无缝而有哲理深意，如此幽静之极却又生趣盎然，写自然如此之美，在古今中外所有诗作中，恐怕也数一数二。它优美、明朗、健康，同样是典型的盛唐之音。如果拿晚唐杜牧的名句来比，例如“青山隐隐水迢迢，秋尽江南草木凋；二十四桥明月夜，玉人何处教吹箫”；“斯人清唱何人和，草径苔芜不可寻；一夕小敷山下梦，水如环佩月如襟”，也极其空灵美丽，非常接近盛唐，然而毕竟更柔婉清秀，没有那种阔大气质了。

盛唐之音在诗歌上的顶峰当然应推李白，无论从内容或形式，都如此。因为这里不只是一般的青春、边塞、江山、美景，而是笑傲王侯，蔑视世俗，不满现实，指斥人生，饮酒赋诗，纵情欢乐。“天子呼来不上船，自称臣是酒中仙”，以及国舅磨墨、力士脱靴的传说故事，都更深刻地反映着前述那整个一代初露头角的知识分子的情感、要求和向往：他们要求突破各种传统的约束和羁勒；他们渴望建功立业，猎取功名富贵，进入社会上层；他们抱负满怀，纵情欢乐，傲岸不驯，恣意反抗。而所有这些，又恰恰只有当他们这个阶级在走上坡路，整个社会处于欣欣向荣并无束缚的历史时期中才可能存在。

君不见，黄河之水天上来，奔流到海不复回!君不见，高堂明镜悲白发，朝如青丝暮成雪!人生在世须尽欢，莫使金樽空对月……

……与君论心握君手，荣辱于余亦何有!孔圣犹闻伤凤麟，董龙更是何鸡狗!一生傲岸苦不谐，恩疏媒劳志多乖；严陵高揖汉天子，何必长剑拄颐事玉阶!

弃我去者昨日之日不可留，乱我心者今日之日多烦忧。

……抽刀断水水更流，举杯消愁愁更愁，人生在世不称意，明日散发弄扁舟。

……头陀云月多僧气，山水何尝称人意，不能鸣笳按鼓戏沧流，呼取江南女儿歌棹讴。我且为君捶碎黄鹤楼，君亦为吾倒却鹦鹉洲，赤壁争雄如梦里，且须歌舞宽离忧。

兰陵美酒郁金香，玉杭盛来琥珀光。
但使主人能醉客，不知何处是他乡。

朝辞白帝彩云间，千里江陵一日还，
两岸猿声啼不住，轻舟已过万重山。

伟大的浪漫主义诗人李白素有“诗仙”之称。生于盛唐时期，创作了千余首诗歌作品，广为流传。

盛唐艺术在这里奏出了最强音。痛快淋漓，天才极致，似乎没有任何约束，似乎毫无规范可循，一切都是冲口而出，随意创造，却都是这样的美妙奇异、层出不穷和不可思议。这是不可预计的情感抒发，不可模仿的节奏音调……龚自珍说："庄、屈实二，不可以并，并之以为心，自白始。"（《最录李白集》）尽管时代的原因使李白缺乏庄周的思辨力量和屈原的深沉感情，但庄的飘逸和屈的瑰丽，在李白的天才作品中确已合而为一，达到了中国古代浪漫文学交响音诗的极峰。

然而，这个极峰，与文学上许多浪漫主义峰巅一样，它只是一个相当短促的时期，很快就转入另一个比较持续的现实典范阶段。那就是以杜甫为"诗圣"的另一种盛唐，其实那已不是盛唐之音了[①]。

---

① 叶适《水心诗话》："少陵与唐音终隔一尘，杜诗兴而天下尽废唐人之学矣。"

善良、同情、宽容、信任、尊重、悲天悯人……是人类的天性，是最为平凡也最为高尚的美德，是一种世界通用的语言，友谊、亲情、希望……它存在于我们每一个人心中，因为有了这些人类所共有的至真至纯至善至美，多舛的世界才会变得光彩照人，平凡的生命因此生动而美丽……

第三章

让生命美丽

狮子的头发烧掉后[①]

◇ 贝尔·彼特

贝尔·彼特，英国作家，代表作有《巨角羚羊》、《珍贵的小猪》等。

赫伯特狮子又傲慢又自负，很为他那头优雅的鬣毛而骄傲。

有一天，赫伯特正蹲在一块石头上磨爪子，突然听到一种可怕的声音。抬头一看，一团红红的火焰正在他的头上飞。火焰恰好落到他的头顶，头发给点着了。

他害怕得边跑边吼，穿过密林，跳进了小河湾。等到灭了头上的火，赫伯特却只剩下残茬一样的短发了。

开始他吓得要命，张着大嘴，看着一团黑烟从头顶飘向天空。当他用爪子搔搔脑袋的时候，他一下子明白过来了。他大叫起来："我的头发没有了，这下怎么办啊？我宁愿去死，或者关在动物园里也比现在好。给别人看见了，多丢脸呀！"

赫伯特拼命想找个地方躲起来。他到处找，找了很久才看见一棵有个大洞的树。他一个劲地往里钻，但还是有半个身子露在外面。

一只犀鸟正好停在树上，她看见赫伯特惊讶得半天才说出话来："上帝呀，赫伯特，你怎么成秃子啦，告诉我是怎么回事。"

赫伯特委屈地告诉犀鸟刚才发生的事。

---

① 选自《天空包在馅饼里》，梅子涵主编，浙江文艺出版社2007年版。

“这太可惜了，不过，我帮你想想办法。”犀鸟说完，拍拍翅膀飞走了。她去把这个坏消息告诉她的朋友。

听到这个消息，她的一群朋友都来了。有大象、长颈鹿、斑马、犀牛、山羊、豹，还有犀鸟自己。

“出来吧，让大伙儿看看!”犀鸟对赫伯特说。

赫伯特躲在树洞里不敢发出声响。“你就出来吧.我们不会笑话你的，都是来替你想办法的。”长鼻子大象粗声粗气地说。长颈鹿和斑马也保证一定不笑话他。

赫伯特这才慢慢地从树洞里出来，叹了口气说：“你们看，我只有这头短发了……”

大象看了一会儿，哼哼地说：“麻烦的是，要是我们不想出治疗的办法，赫伯特的头发就不会再长出来了。”

“那我们给他用草编一只假发套吧。”斑马说。听了斑马的话，犀鸟赶紧说：“不行，不行，那样头上会长种子的。还是给他缝顶大帽子，可以把脑袋全遮住。”大伙儿听了，也都摇摇头。

“对了，我想想，”大象说，“我记得有一张药方可以有助于长头发的，可我记不起来里面写些什么了。”

大象想啊想啊，最后他终于记起来了：“对，是鳄鱼的眼泪!”

犀鸟对大伙儿说：“沼泽地里有一条大鳄鱼，他就住在西面的老猴山下。”

“那是个很可怕的地方。”山羊咩咩地说。

大象对大家说：“你们不用害怕，跟着我，我们拿一只水桶，一会儿就走。”

豹结结巴巴地说：“我们还是别去算了，我刚刚得了感冒。”

“走那么长的路，我的脖子很累的。”长颈鹿跟着说。

斑马想了好一会儿，也说：“我是愿意跟你去的，不过最好换一天。”

听了大伙儿的话，大象厌烦了。“你们不去，我就自己去。”说完，他扇扇耳朵，摆摆尾巴，笨重地向森林走去。

大象走了很长时间，穿过一丛丛树林，转过一个个弯，前面已经可以看见小河湾了。大象已经走到大伙儿害怕的那个地方了。他也害怕起来，停着不想走了。可他一想起可怜的赫伯特就忘掉了害怕，接着往又湿又冷的沼泽地走去。

雾很大，他迷迷糊糊看见了一条又大又老的鳄鱼。

“你好啊，是什么风把你吹到这里来的？”狡猾的大鳄鱼说，他慢慢地爬到一块石头上躺着。

大象说：“我只是想借一些眼泪才来找你的。”

鳄鱼故意叹了口气说：“可我从来不流眼泪的，你要它干什么呢？”

“这不是为了我，是给赫伯特狮子的。”

大象把从犀鸟那里听来的故事，一字不漏地告诉了鳄鱼。

鳄鱼听完了大象的话，笑得直在地上打滚。

大象又惊奇，又高兴，因为他看见鳄鱼的眼里，泪水就像绿宝石那样，从脸上滚落下来，大象赶紧把水桶放在鳄鱼的下巴底下。等到鳄鱼笑完了，水桶已经积得满满的了。

回家途中，雾更大了。一大群蚊子飞到大象的脸上，树根划破了他的大腿，荆棘刺破了他的大耳朵。他不顾这些，不停地赶路，终于来到了大伙儿的身边。

朋友们又惊又喜。“告诉我们，你是怎么得到这些眼泪的。”

“我只不过耍了一个小小的诡计。”大象对大伙儿说。

“来吧，赫伯特，用爪子蘸些眼泪擦擦头吧，擦完了，你最好找个舒服的地方休息一会儿。”

听了大象的话，赫伯特擦完头就爬上了一块大石头，眼巴巴地望着天。朋友们都围坐在他的身边，想看看新长的鬣毛会是什么样子。

时间一分一分地过去了，可赫伯特头上还是没长新头发。

“没用的吧，大象在骗我们。”犀鸟对斑马说。

长颈鹿也埋怨大象：“这一定是个谎话。”

大象心里更着急，可他还是安慰大家：不会那么快的，长头发一定要很长时间。”

山羊不高兴了：“照你这么说，要一小时，还是要两小时？说不定要十个小时吧？”

他们等啊等，九个小时过去了，什么都没看见。大伙儿都累得睡着了。

除了黄黄的大月亮，谁都没看见，赫伯特头上开始长新头发了！长得又多又快，才过了十秒钟，已经长成一头优雅的鬣毛了。

赫伯特什么也不知道，还在响响地打着呼噜。

可是，太意外了!头发还在不停地长，一圈一圈像金黄色的波浪，长到东，长到西，长到南，长到北，穿过丛林，穿过灌木，流进山洞……一圈一圈地把朋友们的身上、腿上全捆住了。

第二天. 栖在树上的犀鸟第一个先醒来了。“哦，天哪!”她叫了起来，“变成头发的世界了!醒醒吧，赫伯特!大伙儿，快醒醒!”

朋友们都无精打采地醒来了，打打哈欠，伸伸懒腰。当他们看到这一切，都惊奇地张大了嘴巴。

“上帝啊，多奇怪的事，我不要这么长的头发!”赫伯特叫起来。

大家都开始激动和慌乱起来。只有大象劝大家：“安静，别嚷嚷了，你们这样是挣脱不了的。”

可怜的赫伯特痛得大叫起来：“你们别拉我的头发了!”

一阵狂乱的顶撞以后，头发已经打成了一个大结。

“我们要挣脱掉的话，只有把头发剪掉。”大象叫大伙儿一块想想办法。

“我有办法了，”犀鸟说，“我知道猴子有一把生锈的剪刀，而且也很喜欢帮别人理发，如果你们都答应不吵的话，我去把她请来。”

直到下午，猴子才从老猴山赶到。

她想了很长时间，也不知道从哪里下手。过了好一会儿，最后她才手舞足蹈地开始剪起来，那把生锈的剪刀轧轧地响。猴子把金黄色的头发剪下堆成一堆又一堆，整整齐齐地排成一排，就像金黄色的麦垛。

开始理最后一蓬头发了，大家赶紧提醒猴子：“看仔细，赫伯特在里面呢。”

猴子爬到赫伯特的头顶上，一直到头发全理完。“大家看看，剪得怎么样？”猴子问大伙儿。

“好是好。就是看起来头太圆了。”犀鸟说。

猴子把头顶和耳朵边上的头发又剪短了一点。

大象担心了：“不要再剪了，我怕这样下去就剪得太方了!”

猴子还是沾沾自喜地剪着。“我喜欢有自己的风格。我想你们一定同意我的说法，世界上再也找不出第二只狮子和赫伯特一模一样。你们可以到每个森林去找，到每个马戏团场和动物园去找，从旧金山找到东京，我坚信不会有第二只狮子和赫伯特一样，鬣毛长成这样正规的方形。”

一切都结束了。赫伯特又像往常一样。蹲在大石头上磨爪子。他为他那头方形的头发而感到骄傲。

去年的树[1]

◇ 新美南吉

新美南吉（1913—1943），日本儿童文学作家。代表作有《毛毯和钵之子》、《爷爷和玻璃罩煤油灯》等。

一棵树和一只鸟儿是好朋友。鸟儿坐在树枝上，天天给树唱歌，树呢，天天听着鸟儿唱。

日子一天天过去，寒冷的冬天就要来到了。鸟儿必须离开树，飞到很远很远的地方去。

树对鸟儿说：

“再见了，小鸟！明年请你再回来，还唱歌给我听。”

鸟儿说：“好的，我明年一定回来，给你唱歌，请等着我吧！”

鸟儿说完，就向南方飞去了。

春天又来了。原野上、森林里的雪都融化了。鸟儿又回到这里，找她的好朋友树来了。

可是，发生了什么事情呢？树，不见了，只剩下树根留在那里。

“立在这儿的那棵树，到什么地方去了呀？”鸟儿问树根说。

树根回答：

“伐木人用斧子把他砍倒，拉到山谷里去了。”

鸟儿向山谷里飞去。

山谷里有个很大的工厂，锯木头的声音，“沙——

① 选自《向着太阳歌唱——青少年美德天地（修订版）》，徐传德主编，商务印书馆2007年版。

沙——”地响着。

鸟儿落在工厂的大门上。她问大门说：

“门先生，我的好朋友树在哪儿，您知道吗？”

门回答说：

“树么，在厂子里给切成细条条儿，做成火柴，运到那边的村子里卖掉了。”

鸟儿向村子里飞去。

在一盏煤油灯旁，坐着一个小女孩儿。鸟儿问女孩儿：

“小姑娘，请告诉我，你知道火柴在那儿吗？”

小女孩儿回答说：“火柴已经用光了。可是，火柴点燃的火，还在这个灯里亮着。”

《去年的树》这个关于珍惜友情，却又略带伤感的故事感动了许许多多孩子的心。

鸟儿睁大眼睛，盯着灯火看了一会儿。

接着，她就唱起去年唱过的歌儿，给灯火听。

唱完了歌儿，鸟儿又对着灯火看了一会儿，就飞走了。

永不道别[①]

◇ 威廉·C·博伊尔斯

威廉·C·博伊尔斯，美国作家。

我那年才十岁，却陡然陷入了极度痛苦之中，因为我即将远离熟悉的家乡。尽管我还年幼，但这短暂的时光中的每时每刻都是在这个古老而庞大的家族中度过的，这里凝聚着四代人的欢乐与苦楚。

最后的一天终于来临了。我一个人偷偷地跑到我的避难所——那个带顶棚的游廊，独自悄悄地坐着，身子不断地抽动，伤心的泪水如泉水一般直往外流。突然间，我感到一只大手在轻轻地抚摸着我的肩膀，抬头一看，原来是爷爷。"不好受吧？比利。"他问道，随后坐在我旁边的石级上。

"爷爷，"我擦着泪汪汪的眼睛问道："这可让我怎么向您和我的小伙伴们道别呀？"

他盯着远处的苹果树，静静地望了好一会儿才说道："再见这个字眼太令人伤感了，好像是永别一般，而且还过于冷漠。看起来似乎我们有许许多多道别的方式，但都离不开'悲伤'这两个字。"

我依然直直地盯着他的脸，他却慢慢地把我的小手放到他那双大手之中，轻声说道："跟我来，小家伙。"

我们手牵着手，来到前院，这是他最为珍爱的地方，那里长着一株巨大的红色蔷薇花树。

---

① 选自《新语文读本·小说卷》，王尚文、曹文轩、方卫平主编，广西教育出版社2002年版。

“比利，你看到什么了？”

我眼睁睁地看着那些开得正旺的玫瑰花，心里却不知说些什么，就冒失地回答：“爷爷，我见到的是又轻柔又漂亮的花呀!真是美极了!”

他屈膝跪了下来，把我拉到他身边说：“的确美极了。但这不仅仅是玫瑰本身美，比利，更重要的是你心目中那块特殊领地才使得他们这样美。”

他与我的视线相遇了。“比利，这些玫瑰是我很久很久以前种下的，那时你妈甚至还不知在哪儿呢。我的大孩子出生那天，我栽下了这些玫瑰，这是我对上帝感恩的一种特殊方式。那孩子和你一样，也叫比利，过去我常常看着他摘那些花，献给他妈妈……”

爷爷已是老泪纵横了(在这以前，我还未见他流过泪呢)，声音也随之哽咽了。

“一天，可怕的战争终于爆发了，我儿子和其他许许多多人的孩子一道远离家乡去前线。我和他一道步行，到了火车站……十个月过去了，我收到了一份电报，原来比利已在意大利的一个小村庄牺牲了。我所能记起的一切就是他一生中与我最后说的话就是‘再见’。”

爷爷缓缓地站起来，“比利，今后永远不要说再见。千万不要为世上的悲哀与孤独缠绕。相反，我倒希望你能记住第一次对朋友问候时那种幸福愉快之情。把这个不同寻常的问好牢牢铭刻在心中，就如同太阳常在一起，暖烘烘的。当你和朋友们分离时，想远一些，特别是记住第一次问好。”

一年半过去了，爷爷重病缠身，生命垂危。几个星期后从医院回来，他又选择了靠窗那张床，以便能看到他所珍爱的玫瑰。

一天家里人都被召集到一块来了，我又回到了这幢旧房子里。按常规，长孙也有与祖父告别的机会。

轮到我了，我注意到爷爷已是疲倦不堪，眼睛紧闭，呼吸缓慢而且沉重。

我轻松地握着他的手，正如当初他拉着我的手一样。

“您好，爷爷。”我轻轻地向他问候，他的眼睛缓缓地睁开了。

“你好，我的朋友。”他说道，脸上掠过一丝微笑，眼睛又闭上了。我赶紧离开了。

我静静地伫立在玫瑰旁边，这时，我叔叔走过来告诉我爷爷过世了。我不由得又想起爷爷的话和形成我们友谊的那种特殊感情，突然间，我真正领悟出他说永不道别和不必悲哀的真正涵义。

为我唱首歌吧[1]

◇ 艾德里安

艾德里安，英国作家。

在伦敦儿童医院这间小小的病室里，住着我的儿子艾德里安和其他七个孩子。艾德里安最小，只有四岁，最大的是十二岁的弗雷迪，其次是卡罗琳、伊丽莎白、约瑟夫、赫米尔、米丽雅姆和莎丽。

这些小病人，除了十岁的伊丽莎白，全是白血病的牺牲品，他们活不了多久了。伊丽莎白天真可爱，有一双蓝色的大眼睛，一头闪闪发光的金发，孩子们都很喜欢她，同时，又对她满怀真挚的同情，这是我每天去看望儿子、与他和孩子们的交谈中知道的。唉，不幸之中的同伴，分享着每一件东西，甚至分享每个孩子父母所带来的爱。

伊丽莎白的耳朵后面做了一次复杂的手术，再过大约一个月，听力就会完全消失，再也听不见什么声音。伊丽莎白热爱音乐，热爱歌唱；她的歌声圆润舒缓、婉转动听，透露出作为一个音乐家的超人天赋，这些使她将要变聋的前景更加悲惨。不过，在同伴们的面前，她从不唉声叹气，只是偶而地、当她以为没人看见她时，沉默的泪水会渐渐地、渐渐地充满两眼，扑簌簌流下苍白的脸蛋儿。

伊丽莎白热爱音乐胜过一切。她是那么喜欢听人唱

① 选自《外国儿童文学名作导读本·小说卷》(1)，曹文轩主编，广西教育出版社2001年版。

歌，就像喜欢自己演唱一样。每当我给艾德里安铺好床后，她总是示意我去儿童游戏室。在那经过一天的活动后，安静的、空荡荡的房间里，她自己坐在一张宽大的椅子上，让我坐在她的旁边，紧紧拉着我的手，声音颤抖抖地恳求："给我唱首歌吧！"

我怎么忍心拒绝这样的请求呢？我们面对面坐着，她能够看见我嘴唇的翕动，我尽可能准确地唱上两首歌。她呢，着迷似的听着，脸上透出专注喜悦的神情。我唱完，她就在我的额头上亲吻一下，表示感谢。

我说过，小伙伴们为伊丽莎白的境况感到忐忑不安，他们决定要做一些事情使她快活。在十二岁的弗雷迪倡导下，孩子们做出了一个决定，然后带着这个决定去见他们认识的朋友希尔达·柯尔比护士。

最初，柯尔比护士听了他们的打算大吃一惊："你们想为伊丽莎白的十一岁生日举行一次音乐会？"她叫了起来，"而且只有三周时间！你们是发疯了吗？"这时候，她看见了孩子们渴望的神情，她不由自主地被感动了，她想了想，补充道："你们真是全疯啦！不过，让我来帮助你们吧！"

柯尔比护士抓紧时间履行自己的诺言，她一下班就乘出租汽车去一所音乐学校，拜访老朋友玛丽·约瑟芬修女，她是音乐和唱诗班教师。她们见面简单地寒暄后，玛丽问："柯尔比，你来这里有什么事情？"

"玛丽，"柯尔比说，"我问你，让一群根本没有音乐知识的孩子组成一个合唱队，并在三周后举行一次音乐会，这可能吗？"

"可能。"玛丽的回答是肯定的，"不是也许，而是可能。"

"上帝保佑您，玛丽！"柯尔比护士高兴得像孩子似的，"我知道你办得到。"

"请等一下，柯尔比，"被弄得糊里糊涂的玛丽打断她的话，"请说清楚一些，也许，我值不上这样的祝福哩。"

二十分钟后，两位老朋友在音乐学校的阶梯上分手。"上帝保佑你，玛丽！"柯尔比又重复一遍，"星期三下午三点钟见。"

当伊丽莎白去接受每天的治疗时，柯尔比护士把自己的计划告诉了弗雷迪和孩子们，弗雷迪询问："她叫什么名字？是叔叔还是阿姨？她怎么会叫玛丽·约瑟芬呢？"

"弗雷迪，她是一个修女，在伦敦最好的音乐学校当教师。她准备来训练

医院的小教堂沐浴着圣洁的阳光，静静地等待着伊丽莎白和她的朋友们。

你们唱歌——一切免费。”

“太好啦！”赫尔米一声尖叫，“我们一定会唱得挺棒的。”

事情就这么决定下来。在玛丽·约瑟芬修女娴熟的指导下，孩子们每天练习唱歌，当然是在伊丽莎白接受治疗时候。只有一个大难题，怎么把九岁的约瑟夫也吸收入合唱队？显然，不能丢下他不管，可是，他动过手术，再也不能使用声带了呀！

当其他孩子全被安排好在各自唱歌的位置上时，玛丽注意到约瑟夫正神色悲哀地望着她：“约瑟夫，你过来，坐在我的身边，我弹钢琴，你翻乐谱，好吗？”

一阵近乎惊愕的沉默之后，约瑟夫的两眼炯炯发光，随即合上，喜悦的泪水夺眶而出，他迅速在纸上写下一行字：“修女阿姨，我不会识谱。”

玛丽低下头微笑地看着这个失望的小男孩儿，向他保证：“约瑟夫，不要担心，你一定能识谱的。”

真是不可思议，仅仅三周时间，玛丽修女和柯尔比护士就把六个快要死去的孩子组成了一个优秀的合唱队，尽管他们中没有一个具有出色的音乐才能，就连那个既不能唱歌也不能说话的小男孩儿也成了一个自信心十足的翻乐谱者。

同样出色的是，这个秘密的保守也十分成功。在伊丽莎白生日的这天下午，当她被领进医院的小教堂里，坐在一个“宝位”上（一辆手摇车里），她的惊奇显而易见，激动使她苍白、漂亮的面庞涨得绯红，她身体前倾，一动不动，聚精会神地听着。

尽管所有的听众——伊丽莎白、十位父母和三位护士——坐在仅离舞台三米远的地方，我们仍然难以清楚地看见每个孩子的面孔，泪水已经遮住了视线，但是，我们能够毫不费力地听见他们的歌唱。在演出开始前，玛丽告诉孩子们："你们知道，伊丽莎白的听力已是非常非常的微弱，因此，你们必须尽力大声地唱。"

音乐会获得了成功。伊丽莎白欣喜若狂，一阵浓浓的、娇媚的红晕在她苍白的脸上闪闪发光，眼里闪耀出奇异的光彩。她大声说，这是她最最快乐、最最快乐的生日！合唱队队员们十分自豪地欢呼起来，高兴得又蹦又跳；约瑟夫眉飞色舞、喜悦异常。我想，这时候，我们这些大人们流的眼泪更多。

谁都知道，患不治之症快要死去的孩子，他们忍受病痛同死神决斗的信念，他们的势不可挡的勇气，使我们这些人的心都快要碎了。

这次最令人难忘、最值得纪念的音乐会，没有打印节目表，然而，我有生以来从没有听见，也不曾希望会听见，比这更动人心弦的音乐。即使到了今天，倘若我闭上眼睛，我仍然能够听见它那每一个震颤人心的音符。

如今，那六副幼稚的歌喉已经静默多年，那七名合唱队的成员正在地下安睡长眠，但是我敢保证，那个已经结婚、成了一个金发碧眼女儿的母亲的伊丽莎白，在她记忆的耳朵里，仍然能够听见那六个幼稚的声音、欢乐的声音、生命的声音、给人力量的声音，它们是她曾经听见的最后的声音。

狐狸的窗户[①]

◇ 安房直子 著　彭懿 译

安房直子（1943—1993），日本著名儿童文学作家。童话代表作有《手绢上的花田》、《北风遗忘的手绢》、《风与树的歌》等。

桔梗花异口同声地说：

“染染你的手指吧，再用它们搭成一个窗户。”

我采了一大捧桔梗花，

用它们的浆汁，染了我的手指。然后，喂，你看呀——

是什么时候了呢，是我在山道上迷路时发生的事。我要回自己的山小屋去，一个人扛着长枪，精神恍惚地走在走惯了的山道上。是的，那一刻，我是彻底的精神恍惚了。我不知怎么会胡思乱想起过去一个特别喜欢的女孩子来了。

当我在山道上转过一个弯时，突然间，天空一下子亮得刺眼，简直就好像是被擦亮的蓝玻璃一样……于是，地面上不知为什么，也呈现出一片浅浅的蓝色。

“哎？”

一刹那间，我惊呆了。眨了两下眼，啊呀，那边不是往常看惯的杉树林了，是一片一眼望不到头的原野。而且，还是一片蓝色的桔梗花田。

我连大气也不敢喘。自己究竟在什么地方走错了，竟冷不防闯到这么一个地方来了？再说，这山里曾经有过这样的花田吗？

---

① 选自《风与树的歌》，安房直子著，彭懿译，少年儿童出版社2004年版。

“立刻返回去！”

我命令自己道。那景色美得有些过分了，不知为什么，让人望而生畏了。

可是，那里吹着让人心旷神怡的风，桔梗花田一直延伸到天边。就这么返回去，未免有点让人觉得惋惜了。

“就稍稍歇一会儿吧！”

我在那里坐了下来，擦去汗水。

就在这时，有一团白色的东西，刷地一下从我的眼前跑了过去。我猛地站了起来，只见桔梗花“刷刷”地摇出了一条长线，那白色的生灵像个滚动的球似的，向前飞跑。

没错，是一只白狐狸。还是个幼崽。我抱着长枪，在后面紧追不舍。

不过，它速度之快，就是我拼死追也追不上。砰，给它一枪打死倒是简单，但我想找到狐狸的老窝。那样，我就能逮住里面的一对老狐狸了。但小狐狸跑到了一个稍高一点的地方，我还以为它突然钻进了花里，它却就此消失了。

我一下子愣住了，简直就仿佛看丢了白天的月亮一样。真行，硬是巧妙地把我给甩掉了。

这时，从后面响起了一个怪里怪气的声音：

“欢迎您来！”

吓了一跳，我回头一看，身后是一家小店，门口有块用蓝字写的招牌：

印染·桔梗屋

在那块招牌下面，孤单单地站着一个系着藏青色围裙，还是个孩子的店员。我顿时就明白是怎么一回事了。

（哈哈哈，是方才那只小狐狸变的！）

我心里觉得好笑极了，好吧，我想，我就假装没有识破，逮住这只狐狸吧。于是，我强挤出一脸笑容说：

“能让我歇一会儿吗？”

变成了店员的小狐狸甜甜地一笑，给我带路：

“请，请。”

店里面没铺地板，泥土地上摆着五把白桦做的椅子，还有一张挺好看的桌子。

“挺不错的店嘛！”

我坐到了椅子上面，摘下帽子。

“是吗，托您的福了。”

狐狸恭恭敬敬地端来了茶水。

“叫染屋，那么，染什么东西呢？”

我带着半是嘲笑的口气问道。想不到，狐狸出其不意地把桌子上我那顶帽子抓了起来，说：

“什么都染。这顶帽子就能染成漂亮的蓝色。”

“真——不像话！”

我慌忙把帽子夺了回来。

“我可不想戴什么蓝色的帽子！”

“是这样啊，那么……”

狐狸从我的上身看到下身，这样说道：

“这条围脖怎么样？还是袜子？裤子、上衣、毛衣都能染成好看的蓝色啊！”

我脸上显出讨厌的神色。这家伙，在说什么呀，人家的东西怎么什么都想染一染呀，我发火了。

不过，大概人和狐狸一样吧，狐狸一定是想得到报酬吧？也就是说，是拿我当成顾客来对待了吧？

我一个人点点头。我想，茶都给倒了，不染点什么，也对不住人家啊。要不就染染手绢吧，我把手往兜里伸去，这时，狐狸发出了一声刺耳的尖叫：

“对了对了，就染染你的手指吧！”

“手指？”

我不由得怒上心头：

“染手指怎么受得了？”

可狐狸却微微一笑：

“我说呀，客人，染手指可是一件非常美好的事啊！”

说完，狐狸把两手在我眼前摊开了。

白白的两只小手，唯独大拇指和食指染成了蓝色。狐狸把两只手靠到一起，用染成蓝色的四根手指，搭成了一扇菱形的窗户。然后，把这个窗户架到了我的眼睛上。

"喂，请朝里看一眼。"

狐狸快乐地说。

"唔唔？"

我发出了不感兴趣的声音。

"就看一下。"

于是，我勉勉强强地朝窗户里看去。这一看，让我大吃一惊。

手指搭成的小窗户里，映出了一只白色狐狸的身姿，那是一只美丽的雌狐狸。竖着尾巴，一动不动地坐在那里。看上去，宛如在窗户上贴了一张狐狸的画。

"这、这究竟是……"

我由于过度吃惊，竟发不出声音了。狐狸只说了一句：

"这是我妈妈。"

"……"

"很久很久以前，被'砰——'地打死了。"

"砰——？是枪吗？"

"是，是枪。"

狐狸的双手轻轻地垂了下来，低下了头。没发觉自己的真面目已经暴露了，不停地说了下去：

"尽管这样，我还是想再见到妈妈。哪怕就是一次，也想再见到死去的妈妈的样子。这就是你们所说的人情吧？"

我连连点头称是，心想，这话怎么越说越悲伤了？

"后来，仍然是这样一个秋日，风呼呼地吹，桔梗花异口同声地说：'染染你的手指吧，再用它们搭成一扇窗户。'我采了一大捧桔梗花，用它们的浆汁，染了我的手指。然后，喂，你看呀——"

狐狸伸出两只手，又搭起了窗户。

"我已经不再寂寞了。不论什么时候，我都能从这扇窗户里看到妈妈的身影了。"

我是彻底被感动了，不住地点头。其实，我也是孤零零的一个人。

"我也想要这样一扇窗户啊！"

我发出了孩子一般的声音。于是，狐狸脸上露出了灿烂的笑容。

“那样的话，我马上就给您染吧！请把手在那里摊开。”

我把双手搁到了桌子上。狐狸把盛着花的浆汁的盘子和毛笔拿了过来。然后，用蘸满了蓝水的毛笔，慢慢地、细心地染起我的手指来。很快，我的大拇指和食指就被染成了桔梗的颜色。

“啊，染好了。您快点搭成一扇窗户看看吧！”

我的心怦怦直跳，搭起了一扇菱形的窗户。然后，忐忑不安地把它架到了眼睛上。

我的那扇小窗户里，映出了一个少女的身姿。

于是，我的那扇小窗户里，映出了一个少女的身姿。穿着花样的连衫裙，戴着一顶扎有缎带的帽子。这是一张我似曾见过的脸。她眼睛下面，有一粒黑痣。

“唷，这不是那孩子吗？”

我跳了起来。是我过去最最喜欢，而现在再也不可能见到了的那个少女呀。

“喂，染手指，是一件美好的事吧？”

狐狸天真无邪地笑开了颜。

“啊啊，太美好啦。”

我想表示谢意，就去摸裤子的口袋，可是口袋里一分钱也没有。我就对狐狸这样说：

“真不巧，一分钱也没有。这样吧，我的东西，你要什么我给你什么。帽子也行，上衣也行，毛衣也行，围脖也行……”

于是狐狸说：

“那么，请把枪给我。”

“枪？这……”

我有点为难了。但一想到刚刚得到的那扇美丽的窗户，一杆枪，也就不值得惋惜了。

"好吧，给你吧！"

我大方地把枪给了狐狸。

"多谢您了。"

狐狸匆忙鞠了一躬。收下了我的枪，还送给我一些蕈朴什么的做礼物。

"请今晚烧点汤喝吧。"

蕈朴已经用塑料袋装好了。

我问狐狸回家的路。什么呀，狐狸说，店后面就是杉树林，在林子里走上二百来米，就是你那小屋了。我谢过他，就按他说的，绕到了店的后面。在那里，我看到了那片早已熟悉的杉树林。秋天的阳光直泻下来，林子里充满了暖意，静极了。

"啊！"

我禁不住发出了赞叹的声音。本以为对这座山已经了如指掌了，想不到还有这样一条秘道。此外，还有那么美丽的花田、亲切的狐狸小店……我的心情变得好极了，竟哼起鼻歌来了。一边走着，还一边用双手搭起了窗户。

这一回，窗户里下起了雨。茫茫一片，是无声的雾雨。

随后，在雾雨深处，一个我一直深情眷恋着的庭院模模糊糊地出现了。面对庭院的，是一条旧旧的走廊。下面扔着孩子的长筒靴，任雨淋着。

（那是我的哦。）

我猛地记了起来。于是，我的心怦怦地跳开了，我想，我妈妈这会儿会不会出来拾起长筒靴呢？穿着那件做饭时穿的罩衫，头上扎着白色的布手巾……

"哎呀，这可不行噢，乱扔一气。"

我好像听到了这样的声音。庭院里，是妈妈的一块小小的菜园子，那一片绿紫苏，显然也被雨淋湿了。啊啊，妈妈会到院子里来摘那叶子吧……

屋子里透出了一线亮光。开着灯。夹杂着收音机的音乐，不时地听到两个孩子的笑声。那一个是我的声音，还有一个，是我那死去的妹妹的声音……

唉——，一声长叹，我把双手垂了下来。怎么搞的，我竟悲痛欲绝起来。还是个孩子的时候，一场大火烧毁了我们的家。这个庭院，现在早就没有了。

尽管如此，可我却拥有了了不得的手指啊！我要永远珍爱这手指，我一边想，一边走在林间的道上。

可是，一回到小屋，我首先做的是一件什么事呢？

啊啊，我竟完全无意识地洗了手！这是我多年来的一个习惯。

不好，当我意识到的时候，已经太晚了。蓝蓝的颜色马上就被洗掉了。不管我怎样用洗过的手指搭成一扇菱形的窗户，从里面只能看到小屋的天花板。

那天晚上，我也忘记吃狐狸送给我的蕈朴了，垂头丧气地耷拉着脑袋。

第二天，我决定再到狐狸家去一趟，重染一遍手指。作为报酬，我做了好些三明治，往杉树里走去。

然而，在杉树林里怎么走，都还是杉树林，哪里也没有什么桔梗花田。

后来，我在山里找了许多天。稍稍听到了一声像是狐狸的叫声，林子里哪怕是有一团白色的影子闪过，我都会竖耳聆听，凝神朝那个方向寻去。但是，从那以后，我再也没有遇见过狐狸。

虽说如此，我还是常常会用手指搭成一扇窗户。我想，说不定会看到点什么呢。常有别人嘲笑我，你怎么有这个怪癖？

世界上只有小巴勒一个人[1]

◇ 西斯高尔德 著　韦苇 译

西斯高尔德，丹麦作家、幼儿教育学家。

早晨。睡在小床上的小巴勒醒了。

大概是他醒得太早了，屋里静悄悄的，一点儿声音也没有。不过，阳光已经从窗口照了进来，所以他也不想再睡了。

巴勒踮着脚，轻轻往过道上走，走到了爸爸妈妈的房门口。

他轻轻把门推开了一条缝，往卧室里瞅了瞅，没有人。

巴勒走到妈妈的床边，床上空荡荡的，没人。

接着走到爸爸的床边，爸爸的床上也没有人。

妈妈爸爸都上哪儿去了呢？

巴勒回到自己的房间里。

但他已经不想再上床躺着了。对，还是穿上衣服，到院子里玩去吧。

巴勒已经能自己穿衣服了，他已经是个十足的大孩子了。

但是洗脸他可不太喜欢，于是只摸了摸鼻子尖，就算洗过脸了。

接着，巴勒到餐室里去。穿过餐室，他走进了厨房，但爸爸妈妈也不在厨房里。

---

① 选自《鼻子和你捉迷藏》，梅子涵主编，浙江文艺出版社2007年版。

这就好玩儿了——因为家里只有巴勒一个人了。

巴勒下了楼梯，出了门。

以往，不经爸爸妈妈同意，小巴勒是不能出门到外面玩儿的，可这会儿爸爸妈妈全不在呀。巴勒去找他的爸爸妈妈。

就在门口正对面，停着一辆电车。

巴勒往电车里瞧了瞧，电车里什么人也没有，连售票员和驾驶员也不在。

这些人都到哪儿去了呢？

巴勒走进牛奶店。他跟销售牛奶的阿姨可熟啦。但柜台那儿没有那位阿姨，而且，也没一个人来买牛奶。

整条街空空荡荡，一片静悄悄。没有开来开去的汽车。

电车停着。

街上一个行人也不见。

整个阳光照耀的世界，就只有小巴勒一个人……

巴勒一家店一家店地逛着，但是什么人也没有，所有的人都一下子无影无踪了。

在糖果店里，巴勒抓了一块巧克力填在嘴里。

不用别人说，他也知道这样做不好。不过，既然这世界上就剩他一个人，那么还有谁来责骂他呢？

巴勒于是觉得，世界上只剩他一个人，真好。

他走进了水果店，大口大口地啃起苹果来，可都只啃上一两口就扔了。接着，他又往自己衣袋里塞了两个橙子。

然而，这些人都到哪儿去了呢？

拐角处还停着一辆电车。这是二路电车。

巴勒走进电车，在驾驶员的座位上坐了下来。

巴勒转动方向盘，就像他就是电车驾驶员似的。

丁零！电车开动了。巴勒心里很害怕。可这没关系。因为现在他是真正的电车驾驶员了，他驾起电车飞也似的往前开。

巴勒戴上电车驾驶员的制帽。这制帽太大了，帽檐碰到了他的鼻子尖。巴勒伸脚去踩铃铛，可是踩不着，他就自个儿用嘴叫着：

“丁零——丁零！”

其实，这根本用不着，这街上不是一个人都没有吗？

巴勒高兴透了，世界上只剩他一个人，太好了！现在他想要干什么就能干什么了。

电车向中心广场飞快地驰去。忽然，巴勒看见前面电车道上停着另一辆电车！

当！

巴勒一跟头从座位上摔到了马路边。

还好，没摔伤，可电车撞了个稀巴烂！现在再不能开着它往前跑了。不过，要是巴勒想继续往前跑，他完全可以开上其他的无论哪一辆电车——街上的电车多的是。

……巴勒走进公园。他常跟小朋友一道到这里来玩。

他从草坪上径直穿过去。巴勒清清楚楚地看见木牌上写着：请勿踩踏草坪！

可既然世界上只剩他一个人了，那还有什么允许不允许呢？

儿童游乐场上支着一架跷跷板，巴勒这回可以玩个痛快了。可这跷跷板一个人玩不起来：谁坐在跷跷板的另一头呢？

唉，要是他的小朋友盖丽娅和尼尔斯在这里该有多好啊！

巴勒接着往前走，抬头看见一座漂亮的大电影院。这里放映各种有趣的电影。巴勒走进电影院。

没有人向巴勒要电影票，但是电影院里黑咕隆咚的，什么电影也没有。

要是世界上只剩巴勒一个人，那么谁来为他放电影呢？

……原来，世界上只剩一个人并不快活。

巴勒很想念他的小伙伴，很想念爸爸妈妈了。

他特别想念妈妈。

巴勒坐进一辆漂亮的小车，满城转了起来。真奇怪，突然之间这些人都到哪儿去了呢？

最后，巴勒开着车来到飞机场。

那里停着一架银亮银亮的飞机。

巴勒坐进了飞机座舱，把飞机直往高处开，很高很高。

飞机升呀升呀，几乎要碰到星星了。猛地，飞机撞上了什么。不用说，这是撞到月亮了。

可怜的小巴勒，他头朝地，哧溜——，直往下栽……

巴勒放开嗓门大叫起来，就醒了。他躺在自己的小床上。

——原来。这一切只不过是在做梦！

这时，妈妈走了进来。

“巴勒，你怎么啦？刚才为什么哭？”

“喔，妈妈，我做梦了，梦见世界上只剩我一个人！我想做什么就能做什么，可一个人太孤单，太难受了……好在，我只是做了一个梦！”

巴勒一下坐了起来，穿上衣服。瞧，他到公园里去了。这会儿他正跟他的小伙伴们在游乐场上玩哩。

大伙儿一块儿玩，多开心啊！

卖炭者与绅士[①]

◇ 亚米契斯

亚米契斯（1846—1908），意大利作家，代表作有《爱的教育》、《卡尔美拉》等。

昨天卡罗·诺琵斯向培谛说的那样的话，如果是卡隆，决不会说的。卡罗·诺琵斯因为他父亲是上等人，很是傲慢。他的父亲是个身材很高有黑须的沉静的绅士，差不多每天早晨伴了诺琵斯到学校里来的。昨天，诺琵斯忽然和培谛相骂起来了。培谛是个顶年小的小孩子，是个卖炭者的儿子。诺琵斯因为自己的理错了，无话可辩，就说："你父亲是个叫花子！"培谛气得连发根都红了，一声不响，只簌簌地流着眼泪。好像后来他回去向父亲哭诉了，他那卖炭的父亲——全身墨黑的矮小的男子——午后上课时，就携他儿子的手同到学校里来，把这事告诉了先生。我们大家都默不作声。诺琵斯的父亲正照例在门口替他儿子脱外套，听见有人说起他的名字，就问先生说："什么事？"

"你们的卡罗对这位的儿子说：'你父亲是个叫花子！'这位正在这里告诉这事呢。"先生回答说。诺琵斯的父亲脸红了起来，对着自己的儿子问："你，曾这样说的吗？"诺琵斯低了头立在教室中央，什么都不回答。于是，他父亲捉了他的手臂，拉他到培谛身旁，说："快道歉！"

卖炭的好像很对不住他的样子，说："不必，不

---

① 选自《爱的教育》，（意）亚米契斯著，夏丏尊译，华东师范大学出版社1998年版。

必!”想上前阻止，可是绅士却不答应，仍对了他儿子说：

“快道歉!照我所说的样子快道歉：‘对于你的父亲，说了非常失礼的话，这是我所不应该的，请原谅我。让我的父亲来握你父亲的手。’要这样说。”

卖炭的越发显现出不安的神情来，好像在那里说“那不敢当”的样子，绅士总不肯答应，于是诺琵斯俯了头，用了断断续续的声音说：

“对于……你的父亲……说了……非常失礼的话，这是……我所不应该的。……请你……原谅我。让我的父亲……来握……你父亲的手。”

《爱的教育》被世界各国公认为最富爱心和教育性的读物，也是世界上最受欢迎的读物之一。

绅士把手向卖炭的伸去，卖炭的就握着使劲地摇起来，还把自己的儿子推近卡罗·诺琵斯，叫用两手去抱他。

“从此，请叫他们两个坐在一处。”绅士这样向先生请求，先生就令培谛坐在诺琵斯的位上，诺琵斯的父亲等他们坐好了，就行了礼出去，卖炭的注视着这并坐的两孩，立着沉思了一会儿，走到座位旁，对着诺琵斯，好像要说什么，好像很依恋，好像很对不起他的样子，终于什么都不说，他张开了两臂，好像要去抱诺琵斯了，可是也终于没有去抱，只用了那粗大的手指，在诺琵斯的额上碰了一碰，等走出门口，还回头向里面一瞥，这才出去。

先生对我们说：“今天的事情，大家不要忘掉，因为这可算这学年中最好的教训了。”

幸福是灵魂的事（外一则）

◇ 周国平

在世上一切东西中，好像只有幸福是人人都想要的东西。你去问人们，想不想结婚、生孩子，或者想不想上大学、经商、出国，肯定会得到不同的回答。可是，如果你问想不想幸福，大约没有人会拒绝。而且，之所以有些人不想生孩子或经商等等，原因正在于他们认为这些东西并不能使他们幸福，想要这些东西的人则认为它们能够带来幸福，或至少是获得幸福的手段之一。也就是说，在相异的选择背后似乎藏着相同的动机，即都是为了幸福。而这同时也表明，人们对幸福的理解有多么不同。

幸福的确是一个极含糊的概念。人们往往把得到自己最想要的东西、实现自己最衷心的愿望称作幸福。然而，愿望不仅是因人而异的，而且同一个人的愿望也会发生变化。真的实现了愿望，得到了想要的东西，是否幸福也还难说，这要看它们是否确实带来了内心的满足和愉悦。费尽力气争取某种东西，争到了手却发现远不如想象的好，乃是常事。幸福与主观的愿望和心情如此紧相纠缠，当然就很难给它订一个客观的标准了。

我们由此倒可以确定一点，幸福不是一种纯粹客观的状态。我们不能仅仅根据一个人的外在遭遇来断定他是否幸福。他有很多钱，有别墅、汽车和漂亮的妻子，也许令别人羡慕，可是，如果他自己不感到幸福，你就不能硬说他幸福。既然他不感到幸福，事实上他也就的确不幸福。外在的财富和遭遇仅是条件，如果不转化为内在的体验和心情，便不成其为幸福。

如此看来，幸福似乎主要是一种内心快乐的状态。不过，它不是一般的快乐，而是非常强烈和深刻的快乐，以至于我们此时此刻会由衷地觉得活着是多么有意思，人生是多么美好。正是这样，幸福的体验最直接地包含着我们对生命意义的肯定评价。感到幸福，也就是感到自己的生命意义得到了实现。不管拥有这种体验的时间多么短暂，这种体验却总是指向整个一生的，所包含的是对生命意义的总体评价。当人感受到幸福时，心中仿佛响着一个声音“为了这个时刻，我这一生值了!”若没有这种感觉，说“幸福”就是滥用了大字眼。人身上必有一种整体的东西，是它在寻求、面对、体悟、评价整体的生命意义，我们只能把这种东西叫做灵魂。所以，幸福不是零碎和表面的情绪，而是灵魂的愉悦。正因为此，人一旦有过这种时刻和体验，便终身难忘了。

可以把人的生活分为三个部分：肉体生活，不外乎饮食男女；社会生活，包括在社会上做事以及与他人的交往；灵魂生活，即心灵对生命意义的沉思和体验。必须承认，前两个部分对于幸福也不是无关紧要的。如果不能维持正常的肉体生活，饥寒交迫，幸福未免是奢谈。在社会生活的领域内，做事成功带来的成就感，爱情和友谊的经历，都尤能使人发觉人生的意义，从而转化为幸福的体验。不过，亚里士多德认为，对于幸福来说，灵魂生活具有头等的重要性，因为其余的生活都要依赖外部条件，而它却是自足的。同时，它又是人身上最接近神的部分，从沉思中获得的快乐几乎相当于神的快乐。这意见从一个哲学家口中说出，我们很可怀疑是否带有职业偏见。但我们至少应该承认，既然一切美好的经历必须转化为内心的体验才成其为幸福，那么，内心体验的敏感和丰富与否就的确是重要的，它决定了一个人感受幸福的能力。对于内心世界不同的人来说，相同的经历具有完全不同的意义，——因而事实上他们就并不拥有相同的经历了。另一方面，一个习惯于沉思的智者，由于他透彻地思考了人生的意义和限度，便与自己的身外遭遇保持了一个距离，他的心境也就比较不易受尘世祸福沉浮的扰乱。而他从沉思和智慧中获得的快乐，也的确是任何外在的变故不能将它剥夺的。考虑到天有不测风云，你不能说一种宽阔的哲人胸怀对于幸福是不重要的。

灵魂是一个游子

如果你吃了一顿美餐，你会感到快乐，是什么东西在快乐呢？当然，是你的身体。如果你读了一本好书，听了一支优美的乐曲，看到了一片美丽的风景，你也会感到快乐。是什么东西在快乐呢？显然不是身体了，你只好说，是你的心灵、灵魂感到了快乐。

你犯了胃痛，你摔了一跤，你被虫子蜇了一口，你的身体会受疼痛的折磨。可是，当你失恋了，你的亲人去世了，你想到了自己有一天会死，或者你遭到了不义的事情，是你的哪一部分在痛苦呢？当然，又是灵魂。

看起来，人有一个身体，又有一个灵魂，它们是很不同的东西。有些哲学家否认人有灵魂，他们把灵魂说成是肉体的一种功能。可是，如果没有灵魂，我们怎么解释上述种种精神性质的快乐和痛苦的根源泥？

灵魂是看不见、摸不着的，它不像眼睛、耳朵、四肢、胃、心脏、大脑那样是人体的一个器官，但是，根据人有着不同于肉身生活的精神生活，我们可以相信它是存在的。其实，所谓灵魂，也就是承载我们的精神生活的一个内在空间罢了。人的肉身是很实际的，它要生存，为了生存便要求温饱，为了生存得更好还要到社会上去奋斗，去获取名利地位。人的灵魂就不那么实际了，它追求的是理想，是诸如真、善、美、信仰、思想、艺术之类的精神价值。我们把这种对理想和精神价值的追求称作精神生活。如果一个人只知道吃睡和赚钱，完全没有精神生活，我们就会嘲笑他没有灵魂，认为他与动物没有多大区别。

灵魂好像永远不会满足于现状，它总是在追求一种完美的境界。这种对理想境界的渴望从何而来？当我们看到美的形象，听到美的音乐，我们的灵魂为何会感动和陶醉？一颗未被污染的淳朴的灵魂似乎自然而然地就喜欢美善的东西，讨厌丑恶的东西，它是怎么会具备这样的特性的？古希腊最伟大的哲学家柏拉图对此提出了一种解释。他推测，灵魂必定曾经在一个理想的世界里生活过，见识过完美无缺的美和善，所以，当它投胎到肉体中以后，现实世界里的未必完善的美和善的东西会使它朦胧地回忆起那个理想世界，这既使它激动和快乐，又使它不满足而向往完善的美和善。他还由此得出进一步的结论：灵魂和肉体有着完全不同的来源，肉体会死亡，而灵魂是不朽的。他的这个解释受到了后世许多哲学家的批评，被指责为神秘主义。使我感到奇怪的是，人们怎么没有听出柏拉图是在讲一个寓言呢?他其实是想说,人的灵魂渴望向上,就像游子渴望回到故乡一样,灵魂的故乡在非常遥远的地方,只要生命不止,它就永远在思念,在渴望,永远走在回乡的途中。至于这故乡究竟在哪里,却是一个永恒的谜。我们只好用寓言的方式说,那是一个像天堂一样美好的地方。我们岂不是在同样的意义上说,灵魂是我们身上的神性,当我们享受灵魂的愉悦时,我们离动物最远而离神最近?

最后一片藤叶[①]

◇ 欧·亨利

欧·亨利（1862—1910），美国著名短篇小说家，他的作品以笔调幽默、构思巧妙而著称，故事结局往往出人意料。《最后一片藤叶》是他的代表作之一，作品虽然有些悲怆，但探讨了人生的意义。他另外比较著名的作品是《麦琪的礼物》、《警察与赞美诗》等。

位于纽约一角的一所公寓里，住着一个名叫珍妮的女孩和她的母亲。

可怜的是，珍妮现在病倒了。她得了肺炎，已经有好几天不能起床，高烧，喘咳得厉害，珍妮的身心极度衰竭。

“珍妮，你感觉怎么样？”母亲问。珍妮无力地回答道：“我太累了，我想早一点去天国。连医生都说我没救了……”

“不要乱说，医生说你会马上好起来的。来，喝口汤吧……”珍妮把脸扭了过去，说：“不想喝……”母亲亲切地摸了摸珍妮的头，慢慢地离开床边。她想起今天早上医生说的话：“如果按现在的状况持续下去的话，珍妮大概是没救了。热度不退，身体衰竭到了极点。更可怕的是，她自己也认为没救了。现在，她需要的是一颗想活下去的心。”

怎样才能把一颗想活下去的心给珍妮呢？这肺炎可是个致命的疾病啊。

“珍妮，你可不能撇下妈妈自己走啊！”母亲一个劲儿地悄悄流泪。

同住在这所公寓里的贝尔曼先生走了进来：“珍妮

① 选自《欧·亨利短篇小说集》，（美）欧·亨利著，牛振华译，上海三联书店2010年版。

的情况怎么样？”妈妈走到贝尔曼先生身边，将脸埋在他的怀里。贝尔曼先生拍拍母亲的肩膀低垂下眼帘。

“那么严重吗……”

贝尔曼先生是一个上了年纪的画家，虽说是画家，可他却很少绘画。只是在为了买面包的时候才画些小插图而已。“我将要画一幅杰作给大家瞧瞧。”虽说这已经成了贝尔曼先生的口头语，但他对自己的才能已经完全丧失了信心。面对画布，贝尔曼先生就焦躁不安，责怪自己不能顺利地画出一幅杰作。于是，他每天都以酒消愁……是珍妮抚慰了贝尔曼先生的那颗心。爱绘画的珍妮常到贝尔曼先生的房间去玩。“又在喝酒吗？这可不行。”珍妮把酒杯从贝尔曼先生的手里夺过来。“把欢乐还给我。”贝尔曼先生虽然嘴上那样说，却高兴地把珍妮抱在怀里。两人就像亲密的祖孙一样高兴地互相开着玩笑。只要与珍妮在一起，贝尔曼先生就会感到世界一下子光明起来。

可是，现在珍妮却在重病中受着苦。听了珍妮母亲的话，贝尔曼先生才知道唯有生活下去的愿望才是拯救珍妮的良药。

这时，他们听到了珍妮的声音：“十一片……十片……九片。落得越来越快了。”

珍妮盯着窗外看。母亲和贝尔曼先生跑到珍妮的床边。“你在数什么呢？珍妮。什么‘九片’？”

珍妮凝视着窗外回答道：“是叶子。常春藤的叶子。”珍妮望着伸向邻居家围墙的常春藤。

紧紧缠绕在枯藤上的几片叶子正在摇晃。“我得病的时候叶子还有很多呢……那叶子就是我的生命。瞧，又落了一片。当叶子全部落光的时候，我也要去天国啦。”

“别说了！珍妮！”母亲喊道，“那叶子怎么会是你的生命呢！别说傻话了！”母亲哭着拉上了窗帘。这可怎么办呢？珍妮哪里是想活下去，她把所有的希望都抛弃了。

“怎么办呢，怎么办才好呢……”贝尔曼先生望着珍妮苍白的脸，低声嘟囔着。

那天夜里，天气恶劣，大雨滂沱，风雪交加，电闪雷鸣。珍妮盯着天花板，听着外面的声音。

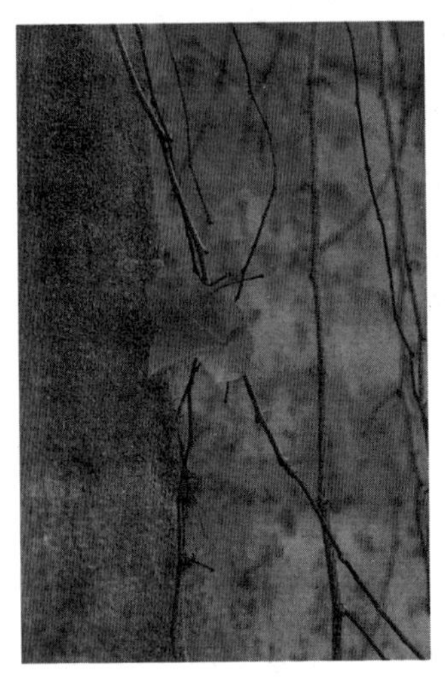

最后一片藤片承载着珍妮全部的希望。

不久，天亮了。

“妈妈，拉开窗帘。”母亲听到这话心情十分沉重。母亲想，昨夜的大风暴大概把常春藤的叶子都刮掉了，如果珍妮看见的话……但是，窗帘总是要拉开的。母亲用颤抖的手拉开了窗帘。“珍妮，常春藤上还有叶子呢！”母亲惊喜地叫起来。真的，常春藤上还残留着叶子，但只有一片。珍妮的眼睛放出了光，但那只是一瞬间的事。珍妮马上又叹息地说道：“那片藤叶很快也会飘落下来的。瞧，风又刮起来了。”

雨下了一整天，直到晚上也没停。可是无论怎样风吹雨打，最后的那片藤叶就是没有落下来。

珍妮目不转睛地凝望着那最后的一片叶子。那叶子像是在对珍妮说：鼓起勇气活下去，要活下去啊。珍妮的眼里不知不觉地盈满了泪水。

“妈妈，我真糊涂，我不应该想到死。一定是神留下了那片叶子。神告诉我，想到死的孩子是糊涂孩子。我想喝点儿汤。”

“珍妮！”泪水也沾湿了母亲的脸。母亲不住地点着头。

就这样，重新获得了生活希望的珍妮，很快就振作起精神来了。

几天后，珍妮终于能起床了，她从母亲那里听到了一个意想不到的消息：贝尔曼先生在那暴风雨之夜得了肺炎，去世了。

“什么！……”珍妮不相信那消息，她去了贝尔曼先生的房间。在那里，当珍妮看到粘在调色板上的红与绿的绘画颜料时，她全明白了。

怪不得那最后的一片叶子无论风怎么刮，它也纹丝不动呢。

珍妮奔跑到外面。墙上画着一片藤叶。

原来是贝尔曼先生在那场暴雨中画上去的。为了让珍妮获得生的希望，他自己献出了生命。

“贝尔曼大叔，贝尔曼大叔！”珍妮泪流不止。

对于穷画家贝尔曼先生来说，唯有这片常春藤的叶子才是他穷其一生的杰作。无论是哪一位伟大画家的作品，也比不上倾注在这片叶子里的一片赤诚。

朋友四型[①]

◇ 余光中

余光中（1928—），当代著名诗人、评论家。著有《舟子的悲歌》、《钟乳石》、《万圣节》等。

一个人命里不见得有太太或丈夫，但绝对不可能没有朋友。即使是荒岛上的鲁滨孙，也不免需要一个“礼拜五”。一个人不能选择父母，但是除了鲁滨孙之外，每个人都可以选择自己的朋友。照说选来的东西，应该符合自己的理想才对，但是事实又不尽然。你选别人，别人也选你。被选，是一种荣誉，但不一定是一件乐事。来按你门铃的人很多，岂能人人都令你“喜出望外”呢？大致说来，按铃的人可以分为下列四型。

第一型，高级而有趣。这种朋友理想是理想，只是可遇而不可求。世界上高级的人很多，有趣的人也很多，又高级又有趣的人却少之又少。高级的人使人尊敬，有趣的人使人欢喜，又高级又有趣的人，使人敬而不畏，亲而不狎，交接愈久，芬芳愈醇。譬如新鲜的水果，不但甘美可口，而且富于营养，可谓一举两得。朋友是自己的镜子。一个人有了这种朋友，自己的境界也低不到哪里去。东坡先生杖履所至，几曾出现过低级而无趣的俗物？

第二型，高级而无趣。这种人大概就是古人所谓的诤友，甚至畏友了。这种朋友，有的知识丰富，有的人格高超，有的呢，“品学兼优”像一个模范生，可惜美中不

① 选自《语文补充阅读》，刘锡庆主编，北京师范大学出版社2002年版。

足，都缺乏那么一点儿幽默感，活泼不起来。你总觉得，他身上有那么一个窍没有打通，因此无法豁然恍然，具备充分的现实感。跟他交谈，既不像打球那样，你来我往，此呼彼应，也不像滚雪球那样，把一个有趣的话题愈滚愈大。精力过人的一类，只管自己发球，不管你接不接得住。消极的一类则以逸待劳，难得接你一球两球。无论对手是积极或消极，总之该你捡球，你不捡球，这场球是别想打下去的。这种畏友的遗憾，在于趣味太窄，所以跟你的"接触面"广不起来。天下之大，他从城南到城北来找你的目的，只在讨论"死亡在法国现代小说中的特殊意义"，或是"爱斯基摩人对于性生活的态度"。为这种畏友捡一晚上的球，疲劳是可以想见的。这样的友谊有点像吃药，太苦了一点。

第三型，低级而有趣。这种朋友极富娱乐价值，说笑话，他最黄；说故事，他最像；消息，他最灵通；关系，他最广阔；好去处，他都去过；坏主意，他都打过。世界上任何话题他都接得下去，至于怎么接法，就不用你操心了。他的全部学问，就在不让外行人听出他没有学问。至于内行人，世界上有多少内行人呢？所以他的马脚在许多客厅和餐厅里跑来跑去，并不怎么露眼。这种人最会说话，餐桌上有了他，一定宾主尽欢。大家喝进去的美酒还不如听进去的美言那么"沁人心脾"。会议上有了他，再空洞的会议也会显得主题正确，内容充沛，没有白开。如果说，第二型的朋友拥有世界上全部的学问，独缺常识，这一型的朋友则恰恰相反，拥有世界上全部的常识，独缺学问。照说低级的人而有趣味，岂非低级趣味，你竟能与他同乐，岂非也有低级趣味之嫌？不过人性是广阔的，谁能保证自己毫无此种不良的成分呢？如果要你做鲁滨孙，你会选第三型还是第二型的朋友做"礼拜五"呢？

第四型，低级而无趣。这种朋友，跟第一型的朋友一样少，或然率相当之低。这种人当然自有一套价值标准，非但不会承认自己低级而无趣，恐怕还自以为又高级又有趣呢。然则，余不欲与之同乐矣。

友谊[1]

◇ 桑塔耶那 著　田智 王强 译

就我所知，爱情和友谊的关系是销魂夺魄、启迪人心的主题，对它从未有过出色的探讨。古人是友谊的大师，也是爱情的新手。他们或视爱情为动物的发淫和繁殖，想象贫乏，没有灵魂的升华；或变爱情为理论上那无边无垠、神圣非凡的影响，为实际上的放荡不羁。为了将人性和崇高赋予这神圣的疯狂，他们将爱情引入了友谊，而爱情并不属于友谊。

桑塔耶那（1863—1952），现代美国著名的哲学家、美学家，文艺批评家、小说家和诗人。

在现代，爱的情感和文学得到了闳大的发展、超绝的发展，友谊则丧失了其古代的价值，它那英雄的风采亦陈腐不堪了。但是，我以为，友谊那生命的根，深植于人类社会，像爱情的根一样，颇值得浇灌。哪里有超越家庭的合作，自然就在哪里播撒友谊的种子：同龄人自发地互相帮助时，友谊的生命就已潜在了。哺乳动物的这种合作，或许初次出现在战争里：我说哺乳动物，是因为蚂蚁和蜜蜂的合作、群鸟飞翔的谐和，迷惑了我的阐释能力。两个男人或两个女人若是齐心奋战（倘若发生了这种事情），他们行动的原则若是自觉的，那么，他们的行动就是友谊。赫拉克利特说，战争是万物之母；说爱情是万物之母，就更精彩了；但是，若说友谊是万物之母，他的这种怪论仿佛才是绝妙的。在战争或困境

① 选自《沙漏·外国哲理散文选》，（比利时）梅特林克等著，田智等译，生活·读书·新知三联书店1998年版。

中，人需要伙伴；找到了伙伴，他就开始幻想一个改头换面的自我，那是天性的部分，那天性不只是一种客体、一种黑暗的力量；一个相似的心灵赋予它以生命。

家庭里岂没有相似的心灵？岂没有兄弟之爱么？当然，草堆中，小猫在相互的身上自信地爬行。然而，小猫的亲昵不是友谊，小猫完全漠视其他猫，只视为垫子。年轻的暴君扩张着他的统治，他言必称我，贪婪而奢侈，他残酷无情，他亦欺骗戏弄。在兄弟之爱中，家庭的本能、习惯和共同的利益矫正了这种利己主义。孩子们受到训练，举止一致，行动一致；他们的习惯和情感富有感染力；他们会同时齐哭齐笑，不知道为什么。他们之中，不知不觉地建立起一种群体的一致、道德的一致，以后，他们的个性就将反抗这一切。这里，我们有发育于温床的家庭纽带，它与友谊截然相反，常常敌视友谊。友谊属于野外的生命；那对候，你的羽毛已丰，开始亲自探索世界，发现你自己的朋友。这就像外婚。它迥异于那乏味的兄弟之爱、姐妹之爱，那种爱属于孤儿院里那怯弱的孩子们，他们的衣着千篇一律，他们手挽着手，两两并行，几乎不能分辨他们。

我还是承认，兄弟之爱也能清楚可辨，那时，兄弟之爱就是父性和孝顺感情的延伸，我曾经目睹过许多感人的事例，尤其是大哥哥和小弟弟之间的感情。大哥哥扮演着爸爸，他承担着责任。他不能让小弟弟被车撞倒，他要牵着小弟弟的手，那可怜的孩子精疲力尽、昏昏欲睡，哥哥就要将他背在背上。这是温柔的一课，人们也更乐于接受，这毕竟是一场游戏。你们扮演着父母；这几乎像玩骑马那么好玩。小弟弟一言不发，他正欢度假日。他比平常活泼，由信任母亲而信任大哥哥，大哥哥与他更亲密，但仍是权威：这新鲜而自愿的信任、对同伴的尊重，其实就是友谊。但是，这只是演习：兄弟互爱，却没有互相选择，他们仍结合在家庭的纽带里。

那么，友谊实质上是野外的纽带、公开的纽带，既不摆脱家庭，也不想建立新的家庭。友谊的养料是冒险和发现：友谊的情感是逃学的情感，纵然没有危险，亦是自由而大胆地生活的情感。同兄弟之爱相比，友谊显然是挑选的、个人的、排他的：这方面，友谊酷似爱的激情。友谊和爱情激发了幻想，兄弟之爱则不然。友谊中，激发幻想的，不是友谊，而堕入爱河的时候，获得爱的回报，整个世界就无关紧要了，世界只是一个入侵者。世界，盈满了友人的幻想，就像演戏的场景、判断的对象；朋友本人从茫茫人海中脱颖而出，因为他的行动和思想方式、他对他人他物的感情，卓然而悦人。友谊是悠闲漫游的两个灵魂的结合，他们偶然相遇，互相寒喧，互相称颂；但仍然悠游自在。

我说的灵魂，超越了精神，我说的结合，超越了协和。让我再说一次，友谊是生命和生物。精神的投合，可以不知友谊，不关心友谊；人，在社会上、经济上合作，可以不结合，就像两国在持久的战争中合作一样。尼古拉·尼科比学校里的男孩互相合作，管理学校，也许他们互相憎恨，就像他们憎恨学校和校长一样。政治通常如此，正是合作将道德和人的尊严赋予古代的小城、赋予友谊基础之上的俱乐部，现代的国家、工业的体系、一切社团，绝对没有这种尊严。这里，意外、竞争、竞赛、公共需要、秘密的收益，是一切的基础。宗派、党派、联盟数不胜数，但没有友谊，没有人自发而纯洁地选择生命中的伴侣。

两个陌生人加入同一宗教团体，纵然自发地选择了同样的生活，亦不是友谊，亦未产生友谊；他们将共度那种生命，但没有相互选择。一种执着而隐秘的意图将他们集合起来，不是生命的一致、个人的一致；他们心事重重、各怀隐私、疑难；或许他们互为典范，给予一种共同的支柱，就像唱赞美诗；但是，人们冷淡漠然、动机昭然、互换伙伴。友谊，就像爱情，这游戏必有创始人；游戏不应预先撰写，让每个人朗诵。在冒险和发现、欢笑和品评时交换意见，已成为比一切隐秘对象更悠闲、更珍贵的游戏。

朋友之间，性格、见解或许迥异，但是，他们的幻想、同感必能跨越鸿沟；他们必感觉到，各存异议、性情各异，确实可能。朋友之间，仿佛各自扮演着自己的一切角色，这正是命运所禁止的。可见，危急时刻，需要人那深藏的机智，朋友必须共同行动。反道悖行，他们的友谊就化为虚幻。你的兄弟可以是敌人，你的朋友绝不能是敌人。同一血缘可以流入互相竞争的生命，但是，相互的理解和信任是表现天生和谐的结果。我以为，爱情和友谊中出现的失望和疏远，与其说是出于虚假的感觉和感情，毋宁说是出于虚假的期望。本能的同感有一个真诚的基础，但那拿基础是易变的生命。倘若以后在其他环境中，肥沃的土地变贫瘠了，倘若浇灌的溪流停止流泛，也不能取消从前的鲜花之存在。爱情和友谊中，那“永远”的耿耿誓言，遭受着“永远”一词所潜藏的含糊意义的折磨。将它理解为永恒，你就是傻瓜。没有任何事实、没有任何感情，能保证自身的永恒；更谈不上条件极高、瞬息万变、极其偶然的情感，如两个不安灵魂的结合。“永远”若能表明本能永不磨灭，纵然在这里。本能也不会受这保证的欺骗；它的呼唤，像爱情和友谊的呼唤那么深沉、那么清朗，不是呼唤未来的时光；而是呼唤永不磨灭的真。说这种感情、这种信念永不变幻，实是谦逊、高尚、深切之举：当然，当你亡故了，他人就再也感觉不到你的感情了；当你的感情死了，你其他幸存的情感也再感觉不到你的感情了。你若是聪明，你就该说，你的心灵与那种感情、那种信念永不分离，在那种感情、那种信念中，你从未像这次那么真实，就这么一次。这时，死亡随时会降临，死亡不能毁灭你信念和感情里的忠诚。死亡不能毁灭你的誓言。

爱，是自然的序言，其根必深植于生命和道德的体系；爱，创建家庭，成为老人对青年、强者对弱者的权威和仁爱，实现了它那神秘的作用。为了友谊，野蛮人饮血盟誓，古代哲学家说，朋友之间，必一切如一，这样，友谊便物质化了。“永恒的友谊”，这灵魂的誓言表现了心灵的结合，变成了政治的契约，就像爱情变成了婚姻；共有的情感、情趣、悠闲的娱乐，变成了共有共享的世俗商品。若是实现了这种共有，必会毁灭友谊，变友谊为可憎的职责、永恒的敌意源泉。自由，是友谊的实质，不对自由天空下的事物承担责任。朋友，自然会帮助患难中的朋友，就像基督徒；若能帮助他人，也会尽力帮助。但是，这是友谊的障碍和威胁。受恩的人成了受庇护的人，施恩的人成了庇护的人。在某些情况下，这种关系是正常的；然而，那不是朋友间的高尚关系。至于一切共有，那只是浮华的虚饰。我想，妻子总不能和称心的友人共有；没有祖父祖母收养亡友的孩子，那真挚的友人就将收养他们；这是特殊的仁爱，而非他和亡友之间真挚友谊的明证。这或许是他们友谊的偶然结果；例如，生者早已喜爱亡友的孩子，孩子们亦喜爱他；然而，我谈的是作为情感的友谊的特征，而非友谊在尘世的偶然结果，这种偶然结果在不同的社会阶段各不相同。

友谊，没有妒忌、专横和独占的欲望，友谊的精髓，就是自由心灵的和谐。这种和谐不能延伸到整个心灵，永不延伸到整个生命。生物体的各部分协调一致、不可分离；这不是友谊，而是身体的相互依赖。友谊的福祉之一就是，友谊让我们超越了肉体的义务。由此可见，我们生命中的一切物质的、偶然的部分，必预先假定，自动地发展，然后友谊才出现；友谊干预那基本的顺序，是反常的。问题不是友谊在尘世能有什么结果，而是世上的什么力量能维持友谊、或阻碍友谊。友谊本身即是善。带来友谊的力量，将有其他的发展，也将带来其他的善恶；但是，我们不能用那些结果责难友谊。友谊属于灵魂，是自由的天空。

友谊没有结果。哲学的错误之一，就是以自由为目标。自由，是完善组织的结果。问题就在于，我们要这样组织，以获自由。自然应该为我们效力，不是那种不存在的叫做自由的力量；我们的生理人和心理人是自然的部分，只要他们力所能及，他们就为我们的灵魂效力。

一个对生意终日警醒的人，晚上习惯地端详妻子，阅读报纸，这使他昏昏欲睡，友谊对于他，仿佛就是对乳臭未干的青春时代的回忆。他有生意中的伙伴、政治上的同僚；在某些自由的、非正式的事情上，同僚或伙伴若发现他们有着强烈的同感，这种合作就将发展为友谊；但是，这不可能。非正式的事情（假设那是娱乐或宗教）只能使他们与其他事情中的人们结为伙伴和同僚。对事的兴趣愈大，对人的兴趣就愈小。身遭船难的两个人划着同一条小船，他们的心境绝不悠闲、绝不欢乐；他们会讨论，是划船好，还是漂流好；是划向陆地，还是遵循平常的航线；以及这一切的航向。或许他们各有所思。这么漫长地漂流下去，很可能他们都会暗中思忖，对方毫无用处、令人厌倦，消耗了过多的淡水和食物，他若是落水，真是天赐的幸事。

被迫的冒险并不比被迫的结合更能促进友谊。然而，这正是两国友谊的特征。这表明，此刻他们被迫合作，他们对第三个对手的惧怕和憎恨，远远超过了他们互相的惧怕和憎恨。

仁慈和博爱的良心依然存在，将会波及一切生命，但只能在特定的人性标准终止以后，人，也有一种特殊的灵魂生命，至少会降临在他身体的嗜好和力量中；良心，属于这灵魂的生命；陌生人、敌人、受苦和贫穷的人，贫困而窘迫，这时候，良心若是苏醒了，那就是仁爱。当仁爱不再是基督教和禁欲主义的仁爱，当普天共存的仁爱被归因于某种安慰和伦理的特殊标准，在某种程度上，博爱就是基督教仁爱的派生。博爱主义者就像传教士，对于他想结交的民众，是永远的敌人，因为，他的幻想，不足以同情民众的正当需要；他的谦卑，不足以尊重他们，视他们为自己的人；傲慢、狂热、好管闲事、威严亦会伪装成仁慈善良的根，深植在家庭里。母亲的心，有时会情不自禁地错把其他孩子当成自己的孩子；每个人都会感觉到婴儿的呼唤。这种善良最初或许是民族永存的条件。这种生物的温柔倘若在家里流露不多，就会对其他对象流露。小女孩不能容忍遗忘她的娃娃玩具，多愁善感的人想到原始人的悲惨生活，想到家乡的穷人肮脏不堪、营养不良、声名狼藉，他亦难以忍受。经济的头脑就像女管家的头脑，不能容忍邪恶的法律和武装的冲突所造成的混乱和浪费。家庭主妇若有慈母般的心和经济的头脑，就令人钦佩了，但对于政治家，这是不祥的。他希望拯救穷人，让他们成为劳动者，提高他们的生产性，减少他们的革命性；他希望开化野蛮人，让他们为国内制造商和外国的贸易创造一个新的市场。他的面容善如菩萨，他的生意和使命却摧毁了本国的文明，他的仁慈腐化了国民，消灭了国民。他是人类的敌人，他把他们变成了自己艺术的原材料，按他的方式统一他们，让整个世界说他的语言，思索他的思想，购买他的商品。人类绝不需要这一切，亦不喜欢这一切。他不是人类的朋友，他们的所需、他们的所爱，他毫不关心，他甚至想不到这些；他称赞自己的无能，视为超然的美德。所以，他广施仁爱，废寝忘食地帮助他们像他那样成长，帮助他们消失。

好战的宗教中，就有这种侵略的自我主义；这不是仁爱，而是合作的热情。传教士亦有仁爱；但是，正如天主教教会所言，这是超自然的美德：即，它将自然的爱变成了灵魂的德行。我说的“灵魂”是什么呢？这里，我是说，仁爱不是爱情和友谊所固有的，仁爱需要富有幻想的理性的干预，借这种理性，我们摆脱了偶然的人物和事件，感觉到一切境遇中一切人同样的存在。富有幻想的理性迥异于我赋予政治家的一切特征：幻想的理性和谐于一切意志，并不唆使任何意志。幻想的理性不激发冒险精神，亦不刺激冒险精神，它只习惯于尊重一切，习惯于自己否认、放弃违迕意志的一切，或违迕自然意志、或违迕上帝意志的一切，倘若你喜欢这么说。仁爱便是纯洁无瑕、启迪内心的爱。慈善家解除痛苦，不强加新的重荷，他们治病救人的时候，他们的劳动就是仁爱，但是，他那建设性的动向绝非仁爱。它偕繁杂的幻象流溢，惹起了新的多余的冲突，冲突中，仁爱又将带来理解与和平。

怜悯是人的天性[①]

◇ 卢梭

卢梭 （1712—1778），法国著名启蒙思想家、哲学家、教育家、文学家，18世纪法国大革命的思想先驱，启蒙运动最卓越的代表人物之一。主要著作有《论人类不平等的起源和基础》、《社会契约论》、《爱弥儿》、《忏悔录》等。

还是让我们把所有那些只教我们了解人类是怎样使自己变成这般模样的科学作者撇在一边，而去思考人的最初和最简单的精神活动吧。我认为我由此发现了两种先于理性而存在的人的本性：一种本性使人对自己的福利和自我保护极为关切，另一种本性使人本能地不愿目睹有感觉力的生灵（主要是人的同类）受难和死亡。我认为，人的精神能够使这两种本性协调并结合起来，并且仅仅由此便产生了所有自然权利的法则，而没有必要让人的社会性介入。只是后来当人的理性由于不断地演变发展，最终抑制人的天然本性时，人们才被迫在其他基础上重建这些法则。

我们尤其不要做出霍布斯那样的结论，即认为人由于没有任何善的概念，因此必定天生就是邪恶的，他作恶是因为他不知道美德。他拒绝向同类提供帮助，因为他认为这不是他的义务。也不要得出这样的结论，即认定人会依照对所需一切东西合理拥有的权利，狂妄地以整个宇宙的统治者自居。霍布斯非常清楚地发现了近代有关自然权利的定义中的缺陷，但是从他自己的定义导出的结论说明，他所理解的意义同样也是错的。若根据他提出的原理进行推论，他就应该这样说，在自然

① 选自《论人类不平等的起源和基础》，（法）卢梭著，高煜译，广西师范大学出版社2002年版。

状态下，我的自我保护行为绝不会伤害到别人，因此这种状态最能促进和平，最适合人类。可是他说的正好相反。他把满足大量欲望的需要，不适当地加到野蛮人的自我保护行为中，而这些欲望是社会状态的产物，也正是这些欲望使法律成为必要。霍布斯称恶人就是一个强壮的孩子。我们还需要知道野蛮人是不是个强壮的孩子。我们要是承认他是，会得出什么结论呢？如果这个人身体强壮时和身体虚弱时一样要依靠别人，那么他就会无恶不作了。例如：当母亲给他喂奶时手脚慢了点，他会打她；当他嫌一个弟弟碍手碍脚时，他就会掐死他；当别人撞了他或打扰了他时，他就会咬人家的腿。但是，在自然状态下，一个人既强壮又依赖别人，这个假设是相互矛盾的。人在依赖别人时应是软弱的，可是还没长强壮就能放任自己的行为了。霍布斯没有看到，正是法学家们所说的那种阻止野蛮人运用理性的原因，如同霍布斯自己所断言的，也阻止野蛮人滥用他们的能力。因此我们可以说，野蛮人不是恶人，是因为他们不知道什么是善；因为阻止他们作恶的，既不是人的智力开发，也不是法律的结束，而是情感的平静和对邪恶的无知。“因为这些人对恶的无知比那些人对善的知晓更为有益。”此外，人类还有一个本性霍布斯没有发现。大自然将这种本性赋予人，使他能够在一定场合，由于本能地不愿意看到同类受难，从而抑制他的狂热的自尊，或在自尊心产生之前，抑制他的自我保护欲，抑制他追求个人幸福的热情。这种美德就是怜悯，这是人的一种禀性，它适合于像我们这样软弱并且易遭受这么多不幸的生灵。由于这种美德在人会思考之前就已经存在，所以更普遍，对人类更有益。而且它又是那么天然，就连兽类有时也表现得很明显。且不说母兽对幼崽的一片柔情了，她们为了保护幼崽，赴汤蹈火也在所不辞。我们平时还看到马也不愿意践踏小生灵，看到动物走过同类的尸体旁不会无动于衷，甚至还有动物会为死去的同类举行葬礼。我们还听到牲畜在被拉进屠宰场时发出的凄厉的叫声，说明它们对所看到的恐怖场面有深刻的印象。我们高兴地看到，《蜜蜂的寓言》的作者[①]也不得不认为，人是具有同情心、有感情的生灵。这位作者在所举的例子中，一反他冷酷的和敏锐的文笔，向我们展示了一幅悲怆的画面：一个人被关在笼子里，眼睁睁地看着外面一头野兽把一个孩子从他母亲的怀中抢走，用利齿咀嚼着孩子的肢体，用利爪撕扯着孩子的突突直跳的

---

① 指定居于英格兰的荷兰医生曼德维尔，他著有《蜜蜂的寓言》（1705年）。他借助这个寓言表明：是个人的邪恶造成了社会的繁荣，而美德带来的是毁灭。此论引起公愤。

心脏。尽管这事与他无关，但这个场面对他来说是多么可怕的刺激啊！不能救援这个昏厥的母亲和她的垂死的孩子，他是多么焦急不安啊！

这就是纯天然的感情，是不用思考就有的感情。这就是天生怜悯心的力量，是最堕落的品行都难以摧垮的力量。因为我们在剧院里经常看到有人为剧中不幸的人流下同情的眼泪，而假使这些人处于暴君的地位，甚至还会加重对敌人的折磨。就像嗜血成性的苏拉，对不是由他造成的不幸也会感到同情；或者像菲尔王亚历山大[①]，不敢去观看悲剧，怕被人瞧见他会和安德罗马和普里亚姆一起唉声叹气，而在平时，被他命令处死的那么多民众哭号震天，他也能毫不为之所动。

人有眼泪是大自然的赠品，它表明人类有一颗最仁爱的心。

曼德维尔显然感觉到，尽管人类那么有道德，但如果大自然不用怜悯来协助人的理性，人就与恶魔无异。但是他没有看到，他所否认的人类的一切社会道德，正是从这种品质产生的。如果大度、宽厚、仁慈不正是对弱者、对罪人或整个人类的怜悯，那么又是什么呢？如果理解不错的话，甚至亲切、友谊也不过是怜悯在具体对象上的表现，因为希望某人不受苦与希望他幸福，难道不是一回事吗？即使同情确实不过是驱使我们为受苦人设身处地着想的一种情感，是一种在野蛮人身上表现得朦胧而强烈，而在文明人身上表现得成熟但微弱的意识，这种看法如果不是对我所说的论点的真实性更有力的支持，还有什么其他意义呢？实际上，如果旁观动物越是深切地把自己认同于受难的动物，其同情心就越是强烈。不过，这种认同感在自然状态下，显然比在理性状态下要深切得多。是理性使人产生自尊心，思维又使之增强，是理性使人多考虑自我，也是理性使人远离烦扰折磨他的一切。哲学思维把人孤立起来。正是由于哲学思维，人才会在见到别人在受难时，暗自在心里说："去死吧，如果你愿意的话，反正我是安全的。"只有那些危及整个社会的危险，才能搅得哲学家不能安睡。有人在他

卢梭强调人性本善，信仰高于理性。

① 亚历山大：菲尔城的暴君，曾活埋敌人，或将敌人扔给野兽吃。

的窗子底下杀死他的同类却逍遥法外，他只是捂住自己的耳朵，稍微为自己辩解一下，就阻止了自己的本性背叛他自己，阻止了自己的本性同情这个不幸的死者。野蛮人就没有这种“令人钦佩”的才能，而且由于他缺乏智慧和理性，总是“愚蠢”地听凭这种原始情感的支配。例如，在骚乱中，在街头殴斗中，贱民啸聚一起，而谨慎的人则站得远远的，但最后往往还是群氓，是卖菜的妇女，挺身而出隔开打架的双方，阻止上流社会有教养的人自相残杀。①

于是可以肯定，怜悯是人的一种天生的情感，能克制个人身上强烈的自爱情绪，促进全人类的互相保护。正是怜悯，使我们见到有人遭受苦难便毫不犹豫地救助他；正是怜悯，由于具有能打动任何人的声音，在自然状态下起了法律、道德和习俗的作用；正是怜悯，使得身强力壮的野蛮人，在自己有望从别人得到生活必需品时，就不去抢夺孺子和老人辛苦觅得的衣食；正是怜悯，不用“你们愿意人怎样待你们，你们也要怎样待人”这条公正合理的古训，而用那句人性善的格言来启发所有人——“你为自己谋利益，要尽可能少损害别人”，它虽然很不完善，但比上一句更有教益。总之，即便每个人不知道这些有教益的格言，在作恶时自己也会反感，个中原因应该从怜悯这种天然情感中寻找，而不是从任何精妙的论据中寻找。虽然也许只有苏格拉底及具有他那种头脑的人才能通过理性来获得美德，但是，如果人类的保护只有靠人们讲道理才能实现，那么人类早就不成其为人类了。

---

① 卢梭此段中常用反讽语气，如贱民、群氓、有教养的人等，真实意义刚好应反过来。

爱城故事（节选）

◇ 欣林

故事背景：1991年11月1日就读于美国爱荷华大学的中国博士留学生卢刚在校园中射杀数人，之后饮弹自尽。卢刚生于北京市，18岁考入北京大学物理系，1984年通过CUSPEA考试，1985年本科毕业后进入爱荷华大学物理与天文学系攻读研究生。1991年通过答辩获得博士学位。卢刚枪杀事件整个过程不足二十分钟，自杀前总共向六个人开枪，除女学生茜尔森（Sioson）被击中脊椎，颈部以下全身瘫痪外，其余五人全部丧命。在枪击事件发生后的第三天，受害人之一的安妮·克黎利女士的家人，通过媒体发表了一封给卢刚家人的公开信，信中追忆了安妮·克黎利女士的成就，并以宽容的态度希望能分担彼此的哀伤。

那是1991年的秋天。万圣节刚过，天灰蒙蒙的。星期五早晨，我紧跑几步赶上校车，见到住在三楼的山林华坐在靠门的长条座位上。“嗨，还好吗？”我在他身边坐下。“挺好的。我的岳父来了。我们刚从伊州香槟大学回来。下午系里有Seminar（研讨会）。”小山答道。小山是学校里的知名人物。博士资格考试时成绩之好，让遥遥落后的美国同学汗颜。体育也棒，足球场上的骁将。平时又乐于助人，还是前一届的学生会主席。最近好事盈门。论文获奖，又在本校物理系找到工作。一下子跳出学生之列，成了研究员（Research Investigator）。小山的今天，就是我的明天。我为他高兴，也在心里为自己鼓劲。

下午，我在校行政大楼外等车。凉风一阵紧似一阵，空中开始飘起了初冬的雪。突然，两辆警车飞驰而来，戛然停在楼前。警察跃出车门，曲臂举枪在脸颊。一边一个，直扑楼门。先侧身窥探，猛地拉开门冲进去。这场景与世外桃源般的小城构成极大的反差。我心里疑惑，这是拍电影吗？

刚到家电话就响了，好朋友祖峰打来的。

“物理系有人打抢！”

“什么！是谁？”

“不清楚。有人死了！”

“啊！……”

我不敢相信这是真的。电话铃不停地响。我家成了学生会的信息中心和会议室。一连串的坏消息构织出了惊心动魄的一幕：

三点三十分，物理系凡艾伦大楼309教室。山林华和导师克利斯多弗·高尔兹（Christoph Goertz）教授，另一位教授罗伯特·施密斯（Robert Smith）及新生小李等许多人在开研讨会。突然，山林华的师兄，中国留学生卢刚站起身，从风衣口袋里掏出枪来，向高尔兹、山林华和施密斯射击。一时间血溅课堂。接着他去二楼射杀了系主任，又回三楼补枪。旋即奔向校行政大楼。在那里他把子弹射向副校长安妮和她的助手茜尔森，最后饮弹自戕。

我们惊呆了。妻子握着听筒的手在颤抖，泪水无声地从脸颊流下。小山，那年轻充满活力的小山，已经离我而去了吗？黑暗中，死神的面孔狰狞恐怖。

谁是卢刚？为什么杀人？翻开我新近编录的学生会名册，找不到这个名字。别人告诉我，他是北大来的，学习特好。但两年前与系里的中国学生闹翻了，离群索居，独往独来，再后就没什么人知道他了。听说他与导师颇有嫌隙，与山林华面和心不和，找工作不顺利，为了优秀论文评奖的事与校方和系里多有争执。是报仇，是泄愤？是伸张正义，是滥杀无辜？众口纷纭，莫衷一是。

枪击血案震惊全国。小城的中国学生被惊恐、哀伤、慌乱的气氛笼罩。血案折射出的首先是仇恨。物理界精英，全国有名的实验室，几分钟内形消魂散，撇下一群孤儿寡母。人家能不恨中国人吗？留学生还待得下去吗？中国学生怕上街，不敢独自去超市。有的人甚至把值钱一点的东西都放在车后箱里，准备一旦有排华暴动，就驾车远逃。

一夜难眠。该怎么办？大家聚在我家，商量来商量去，决定由物理系小雪、小季、小安和金根面对媒体，开记者招待会。实况转播的记者招待会上，他们追思老师和朋友。讲着，回忆着，眼泪止不住地流下来。看的、听的，心里都被触动了。一位老美清洁工打电话给校留学生办公室主任说，“我本来挺恨这些中国人！凭什么拿了我们的奖学金，有书读，还杀我们的教授！看了招待会转播，我心里变了。他们是和我们一样的人。请告诉我，我能帮他们做点什么？”

从危机中透出一线转机。学生会又召开中国学生学者大会。教育系的同学不约而同地谈起了副校长安妮。安妮是教育学院的教授，也是许多中国学生的导师。她是传教士的女儿，生在中国。无儿无女的安妮，待中国学生如同自己的孩子。学业上谆谆教导，生活上体贴照顾。感恩节、圣诞节请同学们到家里做客，美食招待，还精心准备礼物……千不该，万不该呀！不该把枪口对向她！同学们为安妮心痛流泪。

安妮在医院里急救，她的三个兄弟弗兰克、麦克和保罗，火速从各地赶来，守护在病床前。人们还存着一丝希望。两天后，噩耗传来。我面对着安妮生前的密友玛格瑞特教授，说不出话来。她脸色严峻，强压心中的哀痛，手里递过来一封信，同时告诉我，安妮的脑已经死亡，无法抢救。三兄弟忍痛同意撤掉一切维生设备。看着自己的亲人呼吸一点点弱下去，心跳渐渐停止而无法相救，这是多么残酷的折磨！在宣布安妮死亡后，三兄弟围拥在一起祷告，并写下了这封信。这是一封写给卢刚父母亲友的信。信里的字句跳到我的眼里：“我们刚刚经历了这突如其来的巨大悲痛……在我们伤痛缅怀安妮的时刻，我们的思绪和祈祷一起飞向你们——卢刚的家人，因为你们也在经历同样的震惊与哀哭……安妮信仰爱与宽恕，我们想要对你们说，在这艰难的时刻，我们的祷告和爱与你们同在……”

字在晃动，我读不下去了。这是一封被害人家属写给凶手家人的信吗？这是天使般的话语，没有一丝一毫的仇恨。我向玛格瑞特教授讲述我心里的震撼。接着问她怎么可以是这样？难道不该恨凶手吗？公平在哪里？道义在哪里？他们三兄弟此刻最有理由说咒诅的言语呀。教授伸出手来止住我，“这是因为我们的信仰。这信仰中爱是高于一切的。宽恕远胜过复仇！”

她接着告诉我，安妮的三兄弟希望这封信被译成中文，附在卢刚的骨灰盒上。他们担心因为卢刚是凶手而使家人受歧视，也担心卢刚的父母在接过儿子的骨灰时会过度悲伤。唯愿这信能安慰他们的心，愿爱抚平他们心中的伤痛。

我哑然无语。心中的震撼超过了起初。刹那间，三十多年建立起来的价值观、人生观，似乎从根本上被摇动了。

难道不应"对敌人严冬般冷酷无情"吗？难道不是"人与人的关系是阶级关系"吗？难道"站稳立场，明辨是非，旗帜鲜明，勇于斗争"不应是我们行事为人的原则吗？我所面对的这种"无缘无故的爱"，是这样的鲜明真实，我却无法解释。我依稀看到一扇微开的门，门那边另有一番天地，门缝中射出一束明光……

"我们的信仰"——这是一种什么样的信仰啊，竟让冤仇成恩友！

还来不及多想玛格瑞特的信仰，卢刚给他家人的最后一封信也传到了我手上。一颗被地狱之火煎熬着的心写出的信，充满了咒诅和仇恨。信中写到他"无论如何也咽不下这口气"、"死也找到几个贴（垫）背的"，读起来脊背上感到一阵阵凉意，驱之不去。可惜啊，如此聪明有才华的人，如此思维缜密的科学家头脑，竟在仇恨中选择了毁灭自己和毁灭别人！这两封信是如此的爱恨对立，泾渭分明。我还不知道爱究竟有多大的力量，毕竟左轮枪和十几发仇恨射出的子弹是血肉之躯无法抵挡的啊！

转天是安妮的追思礼拜和葬礼。一种负疚感让多数中国学生学者都来参加。大家相对无语，神色黯然。没想到我平生第一次参加葬礼，竟是美国人的，还在教堂里。更想不到的是，葬礼上没有黑幔，没有白纱。十字架庄重地悬在高处。讲台前鲜花似锦，簇拥着安妮的遗像。管风琴托起的歌声在空中悠悠回荡：

Amazing Grace, How Sweet the Sound（奇异恩典，何等甘甜）……人们向我伸手祝福："愿上帝的平安与你同在。"牧师说："如果我们让仇恨笼罩这个会场，安妮的在天之灵是不会原谅我们的。"安妮的邻居、同事和亲友们一个个走上台来，讲述安妮爱神爱人的往事。无尽的思念却又伴着无尽的欣慰与盼望：说安妮息了地上的劳苦，安稳在天父的怀抱，我们为她感恩为她高兴！

礼拜后的招待会上，三兄弟穿梭在中国学生中间。他们明白中国人心中的重担，便努力与每个中国学生握手交谈。如沐春风的笑容，流露出心中真诚的爱。许多女生哭了。我的“黑手党”朋友，高大的男子汉也在流泪。爱的涓流从手上到心里，泪水的脸上绽出微笑。哦，这样的生，这样的死，这样的喜乐，这样的盼望，怎不让我心里向往！大哥弗兰克握着我的手说，“你知道吗？我出生在上海，中国是我的故乡。”泪水模糊了我的眼睛，心里却异常温暖。突然发现脊背上的凉意没有了，心里的重负放下了，一种光明美好的感觉进入了我的心。

感谢上帝！他在那一刻改变了我，我以往那与神隔绝的灵在爱中苏醒。我渴望像安妮和她的三兄弟一样，在爱中、在光明中走过自己的一生，在面对死亡时仍存盼望和喜悦。

笼罩爱城的阴云散去，善后工作在宽容详和的气氛中进行。不仅小山的家人得到妥善安置，卢刚的殡仪亦安排周详。安妮三兄弟把她的遗产捐赠给学校，设立了一个国际学生心理学研究奖学金。案发四天后才从总领馆姗姗而来的李领事感慨道：“我本是准备来与校方谈判的。没想到已经全都处理好了！”冥冥中一双奇妙的手，将爱城从仇恨的路上拉回。

…………

离开爱城多年了，常常思念她，像是思念故乡。在爱城，我的灵魂苏醒、重生，一家人蒙恩得救。她是我灵里的故乡，与耶稣基督初次相遇的地方。爱城后来有了一条以安妮命名的小径。因她设立的奖学金名牌上，已经刻上了许多中国人的名字。友人捎来一张爱城日报，是枪击事件十周年那天的。标题写着“纪念十年前的逝者”。安妮、山林华的照片都在上面。急急找来安妮三兄弟写给卢刚家人的信的复印件，放在一起，慢慢品读。十年来的风风雨雨在眼前飘然而过，十年来在光明中行走、在爱中生活的甘甜溢满心头。照片里安妮静静地微笑，似乎说，这信其实也是写给你的。

是的，我收到了。这源远流长的爱的故事，会接着传下去。

爱我们的仇敌[1]

◇ 戴尔·卡内基

戴尔·卡内基（1888—1955），20世纪最伟大的成功学大师，美国现代成人教育之父，美国著名演说家、作家和教育家。

许多年以前的一个晚上，我外出旅行时经过黄石国家公园。一位森林管理员骑在马上，和我们这群兴奋的游客谈起熊的故事。他说："有一种大灰熊也许能击倒除了水牛和另一种黑熊以外的其他所有动物。但是有一天晚上，我却发现一只小动物。只有一只，能够让大灰熊和它在灯光下一起共食。那是一只臭鼬!大灰熊知道自己的巨掌一下就可以把这只臭鼬打昏，可是它为什么不那样做呢？因为它从经验里学到，那样做很不划算。"

我同样也懂得这个道理。我在孩童时，曾在密苏里的农庄上抓过四只脚的臭鼬；成年之后，在纽约街头也经常碰到一些像臭鼬一样的却长着两只脚的人。从许多不幸的经验中我发现，无论招惹哪一种臭鼬，都是不划算的。

当我们恨自己的仇人时，实际上等于给了他们致胜的力量。这种力量可能会影响我们的睡眠、我们的胃口、我们的血压、我们的健康和我们的快乐。如果仇人们知道他们是如何令我们担心，令我们苦恼，令我们一心想报复的话，他们一定会兴高采烈地跳起舞来。我们心中的怨怼不仅无法伤害到他们，反而使我们的生活变

---

① 选自《爱我们的仇敌》，赛妮亚主编，中国民族摄影艺术出版社2004年版。

得像地狱一般。

“如果自私的人想占你的便宜，不要理会他们，更不要想着试图报复。一旦你与他扯平了，你就会伤害自己，比伤害那家伙更多……”你猜这是谁说的？听起来仿佛是一个伟大的理想主义者所说的，其实不然，这段话最初出现在一份由米尔瓦基警察局发出的通告上。

报复心是怎么伤害我们的呢？伤害的地方可多了。根据《生活》杂志的一篇文章，报复甚至会有损人的健康状况：高血压患者最主要的特征就是容易愤慨。长期愤怒，高血压和心脏病就会随之而来。

现在你应该懂得了，耶稣所说的“爱你的仇人”，不仅仅是一种道德上的训诫，而且是在宣扬一种20世纪的医学原理。当他说“原谅七十个七次”的时候，他是在告诉我们如何避免高血压、心脏病、胃溃疡和其他种种疾病。

一个朋友心脏病突发，医生命他躺在床上，并告诫他无论发生什么事都不能动气。懂得一点医学知识的人都知道，心脏衰弱的人，发脾气可能会送命。几年前，在华盛顿州的一座小城，就曾经有一名饭馆老板因过度生气而猝死。我手边有一封该城警察局局长写的信，他在信上说：“六十八岁的威廉开了一家小餐馆，因为厨子用茶碟喝咖啡而感到非常生气，他抓起一把左轮枪去追那个厨子，结果因为心脏病发作倒地而亡，死时手里还紧紧抓着那把枪。验尸官的报告显示，他是因为愤怒引起心脏病发作而猝死的。”

当耶稣说“爱你的仇人”的时候，他是在告诉我们如何改进我们的外表。我们经常可以看到一些女人，她们的脸上常常因为过多的怨恨而满是皱纹，因为悔恨而扭曲，表情僵硬。无论如何美容，都比不上让她们的心中充满宽容、温柔和爱。

怨恨甚至可能会影响我们对食物的享受。《圣经》中说：“怀着爱心吃蔬菜，会比怀着怨恨吃牛肉香甜得多。”

哪怕我们无法爱我们的仇人，但至少应该学会爱我们自己，要使仇人无法控制我们的快乐、我们的健康和我们的外表。正如莎士比亚所言：“不要因你的敌人而燃起一把怒火，最终却烧伤了你自己。”

当耶稣说，我们应该原谅我们的仇人“七十个七次”时，他是在教我们如何做生意。譬如说吧。我写这段文字时，身边有一封来自瑞典艾普苏那的乔治·罗纳写的信，他曾在维也纳当过多年律师，第二次世界大战期间，他逃到瑞典，变得一文不名。急切需要一份工作。他能说会写多国语言，希望能在一些进出口公司找到一份秘书的工作。但是，绝大多数公司都回信告诉他，因为正在打仗，他们不需要这类人才，不过他们会把他的名字存在档案里……在这些回复中，有一封信这样写道：“你完全不了解我们的生意。你又蠢又笨，我根本不需要什么替我写信的秘书。即使需要，也不会请你这样一个连瑞典文也写不好，信里全是错字的人。”

乔治·罗纳看到这封信时，气得发疯。瑞典人说他不懂瑞典文，还说自己的信是错误百出，乔治·罗纳也写了一封信，想气气那个人。但他冷静下来对自己说：“等等！我怎么知道这个人说得不对呢？虽然修过瑞典文，可它毕竟不是自己的母语，也许我真的犯了许多错误。如果真是如此，想要得到一份工作，就必须不断努力学习。或许这个人是在帮助我，他用难听的话来表达他的意见，并不意味着我没有错误。因此，我应该写封信感谢他才对。”

于是，他撕掉了自己刚刚写好的充斥漫骂言辞的回信，重新写了一感谢信：“你如此不厌其烦地写信给我，实在是感激不尽，尤其是在您并不需要秘书的情况下。我对自己将贵公司的业务弄错一事表示抱歉。之所以给您回信。是因为听他人介绍，说您是这个行业的领导人物。我的信上有很多文法上的错误，而自己却不自知，现倍感惭愧，而且十分难过。今后我计划加倍努力去学瑞典文，改正自己的错误，谢谢您帮助我不断地进步。”

不久，乔治·罗纳就收到了那个人的回信，并且得到了一份工作。通过这件事，乔治·罗纳发现了“温和的回答能消除怒气”的妙处。

也许我们无法像圣人一样去爱我们的仇人，但从自己的健康和快乐着想，我们至少要原谅他们，忘记他们，这才是最聪明的做法。

有一次，我问艾森豪威尔将军的儿子约翰，他的父亲是否对人耿耿于怀。“不会，”他回答说，“我父亲从来不会浪费一分钟，去想那些不喜欢的人。”

俗语说：不能生气的人是笨蛋。而不去生气的人才是聪明人。

这句话正是前纽约州长威廉·盖诺所抱定的态度。有一次，他被一份内幕小报攻击得体无完肤，又被一个疯子开了一枪几乎送命。当他躺在医院为活下来而拼命挣扎时，他这样说道：“每天晚上我都原谅所有的事情和所有人。”这样做是否太富有理想主义色彩了？如果是的，那么让我们看看那位伟大的悲观主义哲学家叔本华的理论。在他看来，生命是一种毫无意义而又十分痛苦的冒险过程，人的全身都散发着痛苦，但是在绝望的深处，叔本华又叫道："如果可能，不应该对任何人有任何怨恨心理。"

我曾问过伯纳·巴鲁——一位曾做过威尔逊、哈定、柯立芝、胡佛、罗斯福和杜鲁门六位总统顾问的贤人，他会不会因为敌人的攻击而难过？"没有任何人能够羞辱我，干扰我的思想，"他回答说，"我绝对不会让他们这样做的。"

同样，也没有任何人能够羞辱或困扰你我——除非我们愿意让他们这样做。

"棍棒和石头或许可以打断我的脊骨，但言语永远也无法伤害我。"我经常站在加拿大杰斯帕公园，仰望那座美丽的山峰，这座山以伊迪丝·卡薇尔命名，纪念那位于1915年10月12日像圣人一样慷慨赴死，被德军行刑队执行枪决的护士。她犯了什么罪呢？因为她在比利时家中收容和照顾了很多受伤的法国、英国士兵，还协助他们逃到荷兰。10月的那天早晨，一位英国教士走进监狱——她的牢房里，为她做临终祈祷时，伊迪丝·卡薇尔说了那句不朽的话，这些话后来镌刻在纪念碑上："我知道，仅仅爱国是不够的，我对任何人都不会有敌意和怨恨。"

四年之后，她的遗体被送到英国，英国为其在西敏寺大教堂举行了安葬大典。我曾在伦敦住过一年，常常到国立肖像画廊对面去看伊迪丝·卡薇尔的那座雕像，朗读这句不朽的名言。

一个原谅和忘记错对自己的人的有效方法，就是让自己去做一些超出自己能力的理想中的事情，这样一来，我们所碰到的侮辱和敌意就显无关紧要了。我们不会有精力去计较理想之外的事。举例来说，在1918年，密西两比州松树林里发生了一场极富戏剧性的事情，差点引发了一次火刑。劳伦斯·琼斯——一个黑人讲师，差点被烧死。几年前，我曾去看过劳伦斯·琼斯创建的一所学校，还发表了一次演说。我要讲的故事发生在很早以前。

第一次世界大战期间，大众的情感极易冲动，密西西比州中部流传着一种谣言，说德国人正在唆使黑人起来叛变。有人控告劳伦斯·琼斯激起族人的叛变。一大群白人在教堂的外面听见劳伦斯·琼斯对听众大声地喊道："生命，就是一场搏斗！每个黑人都应该穿上自己的盔甲，以战斗来求生存和发展。"

"战斗"、"盔甲"，这些足够作为证据了。一些年轻人趁黑夜冲了出去，纠集了一大群人，回到教堂里来，将传教士紧紧捆住，拖到一英里外的荒野里，将他吊在一大堆干柴上面，并且点燃了火柴，准备烧死他。这时，其中有一个人说话了：“在烧死他以前，让这个多嘴多舌的人说说话。”

劳伦斯·琼斯站在柴堆上，脖子上套着绳圈，为自己的生命和理想发表了一番演说。他于1907年毕业于爱荷华大学，有纯良的性格、学习音乐的计划，但同时他怀有更崇高的理想。当他读完布克尔·华盛顿的传记时，他就已决心献身于教育事业，去教育那些因贫穷而无法接受教育的黑人孩子。于是，他回到贫瘠的南方——密西西比州杰克镇以南二十五英里的一个小地方，将自己的手表当了一块六毛五分钱，在树林里用树桩当桌子，开始了他的露天学校。

劳伦斯·琼斯告诉那些愤怒的想要烧死他的人们，自己所做的种种努力——教育那些没有上过学的男孩和女孩，训练他们做好农夫、机匠、厨子、家庭主妇。他还谈到许多白人曾经协助他建立这所学校——送给他土地、木材、猪、牛和钱。

后来有人问起劳伦斯·琼斯，还恨不恨那些想吊死和烧死他的人？他回答说，自己太忙了，有太多的理想需要实现，根本没有时间去恨别人——他将所有的心思都用在一些超过他能力的伟大的事业上了。“我根本没有时间去和别人吵架，”他说，“也没有时间后悔。没有任何人能强迫我低下到会恨他的地步。”

事件发生的当时，琼斯的态度十分诚恳，令人感动。整个过程中，他没有丝毫的哀求，只希望别人能了解自己的理想。暴民们开始软化了。最后，人群中有一个曾经参加过南北战争的老兵说：“我相信他说的是真话，我认得那些他提起的白人，他是在做一件好事，我们弄错了，我们应该帮助他而不是吊死他。”说完，老兵摘下自己的帽子，在人群中传来传去，在这些准备把这位教育家烧死的人群里，募集到五十二块四毛钱，交给了琼斯。

依匹克特修斯在1900年前曾经说过，我们种因就会得果。无论如何，命运总会让我们为自己的过错付出代价。“每个人都会为自己的过失付出代价。懂得这一点的人不会跟任何人生气，不会和人争吵，不会辱骂他人，责怪他人，触犯他人，怨恨他人。”

纵观美国历史，可以说没有任何人受到的责难、怨恨和陷害比林肯多。可根据历史记载，林肯从来不以自己的好恶来评判他人。如果有什么任务需要完成，他会想到自己的对手一样能做得好。他知人善用，那些曾经羞辱过他，对他大为不敬的人，如果适合某一位置，林肯不计前嫌任用他，如同委派自己的朋友去做一样……他从来没有因为某人是自己的敌人，或者是自己不喜欢的人而解除人的职务。事实上许多被林肯委任居于高位的人，都曾批评或羞辱过他……但林肯相信“没有人会因为他做了什么而被歌颂，也不会因为他做了什么或没有做什么而被罢免。因为人们都受环境条件、教育程度和生活习惯甚至遗传的影响，使他们成为现在这个样子，将来也永远是这个样子”。

小时候，每天晚上，家人聚在一起都会从《圣经》里挑出一章一句来诵读。然后跪下来一起念“家庭祈祷文”。到现在我仿佛依然能够听到，在密苏里州一栋孤寂的农庄里，父亲复诵着耶稣基督的那些话那些只要人类存有理想就会不停地复颂的话：“爱你们的仇敌，善待恨你们的人；诅咒你的，要为他祝福，凌辱你的，要为他祷告。”

父亲就是按照这些话去做的，这使得他的内心得到一般将官和君王无法得到的平静。

乞丐[1]

◇ 屠格涅夫

屠格涅夫（1818—1883），19世纪俄国批判现实主义作家、诗人和剧作家。主要作品有《罗亭》、《贵族之家》、《前夜》、《父与子》等。

我在街上走着……一个乞丐——一个衰弱的老人档住了我。

红肿的、流着泪水的眼睛，发青的嘴唇，粗糙、褴褛的衣服，

龌龊的伤口……呵，贫穷把这个不幸的人折磨成了什么样子啊！

他向我伸出一只红肿、肮脏的手……。他呻吟着，他喃喃地乞求帮助。

我伸手搜索自己身上所有口袋……。既没有钱包，

也没有怀表，甚至连一块手帕也没有……。我随身什么东西也没有带。

但乞丐在等待着……他伸出来的手，微微地摆动着和颤动着。

我惘然无措，惶惑不安，紧紧地握了握这只肮脏的、发抖的手……。“请别见怪，兄弟；我什么也没有带，兄弟。”

乞丐那对红肿的眼睛凝视着我；他发青的嘴唇微笑了一下

---

① 选自《屠格涅夫散文诗》，（俄）屠格涅夫著，王智量译，上海译文出版社1987年版。

——接着，他也照样紧握了我的变得冷起来的手指。

“那儿的话，兄弟，”他吃力地说道，“这也应当谢谢啦。

“这也是一种施舍啊，兄弟。”

乞丐那对红肿的眼睛凝视着我；他发青的嘴唇微笑了一下

——接着，他也照样紧握了我的变得冷起来的手指。“那儿的话，兄弟，”他吃力地说道，“这也应当谢谢啦。

“这也是一种施舍啊，兄弟。”

我明白，我也从我的兄弟那儿得到了施舍。

手[①]（节选）

◇ 萧红

萧红（1911—1942），现代著名女作家。代表作有长篇小说《呼兰河传》；中篇小说《生死场》、《马伯乐》等。

一双因在家手工染衣变黑的手，透视了下层人物被压抑被损害的心灵，这是一个愚拙善良得让人心疼、心酸的小人物，怀抱远大理想，要成为一个有学问的人，人格尊严却遭到粗暴践踏，在整个集体的欺凌与遗弃下患上了肺结核，最后由父亲来接她，消失在茫茫的冰雪中……

在我们的同学中，从来没有见过这样的手：蓝的，黑的，又好像紫的；从指甲一直变色到手腕以上。

她初来的几天，我们叫她“怪物”。下课以后大家在地板上跑着也总是绕着她。关于她的手，但也没有一个人去问过。

教师在点名，使我们越忍越忍不住了，非笑不可了。

“李洁！”“到。”

“张楚芳！”“到。”

“徐桂真！”“到。”

迅速而有规律性的站起来一个，又坐下去一个。但每次一喊到王亚明的地方，就要费一些时间了。

“王亚明，王亚明……叫到你啦！”别的同学有时

① 选自《生死场》，萧红著，江苏文艺出版社2006年版。

要催促她，于是她才站起来，把两只青手垂得很直，肩头落下去，面向着棚顶说：

“到，到，到。”

不管同学们怎样笑她，她一点也不感到慌乱，仍旧弄着椅子响，庄严的，似乎费掉了几分钟才坐下去。

有一天上英文课的时候，英文教师笑得把眼镜脱下来在擦着眼睛：

“你下次不要再答‘黑耳’了，就答‘到’吧！”

全班的同学都在笑，把地板擦得很响。

第二天的英文课，又喊到王亚明时，我们又听到了“黑耳——黑——耳。”

“你从前学过英文没有？”英文教师把眼镜移动了一下。

“不就是那英国话吗？学是学过的，是个麻子脸先生教的……铅笔叫‘喷丝儿’，钢笔叫‘盆’。可是没学过‘黑耳’。”

“here就是‘这里’的意思，你读：here　here！”“喜儿，喜儿。”她又读起“喜儿”来了。这样的怪读法，全课堂都笑得颤栗起来。可是王亚明，她自己却安然的坐下去，青色的手开始翻转着书页。并且低声读了起来：

“华提……贼死……阿儿……”

数学课上，她读起算题来也和读文章一样，

“2x＋y＝……x×x……”

午餐的桌上，那青色的手已经抓到了馒头，她还想着“地理”课本：“墨西哥产白银……云南……唔，云南的大理石。”

夜里她躲在厕所里边读书，天将明的时候，她就坐在楼梯口。只要有一点光亮的地方，我常遇到过她。有一天落着大雪的早晨，窗外的树枝挂着白绒似的穗头，在宿舍的那边，长筒过道的尽头，窗台上似乎有人睡在那里了。

“谁呢？这地方多么凉！”我的皮鞋拍打着地板，发出一种空洞洞的嗡声，因是星期日的早晨，全个学校出现在特有的安宁里。一部分的同学在化着装；一部分的同学还睡在眠床上。

还没走到她的旁边，我看到那摊在膝头上的书页被风翻动着。

“这是谁呢？礼拜日还这样用功！”正要唤醒她，忽然看到那青色的手了。

“王亚明，嗳……醒醒吧……”我还没有直接招呼过她的名字，感到生涩和直硬。

“噶噶……睡着啦！”她每逢说话总是开始钝重的笑笑。

“华提……贼死，右……爱……”她还没找到书上的字就读起来。

“华提……贼死，这英国话，真难……不像咱们中国字：什么字旁，什么字头……这个：委曲拐弯的，好像长虫爬在脑子里，越爬越糊涂，越爬越记不住。英文先生也说不难，不难，我看你们也不难。我的脑筋笨，乡下人的脑筋没有你们那样灵活。我的父亲还不如我，他说他年轻的时候，就记他这个‘王’字，记了半顿饭的工夫还没记住。右……爱……右……阿儿……”说完一句话，在末尾不相干的她又读起单字来。

风车哗啦哗啦的响在壁上，通气窗时时有小的雪片飞进来，在窗台上结着些水珠。

她的眼睛完全爬满着红丝条；贪婪，把持，和那青色的手一样在争取她不能满足的愿望。

在角落里，在只有一点灯光的地方我都看到过她，好像老鼠在啮嚼什么东西似的。

她的父亲第一次来看她的时候，说她胖了：

“妈的，吃胖了，这里吃的比自家吃的好，是不是？好好干吧！干下三年来，不成圣人吧，也总算明白明白人情大道理。”在课堂上，一个星期之内人们都是学着王亚明的父亲。第二次，她的父亲又来看她，她向她父亲要一副手套。

“就把我这付给你吧！书，好好念书，要一副手套还没有吗？等一等，不用忙……要戴就先戴这副，开春啦！我又不常出什么门，明子，上冬咱们再买，是不是？明子！”在接见室的门口嚷嚷着，四周已经是围满着同学，于是他又喊着明子明子的，又说了一些事情：

“三妹妹到二姨家去串门啦，去了两三天啦！小肥猪每天又多加两把豆子，胖得那样你没看见，耳朵都挣挣起来了，……姐姐又来家腌了两罐子咸葱……”

正讲得他流汗的时候，女校长穿着人群站到前面去：

“请到接见室里面坐吧——”

“不用了，不用了，耽搁工夫，我也是不行的，我还就要去赶火车……赶回去，家里一群孩子，放不下心……”他把皮帽子放在手上，向校长点着头，头上冒着气，他就推开门出去了。好像校长把他赶走似的，可是他又转回身来，把手套脱下来。

“爹，你戴着吧，我戴手套本来是没用的。”

她的父亲也是青色的手，比王亚明的手更大更黑。

在阅报室里，王亚明问我：

“你说，是吗？到接见室去坐下谈话就要钱的吗？”

“哪里要钱！要的什么钱！”

“你小点声说，叫她们听见，她们又谈笑话了。”她用手掌指点着我读着的报纸，“我父亲说的，他说接见室里摆着茶壶和茶碗，若进去，怕是校役就给倒茶了，倒茶就要钱了。我说不要，他可是不信，他说连小店房进去喝一碗水也多少得赏点钱，何况学堂呢？你想学堂是多么大的地方！”

校长已说过她几次：

“你的手，就洗不净了吗？多加点肥皂！好好洗洗，用热水烫一烫。早操的时候，在操场上竖起来的几百条手臂都是白的，就是你，特别呀！真特别。”女校长用她贫血的和化石一般透明的手指去触动王亚明的青色手，看那样子，她好像是害怕，好像微微有点抑止着呼吸，就如同让她去接触黑色的已经死掉的鸟类似的。“是褪得很多了，手心可以看到皮肤了。比你来的时候强得多，那时候，那简直是铁手……你的功课赶得上了吗？多用点功，以后，早操你就不用上，学校的墙很低，春天里散步的外国人又多，他们常常停在墙外看的。等你的手褪掉颜色再上早操吧！”校长告诉她，停止了她的早操。

“我已经向父亲要到了手套，戴起手套来不就看不见了吗？”打开了书箱，取出她父亲的手套来。

校长笑得发着咳嗽，那贫血的面孔立刻旋动着红的颜色：“不必了！既然是不整齐，戴手套也是不整齐。”

假山上面的雪消融了去，校役把铃子也打得似乎更响些，窗前的杨树抽着芽，操扬好像冒着烟似的，被太阳蒸发着。上早操的时候，那指挥官的口笛振鸣得也远了，和窗外树丛中的人家起着回应。

我们在跑在跳，和群鸟似的在噪杂。带着糖质的空气迷漫着我们，从树梢上面吹下来的风混和着嫩芽的香味。被冬天枷锁了的灵魂和被束掩的棉花一样舒展开来。

正当早操刚收场的时候，忽然听到楼窗口有人在招呼什么，那声音被空气负载着向天空响去似的：

“好和暖的太阳！你们热了吧？你们……”在抽芽的杨树后面，那窗口站着王亚明。

等杨树已经长了绿叶，满院结成了荫影的时候，王亚明却渐渐变成了干缩，眼睛的边缘发着绿色，耳朵也似乎薄了一些，至于她的肩头一点也不再显出蛮野和强壮。当她偶然出现在树荫下，那开始陷下的胸部使我立刻从她想到了生肺病的人。

“我的功课，校长还说跟不上，倒也是跟不上，到年底若再跟不上，喝喝！真会留级的吗？”她讲话虽然仍和从前一样“喝喝”的，但她的手却开始畏缩起来，左手背在背后，右手在衣襟下面突出个小丘。

我们从来没有看到她哭过，大风在窗外倒拔着杨树的那天，她背向着教室，也背向着我们，对着窗外的大风哭了，那是那些参观的人走了以后的事情，她用那已经开始在褪着色的青手捧着眼泪。

“还哭！还哭什么？来了参观的人，还不躲开。你自己看看，谁像你这样特别！两只蓝手还不说，你看看，你这件上衣，快变成灰的了！别人都是蓝上衣，哪有你这样特别，太旧的衣裳颜色是不整齐的……不能因为你一个人而破坏了制服的规律性……”她一面嘴唇与嘴唇切合着，一面用她惨白的手指去撕着王亚明的领口：“我是叫你下楼，等参观的走了再上来，谁叫你就站在过道呢？在过道，你想想：他们看不到你吗？你倒戴起了这样大的一副手套……”

说到“手套”的地方，校长的黑色漆皮鞋，那亮晶的鞋尖去踢了一下已经落到地板上的一只：

“你觉得你戴上了手套站在这地方就十分好了吗？这叫什么玩艺？”她又在手套上踏了一下，她看到那和马车夫一样肥大的手套，抑止不住的笑出声来了。

王亚明哭了这一次，好像风声都停止了，她还没有停止。

暑假以后，她又来了。夏末简直和秋天一样凉爽，黄昏以前的太阳染在马路上使那些铺路的石块都变成了朱红色。我们集着群在校门里的山丁树下吃着山丁。就是这时候，王亚明坐着的马车从“喇嘛台”那边哗啦哗啦地跑来了。只要马车一停下，那就全然寂静下去。她的父亲搬着行李，她抱着面盆和一些零碎。走上台阶来了，我们并不立刻为她闪开，有的说着：“来啦！”“你来啦！”有的完全向她张着嘴。

等她父亲腰带上挂着的白毛巾一抖一抖地走上了台阶，就有人在说：

“怎么！在家住了一个暑假，她的手又黑了呢？那不是和铁一样了吗？”

秋季以后，宿舍搬家的那天，我才真正注意到这铁手：我似乎已经睡着了，但能听到隔壁在吵叫着：

“我不要她，我不和她并床……”

“我也不和她并床。”

我再细听了一些时候，就什么也听不清了，只听到嗡嗡的笑声和绞成一团的吵嚷。夜里我偶然起来到过道去喝了一次水。长椅上睡着一个人，立刻就被我认出来，那是王亚明。两只黑手遮着脸孔，被子一半脱落在地板上，一半挂在她的脚上。我想她一定又是借着过道的灯光在夜里读书，可是她的旁边也没有什么书本，并且她的包袱和一些零碎就在地板上围绕着她。

第二天的夜晚，校长走在王亚明的前面，一面走一面响着鼻子，她穿着床位，她用她的细手推动那一些连成排的铺平的白床单：

“这里，这里的一排七张床，只睡八个人，六张床还睡九个呢！”她翻着那被子，把它排开一点，让王亚明把被子就夹在这地方。

王亚明的被子展开了，为着高兴的缘故，她还一边铺着床铺，一边嘴里似乎打着哨子，我还从没听到过这个，在女学校里边，没有人用嘴打过哨子。

她已经铺好了，她坐在床上张着嘴，把下颚微微向前抬起一点，像是安然和舒畅在镇压着她似的。校长已经下楼了，或者已经离开了宿舍，回家去了。但，舍监这老太太，鞋子在地板上擦擦着，头发完全失掉了光泽，她跑来跑去：

“我说，这也不行……不讲卫生，身上生着虫类，什么人还不想躲开她呢？”她又向角落里走了几步，我看到她的白眼球好像对着我似的：“看这被子吧！你们去嗅一嗅，隔着二尺远都有气味了……挨着她睡着，滑稽不滑稽！谁知道……虫类不会爬了满身吗？去看看，那棉花都黑得什么样子啦！”

舍监常常讲她自己的事情，她的丈夫在日本留学的时候，她也在日本，也算是留学。同学们问她：

“学的什么呢？”

“不用专学什么！在日本说日本话，看看日本风俗，这不也是留学吗？”她说话总离不了“不卫生，滑稽不滑稽……肮脏”，她叫虱子特别要叫虫类。

“人肮脏手也肮脏。”她的肩头很宽，说着肮脏她把肩头故意抬高了一下，她像寒风忽然吹到她似的，她跑出去了。

“这样的学生，我看校长可真是……可真是多余要……”打过熄灯铃之后，舍监还在过道里和别的一些同学在讲说着。

第三天夜晚，王亚明又提着包袱，卷着行李，前面又是走着白脸的校长。

“我们不要，我们的人数够啦！”

校长的指甲还没接触到她们的被边时，她们就嚷了起来，并且换了一排床铺也是嚷了起来：

“我们的人数也够啦！还多了呢！六张床，九个人，还能再加了吗？”

“一二三四……”校长开始计算：“不够，还可以再加一个，四张床，应该六个人，你们只有五个……来！王亚明！”

“不，那是留给我妹妹的，她明天就来……”那个同学跑过去，把被子用手按住。

最后，校长把她带到别的宿舍去了。

“她的虱子，我不挨着她……”

“我也不挨着她……”

“王亚明的被子没有被里，棉花贴着身子睡，不信，校长看看！”

后来她们就开着玩笑，至于说出害怕王亚明的黑手而不敢接近她。

以后，这黑手人就睡在过道的长椅上。我起得早的时候，就遇到她在卷着行李，并且提着行李下楼去。我有时也在地下储藏室遇到她，那当然是夜晚，所以她和我谈话的时候，我都是看看墙上的影子，她搔着头发的手，那影子印在墙上也和头发一样颜色。

“惯了，椅子也一样睡，就是地板也一样，睡觉的地方，就是睡觉，管什么好歹！念书是要紧的……我的英文，不知在考试的时候，马先生能给我多少分数？不够六十分，年底要留级的吗？”

“不要紧，一门不能够留级。”我说。

“爹爹可是说啦！三年毕业，再多半年，他也不能供给我学费……这英国话，我的舌头可真转不过弯来。喝喝……”

全宿舍的人都在厌烦她，虽然她是住在过道里。因为她夜里总是咳嗽着……同时在宿舍里边她开始用颜料染着袜子和上衣。

“衣裳旧了，染染差不多和新的一样。比方，夏季制服，染成灰色就可以当秋季制服穿……比方，买白袜子，把它染成黑色，这都可以……”

“为什么你不买黑袜子呢？”我问她。

“黑袜子，他们是用机器染的，矾太多……不结实，一穿就破的……还是咱们自己家染的好……一双袜子好几毛钱……破了就破了还得了吗？”

礼拜六的晚上，同学们用小铁锅煮着鸡子。每个礼拜六差不多总是这样，她们要动手烧一点东西来吃。从小铁锅煮好的鸡子，我也看到的，是黑的，我以为那是中了毒。那端着鸡子的同学，几乎把眼镜咆哮得掉落下来：

“谁干的好事！谁？这是谁？”

王亚明把面孔向着她们来到了厨房，她拥挤着别人，嘴里喝喝的：

“是我，我不知道这锅还有人用，我用它煮了两双袜子……喝喝……我去……”

“你去干什么？你去……”

“我去洗洗它！”

“染臭袜子的锅还能煮鸡子吃！还要它？”铁锅就当着众人在地板上光郎、光郎的跳着，人咆哮着，戴眼镜的同学把黑色的鸡子好像抛着石头似的用力抛在地上。

人们都散开的时候，王亚明一边拾着地板上的鸡子，一边在自己说着话：

“哟！染了两双新袜子，铁锅就不要了！新袜子怎么会臭呢？”

冬天，落雪的夜里，从学校出发到宿舍去，所经过的小街完全被雪片占据了。我们向前冲着，扑着，若遇到大风，我们就风雪中打着转，倒退着走，或者是横着走。清早，照例又要从宿舍出发，在十二月里，每个人的脚都冻木了，虽然是跑着也要冻木的。所以我们咒诅和怨良，甚至于有的同学已经在骂着，骂着校长是“混蛋”，不应该把宿舍离开学校这样远，不应该在天还不亮就让学生们从宿舍出发。

有些天，在路上我单独的遇到王亚明。远处的天空和远处的雪都在闪着光，月亮使得我和她踏着影子前进。大街和小街都看不见行人。风吹着路旁的树枝在发响，也时时听到路旁的玻璃窗被雪扫着在呻叫。我和她谈话的声音，被零度以下的气温所反应也增加了硬度。等我们的嘴唇也和我们的腿部一样感到了不灵活，这时候，我们总是终止了谈话，只听着脚下被踏着的雪，乍乍乍的响。

手在按着门铃，腿好像就要自己脱离开，膝盖向前时时要跪了下去似的。

我记不得哪一个早晨，腋下带着还没有读过的小说，走出了宿舍，我转过身去，把栏栅门拉紧。但心上总有些恐惧，越看远处模糊不清的房子，越听后面在扫着的风雪，就越害怕起来。星光是那样微小，月亮也许落下去了，也许被灰色的和土色的云彩所遮蔽。

走过一丈远，又像增加了一丈似的，希望有一个过路的人出现，但又害怕那过路人，因为在没有月亮的夜里，只能听到声音而看不见人，等一看见人影那就从地面突然长了起来似的。

我踏上了学校门前的石阶，心脏仍在发热，我在按铃的手，似乎已经失去了力量。突然石阶又有一个人走上来了：

“谁？谁？”

“我！是我。”

“你就走在我的后面吗？”因为一路上我并没听到有另外的脚步声，这使我更害怕起来。

“不，我没走在你的后面，我来了好半天了。校役他是不给开门的，我招呼了不知道多大工夫了。”

“你没按过铃吗？”

“按铃没有用，喝喝，校役开了灯，来到门口，隔着玻璃向外看看……可是到底他不给开。”

里边的灯亮起来，一边骂着似的光郎郎郎地把门给闪开了：

“半夜三更叫门……该考背榜不是一样考背榜吗？”

“干什么？你说什么？”我这话还没有说出来，校役就改变了态度：

“萧先生，您叫门叫了好半天了吧？”

我和王亚明一直走进了地下室，她咳嗽着，她的脸苍黄得几乎是打着皱纹似的颤索了一些时候。被风吹得而挂下来的眼泪还停留在脸上，她就打开了课本。

“校役为什么不给你开门？”我问。

“谁知道？他说来得太早，让我回去，后来他又说校长的命令。”

“你等了多少时候了？”

"不算多大工夫，等一会，就等一会，一顿饭这个样子。喝喝……"

她读书的样子完全和刚来的时候不一样，那喉咙渐渐窄小了似的，只是喃喃着，并且那两边摇动的肩头也显着紧缩和偏狭，背脊已经弓了起来，胸部却平了下去。

我读着小说，很小的声音读着，怕是搅扰了她；但这是第一次，我不知道为什么这只是第一次？

她问我读的什么小说，读没读过《三国演义》？有时她也拿到手里看看书面，或是翻翻书页。"像你们多聪明！功课连看也不看，到考试的时候也一点不怕。我就不行，也想歇一会，看看别的书……可是那就不成了……"

有一个星期日，宿舍里面空朗朗的，我就大声读着《屠场》上正是女工马利亚昏倒在雪地上的那段，我一面看着窗外的雪地一面读着，觉得很感动。王亚明站在我的背后，我一点也不知道。

"你有什么看过的书，也借给我一本，下雪天气，实在沉闷，本地又没有亲戚，上街又没有什么买的，又要花车钱……"

"你父亲很久不来看你了吗？"我以为她是想家了。

"哪能来！火车钱，一来回就是两元多……再说家里也没有人……"

我就把《屠场》放在她的手上，因为我已经读过了。

她笑着，"喝喝"着，她把床沿颤了两下，她开始研究着那书的封面。等她走出去时，我听在过道里她也学着我把那书开头的第一句读得很响。

以后，我又不记得是哪一天，也许又是什么假日，总之，宿舍是空朗朗的，一直到月亮已经照上窗子，全宿舍依然被剩在寂静中。我听到床头上有沙沙的声音，好像什么人在我的床头摸索着，我仰过头去，在月光下我看到了是王亚明的黑手，并且把我借给她的那本书放在我的旁边。

我问她："看得有趣吗？好吗？"

起初，她并不回答我，后来她把脸孔用手掩住，她的头发也像在抖着似的。她说：

"好。"

我听她的声音也像在抖着，于是我坐了起来。她却逃开了，用着那和头发一样颜色的手横在脸上。

过道的长廊空朗朗的，我看着沉在月光里的地板的花纹。

“马利亚，真像有这个人一样，她倒在雪地上，我想她没有死吧！她不会死吧……那医生知道她是没有钱的人，就不给她看病……喝喝！”很高的声音她笑了，借着笑的抖动眼泪才滚落下来：“我也去请过医生，我母亲生病的时候，你看那医生他来吗？他先向我要马车钱，我说钱在家里，先坐车来吧！人要不行了……你看他来吗？他站在院心问我：‘你家是干什么的？你家开染缸房吗？’不知为什么，一告诉他是开‘染缸房’的，他就拉开门进屋去了……我等他，他没有出来，我又去敲门，他在门里面说：‘不能去看这病，你回去吧！’我回来了……”她又擦了擦眼睛才说下去，“从这时候我就照顾着两个弟弟和两个妹妹。爹爹染黑的和蓝的，姐姐染红的……姐姐定亲的那年，上冬的时候，她的婆婆从乡下来住在我们家里，一看到姐姐她就说：‘唉呀！那杀人的手！’从这起，爹爹就说不许某个人专染红的；某个人专染蓝的。我的手是黑的，细看才带点紫色，那两个妹妹也都和我一样。”

“你的妹妹没有读书？”

“没有，我将来教她们，可是我也不知道我读得好不好，读不好连妹妹都对不起……染一匹布多不过三毛钱……一个月能有几匹布来染呢？衣裳每件一毛钱，又不论大小，送来染的都是大衣裳居多……去掉火柴钱，去掉颜料钱……那不是吗！我的学费……把他们在家吃咸盐的钱都给我拿来啦……我哪能不用心念书，我哪能？”她又去摸触那本书。

我仍然看着地板上的花纹，我想她的眼泪比我的同情高贵得多。

还不到放寒假时，王亚明在一天的早晨，整理着手提箱和零碎，她的行李已经束得很紧，立在墙的地方。

并没有人和她去告别，也没有人和她说一声再见。我们从宿舍出发，一个一个的经过夜里王亚明睡觉的长椅，她向我们每个人笑着，同时也好像从窗口在望着远方。我们使过道起着沉重的骚音，我们下着楼梯，经过了院宇，在栏栅门口，王亚明也赶到了，并且呼喘，并且张着嘴：

“我的父亲还没有来，多学一点钟是一点钟……”她向着大家在说话一样。

这最后的每一点钟都使她流着汗，在英文课上她忙着用小册子记下来黑板上所有的生字。同时读着，同时连教师随手写的已经是不必要的读过的熟字她也记了下来，在第二点钟地理课上她又费着力气模仿着黑板上教师画的地图，她在小册子上也画了起来……好像所有这最末一天经过她的思想都重要起来，都必得留下一个痕迹。

在下课的时间，我看了她的小册子，那完全记错了：英文字母，有的脱落一个，有的她多加上一个……她的心情已经慌乱了。

夜里，她的父亲也没有来接她，她又在那长椅上展了被褥，只有这一次，她睡得这样早，睡得超过平常以上的安然。头发接近着被边，肩头随着呼吸放宽了一些。今天她的左右并不摆着书本。

早晨，太阳停在颤抖的挂着雪的树枝上面，鸟雀刚出巢的时候，她的父亲来了。停在楼梯口，他放下肩上背来的大毡靴，他用围着脖子的白毛巾掳去胡须上的冰溜：

“你落了榜吗？你……”冰溜在楼梯上溶成小小的水珠。

“没有，还没考试，校长告诉我，说我不用考啦，不能及格的……”

她的父亲站在楼梯口，把脸向着墙壁，腰间挂着的白手巾动也不动。

行李拖到楼梯口了，王亚明又去提着手提箱，抱着面盆和一些零碎，她把大手套还给她的父亲。

“我不要，你戴吧！”她父亲的毡靴一移动就在地板上压了几个泥圈圈。

因为是早晨，来围观的同学们很少。王亚明就在轻微的笑声里边戴起了手套。

“穿上毡靴吧！书没念好，别再冻掉了两只脚。”她的父亲把两只靴子相连的皮条解开。

靴子一直掩过了她的膝盖，她和一个赶马车的人一样，头部也用白色的绒布包起。

“再来，把书回家好好读读再来。喝……喝。”不知道她向谁在说着。当她又提起了手提箱，她问她的父亲：

“叫来的马车就在门外吗？”

“马车，什么马车？走着上站吧……我背着行李……”

王亚明的毡靴在楼梯上扑扑地拍着，父亲走在前面，变了颜色的手抓着行李的角落。

那被朝阳拖得苗长的影子，跳动着在人的前面先爬上了木栅门。从窗子看去，人也好像和影子一般轻浮，只能看到他们，而听不到关于他们的一点声音。

出了木栅门，他们就向着远方，向着迷漫着朝阳的方向走去。

雪地好像碎玻璃似的，越远那闪光就越刚强。我一直看到那远处的雪地刺痛了我的眼睛。

留在我心底的眼睛[①]

◇ 苏叔阳

苏叔阳 （1938—），当代作家、剧作家、文学家。话剧代表作有《丹心谱》、《左邻右舍》等。

今天的少年，不会知道那时候……

那时候，是1966年的8月。谁也说不清，为什么一夜之间，就卷起了“横扫一切”的风暴；谁也不知道这风暴将要刮到什么时候，许多人睡下的时候还是个革命者，醒来却成了“反革命”。亲人不再相认，同志间不再有真诚。疯狂、颠倒，整个社会混乱了，人的心也倒悬起来。

那时候，我是个二十七岁的青年，在大学里教书。可我却不明不白地成了“反革命分子”。在这风暴刚刚腾起的时候，我就被列为“横扫”的对象，挨了无数次“批斗”。我不知道为什么，别人也不知道，连同那些批斗我的人。他们说我是“漏网右派”，但是，我怎样的“右”法，又是怎样“漏网”的，谁也说不清。

我的心充满了迷惘和痛苦。但我却因此而出了“名”。当我的名字被大大地写在纸上倒挂而又划上红×的时候，当我被拽到台上被人扭起手臂弯腰低头的时候，我在学校和宿舍区是个妇孺皆知的“名人”。人人远离我，仿佛我是个传染病患者。

当批斗者也玩腻了的时候，我被打发去拔草，从晨至昏，蹲在热地里拔草，是难受的，尤其是心里难受的

---

① 选自《成长的岁月·我的学生时代读本》，严凌君主编，商务印书馆2003年版。

时候。

一天中午，太阳正毒。我蹲在校园的铁栏墙边拔草，铁栏外，是一条通往近郊农村的小道。小道上有来来往往的行人。骑车的，步行的，凡看到我们这些拔草者，都会停下来，或者默默地看一阵，或者高声地讽刺，低声议论一番。我以为这是种污辱，我的心淌血了。

不知道什么时候，在铁栏外站了一群小学生。他们是去参加义务劳动，还是劳动归来，我说不清。也许，他们是列席参加了一次“批斗反革命分子”大会归来。他们站在铁栏外，指手划脚地议论我们，用最纯洁的心诅咒我们，还有几个男孩子用土块、小石头砸我们。

清澈的眼睛荡涤着蒙尘的人生，给心灵以温暖的慰藉。

我不能违犯“纪律”离开铁栏杆。我只有忍受那咒骂、那石块，我觉得整个世界都坍了，四周是一片黑暗。假如连纯洁的孩子都疯狂了，生活还有什么希望。

就在这时候，一声轻轻的、甜甜的声音在我耳边响起：“叔叔！”

我抬起头，一个十二三岁的小姑娘站在铁栏外面对着我。她乌黑的短发下有一双明澈的眼睛，清秀的脸颊上滴着汗水，手里捏着两根冰棍儿。

“叔叔，给！”她把一根冰棍儿从铁栏外伸过来，两只眼里全是真诚和期待。

周围的孩子们哄地发出一片嘲笑和指责。她连头也不回，只是伸着那只拿冰棍儿的手，期待地望着我。

在我从睡梦中被人拉起推到学校的时候，在我被草绳捆住，头上被罩上厕所里的便纸篓的时候，我没有一滴泪，这时候，我却止不住泪水了。我的泪泉被一个小姑娘的心捅开了。

我不敢吃，也实在不愿吃那根冰棍儿，这将会给那个小姑娘带来灾祸。我抬起泪眼凝望着她。她却固执地伸着那只拿冰棍儿的手。周围一片寂静，那些哄笑的孩子们也噤了声，所有的人都看着她，连同那些过路的人。

小姑娘也凝视着我，给我以鼓励和安慰。我终于忍不住，伸过头去，咬了一口那冰凉、甘甜的冰棍儿。然后，伸出脏手，捏住那冰棍儿，把它递给一位现在已经告别这个世界的历史学老教授。那老教授也泪眼模糊，抖颤着手接过这孩子最珍贵的赠予。

当我再回过头来的时候，那小姑娘已经走了，只有她洗得褪色的蓝布上衣在小路上飘摆……

啊，你这清秀的小姑娘，你的姓名我不曾知道，但是你的爱心，你的正直，你的透澈的眼睛给了我希望，给了我力量，使我度过了那疯狂、颠倒的岁月。我永远感谢你。

也许你今天已经步入中年，成了国家的栋梁；也许，你早已经把这件小事遗忘。可是，你的那双眼睛永远留在我心底，它将伴随我走完生命的路程。

不管怎样，总是爱他们

这是特里莎修女创办的加尔各答“儿童之家希舒·巴满”墙上的一首诗：

人们不讲道理、思想荒谬、自我中心
不管怎样，总是要爱他们
如果你做善事，人们说你自私自利别有用心
不管怎样你总要做善事
如果你成功后身边尽是假的朋友和真的敌人
不管怎样总是要成功
你所做的善事明天就被遗忘
不管怎样总是要做善事
诚实与坦率使你容易受攻击
不管怎样总是要诚实与坦率
你耗费数年所建设的可能毁于一旦
不管怎样总是要建设
人们确实需要帮助，然而如果你帮助他们却可能遭到攻击
不管怎样总是要帮助
将你所拥有最好的东西献给世界，你可能会被踢掉牙齿
不管怎样要将你所拥有的最好的东西献给世界

我为什么生活？为了心灵的约请，自由的召唤？为了种植美好、传播希望？为了揭示生与死，情与爱、理想与受难的奥秘？抑或是追寻人性的失落与复归、澄明简单的生命状态、淡定豁达的精神品质……？

生命的价值和意义，要靠身体力行和蕴藏的品德去实现，如同种树，年复一年，执着坚守，便能将荒地变成沃土，这是种树的道理，更是幸福之道。

第四章

我为什么生活

犟龟[①]

◇ 米切尔·恩德 著　何珊 译

米切尔·恩德（1929—），德国作家。代表作有《讲不完的故事》、《毛毛》等。

这是一个美丽的早晨，天空阳光灿烂。乌龟陶陶正坐在她那舒适的小洞前，从从容容的吃着车前草的叶子。

她的头顶上是一棵古老的橄榄树。母鸽苏莱卡正坐在树上，梳理着自己闪闪发光的羽毛。这时，雄鸽萨罗莫飞了过来，频频弯腰向母鸽致意，嘴里不停地叫道："啊，苏莱卡，我的宝贝，你听说了吗？万兽之王——狮王二十八世要举行婚礼啦！他邀请我们前去参加庆典，我亲爱的！"

"我亲爱的丈夫，"苏莱卡娇滴滴地说道，"我们真的被邀请了吗？"

"别担心，我的心肝，"萨罗莫回答说，他又鞠了几个躬，"所有动物——大大小小、男女老少都被邀请了，其中当然也包括我们。结婚庆典一定会是最风光的。可是，我们得赶快，因为狮子洞路途遥远，而庆典不久就要开始啦。"

苏莱卡点了点头，马上和萨罗莫一道动身飞走了。

乌龟陶陶在一旁听见了他们的谈话，陷入了深思，连早餐都忘了吃完。

陶陶自言自语地说："如果所有动物——大大小

① 选自《讲不完的故事》，（德）米切尔·恩德著，何珊译，二十一世纪出版社2004年版。

小、男女老少都被邀请了，当然也会包括我。为什么我不该去参加这有史以来最热闹的婚礼呢？”

想了整整一天一夜后，陶陶终于拿定主意，第二天一大早便上路了。她一步一步向前爬去，虽然很慢，却一直没有停下。

当她爬了几乎整整一天后，路过一片荆棘丛。蜘蛛发发在丛中织了一张巨大的网。

“嘿，陶陶。”蜘蛛发发喊道，“如果不介意的话，你能不能告诉我，你这么急急忙忙去哪儿呀？”

“晚上好，发发。”陶陶回答说，她正好可以停下来歇上口气，“你知道，狮王二十八世邀请所有的动物参加他的婚礼。我现在正往那儿赶呐。”

发发听完，用两只前腿抱着头，咯咯大笑，那巨大的蜘蛛网被她的笑声震得剧烈地颤动起来。

“噢，陶陶！”她终于忍住笑说，“你可是慢得出奇呀，怎么可能赶得上呢？”

“一步一步坚持往前走呗。”

“可你想过没有，婚礼两周后就开始了呀？”发发大声说。

陶陶满怀信心地看了看自己的腿——它们虽然短小，但很结实。她对发发说：“我会准时赶到那里的。”

“陶陶！”发发充满同情地劝说道，“陶陶，连我都觉得路途太远了。可我的腿不但比你的灵巧，而且还多一倍呢。你还是清醒点儿吧！算啦，赶紧回家吧！”

“很遗憾，我不能这样，”陶陶友好地回答说，“我的决定是不可改变的。”

“不听他人言，吃亏在眼前！”说完，发发开始继续织自己的网，看得出她有些不高兴。

“没错，”陶陶回答说，“那么，再见，发发。”

乌龟又吭哧吭哧地开始赶路了。蜘蛛发发幸灾乐祸地嘲笑道：“那你可千万别跑太快了，要不你会到得太早的！”

但是，陶陶仍然坚定地继续往前赶路，越过种种障碍，穿过树林和沙地，日夜不停地赶路。

有一天，当她经过一个池塘时，想停下来喝点儿水。在一片长春藤上，蜗牛师师正瞪着双眼打量着她。

“你好！”陶陶客气地跟蜗牛打招呼。

过了好一会儿，蜗牛才明白过来。“我的天！”蜗牛慢慢悠悠地说，“你居然能爬这么快！看着都让人眼晕。

“我赶去参加狮王二十八世的婚礼呢。”陶陶解释说。

费了好一会儿功夫，蜗牛师师才把自己那迷迷糊糊的思绪理清楚，她慢腾腾地说：“太糟了！你完全走反了方向。”说着，她用自己的触角到处乱指一气：“应该朝那边……那里……我是说……从那里过来！不是从这边！……这里……”她不可救药地陷入一团混乱中，怎么也表达不清自己的意思。

“没关系，”陶陶说，“至少我现在知道了。请告诉我，到底该朝哪边走？”

蜗牛完全被自己搞糊涂了，她只好缩回自己的屋子，过了半个小时才爬了出来。

陶陶一直耐心地在一旁等着，直到师师开口。

“我的天！”蜗牛师师难过地叹了一口气，“真不幸！你应该朝南走，而不是朝北走。你应该朝完全相反的方向走。”

“非常感谢你给我指路！”说完，陶陶慢慢掉转方向。

“可是，后天就该举行婚礼了呀！”蜗牛几乎带着哭腔说。

“我会准时赶到的。”陶陶说。

“不可能！”蜗牛又叹了一口气，并十分担心地看着陶陶，“绝不可能！如果从一开始，你

米切尔·恩德是德国当代最优秀的幻想文学家，他的作品为孩子创造了一个完美的梦境。

就走对了道，也许还有点儿戏。可这会儿是绝对没有指望了。这都是白费劲。真够惨的！”

“如果你想和我一道去，就坐到我壳上来吧！”陶陶向蜗牛建议道。

蜗牛师师难过地垂下她的眼睛。

“已经没有意义了。现在去已经晚了，太晚了。我们绝对赶不上的。”

“会的，只要一步一步坚持走，一定会到的。”陶陶说。

“我现在心情很不好，”蜗牛哭哭啼啼地说，“请留下来安慰我吧！”

“可惜不行，”陶陶友好地说，“我的决定是不可改变的！”说着，她又重新朝另一个方向爬去。

蜗牛师师泪眼汪汪，她久久地望着陶陶离去的身影，继续用她的触角示意，恳求乌龟留下。

就这样，陶陶朝另一个方向又走了许多天。越过种种障碍，穿过树林和沙地，日夜不停地赶路。

后来，她遇到了壁虎茨茨。这会儿，他正躺在一块石头上打盹，阳光照在石头上，茨茨身上那绿宝石般的鳞片闪出耀眼的光。当乌龟靠近他时，他眯缝着一只眼睛，迷迷糊糊地说：“站住！你是谁呀？打哪儿来？要上哪儿去？”

“我叫陶陶，”乌龟回答说，“我原来住在一棵古老的橄榄树下，现在想去狮子洞。”

茨茨打了个呵欠。

“哎，我说，你去那儿干吗呀？”

“我去参加狮王二十八世的婚礼。因为他邀请了所有动物，当然也包括我。”陶陶说。

这次，茨茨吃惊地睁开另一只眼睛，居高临下地对打量着乌龟。

过了一会儿，他才用带鼻音的声音说：“现在还往那里赶？——亏你这可怜虫想得出来！”

“只要坚持，一步一步总能走到的！”陶陶说。

茨茨一边用双肘支撑着身体，一边拿小爪敲着石头说：“哎，你是说，你要用这种慢悠悠的方式，赶去参加一次也许一个星期前就已经举行过的婚礼吗？”

“也许？婚礼难道在一个星期前就举行了吗？”陶陶问。

“没有。”茨茨懒洋洋地说。

“太好了!”陶陶高兴地说,那我就能准时赶到了。”

“肯定赶不上的!作为狮王王宫的高级官员,我现在正式通知你:婚礼暂时取消了。由于非常突然的原因,狮王二十八世不得不和老虎斯斯开战,你现在可以放心回家了。”

“很遗憾,我不能这样,”陶陶回答说,“我的决定是不可改变的!”说完,她从右边绕过壁虎,继续往前爬去。

茨茨愣住了,嘴里不断唠唠叨叨地说:“你应该好好想一想……再好好想一想……”

就这样,陶陶又走了很多天。越过种种障碍,穿过树林和沙地,日夜不停地赶路。

当她穿过一片岩石荒漠时,遇见了一群乌鸦,他们蹲在一棵干枯的树上,一副闷闷不乐的样子。陶陶停了下来,想问问路。

“阿嚏!”陶陶还没张口问,一只乌鸦便发出一种像打喷嚏一样的声音。

“祝你健康!”陶陶以为他感冒打喷嚏,便连忙友好地向乌鸦打了个招呼。

“我没有打喷嚏,”乌鸦不高兴地说,“我只是做一下自我介绍。我是智者阿嚏。”

“啊,对不起!”乌龟说,“我叫陶陶,是一只普普通通的乌龟。请告诉我,智者阿嚏,去狮王二十八世的官殿,是从这儿走吗?我应邀去参加他的婚礼。”

乌鸦们彼此交换了一下意味深长的目光,发出了一种低沉的声音。

“我也许可以告诉你它在哪儿,”阿嚏解释道,并用爪子搔了搔头,“但是,这对你已经毫无意义了。我们伟大的狮王现在所在的地方,就连我们这些有头脑的智者都去不了。可是,你这可怜的、无知的小爬虫,以你这种短浅的见识,你怎么可能找到去那儿的路呢?”

“只要坚持,一步一步总能走到的!”陶陶固执地说。

乌鸦们又 次彼此交换了 下意味深长的目光,发出一种低沉的声音。

“啊,你这鬼迷心窍的家伙!”乌鸦阿嚏郑重其事地清了清嗓子说道,“你在说什么呀?!这事早就过去了。而过去的事情是谁也赶不上的。”

“我会准时赶到的!”陶陶充满信心地说。

“绝对不可能了!”阿嚏用阴森低沉的声音说,“你难道没看见,我们大家都穿着丧服吗？几天前，我们刚刚安葬了伟大的狮王二十八世。他在与老虎斯斯的拼杀中身负重伤，已经不幸去世了。”

“啊，”陶陶说，“这真的使我感到非常难过。”

“所以，你还是赶紧回家去吧！”阿噶继续说道，“或者你也可以留下来，和我们一起哀悼狮王。”

“很遗憾，我不能这样。”陶陶客气地回答说，“我的决定是不可改变的！”说完，她又重新上路了。

乌鸦们疑惑不解地看着乌龟的背影，然后凑在一起叽叽呱呱地说：“这个固执倔强的家伙！她居然想去参加什么婚礼，也不想想新郎早就死了。”

就这样，陶陶又走了许多天。越过种种障碍，穿过树林和沙地，日夜不停地赶路。

后来，她来到了一片森林中，这里树木茂盛。森林的中间，有一大片鲜花盛开的草地。草地上聚集了许多动物：大大小小，男女老少。大家都兴高采烈，充满期待的喜悦。

一只小金丝猴在陶陶身旁上蹿下跳，不停地鼓掌。“啊，对不起，”陶陶对小猴说，“去狮子洞该怎么走？”

“你现在不是就站在洞口面前吗？”小猴叫道。（它叫杰杰，不过在这里名字已经不再重要了），那边就是入口！”

“请问，这里是在庆祝狮王二十八世的婚礼吗？”陶陶非常不解地问。

“啊，不是！”小猴说。“你肯定是从很远的地方来的吧！大家都知道，今天，我们大家在这里庆祝的是狮王二十九世的婚礼。”

就在这时，狮子洞口出现了一位英武的年轻狮子，身上蓬松的鬣毛像太阳一样闪闪发光。他的身旁站着一位美丽动人的年轻母狮。

所有的动物都向他们欢呼：“万岁！新王和王后万岁！”随后，大家便开始唱歌的唱歌，跳舞的跳舞，大吃大喝，一直狂欢到深夜。萤火虫送来点点光明，夜莺放开美丽的歌喉，蟋蟀奏出优美的音乐。总而言之，这的的确确是从未有过的、最美丽的庆典。

乌龟陶陶坐在参加庆典的客人中间，虽然有些疲劳，但感到非常幸福，她说：“我一直说，我会准时赶到的！”

花婆婆[1]

◇ 芭芭拉·库尼 文/图　方素珍 译

芭芭拉·库尼（1917—2000），美国著名图画书画家和作者，代表作有《金嗓子和狐狸》、《艾玛》、《篮子月亮》等。

花婆婆住在海边的一幢小房子里。房子的四周，开满了蓝色、紫色和粉红色的花儿。

花婆婆是我的姨婆，她的年纪很大，个子小小的，我知道她本来不是这样的。她告诉我一些过去的事情：花婆婆的名字叫艾莉丝，很久以前，当她还是一个小女孩儿的时候，她住在海边的城市。从她家门口的石阶上，可以看到码头和来来往往的大船。很多年以前，她的爷爷就是搭乘一艘大帆船来到美国的。

艾莉丝的爷爷在房子的一楼开了一家店，专门雕刻船头的人像，以及摆在烟草店门口的印第安人像；他也是个艺术家，偶尔绘画一些帆船和沿海地区的风景。当他很忙的时候，艾莉丝就帮他在画布上画几朵白云。

晚上，艾莉丝常常坐在爷爷的大腿上，听他说一些很远的地方发生的事情。

每次爷爷说完了故事，艾莉丝就接着说："爷爷，我长大以后，要像你一样去很远的地方旅行。当我老了，也要像你一样住在海边。"

"很好，"爷爷笑着说，"但是，你一定要记得做第三件事。"

"什么事？"艾莉丝问。

---

① 选自《花婆婆》，（美）库尼文图，方素珍译，河北教育出版社2004年版。

“做一件让世界变得更美丽的事。”

“好哇！”艾莉丝答应得又快又大声。

但是，她还不知道将来会做什么样的事，她每天起床、洗脸、吃早餐、上学、放学、做功课，这就是她的生活。

很快的，艾莉丝长大了！

艾莉丝决定去做她答应爷爷的三件事。她离开了家乡，住在一个离海边很远的城市。她在图书馆工作，每天清理书上的灰尘，把书本排列整齐，并且帮助大家找到他们想看的书。她自己也看了很多书，都是很远的地方所发生的故事。

这时候，大家都称呼她卢菲丝小姐。

冬天里，卢菲丝有时候会到公园中央的温室里看花草，温暖、潮湿的空气中，散发着一股甜甜的茉莉花香。

她深深地吸了一口气：“嗯——有热带岛屿的气息，可惜不是真正的热带岛屿。”

因此，卢菲丝来到了一座真正的热带岛屿。岛上的人把猴子和鹦鹉当作宠物。她在海边散步，捡一些美丽的贝壳。

有一天，她遇见了渔村的村长百瑞加。百瑞加剥开绿色的椰子，请她喝椰子汁。她离开时，还送她一个漂亮的珍珠贝，上面刻着一支天堂鸟和一行字：“我永远记得你。”

她感动地说：“我也会永远记得你。”

卢菲丝到处去旅行，她爬过高高的雪山，走过沙漠，穿过热带丛林；她还看到正在游戏的狮子，跳跃的袋鼠。每经过一个地方，她都结交了一些难忘的好朋友。

最后，她来到东方的一个小国家。她在骑骆驼的时候，不小心摔了下来，她的背部受伤了。

“唉！我真是笨手笨脚！”她说，“算了，我已经走过那么多地方，也许我应该做第二件事，到海边找个房子住下来。”

卢菲丝从新房子的走廊上，可以看见太阳升起来，横过天空，然后慢慢地落入海中。

新房子的前面围了一些石头，她在石头中间，开辟了一座花园，当她撒下花

花婆婆会邀请我们到屋子里，听她说故事。

种子的时候，心里非常快乐。

“对了！我答应过爷爷，要做一件让世界变得更美丽的事，但是，做什么好呢？这世界已经够美了！”

她常常望着大海，不停地想着这个问题。

第二年春天，她背部的伤又发作了，大部分的时间，她都躺在床上。

她在去年夏天撒下的种子，不知不觉地已经开花了，她从卧室的窗口望出去，可以看到蓝色、紫色和粉红色的花朵，轻轻地摇曳着。

她非常满意地对自己说：“鲁冰花！我最喜欢这种花了，希望今年夏天，我可以下床去撒更多的种子，那么，明年就会开出更多的鲁冰花了。”

但是，她一直躺着，没有办法下床。

冬天过去，春天又来了。

她的身体好多了，可以出门散散步。

有一天下午，她慢慢地走到山坡上，她很久没来这里了。当她登上山顶，忍不住惊喜地说：“我真不敢相信自己的眼睛。”

原来，那里开满了一大片蓝色、紫色和粉红色的鲁冰花。

她高兴地蹲下来看着花朵：“一定是风和小鸟儿，从我的花园里把种子带到这里。”

忽然，她想到了一个很棒的点子。

她立刻回家，写信去订购了一大包鲁冰花种子。

整个夏天，她的口袋里装满了种子，她一面散步，一面撒种子。她把种子撒在公路和乡间的小路边，撒在学校附近、教堂后面，撒在空地和高墙下面，只要她经过的地方，她就不停地撒种子，这里撒一点儿，那里撒一点儿……

她的背部一点也不痛了，每天都高兴地出去撒种子，大家都叫她：“又老又疯的怪婆婆。”

第二年春天，那些种子几乎同时开花了！原野上、山披上开满了蓝色的、紫色的和粉红色的鲁冰花，他们沿着公路和乡间小路盛开着，明亮的点缀在较和教堂后面，连空地上和高高的石墙下面，都开满了美丽的鲁冰花。她终于完成了第三件事，也是最困难的一件事！

我的姨婆现在非常老了，她的头发也白了，可她还是不停地种花，每年都开出更多更美的鲁冰花，现在，大家都喊她：“花婆婆。”

我常常和朋友站在篱笆外面，好奇地看着她种花。朋友们都认为她是世界上最老的一位老婆婆，她偶尔会邀请我们进屋子里，听她说一些故事。

她常说一些很远的地方所发生的故事，有一次，我告诉她：“等我长大后，要像你一样去很远的地方旅行。当我老了，也要像你一样住在海边。”

“很好，”花婆婆摸摸我的头说，“但是，小艾莉丝，你一定要记得做第三件事。”

“什么事？”

“做一件让世界变得更美丽的事。”

“好哇！”我答应得又快又大声。

但是，我还不知道将来会做什么样的事！

种树的男人[①]

◇ 让·焦诺 著　托梅克 图　张玲玲 译

让·焦诺，法国著名小说家。

假如你想了解谁是真正品行出众的人，恐怕得花好几年观察：看看他的行为是否无私；动机是否慷慨；同时他还必须在大地上留下明显的印记。

我很幸运地认识一位“种树的男人”，他正好符合以上所说的条件。

大约四十年前，我长途跋涉来到阿尔卑斯山下的普洛旺斯高原。当时这个高原一片黄土，光秃秃的，一棵树也没有。

我走了三天，来到一个破落村庄的废墟附近。这个村庄的房子早已在风吹雨淋之下，失去了它们的屋顶。一座尖塔倾圮的教堂，显示这里曾经有人居住，但是现在却毫无生命的迹象。

由于我的水在两天前就喝光了，所以急需找到饮用水。我原本以为村子里应该有水井，找到它时才发现，它早已干涸。

其实，我对这一带相当熟悉。高地上稀疏地错落着四五个村庄，其中大部分居民因为忍受不了干旱的气候搬走了，剩下几家烧炭工人，生活十分艰辛。

我继续向前走，心想：要找到水，恐怕是没指望了。就在我爬上一个山坡时，忽然看见远处山谷似乎有

---

① 选自《大师名作绘本:让·焦诺 种树的男人》，(法)让·焦诺著，河北教育出版社2003年版。

人影，我朝那人大声叫道：“给我一点儿水好吗？”

那是一个牧羊人，在石屋前还有一群绵羊。牧羊人默默地从井里汲水给我，水质清冽可口。

他很少说话，但可以感觉得出是一个充满自信、意志果断的人，因为他在这个荒凉的高地砌起一栋石头房子。

这栋房子到处都有他建造的痕迹，也有他抵达高地后修复废墟的血汗。屋顶很牢，风吹过屋顶的瓦片，发出仿佛海啸冲到岸边的声音。

尽管生活并不富裕，但牧羊人的外表却很整洁。他的胡子刮得干干净净，衣服也一针一线地仔细缝过，看不出任何补丁。

牧羊人带着我进房间，倒了一碗汤给我。我递上烟草袋，他说他不抽烟。不一会儿，他拿出一个小袋子，倒出一堆橡实，然后一颗一颗仔细地拣着。

我好奇地问：“你在做什么？”牧羊人回答：“我要选一百颗种子，明天种。”

牧羊人名叫艾尔则阿·布非耶，今年五十五岁。他以前在平地有一个农庄，可是当他的妻子和独生子去世后，他决定搬到高地。

艾尔则阿·布非耶在这片荒山野地已播种了三年，大概埋下十万颗种子。不过其中只有两万颗发了芽，长成树苗；而在这两万棵树苗之中，又只有一半能逃过干旱的气候和野鼠的啃食，存活下来。

“为什么要辛辛苦苦地种树呢？”我问。

他说，这块高原因为没有树，正走向死亡。反正他没事业的压力，正好可以担负起拯救大地的任务。

第二天清早，我请求他让我在这里再住一个晚上，他态度安详地说好。其实再待一天并非必要，我只是受了好奇心的驱使，想要更了解他一点儿。

他打开羊栏，放羊吃草，并且把昨夜精挑细选的橡实，连同袋子，浸到一桶水中，背着那桶水离开屋子。

我发现他带了一根铁棒，大概像拇指那么粗，一米半长。我们先把羊群赶到河谷去吃草，然后再一同爬上山坡。

爬上山脊后，牧羊人拿起铁棒向下扎了一个洞，放入一颗橡实，再覆盖上泥土。他一颗一颗耐心地种下橡实。

我好奇地问：“这个山坡是你的吗？”

他摇摇头："不是。"

"那么你晓得这是谁的土地吗？"

"不晓得，可能是公有地吧！不过管它是公有地，还是私有地，跟我种树有什么关系？"

接着他表示：假如上天再给他三十年时间，他所种的树，数量一定非常惊人。除了橡树之外，他还研究繁殖山毛榉。在他的房子附近有一个苗圃，四周用铁丝篱保护着，不让羊群靠近。他也打算在山谷种桦树。总之，他希望通过自己的努力，能让光秃秃的高地长满树木。

第三天，我们分手了。

那次相遇之后的第二年，爆发了第一次世界大战。五年的军旅生涯使我忘记了"种树的男人"这回事。

大战结束后，我再度踏上那条通往光秃高原的道路。景象大致如昔，只是在没有人烟的村庄尽头，有股灰蒙蒙的雾气，仿佛为山头铺上了一层毛毡。

我想起那个种树的男人。在五年的战乱里，我亲眼看见许多人在战场倒下，一个五十多岁的老人怎么生活？

然而事实上艾尔则阿·布非耶不但活着，身体甚至比以前更健朗了。

他现在只养四只羊，却多了一百个蜂巢。他不再放羊，因为羊群会啃掉他种的树苗。同时他还表示：战争对他一点儿影响都没有，这段时间他心无旁骛地一直在种树。

1910年种的橡树现在已经十岁，长得比我们都高，看起来壮观极了。我实在说不出话，而他也沉默不语。我们一整天都在他的森林中走着。这片森林全长十一公里，最宽的地方有三公里。别忘了，它是从这个男人的双手及心灵中创造出来的，没有任何外界技术的支援。

而且在战争的五年中，他彻底执行着他的计划，那些山毛榉已经和我的双肩齐高，一直延伸到双目所及的远处。

然后他带我去看五年前种的桦树丛，那时我正参加法国东北部的凡尔登战役。他把桦树苗全种到他认为地表湿润的山谷，结果证实他的猜测正确，这些桦树像少女般亭亭玉立，蔚然成林。

创造有如一种连锁效应。

艾尔则阿·布非耶以最单纯的想法，按部就班地执行计划，心里并没有任

怀着一颗坚定的心，做一件让世界更美的事，便会寻找到幸福的真谛。

何负担。可是当我们回头往村庄走时，途中一条原本干涸已久的河床，现在居然水流淙淙。这是连锁效应中，最令人印象深刻的一幕。

那条干涸的河床，很久很久以前曾经是一条溪流，而我以前走过的那些荒凉的小村庄，则是古罗马人留下的遗迹。考古学家曾经在村子里挖出许多鱼钩。只是到了20世纪，河水干涸，人们必须挖水井才能得到一点儿水。

当水回到大地，柳树、牡丹草、野花等一一复现。这些自然的变化在不知不觉中进行着。猎人们回到高地，开始猎野兔或野猪，他们或许看到了从地上冒出的树苗，但没有人想到那是布非耶的杰作；更不曾有人想象过光凭一个人的毅力和爱心，能让大自然有所改变。

1935年，布非耶已经七十七岁。忽然有一天，官方派了一些人来巡察这个由布非耶创造的森林。他们异口同声地宣称这是一片“天然林”，同时决定对这片天然林采取一点必要的措施，把林地列入省的保护区，不准制炭者砍伐。

这些官员中有一位是我的朋友，我跟他提起布非耶，他大吃一惊，并且表示很想见见这位奇人。那天布非耶正在距离官员巡察林地的十公里之外，努力种树。我带了鸡蛋当礼物，三人在树下共进午餐。

从我们刚才走过长满树木的山坡，实在很难回想在1913年，这里还是寸草不生的干旱大地。

或许正因为布非耶拥有无私的心灵，加上住在有益健康的山林，过着俭朴的生活，上帝才赐予他如此强健的体魄。以他种树的速度，实在无法估算他还能种多少亩的山林!

临走前，我的朋友留下几项种树的建议。他在回去的路上告诉我："布非耶显然懂的比我多。"走了一个小时，他又补上一句，"他比大家都懂种树的道理，他已悟出幸福之道。"

实在要感谢这位林务官，森林不但得以保全，也确保了这位种树男人的幸福。因为林务官派了三位巡山员。

唯一会威胁森林的事，发生在第二次世界大战期间。那时候有些车的引擎是靠烧木材行驶的，所以人们开始砍伐橡树林。幸好这块高地离铁路太远，运输不便，伐木商人才没有打这里的主意。

布非耶根本不晓得这回事。他不理会1939年的世界大战，如同不理会1914年的世界大战。

我最后一次看到布非耶，是在1945年的6月。那时他已是八十七岁的老人。

当我坐车进入高地时，我简直不敢相信自己的眼睛。河水汩汩地流入池塘，池塘边还种了一棵菩提树。原先的废墟修复成崭新的房舍，周围的菜圃与花园，井然混栽着各式各样的白菜、玫瑰、韭葱、金鱼草和秋牡丹。

虽然刚受过战争的洗礼，但大地已有复苏的迹象。山坡上铺着一块一块的小麦田和裸麦田；狭长的山谷下，草地开始吐绿。才不过八年的时光，整个高地便焕然一新，散发出健康富裕的光芒。这一切都得归功于艾尔则阿·布非耶。

这个男人告诉我们，只靠身体力行和蕴藏的品德，便能将荒地变成沃土。

艾尔则阿·布非耶，1947年逝世于法国巴农的安养院。

活了一百万次的猫[①]

◇ 左野洋子 著　唐亚明 译

左野洋子，日本作家。著有《熊爸爸》、《绅士的雨伞》等。

有一只一百万年也不死的猫。

其实猫死了一百万次，又活了一百万次。

是一只漂亮的虎斑猫。

有一百万个人宠爱过这只猫，有一百万个人在这只猫死的时候哭过。

可是，猫连一次也没有哭过。

有一回，猫是国王的猫。

猫讨厌什么国王。

国王爱打仗，总是发动战争。而且，他还把猫用一只漂亮的篮子装起来，带到战场上。有一天，猫被一只飞来的箭射死了。

正打着仗，国王却抱着猫哭了起来。

国王仗也不打了，回到了王宫，然后，把猫埋到了王宫的院子里。

有一回，猫是水手的猫。

猫讨厌什么水手。

水手带着猫走遍了全世界的大海和全世界的码头。

有一天，猫从船上掉了下来。

因为猫不会游泳，水手连忙用网子捞了上来，可猫

---

① 选自《活了一百万次的猫》，（日）左野洋子著，唐亚明译，接力出版社2004年版。

作为老太太的猫，它天天趴在老太太的腿上睡大觉。

还是淹死了。

水手抱着湿得像一块抹布似的猫，大声地哭起来。然后，把猫埋到了遥远的港口小镇的公园的树下。

有一回，猫是马戏团魔术师的猫。

猫讨厌什么马戏团。

魔术师每天把猫装到一个箱子里，用锯子锯成两半儿，接着再把完好无损的猫从箱子里取出来，换来一片拍手声。

有一天，魔术师失手了，真的把猫锯成了两半儿。

魔术师拎着两半儿的猫，大声地哭起来。

这次，谁也没有拍手。

魔术师把猫埋在了马戏团的后面。

有一回，猫是小偷的猫。

猫讨厌什么小偷。

小偷和猫一起，在漆黑的小镇上，像猫一样轻轻地转来转去。

小偷只偷养狗的人家。趁着狗冲着猫叫的时候，小偷撬开保险箱。

一天，猫被狗给咬死了。

小偷抱着偷来的钻石和猫，在夜晚的小镇上一边大声地哭，一边走。然后，回到家里，把猫埋到了小小的院子里。

有一回，猫是一个孤零零的老太太的猫。

猫讨厌什么老太太。

老太太每天抱着猫，从小窗户看着外面。

猫整天在老太太的腿上睡大觉。

不久，猫老死了。摇摇晃晃的老太太抱着摇摇晃晃的死了的猫，哭了一整天。

老太太把猫埋到了院子的树底下。

有一回，猫是一个小女孩的猫。

猫讨厌什么小女孩。

小女孩有时把猫背在背上玩，有时紧紧地抱着猫睡觉。她哭的时候，还会用猫的后背来擦眼泪。

有一天，猫被小女孩后背的带子给勒死了。

小女孩抱着耷拉着脑袋的猫，哭了一整天。然后，她把猫埋到了院子的树底下。

猫和白猫有了许多儿女，他们多么想永远这样生活下去啊！

猫已经不在乎死亡了。

有一回，猫不再是别人的猫了。

成了一只野猫。

猫头一次变成了自己的猫。

猫太喜欢自己了。

怎么说呢，漂亮的虎斑猫终于变成了漂亮的野猫。

不管是哪一只母猫，都想成为猫的新娘。

有的送条大鱼当礼物，有的献上新鲜的老鼠，有的送来了少见的木天蓼，还有的去舔猫那漂亮的虎斑纹。

可猫却说：

“我可死过一百万次呢！我才不吃这一套！”

因为猫比谁都喜欢自己。

只有一只猫连看也不看他一眼，是一只美丽的白猫。

猫走过去说：“我可死过一百万次呢！”

“噢。”

白猫只说了这么一声。

猫有点生气了，怎么说呢，因为他太喜欢自己了。

第二天、第三天，猫都走到白猫的身边，说：“你还一次也没有活完吧？”

“噢。”

白猫只说了这么一声。

有一天，猫在白猫的面前一连翻了三个跟头，说：

“我呀，曾经是马戏团的猫呢。”

“噢。”

白猫只说了这么一声。

“我呀，我死过一百万次……”

说到一半的时候，猫问白猫：“我可以待在你身边吗？”

“行呀。”白猫说。

就这样，他一直待在了白猫的身边。

白猫生了好多可爱的小猫。

猫再也不说“我呀，我死过一百万次……”了。

猫比喜欢自己还要喜欢白猫和小猫们。

小猫们很快就长大了，一个个走掉了。

“他们都成了漂亮的野猫啦。”

“是啊。”

白猫说，然后她的嗓子眼儿里发出了温柔的“咕噜咕噜”声。

白猫已经成了一个老奶奶了。

猫对白猫更加温柔了，嗓子眼儿里也发出了“咕噜咕噜”声。

猫多想和白猫永远地一起活下去呀！

有一天，白猫静静地躺倒在猫的怀里一动也不动了。

猫抱着白猫，流下了大滴大滴的眼泪，猫头一次哭了。从晚上哭到早上，又从早上哭到晚上，哭啊哭啊，猫哭了有一百万次。

早上、晚上……一天中午，猫的哭声停止了。

猫也静静地、一动不动地躺在了白猫的身边。

猫再也没有起死回生过。

苦难[1]

◇ 吴越

当苦难最初跟我亲近
我也曾害怕他
像少女推拒最初的吻……

可是当苦难一旦跟我结婚，
我委身给他
比对幸福甘心……

在最穷的日子我的心最富有，
在最饥饿时我的诗最香，
在黑暗的阱底
我的思想发出最强的光……

吴越 （1910—），著名作家。著有诗集《最后的星》、《暴风雨集》、《火焰集》、《吴越诗选》等。

① 选自《一个甲子的风雨人情·笔会60年珍藏版》，文汇报笔会编辑部编，文汇出版社2006年版。

简单生活[①]

◇ 李清明

李清明，作家。代表作有《滚石上山》、《梦起洞庭》、《微雨独行》等。

生活，实质上就是由简单到复杂，再由复杂到简单的过程。你要生活得随意些，你就只能活得平凡些；你要活得辉煌些，你就只能活得痛苦和复杂些；你要活得长久些，你就只能活得简单些。

雨果老人说得好："丰富、充沛、光华四射，都可以属于单纯。太阳就是单纯的。"当然，简单生活有一个前提，那就是在通过自身的努力奋斗，拥有了基本物质生活的前提下，及时地修正人生的目标，追求简单生活的真谛。当然，我们每个人都极需要把弃繁从简的成功理念深植心底。因为简单不是"四肢发达，头脑简单"中的"简单"，简单不是浅薄、简陋、粗放，简单是深刻、淡定、精细。简单是一种美，一种悟，简单是一种先进的成功理念。

写到这里，我不由想起年轻时唱过的一首歌曲，歌名叫做《我想去桂林》。具体的歌词记不太准确了，但大体意思还记得：我想去桂林，我想去桂林，有时间时，没有钱；有钱时，却没有时间；有钱又有时间，人却老了走不动了。自然也就去不了桂林了。无疑，这首歌词非常直白，却道出了人生的许多无奈与遗憾，其意境是颇值得我们借鉴和思考的。前不久，在翻看《广州日报》时见到一篇题为《人分四等》的小文章也颇有意思。文章说：

---

① 选自《微雨独行》，李清明著，东方出版社2006年版。

芸芸众生，形形色色，概而言之，人分四等。一等人，有钱有闲；二等人，有钱无闲；三等人，无钱有闲；四等人，无钱无闲。我想所谓的有钱有闲，实际上就是富有之后的简单。能过上这等生活，无疑是人生较高的追求和境界了。

说及简单，据说居里夫人的会客厅里只有两把简单的椅子。居里的父亲曾经要送他一套豪华家具，但被拒绝了，原因很简单——有了沙发和软椅，就需要人去打扫，客人来多了招待的工夫也多了，在这方面花费时间未免太可惜了。居里夫人说："我永远追求安静的工作和简单的家庭生活。"生活就如同椅子，删繁就简，撤掉多余的部分，你的生活就简朴、简洁、简练而且丰富。坐上庸俗和卑劣，就坐不下伟大和崇高；坐上虚伪和暴戾，纯真和善良就无处落座；坐上自私和冷酷，爱心和热情就无法容纳……有了多余的椅子，你就会想到与之协调的华丽房子，想到许多人苦心经营的位子，想到那轻飘飘而又沉甸甸的票子……于是你忙忙碌碌，心情也沉甸甸的，没有坐下来的轻松和欢乐。

泰戈尔说，翅膀下挂着沉甸甸的金钱是飞不高的。同样，有了多余的椅子，你不但不能飞翔，连静坐沉思的乐趣也消失了。有时候我们的生活简单得只需要一把椅子，供心灵坐坐也就够了。对此，我倒非常欣赏徐志摩的话："论精神我主张贵族主义，论物质我主张平民主义。"还有甘地的名言："简朴的生活，崇高的思维。"

一个不知道享受闲暇的人，是一个不懂生活的人，也可能是一个没有真实财富的人。上午咖啡下午茶，一箪食、一瓢饮，在陋巷等等均是一种至简的意境。独自在草地上散步，弯腰欣赏花朵。抬头观看日落，是一种闲暇；在宁静中阅读、思考。是另一种闲暇。拥有闲暇并享受闲暇，应该说就是一种十分美好的简单生活了。

太平洋中有一个布拉特岛。在这个岛的水域中，有一种鱼，叫王鱼。王鱼分为两种，一种有鳞，一种没有鳞。有鳞没有鳞，全看自己，是由自己来选择。这个还真有些意思。

曾经读到过一篇有关王鱼的文章，里面说，如果王鱼从小到大都没有鳞，就比较好活，因为这比较自然和简单。自然了，也就与外界更能融洽，活得更自己一些。这种没有鳞的王鱼，一生都较为平静和简单。

但有的王鱼，会选择另一条道路——让自己慢慢有鳞。王鱼的鳞很特别，是来自外界。王鱼有一种本领，只要它愿意，就能吸引一些较小的动物贴附在自己的身上。它先给它们一些好处，一点自身的分泌物。当这些小动物被吸附后，王鱼便开始千方百计要把这些小动物身上的物质吸干，慢慢地吸收为自己身上的一种鳞片，其实那不是鳞，只是一种附属物。当王鱼有了这种附属物后，便会变成另一种形态：貌似强大，满身像个大气球，比没有鳞的王鱼至少大出四倍。外表形象也十分的好看。

可怜的是，当吸附了外界物质的王鱼生命进入后半生时，由于身体机能的退化，这种附属物会慢慢脱离它的身体，使它重新回到原来的面目——那个娇小的外形。被剥夺了鳞片的王鱼，是非常痛苦难堪的。它无法再适应这个世界，游动得也很不自然，干什么都不像它自己。干脆说，什么也都干不成，还会变得异常烦躁，绝望地挣扎于每一天、每一刻，甚至它会无端地攻击别的鱼，以解脱自我。可惜，在攻击别的鱼的时候，它既没有了往日的能力，又没有了鳞片的保护，反过来会被别的鱼撕咬，直至遍体鳞伤。

而这时的王鱼，就去自残，自己和自己过不去，往岩石上猛撞，撞得稀里哗啦的，活得真是惨不忍睹。总之，它往日主宰的一切，包括自己的生命，都不再属于它。自己变了，世界也就变了。越是身上附属物多的王鱼，后来就会越痛苦。它光秃秃的身子，孙子辈的模样，使它暗无天日。可怜的王鱼，最后会浮上水面，跳上翻下，挣扎数日后死去。

死时的王鱼，身上红红肿肿，到处腐烂，眼睛也被自己撞瞎，完全不像个样子。凡是有幸目睹过王鱼惨死后的人，都会在心里留下极深的印象，都会觉得王鱼太惨；也都会认为。它们不该选择附属物作为自己的鳞片，那本来就不是自己的。

其实，作为人的一生中很多情景，又何尝不是与布拉特水域中的王鱼一样呢？本来是自然简单的，但为了某种目的和欲望，则常常不喜欢也不满足这个自己，于是便靠着一些附属品来生活。我们常称这些附属品为身外之物，生不带来，死不带去。

一个人的高位，一个人的名誉，乃至于一个人的财富，当这一切到来时，确实会使人变成另一个模样，比以往“高大”数倍，就像王鱼。问题是，它们总是要脱离你而去。在很多地方，自然法则是不变的，你总是要还原。往往不以你的意志为转移。王鱼的可怜，往往也是我们人类的可怜。很多人经历了丢官的凄惨，尝到了英雄不再的失落，经历了人世间种种必然返璞而又无法接受的现实。所以，还是简单自然为好。

一个渔夫在河边钓鱼，但钓上一条就拿尺量一量。只要比尺大的鱼，他都丢回到河里。其他钓客不解地问：“别人都希望钓到大鱼，为什么你将大鱼都丢回河里呢？”这个人轻松地回答：“因为我家的锅只有尺子这么长，太大的鱼装不下。”

不让无穷的欲念攫取己心，“够用就好”确是一种不错的简单生活态度。

青年在选择职业时的考虑[①]

◇ 卡尔·马克思

卡尔·马克思 （1818—1883），马克思主义的创始人，第一国际的组织者和领导者，全世界无产阶级和劳动人民的伟大导师。著有《黑格尔法哲学批判》、《1844年经济和哲学手稿》、《资本论》等。

自然本身给动物规定了它应该遵循的活动范围，动物也就安分地在这个范围内运动，不试图越出这个范围，甚至不考虑有其他什么范围存在。神也给人指定了共同的目标——使人类和他自己趋于高尚，但是，神要人自己去寻找可以达到这个目标的手段；神让人在社会上选择一个最适合于他、最能使他和社会得到提高的地位。

能这样选择是人比其他生物远为优越的地方，但是这同时也是可能毁灭人的一生、破坏他的一切计划并使他陷于不幸的行为。因此，认真地考虑这种选择——这无疑是开始走上生活道路而又不愿拿自己最重要的事业去碰运气的青年的首要责任。

每个人眼前都有一个目标，这个目标至少他本人看来是伟大的，而且如果最深刻的信念，即内心深处的声音，认为这个目标是伟大的，那它实际上也是伟大的，因为神决不会使世人完全没有引导的人；神总是轻声而坚定地作启示。

但是，这声音很容易被淹没；我们认为是灵感的东西可能须臾而生，同样可能须臾而逝。也许，我们的幻想油然而生，我们的感情激动起来，我们的眼前浮想联

---

① 选自《马克思恩格斯全集》第一卷（1833—1843），中共中央马克思恩格斯列宁斯大林著作编译局编译，人民出版社1995年版。

翩，我们狂热地追求我们以为是神本身给我们指出的目标；但是，我们梦寐以求的东西很快就使我们厌恶——于是我们的整个存在也就毁灭了。

马克思是无产阶级的精神领袖。

因此，我们应当认真考虑：所选择的职业是不是真正使我们受鼓舞？我们的内心是不是同意？我们受到的鼓舞是不是一种迷误？我们认为是神的召唤的东西是不是一种自欺？但是，不找出鼓舞的来源本身，我们怎么能认清这些呢？

伟大的东西是光辉的，光辉则引起虚荣心，而虚荣心容易给人以鼓舞或者一种我们觉得是鼓舞的东西；但是，被名利弄得鬼迷心窍的人，理智已经无法支配他，于是他一头栽进那不可抗拒的欲念驱使他去的地方；他已经不再自己选择他在社会上的地位，而听任偶然机会和幻想去决定它。

我们的使命决不是求得一个最足以炫耀的职业，因为它不是那种使我们长期从事而始终不会感到厌倦、始终不会松劲、始终不会情绪低落的职业，相反，我们很快就会觉得，我们的愿望没有得到满足，我们的理想没有实现，我们就将怨天尤人。

但是，不只是虚荣心能够引起对这种或那种职业突然的热情。也许，我们自己也会用幻想把这种职业美化，把它美化成人生所能提供的至高无上的东西。我们没有仔细分析它，没有衡量它的全部分量，即它让我们承担的重大责任；我们只是从远处观察它，而从远处观察是靠不住的。

在这里，我们自己的理智不能给我们充当顾问，因为它既不是依靠经验，也不是依靠深入地观察，而是被感情欺骗，受幻想蒙蔽。然而，我们的目光应该投向哪里呢？在我们丧失理智的地方，谁来支持我们呢？是我们的父母，他们走过了漫长的生活道路，饱尝了人世辛酸。——我们的心这样提醒我们。

如果我们通过冷静的研究，认清所选择的职业的全部分量，了解它的困难以后，我们仍然对它充满热情，我们仍然爱它，觉得自己适合它，那时我们就应该选择它，那时我们既不会受热情的欺骗，也不会仓促从事。

但是，我们并不总是能够选择我们自认为适合的职业；我们在社会上的关系，还在我们有能力让它们起决定性影响以前就已经在某种程度上开始确立了。

我们的体质常常威胁我们，可是任何人也不敢藐视它的权利。

诚然，我们能够超越体质的限制，但这么一来，我们也就垮得更快；在这种情况下，我们就是冒险把大厦建筑在松软的废墟上，我们的一生也就变成一场精神原则和肉体原则之间的不幸的斗争。但是，一个不能克服自身相互斗争的因素的人，又怎能抗拒生产的猛烈冲击，怎能安静地从事活动呢？然而只有从安静中才能产生出伟大壮丽的事业，安静是唯一生长出成熟果实的土壤。

尽管我们由于体质不适合我们的职业，不能持久地工作，而且工作起来也很少乐趣，但是，为了恪尽职守而牺牲自己幸福的思想激励着我们不顾体弱去努力工作。如果我们选择了力不胜任的职业，那么我们决不能把它做好，我们很快就会自愧无能，并对自己说，我们是无用的人，是不能完成自己使命的社会成员。由此产生的必然结果是妄自菲薄。还有比这更痛苦的感情吗？还有比这更难于靠外界的赐予来补偿的感情吗？妄自菲薄是一条毒蛇，它永远啮噬着我们的心灵，吮吸着其中滋润生命的血液，注入厌世和绝望的毒液。

如果我们错误估计了自己的能力，以为能够胜任经过周密考虑而选定的职业，那么这种错误将使我们受到惩罚。即使不受到外界指责，我们也会感到比外界指责更为可怕的痛苦。

如果我们把这一切都考虑过了，如果我们生活的条件容许我们选择任何一种职业，那么我们就可以选择一种使我们最有尊严的职业；选择一种建立在我们深信其正确的思想上的职业；选择一种能给我们提供广阔场所来为人类进行活动、接近共同目标（对于这个目标来说，一切职业只不过是手段）即完美境地的职业。

尊严就是最能使人高尚起来，使他的活动和他的一切努力具有崇高品质的东西，就是使他无可非议、受到众人钦佩并高出于众人之上的东西。

但是，能给人以尊严的只有这样的职业。在从事这种职业时我们不是作为奴隶般的工具，而是在自己的领域内独立地进行创造；这种职业不需要有不体面的行动（哪怕只是表面上不体面的行动），甚至最优秀的人物也会怀着崇高的自豪感去从事它。最合乎这些要求的职业，并不一定是最高的职业，但是总是最可取的职业。

但是，正如有失尊严的职业会贬低我们一样，那种建立在我们后来认为是错误的思想上的职业也一定使我们感到压抑。

这里，我们除了自我欺骗，别无解救办法，而以自我欺骗来解救又是多么糟糕!

那些主要不是干预生活本身，而是从事抽象真理的研究的职业，对于还没有坚定的原则和牢固、不可动摇的信念的青年是最危险的。同时，如果这些职业在我们心里深深地扎下了根，如果我们能够为它们的支配思想牺牲生命、竭尽全力，这些职业看来似乎还是最高尚的。

这些职业能够使才能适合的人幸福，但也必定使那些不经考虑、凭一时冲动就仓促从事的人毁灭。

相反，重视作为我们职业的基础的思想，会使我们在社会上占有较高的地位，提高我们本身的尊严，使我们的行为不可动摇。

一个选择了自己所珍视的职业的人，一想到他可能不称职时就会战战兢兢——这种人单是因为他在社会上所居地位是高尚的，他也就会使自己的行为保持高尚。

在选择职业时，我们应该遵循的主要指针是人类的幸福和我们自身的完美。不应认为，这两种利益是敌对的，互相冲突的，一种利益必须消灭另一种的。人类的天性本来就是这样的：人们只有为同时代人的完美、为他们的幸福而工作，才能使自己也达到完美。

如果一个人只为自己劳动，他也许能够成为著名学者、哲人、卓越诗人，然而他永远不能成为完美无瑕的伟大人物。

历史承认那些为共同目标劳动因而自己变得高尚的人是伟大人物；经验赞美那些为大多数人带来幸福的人是最幸福的人：宗教本身也教诲我们，人人敬仰的理想人物，就曾为人类牺牲了自己——有谁敢否定这类教诲呢?

如果我们选择了最能为人类福利而劳动的职业，那么，重担就不能把我们压倒，因为这是为大家而献身；那时我们所感到的就不是可怜的、有限的、自私的乐趣，我们的幸福将属于千百万人，我们的事业将默默地、但是永恒发挥作用地存在下去，而面对我们的骨灰，高尚的人们将洒下热泪。

当九十岁来临时[①]

◇ 奥利佛·文德尔·霍姆斯

奥利佛·文德尔·霍姆斯，美国最高法院陪审法官。他就任此职时将近九十一岁。这篇文章是电台为他庆祝九十寿辰而举办的讨论会上的发言。

此刻，沉默是金。生命行将结束，要表达个人感受并非易事。我只想谈一下作为一名听众的想法。骑手们并非一到终点就即刻停止，而是继续缓步向前，倾听朋友的欢呼，并告诉自己行程结束了。但能力尚在，人生之行程就永未结束。终点之后的慢跑并非止步不前，因为活着便不能如此。活着就要有所作为，这就是生命的真谛。最后谨以一句古老的拉丁格言与诸位共勉：死神不至，生命不止。

① 源自网络。

我为什么生活[①]

◇ 伯特兰·罗素

伯特兰·罗素 （1872—1970），哲学家、数学家、社会学家。著有《数学原理》、《西方哲学史》等。

三种单纯然而极其强烈的激情支配着我的一生，那就是对于爱情的渴望，对于知识的寻求，以及对于人类苦难痛彻肺腑的怜悯。这些激情犹如狂风，把我推到绝望边缘的深深的苦海上东抛西掷，使我的生活没有定向。

我追求爱情，首先因为它叫我销魂，爱情令人销魂的魅力使我常常乐意为了几小时这样的快乐而牺牲生活中的其他一切。我追求爱情，又因为它减轻孤独感——那种一个颤抖的灵魂望着世界边缘之外冰冷而无生命的无底深渊时所感到的可怕的孤独。

我追求爱情，还因为爱的结合使我在一种神秘的缩影中提前看到了圣者和诗人曾经想象过的天堂。这就是我所追求的，尽管人的生活似乎还不配享有它，但它毕竟是我终于找到的东西。

我以同样的热情追求知识。我想理解人类的心灵。我想了解星辰为何灿烂。我还试图弄懂毕达哥拉斯学说的力量，是这种力量使我在无常之上高踞主宰地位。我在这方面略有成就，但不多。

爱情和知识只要存在，总是向上导往天堂。但是，怜悯又总是把我带回人间。痛苦的呼喊在我心中反响、

① 选自《罗素思想小品》，庄敏、江涛编，上海社会科学院出版社1996年版。

回荡。孩子们受饥荒煎熬，无辜者被压迫者折磨，孤弱无助的老人在自己的儿子眼中变成可恶的累赘，以及世上触目皆是的孤独、贫困和痛苦——这些都是对人类应该过的生活的嘲弄。我渴望能减少罪恶，可我做不到，于是我也感到痛苦。

这就是我的一生。我觉得这一生是值得活的。如果真有可能再给我一次机会，我将欣然重活一次。

罗素在现代西方哲学界、逻辑学界以及社会政治领域享有极高声誉。

我的忏悔[①]

◇ 列夫·托尔斯泰

列夫·托尔斯泰（1828—1910），19世纪俄国最伟大的作家。代表作有《战争与和平》、《安娜·卡列尼娜》、《忏悔录》、《复活》等。

虽然我认为作家的职业是浪费时间，在过去的十五年里，我一直坚持写作。我尝到了作家职业的诱惑，尝到了大笔金钱报酬的诱惑，尝到了掌声的诱惑，我那微不足道的笔耕赢得了那些掌声，所以我屈服了，以此作为改善物质条件的手段，在我的心灵里，抹杀了那些关于我的生命意义、关于一般生命意义的问题。

在我的作品里，我赞成人们为自己、为家庭寻觅最安逸的舒适，人们应该这样生活，我以为这是唯一的真谛。

我就这样开始了生活，但五年前，奇怪的事在我身上开始发生了：起初，我刹那间陷入了迷茫，不久又陷入了生命的困惑，仿佛我不知道该怎样生活、该做些什么，我感到迷惘而沮丧。但事后，我照常像以前一样生活。后来，那些迷茫的时刻越来越频繁地重现，情形总是一样。生命的困惑永远表现在同样的问题中：“为什么？那么，然后呢？”

起初，我以为那只是漫无目的、不合时宜的问题。在我看来，似乎那已是家喻户晓的了，我若想寻求问题的答案，亦是轻而易举的事，——我没有时间顾及这些，若是我想的话，我会找到真正的解答。问题越来越

① 选自《沙漏·外国哲理散文选》，（比利时）梅特林克等著，田智等译，生活·读书·新知三联书店1998年版。

频繁地提出来，一如既往地要求解答，这些没有答案的问题就像落在同一个地方的污点，变成了厚厚的一块黑色斑污。

那里发生的一切，就像一个病人，体内患了致命的疾病。起初，只出现了难受的轻微症状，病人毫不留意；后来，这些症状越来越频繁地反复出现，瞬间就融为一种不可分散的痛苦。痛苦逐渐增强，病人还没来得及掉头回顾就意识到，他以为难受的，对于他是世界上最重要的事，那就是死亡。

在我，也发生着同样的事。我深知，那不是倏忽即逝的不舒服，而是生死攸关的事，那些问题若是三番五次地出现，就有必要寻得一个答案。我试图解答它们。那些问题看起来十分愚蠢、简单、幼稚。当我触及它们，试图解答它们的时候，我才相信：第一，它们不是幼稚和愚蠢的，而是生命中非常重要和深刻的问题；第二，不论我的尝试多么巨大，也不能解答它们。在照看我的翅果地产之前，在关心我儿子的教育之前，在埋头写作之前，我应知道我为什么那样做。只要不知道为什么，我就会一事无成。我不能生活。那时候，我酷爱农活，我脑海里会突然浮现出这样的问题："真不错，我控制着六千俄亩的翅果地产，我拥有三百匹马——那么，然后呢？"我完全失落了思想，不知道该思考什么。当我考虑孩子们的教育时，我问自己："为什么？"当我思索民众追求幸福的方式时，我突然问自己："那与我有何相干？"当我幻想我的作品将取得的名声时，我自言自语地说："很好，你的名声将超过果戈理、普希金、莎士比亚、莫里哀和世上的一切作家，——这有何裨益？"我绝对无法回答。那些问题并不等待，我不得不立即回答；否则，我就不能生活。

我感到脚下的大地消失了，我没有立锥之地，我生命的依托消失了，我没有生命的寄托……

当人们认为最完美的幸福包围着我的时候，这一切就发生了。我有一个善良、可爱、忠实的妻子，我有美丽的孩子，有一块很大的地产，不断地扩大，我没做任何努力。我受到邻居和朋友的尊敬，超过从前的任何时候，我受到陌生人的赞扬，我可以毫不自欺地认为自己名气很响。有了这一切，我并没有精神错乱，神经发狂，——相反，我完全能控制自己的思想和身体的机能，在我这般年纪的人是极少见的：我的身体能在田野劳动、收割，不会落在农民的后面；我的思想能够连续工作八至十小时，从未经受过因紧张而产生的恶果。正是在这样的情况下，我做出结论：我不能生活；我惧怕死亡，不得不欺骗自己，以免自杀。

我的思想状况是这样对我表述的：我的生命是某人对我玩的一个愚蠢而卑鄙的恶作剧。虽然我不承认“某人”是创造我的人，但是，有人把我送到了这个世界，这便是卑鄙而愚蠢的恶作剧。这样的思想自然地浮现在我的脑里。

我情不自禁地想到，在某个地方有人正幸灾乐祸地俯瞰着我，蔑视我，我生活了三四十年，身体和思想成长着，我学习着，发展着，现在，我的思想变强壮了，抵达了展现在我面前的生命顶峰，像一个十足的傻瓜那样站在顶峰上，洞烛了生命的空虚和未来的空虚。这正是那个人的玩笑——

有没有那个取笑我的人，于我无关紧要。我不能把任何明显的意义赋予一次行动或我的整个生命。这一切早已是众所周知的了。疾病和死亡迟早会折磨我的亲人和我，我们早已受到了折磨，我们将留下的，只有恶臭和蛆虫。不管我有何作为，也迟早会被人们遗忘，我自己也会丧失生命。我何苦忧虑这一切呢？人怎么能看不见那一点而生活呢——真是令人吃惊！人只有在沉醉的时候，才能生活；一旦清醒，就会情不自禁地发现，一切都是骗局，而且还是愚蠢的骗局！坦率地说，这毫无滑稽和巧妙可言，而是十足的残忍和愚蠢。

很久以前，流传着一个东方的故事，一个旅行者在草原上被一只狂怒的野兽吓呆了。旅行者为了逃脱野兽，跳入了一口无水的井，然而，他在井底看见了一条龙，张开血盆大口，想吞噬他。这个不幸的人不敢爬出井口，否则会被狂怒的野兽吃掉，也不敢跳入井底，否则会被巨龙吞噬，他抓住井缝里生出的野灌木枝条，死死地抓住不放。他的手越来越无力，他感到不久就会向危险投降，那危险正在井口和井底等候着他；他仍然死死地抓住灌木，看见两只一黑一白的老鼠，绕着他抓住的灌木主枝画了一个均匀的圆圈，然后从各方啃啮。灌木随时都会断裂垮掉，他随时也会落入龙的巨口。旅行者目睹着这一切，深知必死无疑；他死死抓住灌木的时候，看到灌木的树叶上挂着几滴蜜汁，他把舌头伸过去，舔舐那些树叶。正是这样，我抓住生命的树枝，深知死亡的巨龙必然正等着我，想把我撕成碎片，我真不知道为什么我会陷入这样的苦难。我试图舔舐那常给我快乐的蜜汁；然而，现在它不再给我欢乐了，黑老鼠和白老鼠不分昼夜地啃啮我抓住的树枝。我清楚地看见了巨龙，蜜汁也不再甜蜜了。我只看见那虎视眈眈的巨龙和老鼠，我不能移开视线。这不是无稽之谈，而是真实可信、不可争辩、能够理解的真理。

以前生命中那些欢乐只是弥天大谎，虽曾抑制过对巨龙的恐惧，现在再也骗不了我了。不管人们怎么劝我，说：“你不能领悟生命的意义，不要思索，生活吧!”我做不到，因为我已经好久不能这样做了。我情不自禁地凝望白天和黑夜，它们飞逝着，将我引向死亡。我只看见这点，这是唯一的真谛。万物都是谎言。

家庭的爱和作家的职业，这两滴蜜汁很早以前把我的视线引离了残酷的真谛，我曾经称它们为艺术，现在也不再甜蜜了。

“我的家庭——”我自言自语地说，“但是，我的家庭，我的妻子和孩子，他们也是人。他们也置身在和我完全相同的境况：他们必然在谎言中生活，或窥见那恐怖的真谛。他们为何要生存？我为何要爱他们，为何要保护他们、抚养他们、关心他们？是不是因为我的绝望，或单调的感觉？我爱他们，我就不能向他们隐瞒那真谛，他们认识的每一步都通向这个真谛。这真谛就是死亡。”

“艺术、诗歌？”很久以来，人们一直赞扬我，在这种成功的影响下，我试图说服自己，即使死亡会降临，毁灭一切，毁灭我的勋绩和对此的回忆，那也值得追求；然而不久我就发现，这也是骗局。我深知，艺术是生命的装饰，是生命的诱惑。但是对于我，生命已失去了一切魅力。那么，我怎么能去引诱他人呢？只要我没有生活在我自己的生命里，那么，我就漂浮在一种陌生生命的波涛上，只要我相信生命的意义，尽管我无法表达，——诗歌和艺术中映现的对生命的每一种描绘就会赐给我快乐，我就会高兴地在艺术这面小镜子里凝望生命；但是，一旦我开始寻觅生命的意义，一旦我感觉到有必要生活在自己的真实生命里，那面镜子就变得无用、多余而荒谬了，就变成了我的痛苦。我不能再用镜中的幻象自慰，我看见的只是我那愚蠢而绝望的境况。只要我在心灵深处相信生命的意义，我就能自得其乐。那时候，聚光灯下的戏剧就会给我乐趣——那是生命中或喜、或悲、或动人、或美丽、或恐怖的一切。但是，一旦我洞烛了生命的空虚和恐怖，那面小镜子里的戏剧就不再给我快乐了。一旦我看巨龙和啃啮我支柱的老鼠，那一切甜美的蜜汁对于我就不再甜蜜了……

在探索生命的疑惑时，我经历的感觉，就像森林里的迷路人所经历的一样。

他来到一个空旷的地带，攀上一棵树，清楚地看见了前面那片无垠的旷野；同时，他看不见一户人家，也不可能有；他返回了森林；返回了黑暗，他凝望着黑暗，那里也没有一户人家。

我在人类知识的森林里跌跌撞撞，蹒跚在数理科学和实验科学之间的旷野，我眼前露出了空旷的地平线，放眼望去，不可能有任何人家，我蹒跚在思辨科学的黑暗之间，那里，我走得越远，就陷入越深的黑暗，我终于相信，已经没有出路了，也不可能有。

在对劳苦大众的观察中，托尔斯泰发现了信仰的力量。在无数普通人中，存在着一种没有理性的直觉，它赋予生活以意义。信仰，让人变得坚定，变得善良。

我沉湎在知识的光明一面，才发现我只是把视线从疑问上移开了。不管展现在我面前的地平线多么诱人、多么空旷，不管沉浸在知识的无限里有多么诱人，我也醒悟了，这些科学越清楚，我就越不需要它们，它们就越没有解答我的疑惑。

“那么，”我对自己说，“科学坚持要认识的一切，我都通晓。但是，生命的意义这个问题没有答案。”我在思辨的领域里发现，尽管知识的目标就是解答我的问题，或者这么说，因为知识的目标就是解答我的问题，所以，除了我自己的答案以外，别无其他答案：“什么是生命的意义？”——“没有。”“我生命的未来如何？”——“一无所有。”“那存在的万物为何存在？我为何要生存？”——“因为它们存在。”

我向人类知识的一方面提问，我得到的无穷无尽的准确答案都是我不曾问过的：那些答案是群星的化学结构、太阳向赫尔克里斯星座的运动、人种的起源、无限微渺的形式、不可测量的以太粒子；我的疑问是生命的意义，而在知识领域里的答案总是：“你就是你的生命；你是瞬间即逝的、偶然的粒子团块。这些粒子的互相联系和变化就产生了那种你称为生命的东西。这种团块将会生存一段时间；然后，粒子的相互作用将停止，你的生命和一切疑惑就将结束。你是某种偶然凝聚的血球。这血球是骚动的。这血球的骚动就是生命。血球一旦溃散，一切骚动、一切疑惑就将结束。”这就是知识的清楚方面做出的解答，只要它遵循其原则，就不会做出别的解答。

这种答案似乎并未解答我的疑问。我想知道生命的意义，它却说生命是无限的粒子，这不仅毫无意义，而且还摧毁了一切可能存在的意义。

实验和精密科学思索那些朦胧的联系，它说生命的意义在于进化，在于和进化的合作，由于那些联系是朦胧而不精确的，所以不能算作答案。

知识的另一面是思辨的一面，只要它严格遵循其基本原则来直接回答这个问题，那么，无论何时何地，答案都是同一个："世界是无限的，是莫测高深的。人类的生活是深不可测的'一切'里的深不可测的部分……"

我在这种癫狂中生活了很长时间，这尤其是我们最开明、最博学的人的特征，不是在谈吐上，而是在行动上。令人欣慰的是，我对真正的劳工阶级怀有不可思议的、天生的爱，他们使我理解了他们，也使我发现，他们远非我们想象的那么愚蠢；令人欣慰的是，我虔诚地相信，我一无所知，我的最佳选择就是上吊，——我感到，假如我想生活，想理解生命的意义，我自然应该在那些逝去的或活着的芸芸众生里寻觅，他们的双肩承受着他们的生命和我们的生命；不是在那些丧失了生命的意义、渴望自杀的人群里寻觅。我回首凝视那些逝去的或活着的茫茫人海，——他们不是博学和富裕的人，而是纯朴的人，——于是，我发现了极大的差异。我发现，那些或生或死的芸芸众生并不符合我的分类，极少例外；我发现，我不能说他们不理解那个疑惑，因为，他们自问自答，清晰得令人吃惊。我也不能视他们为享乐主义者，他们的生命充满了贫困和苦难，没有欢乐可言。我更不能认为他们浑浑噩噩地消磨着他们那空虚的生命，因为他们体现着生命的一举一动，他们也体现着死亡。他们认为，自杀是最大的邪恶。如此看来，所有的人都懂得生命的意义，只有我否认它，蔑视它。理性的知识似乎并没有赋予生命意义，它排斥生命，芸芸众生、一切人类所赋予生命的意义栖息在一些受人蔑视的虚假知识里。

博学和聪慧的人所拥有的知识，否决了生命的意义，然而，芸芸众生、一切人类在非理性的知识中洞烛了生命的意义。这非理性的知识就是信仰，但是，我还是会情不自禁地拒绝。那是三位一体的上帝，是六天的创造，是魔鬼和天使，只要我神智清明，我就不会相信这一切。

我的境遇糟透了。我深知，在理性知识的大道上，除了生命的消亡，我将一无所获；而那里，在信仰里，除了理性的消亡，我仍将一无所获，这同生命的消亡相比，更不能令人容忍。从理性的知识可以看出，生命就是邪恶，人们也深知这点，——要不要结束生命，取决于他们自己，他们依然活着，也会活下去，虽然很久的从前我就洞烛了生命的空虚和邪恶，我也依然活着。从信仰可以看出，为了理解生命，我必须抛弃理性，而理性本身也需要一种意义。

这样就产生了一个矛盾，只有两种出路：或许我所说的理智远非我想象的那么理智；或许那看似非理智的远非我想象的那么非理智。于是，我开始反思自己的一系列思想，那是关于理性知识的思想。

反思那一系列理性知识的思想时，我发现那是非常正确的。生命空虚的推论是不可避免的，然而，我发现了一个错误。那错误就是，我的推理不符合我的疑问。我的疑问是："为什么我要生存？"即，"我那幻影般的、易毁灭的生命将产生什么纯真的、永不磨灭的精髓？在这个无限的世界上，我那有限生命的意义是什么？"为了解答这个疑问，我深深地思索了生命。

对一切潜在的生命疑惑的解答显然不能令我满意，因为，尽管我的疑问开始很简单，也有必要以无限阐释有限，或以有限阐释无限。

我问："什么是超越时间、超越原因、超越空间的生命意义？"我的回答是："在时间、原因、空间以内，什么是我生命的意义？"结果是，长时间的冥思苦想之后，我答道："毫无意义。"

沉思的时候，我总是把有限等同于有限，把无限等同于无限，我别无它法，于是不可避免地产生了这样的结论：力量就是力量，物质就是物质，意志就是意志，无限就是无限，虚无就是虚无，——绝不会产生其他结论。

实际上，严格的科学知识摈弃一切源于信仰的知识，那种知识始于怀疑一切，就像笛卡尔所做的一样，在理性和实验的规律上重建一切，除了我得到的答案之外，科学知识并不能对生命的疑惑做出其他解答，——那是一个含糊不清的答案。起初，科学给我的似乎是一个明确的答案，——那是叔本华的答案："生命毫无意义，生命是一种邪恶。"分析的时候，我才发现，这答案并不是明确的，这只是我的感觉所表达出来的。这种表述严格的答案，就像婆罗门、所罗门和叔本华所表述的一样，只是含糊不清的答案，或是一个恒等式，零等于零，生命是虚无。所以，哲学的知识不抹杀任何东西，只回答说，它不能解答这个疑问，对于哲学，这种解答仍是含糊不清的。

我一旦醒悟了这点，就会醒悟，在理性的知识里寻觅答案是不妥的，理性知识给我的答案只能表明，若以不同的方式提问，或许也能得到这个答案，但是，只有当无限和有限的联系被引入了这个问题时，才能获得。我深知，不管信仰给予的答案多么荒诞、多么无稽，那些答案也有长处，它们将无限和有限的联系引入了每一个答案，没有这种联系，便没有任何答案。

不管我怎么提问:“我该怎样生活呢?”答案总是:“遵循上帝的法则。”“我生命的真正结果是什么?”——“永远的痛苦或永远的狂喜。”“那死亡不能毁灭的意义是什么?”——“与无限的上帝融为一体,天国。”

在我看来,理性的知识似乎是唯一的知识,而在理性的知识之外,我必然会承认,一切众生都有另一种非理性的知识,那就是信仰,那是生命的寄托。

在我看来,信仰仍是非理性的,但是,我不得不承认,只有信仰回答了生命的疑问,所以,信仰是生命的寄托。

理性知识迫使我承认,生命毫无意义,——我的生命停滞了,我渴望毁灭自己。当我回首凝望人们,凝望一切人类,我发现人们正生活着,他们声称,他们深知生命的意义。我反顾自身:只要我领悟了生命的意义,我就活着。对于其他人、对于我,信仰赋予生命意义,信仰是生命的寄托。

我凝望异乡的人们,凝望那些同时代的人和逝去的人,我看见了同样的事情。自生命的伊始,哪里有生命,哪里的信仰就赐给人生命的寄托,信仰的主要特征在哪里都一样。

不管信仰的答案是什么,它的每一种答案都会将无限的意义赐予有限的人的生命,——那是痛苦、贫困和死亡所不能毁灭的意义。所以,我们只能在信仰中找到生命的意义和寄托。那么,什么是信仰呢?我深知,信仰不只是灵魂的踪迹,不是启示(这是对信仰征兆的唯一描绘),不是人与人的关系(首先应确定信仰,然后是上帝,而不是通过上帝来确定信仰),不只是同意“他”的所听所闻,信仰不是通常理解的那样,——信仰是人类生命意义的知识,所以,人们没有毁灭自己,而是活了下来。信仰是生命的力量。一个人活着,就有信仰。他若不相信应为某种理想而活,就不会活下去。不能洞烛那有限的幻影,他就会相信有限;洞烛了有限的幻影,他必相信无限。一个人没有信仰,就不能生存……

无限上帝的思想,心灵的神奇,尘寰人世与神的联系,心灵的和睦和生命、人类关于善恶的思想——这一切思想都隐伏在人类思想的无限里,没有这些思想,生命就不能存在,我也不能存在;但是,我抵制一切人类的一切辛劳,我希望按自己的方式,重新创造自己的崭新生命。

为了使芸芸众生能够生存,为了使他们能够继续生存,赋予生命意义,他们、那些芸芸众生,就应该拥有另一种真诚的信仰知识;不是因为我、所罗门、叔本华没有自杀,我们就相信信仰的生命,而是因为天下的众生曾经生存过,曾经把我们，我和所罗门，生在了生命的波涛上。

我开始在贫穷、纯朴和蒙昧的人们中设法结识有信仰的人：朝圣者、僧侣、异教徒和农民。茫茫人海之中，这些人的教义同我们那些伪信仰者宣称的基督教教义是一样的。基督教的真理也和许多迷信混淆在一起，不同的是：我们这个阶层的迷信纯属多余，没有和生命联系在一起，纯粹是一种伊壁鸠鲁式的享乐，而对于劳动大众中那些有信仰的人，他们的迷信已融入了他们的生命，没有这些迷信，那是不可设想的，——那是生命的必要条件。我仔细思索那些人的生命和信仰，越是冥思苦想，我就越相信，他们的信仰是真诚的，他们需要那种信仰，也只有那种信仰，才赋予生命意义，才是生命的寄托。在我们这个阶层，我看到人们没有信仰也能生存，一千个人里，几乎没有一个人声称他是有信仰的人，截然相反的是，在那些人里，一千个人中几乎没有一个不是有信仰的人。在我们这个阶层，我看到，我们的一切生命都消磨在懒惰、娱乐和生活的沉闷之中，截然相反的是，那些人的整个生命都是在艰苦的劳动中度过的，他们对生命感到满意。在我们这个阶层，我看到，人们因贫困和痛苦而反抗命运，埋怨命运，截然相反的是，那些人平静地接受疾病和悲哀，虔诚地相信，一切都是为了善，没有丝毫困惑和反抗。我们越聪明，我们对生命的意义就领悟得越少，我们就越能发现，我们的痛苦和死亡是一种恶劣的玩笑，截然相反的是，那些人生活、痛苦、走向死亡，宁静地领受苦难，欢乐地领受苦难。在我们这个阶层，平静的死亡、没有恐惧、没有绝望的死亡，极其罕见，截然相反的是，在大众之中，烦乱的死亡、反抗的死亡、没有欢乐的死亡，则极其罕见。他们丧失了一切，我和所罗门认为那一切是生命的唯一幸福，然而，他们却体验着无上的幸福，他们这种人多如恒河沙数。我极目四望。我思索茫茫人海中那些或生或死的生命，我看见了那些同样领悟了生命意义的人，他们懂得怎样生活和死亡，他们不是二个、三个、十个，他们是成百上千、成千上万、千千万万。他们的习惯、智力、文化和境况千差万别，他们迥异于我的无知，他们全都洞晓生命和死亡的意义，平静地劳动，承受着贫困和痛苦，他们生活，他们死亡，他们发现的不是空虚，而是幸福。

我开始热爱那些人。我越是洞烛了他们的生命，洞烛了那些或生或死的人的生命，洞烛了我所见所闻的那些人的生命，我就越热爱他们，我就生活得更轻松。我就这样生活了两年，我的灵魂已发生了变化，那变化很久以前就开始了，那变化的萌芽永远隐伏在我的灵魂里。我身上发生的一切就是，富裕和博学圈子里的生活不仅使我憎恶，而且丧失了一切意义。我们的一切行动、思想、科学、艺术，——这一切都在一种新的光明中浮现在我面前。我发现，那一切纯粹是欲望的放纵，毫无意义；但是，一切劳动大众的生命、一切人类的生命，都创造着生命，携它们的真正意义浮现在我面前。我发现，那就是生命本身，赋予这种生命的意义是真谛，于是，我欣然领受了。

我回忆起那些信仰是怎样引起我的反感，是怎样显得空虚的，那时候，那些自称有信仰的人，其生命违背了他们的信仰；我回忆起那些信仰又是怎样吸引我，又是怎样显得理智的，那时候，我发现人们的生命与他们的信仰是和谐的；我领悟了：为什么那时候我摈弃那些信仰，认为它们毫无意义，为什么现在我又接受那些信仰，认为它们满盈着意义。我深知我犯了错误，也深知为什么会犯错误。我的错误，与其说是因为我的思想错误，不如说是因为我的生活很糟糕。我深知，与其说那是隐瞒真谛的思想错误，毋宁说那是异常条件下的生命本身，我在欲望的享乐和满足中消磨着生命。我深知，我的疑问和答案都是非常正确的，疑问是：什么是生命的意义；答案是：生命是邪恶。唯一的错误是，答案提到的只是我的生命，而我提到的则是芸芸众生的生命。我自问，我的生命是什么，答复是：生命是一种邪恶、一种荒诞。坦率地说，我的生命——纵欲的生命——是荒谬的、邪恶的，所以，“生命是一种邪恶、一种荒诞”的答复，只涉及我的生命，而不触及一切人类的生命。我领悟了后来在《福音书》里发现的真理。“人热爱黑暗，而不热爱光明，因为他们的劳动是邪恶的。一切做恶的人都憎恶光明，不走向光明，否则他们的劳动会遭到谴责。”我发现，要理解生命的意义，首先生命不应是空虚和邪恶的，这样，我们才能用理智来阐释。我深知为什么我围绕着这个如此明显的真理徘徊了那么久，我深知，一个人若想思索生命，探讨生命，他就应该去思索和探讨那样的生命，而不是一些生命的寄生虫的生命。那个真理就像二加二等于四一样真实，但是我不承认，因为，承认二加二等于四，就是承认我很邪恶；感觉到自己的善良，对于我来说，比二加二等于四更重要，更必要。我开始热爱善良的人们，我憎恨自己，承认那个真理。现在，一切都昭然若揭了。

我们这一代人的怕和爱[①]

◇ 刘小枫

刘小枫 （1956—），中国人民大学教授、香港中文大学中国文化研究所名誉研究员，主要学术著作有：《拯救与逍遥》、《沉重的肉身》等。

一

巴乌斯托夫斯基的《金蔷薇》[②]初译本刊行于50年代后期。在那个只能把心酸和苦涩奉献给寒夜的时代，竟然有人想到把这本薄薄的小册子译介给没有习惯向苦难下跪的民族，至今让我百思不得其解。

也许，是由于俄罗斯作家巴乌斯托夫斯基的声誉显赫，也许，是由于作者声称，《金蔷薇》不过一部有关创作经验的札记，不管怎样，《金蔷薇》毕竟译成了中文，而且译得那么凄美，总有一天，人们会透过所谓"创作经验谈"恍悟到其中对受苦和不幸的温存抚慰和默默祝福这一主题。

前些日子，我收到翻译家戴骢先生寄来的《金蔷薇》新译本，他知道我非常喜爱这本书。新译本更名为《金玫瑰》，似乎只有这更加辉煌的从黑暗中生长出来

---

① 选自《这一代人的怕和爱》，刘小枫著，生活·读书·新知三联书店1996年版 。

② 《金蔷薇》是俄罗斯高尔基文学研究所文学教师、著名作家康·帕乌斯托夫斯基用小说、散文、笔记的形式写成的一部总结作家本人创作经验、研究俄罗斯和世界上许多文字大师的创作活动、探讨文学创作的过程和方法的美文集。文学大师用他别具一格的文笔气势磅礴而又精致入微地描绘了人类的美好感情和大自然的如画美景，使读者感受到作者优美的文学中所蕴含的衷心祝福，并因此而生发"自己生活在世界上是幸福的"这样一种美好的感觉。

的对人间不幸默默温柔的象征，才足以供奉在那座哭过、绝望过的耶稣受磔刑的十字架上。

从“译后记”中得知，摆在我面前的《金玫瑰》乃是作者临终前对《金蔷薇》做了全面修订和增删后刊行的本子。从中我发现，令人心碎的文字明显增多了。我暗自思忖，节中增补的有关勃洛克和蒲宁的文字，莫不就是作者自己的自画像？“我的罗斯，我的生命，我们将同受煎熬？……”这不但是诗人勃洛克的心声，也是巴乌斯托夫斯基的心声，是阿赫玛托娃、曼德尔斯坦姆、帕斯捷尔纳克、索尔仁尼琴等整整两三代饱经蹂躏的俄罗斯诗人的心声。只有无限崇敬十字架受难的灵魂，才唱得出这种为受难的爱而颤栗的歌。

巴乌斯托夫斯基在谈到蒲宁的一篇小说时这样写到：“它不是小说，而是启迪，是充满了怕和爱的生活本身”，这不也是整部《金玫瑰》的写照吗？《金玫瑰》不是创作经验谈，而是生活的启迪，是充满了怕和爱的生活本身。如果把这部书当作创作谈来看待，那就等于抹去了整部书跪下来亲吻的踉跄足迹，忽视了其中饱含着的隐秘泪水。

要读懂这部书，并不比那些高深莫测的人生哲学的玄论容易。只有品尝过怕和爱的生活的灵魂，才会懂得由怕和爱的生活本身用双手捧出的这颗灵魂。对于我来说，这无疑是一个过高的要求。

二

我第一次读《金蔷薇》，是在上世纪70年代初期。我们这一代人都会记得，那个时候，《金蔷薇》这样的书照例属于“封资修”名下的“黄色书籍”之列。一天，我躲在家里偷听辗转借到手的《天鹅湖》唱片，尽管我已听过无数遍，对“场景”中那段由双簧管奏出的凄美主题，我依然不能很好地理解。这时，一位脸色总是惨白的老姑娘无言地把《金蔷薇》递到我手里，那双默默无神的眼睛仿佛在借勃洛克的诗句告诉我：“这声音是你的。我把生命与痛苦注入它那莫解的音响。”

那时，我还不能恰当地领会这部书，甚至，那位泪水早已流干了的老姑娘为什么要把这部书递到我手里，我也不懂；要知道，她初恋的情人早在初恋中就被戴上右帽分派到大西北去了，她满含温情的泪水早已全部倾洒在那片干燥的土地上，同情、温柔、祝福与她有何相干！而《金蔷薇》的开篇就是默默祝福和牺牲自我的温柔主题！

每一代人大概都有自己青春与共的伴枕书。我们这一代曾疯狂地吞噬着《钢铁是怎样炼成的》和《牛虻》中的激情，吞噬着语录的教诲，谁也没有想到，这一切竟然会被《金蔷薇》这本薄薄的小册子给取代了！我们的心灵不再为保尔的遭遇而流泪，而是为维罗纳晚祷的钟声而流泪。这是两种截然不同的理想，可以说，理想主义的土壤已然重新耕耘，我们已经开始倾近怕和爱的生活。

《金蔷薇》竟然会成为这一代人的灵魂再生之源，并且规定了这一代人终身无法摆脱理想主义的痕印，对于作者和译者来说，当然都是出乎意料的。这无疑是历史的偶然，而我们则是有幸于这偶然。它使我们已然开始接近一种我们的民族文化根本缺乏的宗教品质，禀有这种品质，才会拒斥那种自恃与天同一的狂妄，禀有这种品质，才会理解俄罗斯文化中与被钉死在十字架上的耶稣一同受苦的精神，禀有这种品质，才会透过历史的随意性，从存在论来看待自己的受折磨的遭遇。

这一代人从诞生之日起，就与理想主义结下了不解之缘。然而，这代人起初并没有想到，理想主义竟然也会有真伪之分，这代人曾经幼稚地相信，神圣的社会理想定然会在历史的行动中实现。那些生活本来应该属于她们的少女们的生命，早已为此而埋葬在无数没有鲜花、没有墓志铭的一座座坟茔中；更为悲惨的是，从这些无可挽回的荒坟中发出的怯生生的呼唤已不能激发人们停下来悲哀地沉思，历史竟然要求我们忘却；似乎，历史的要求无论多么蛮横无理，也是客观必然，是人就得屈从于它的绝对权威的脚下。

巴乌斯托夫斯基在谈到勃洛克时，对叶赛宁的诗句“已经到了收拾起必将朽烂的什物上路的时候了”提出异议，在巴氏看来，世上也有永远不会成为“必将朽烂的什物”的东西，它会永远和人们厮守在一起。我们知道，一切都“必将朽烂”正是那种被称之为历史理性主义的理想哲学的绝对律令。历史理性与神性的永恒水火不相容。我们究竟要用多少没有鲜花、没有墓志铭的荒茔，才会堆砌起一种恍悟：历史理性不过是谎言而已！

巴乌斯托夫斯基说的“永远也不会成为必将朽烂的什物”的东西，指勃洛克那些陪伴人们捱过漫漫长夜的诗篇，要知道，这是贯注着生命与痛苦的莫解的音响，是懂得怕和爱的生活的灵魂所听命的催人肠断的声音。《金蔷薇》流入这一代人的心中，使其“天生”而来的理想主义得以脱胎换骨。真正的理想应是对受苦和不幸的下跪，应是懂得怕和爱的生活本身高于历史理性的绝对命令，应是奔向前去迎候受难牺牲者基督的复活。

“我们总是过迟地意识到奇迹曾经就在我们身边”，这是巴乌斯托夫斯基提到的勃洛克的诗句。我们这代人曾误解过奇迹，听信过伪造的奇迹。实际上，奇迹从来就只有一个，那就是十字架受难中所显示的奇迹。它昭示给我们的是关于怕和爱的生活的奥秘。理应明白，我们过迟地意识到奇迹曾经就在身边，否则，不会直到现在才开始学习怕和爱的生活。

三

怕和爱的生活本身还需要学习吗？

如果不需要学习，那么为什么我们长久以来都不知道怕和爱的生活本身高于历史理性的绝对命令呢？

学会爱的生活是可以理解的，学会怕的生活，的确让人费解，对我们民族来说，它过于陌生了。确实，怕的意识纯然是某种民族文化的异质因素，但却纯然不是人的异质因素。

这一代人曾因“天不怕、地不怕”而著称，不怕权威、不怕“牺牲”、不怕天翻地覆、不怕妖魔鬼怪。谁也没有想到，这一代人竟会开始学会怕。怕什么呢？

不怕什么。怕不过是一种精神素质，而绝非一般心理学所说的心理形式。为明确我所说的“怕”，至少得做出三个层次上的区分。首先，一般所说的“怕”，是指对某一具体对象和处境的畏惧心理，这种怕与我所说的“怕”毫不相干；另一种怕是指面临虚无的畏惧心理，克尔凯戈尔和海德格尔相继深入论涉过这种怕，并把它与前一种怕区别开来。这种“怕”已接近我所说的怕，但还不就是我所说的那种怕。我所说的那种怕与任何形式的畏惧和懦怯都不相干，而是与羞涩和虔敬相关。这种怕将那永恒神圣的天父藏匿于自身，所以不是面临虚无之畏惧。只不过，从对虚无的畏惧可能感受到圣经中所昭示的这种怕。因为，当人面临虚无时，也许会翻然悔悟其自身的渺小和欠缺，进而承纳神灵于自身。以羞涩和虔敬为质素的怕，乃是生命之灵魂进入荣耀圣神的虔信的意向体验形式。

巴乌斯托夫斯基的一段话令我回味再三：

在感于《金蔷薇》对这一代人的深远影响，我曾多次将它推荐给新一代的青年。他们的反应往往让我失望。的确，他们“不理解也不愿理解”怕的生活。我常想，倘若这一代人学不成怕的生活，这片土地恐怕会永远与“怕”无缘了。

四

在相关的场合，“怕”往往被译成“畏”、“畏惧”，这当然品味有减。问题是，我们终于道出了“怕”，这确让人惊喜。

在一次学术会议上，我碰见戴骢先生，他译的蒲宁早就使我为之倾倒。这次我一见面就问：这个“怕”字你是怎么译出来的？他腼然一笑，没有作答。

翻译之甘苦，事者皆知。但我以为，对译者的要求，除外文功夫及中文修养外，很重要的一点在于译者的前理解。例如，没有需要相当经历来积累的素养，这“怕”字就译不出来。

前理解不但规定了译文的品性，而且还规定着译本的选择定向。而这后一个问题则举足轻重。

文化的修复，与翻译有不解之缘。西方文化史上的几次大的文化修复运动，都与翻译——文化传输有关。中国文化史上有两次大的翻译“运动”，一次是晋末至隋、唐的佛典翻译，另一次是现代以来的西学文典翻译。前一次翻译“运动”传输进来的文化，从质地上讲，与中国文化是相契的。而第二次翻译所传输的西文化，在诸多性质方面，都与中国文化的品性相异。这样，对译者的前理解的要求，绝非只是表词达意的问题，更是选择、传输什么的问题。它直接关系到新文化的路向，甚至关系到个体生命的命定。

“五四”以来，西典的选译日渐趋多，可回想起来，从古至今真正体现了西方文化的真精神的著作，又有多少译介过来了呢？看来，“五四”一代在译事上的前理解颇成问题，否则，“四五”一代无需花大力气从头做起。

“五四”以来，中国文人对俄国文化的译介占比重相当大，似乎，对俄罗斯文化了解最多。实际恰好相反，中国文人对俄罗斯文化根本谈不上了解。他们得知的大都是与俄罗斯文化精神相悖的东西，是产生于19世纪下半叶的虚无主义思潮的惑人货。

前理解从哪里得来？从遭遇中得来。这一代人为《带阁楼的房子》流泪，为索妮娅的苦难流泪，为灵魂的复活流泪。从此我们的心开始与蒲宁、帕斯捷尔纳克、茨维塔耶娃、阿斯塔菲耶夫、艾特玛托夫的心一起跳动。

尽管如此，我们离这些俄罗斯魂的源头还相当遥远。例如，不逃离备受苦楚和屈辱的俄罗斯苦难大地，与“阴悒的农舍、哀歌以及灰烬和莠草的气息”同命运的俄罗斯基督宗教精神，我们就还没有学成。

五

由于伪理想主义的歪曲，人们已经对理想主义本身丧失了忠信。可是，这一代人却始终不能摆脱《带阁楼的房子》和《夜行的驿车》中散发出来的理想的温馨，它表达出这代人从苦涩中萌生的对神圣的爱之渴慕的深切体认。

前不久，一位青年画家来访，他是我的同乡，也是同龄人。他把自己获国际青年画展奖的作品给我看。从题为《我的故事》的组画中，我一眼就感受到其中隐含着的那种俄罗斯特有的病恹恹的美和哀歌般的爱。我们的话题马上转到对俄罗斯精神的共感上来。他情不自禁而且迫不及待地给我背诵《夜行的驿车》末尾那一大段令人心碎的文字。当他诵出“全维罗纳响彻着晚祷的钟声”时，他的眼睛湿润了。

可是，在他的作品中，我同时也发现不少以冷漠、荒凉、被弃、孤单的感觉为题的作品（《轮椅》、《密室》），这些作品曾引起更为广泛的共鸣。

令我深思的是，这两种截然不同的感觉在我们这代人身上何以结合在一起了。无论如何，这种结合是这一代人的感觉结构上的特征。新的理想主义命定只有夹缝中的地位，它不过是荒漠上的一线惨淡的光。

爱在这个世界的自然构成中显得没有力量。安徒生为了想象中理想的爱而失落了现实中的爱，因为现实中的爱最经受不住摧残。“只有在想象中爱情才能天长地久，才能永远围有一圈闪闪发亮的诗的光轮。看来，我虚构爱情的本领要比在现实中去经受爱情的本领大得多。”但是，愈是想象中的、理想的东西，愈没有力量，为了爱的实现，就应当让想象让位给现实。这是一个何等悲惨的悖论！在这悖论面前，人们很容易向现实俯首就屈，最终把爱判为“无用”的对象。

索洛维约夫和舍勒尔这两位俄罗斯和日耳曼的基督宗教思想家，都一再申诉过精神性的东西、爱的力量的孱弱。精神之为精神就在于它全然不具有任何强力，它原本天生无力；问题在于，是否应该因此而否弃精神和爱，把决定世界的意义形态的权利拱手交给所谓永远有力量的现实历史法则！回答是一个坚定的“否”！生命的意义就在于把自身的强力奉献给精神性孱弱的爱。

与此相关，我们可以领会到耶稣十字架受难的意义，它的启示在于：爱的实现是与受苦和牺牲联系在一起的，这是爱在此地此世的必然遭遇。

当代意识礼赞的是生命的赤裸裸的强力，怂恿生命自持强力超逾于神圣之上。迄今，这两种意识力量仍在这一代人的同一颗灵魂中搏斗着。我们有可能再次失落怕和爱的生活本身，如果我们不决意倾听那从受难的十字架上发出的怕和爱的呼唤的话。

无论如何，这一代人毕竟对俄罗斯精神一往情深。新的年轻一代与俄罗斯精神没有患难之交，因而与之隔膜不难理解。

近代文化为封建文化的反动，以一百年迈动一步的艰难步履由西向东渐进：文艺复兴、法国启蒙运动、德国古典文化运动、俄国文化精神运动，一步更比一步艰难，命运一个更比一个悲惨。只是，精神的牺牲毕竟换来了用血和泪浸泡出来的文化，尤其是17—18世纪之交的启蒙文化。18—19世纪之交的德国超验文化和19—20世纪之交的俄国受难文化。宗教、哲学、艺术、政治诸形态，在基督精神和理性精神的双重变奏中开出了无数金色的蔷薇。

如今，起步于西端的神性文化精神的脚步已踏入远方古老的东方王国，已有种种迹象表明，在这古老的王国里，20—21世纪之交会出现一场文化精神的聚生，这大概是近代文化东进的最后一步。

问题是，我们能自信这场必将到来的文化聚生肯定会是我们的文化精神新生吗？能肯定它会像英法、日耳曼、俄罗斯民族那样，为世界文化贡献出“永远也不会成为必将朽烂的什物”的精神吗？

我不抱希望。文化精神运动也有失败的先例，起码文明古国自身就有过不少。文化精神的创造有赖于文化精神创造者的品质。对我们来说，精神品质则有待于脱胎换骨。不管怎么说，怕和爱的生活本身我们尚未学成，晚祷的钟尚未响彻华土，理想与受难的奇妙关系我们尚未寻到。就此而言，重温《金蔷薇》恐怕仍为一门功课。

贝多芬传[1]

◇ 罗曼·罗兰

罗曼·罗兰 （1866—1944），法国思想家，文学家，批判现实主义作家、音乐评论家和社会活动家。

“竭力为善，爱自由甚于一切，

即使为了王位，也不要忘记真理。”

——贝多芬（1792年手记）

贝多芬看起来比较矮小、圆实，生来就是一副运动员的骨骼。他的脸看上去宽宽的、总是带着土红色，额角隆起，头发异常的乌黑、浓密。最值得注意的是他的那双眼睛，他的眼中总是有一种奇异的威慑力，使所有见到他的人都被震慑住；可是这双眼睛深陷下去，很小，只有当兴奋或愤怒的时候才张大起来，让人感受到眼睛背后的灵魂上的起伏；这双眼睛又是忧郁的，他总是用那忧郁的目光凝视着天空。贝多芬的鼻子又短又方，就像狮子的鼻子一样。他有着一张细腻的嘴巴，可是下嘴唇比上嘴唇向前突出。他的牙床非常结实，好像可以轻易地咬开一个坚硬的核桃。他的整张脸有些古怪，但是，据他的朋友莫西斯说：“他的微笑是很美的，谈话之间总是一副很可爱而且令人感到愉悦的神情。不过，他的笑却也是粗野的、难看的，并且总是稍纵即逝。”他是一个不习惯于欢笑的人。忧郁是他最通常的表情，那是一种无法治愈的内伤。在他临死之前，他总

① 选自《名人传》，（法）罗曼·罗兰著，徐展改编，上海人民美术出版社2006年版。

是喜欢坐在一家酒店的墙角里，独自一人抽着长烟斗，紧闭着双眼。他的脸色变化无常，时而平静，时而肌肉抖动、眼睛暴张，非常可怕，就像莎士比亚剧中的李尔王。

他的全名叫鲁特维克·范·贝多芬，1770年12月16日生于科隆附近蓬恩的一所破旧小屋的阁楼上。他出身于夫拉芒家族，一个音乐世家。他的祖父叫鲁特维克，二十岁时来到了蓬恩，做了当地的乐长；他的父亲是一个男高音歌手，不聪明又喜欢酗酒；贝多芬的母亲是一个女佣，一个厨子的女儿，最初嫁给了一个男佣，丈夫死了之后才改嫁给贝多芬的父亲。

命运似乎是有意地捉弄他，贝多芬从一出生就开始了他与命运的抗争。父亲想开拓他的音乐天分，总是把他当做神童一样四处炫耀。四岁的时候，父亲就让他整天坐在洋琴前，或者是把他和一把提琴一起关在屋子里。父亲总是用暴力迫使贝多芬学习。十一岁时，贝多芬加入了戏院的乐队；十三岁时，他当上了大风琴手。他总算不厌恶音乐，这是非常幸运的事了。1787年，贝多芬的母亲因为肺病而去世了，这对年轻的贝多芬是一个沉痛的打击；而且他一直以为自己也染上了与母亲同样的病，他时常感到痛苦，从这时起，一种对人生的莫名的忧郁开始折磨他的精神和肉体。十七岁的时候，贝多芬做了一家之主，负责对两个兄弟的教育；他甚至不得不羞愧地要求他的父亲退休，因为他的父亲因为酗酒而不能主持家事，人家甚至怕他父亲挥霍，连父亲的养老金都要他来领取。这在他的心里留下了深深的创痕。为了维持生计，他找了一份家教，由此，他遇到了让他珍视一生的伯洛宁一家。这个家族中有一个比贝多芬小两岁的可爱的女孩，叫爱来欧·特·伯洛宁，贝多芬负责教她音乐和诗歌。他俩成了最要好的童年伙伴。后来，爱来欧嫁给了魏盖勒医生，他也成为了贝多芬的人生知己。直到最后，他们一直保持着最纯洁的友谊。

尽管贝多芬的童年非常悲惨，可是他对于生于斯长于斯的故乡，永远有着一种美丽而凄凉的回忆。后来他离开了蓬恩，来到了维也纳，他几乎一生都住在这里，可是，他却从没有忘记莱茵河畔的故乡。莱茵河仿佛一个人流淌的灵魂，给了他无穷的思想和力量，他亲切地称莱茵河为“父亲”。这儿是他漂泊心灵的栖息地，他无数次地在梦中回到故乡——和风吹拂的草原、白雾笼罩的白杨、浓密的树林，还有村落、教堂、墓地、远远的山峰在蓝色的天空中勾画出冷峻的身影。贝多芬在给朋友的信中曾经说：“我的家乡，我出生的美丽的地方，在我眼前总是那样的美、那样的明亮。”

1789年，法国大革命爆发了，很快就席卷了整个欧洲，同样大革命也占据了贝多芬的心。当时，贝多芬刚进入蓬恩大学学习，在那里他接受了新思想。1792年11月，正当战事蔓延到蓬恩的时候，贝多芬离开了故乡，来到了音乐首都维也纳。在这期间，贝多芬一直受着爱国情绪的影响。1796年和1797年，贝多芬把弗雷特堡的战争诗谱成了两首音乐作品：《行军曲》和《我们是伟大的德意志民族》。尽管他在爱国情绪的影响下讴歌了大革命的敌人，可是，在事实上，贝多芬已经强烈地受到了大革命思想的影响。从1798年开始，虽然奥地利王国和法国的关系非常紧张，贝多芬仍然和许多法国人来往，甚至包括在大革命期间战功显赫的培拿陶德元帅。与这些人的交往，使得贝多芬越来越拥护共和，这种倾向在以后的生活中得到了更有力的发展。

此时的贝多芬越来越意识到自己的志向所在，越来越感觉到自己身上蕴藏着一种无穷的力量。可是，也就是在贝多芬开始对生活充满信心的时候，命运的魔爪已慢慢地伸向他。1796年至1800年，他的耳朵日夜地鸣响，听觉越来越衰退。在好几年内，他一直瞒着家人，对最好的朋友也不说；他避免与人交谈，使得他的残废不被别人发现；他独自承受着这个秘密，心理上的痛楚越来越让他难以忍受。到了1801年，他把这件事告诉了两个朋友：魏盖勒医生和阿芒达牧师。

在给魏盖勒的信中，他这样写道：

> 我过着一种悲惨的生活。两年以来，我一直受着耳朵的折磨，我要尽量避免一切社会交往活动，因为，我不能够跟人家说：“我是个聋子。”如果我干的是别的职业的话，如果我没有在音乐界工作的话，我也许可以这样说。但不幸的是，我恰恰就在这个行当里生活。如果让人们知道了我是一个聋子的话，他们还会再相信我的音乐才能吗？他们还会再去听我的音乐作品吗？我的敌人们又会如何想呢？我真是不敢想象这些可怕的后果！在戏院里，我得坐在离乐队最近的地方，才能懂得演员说的什么。如果我稍微距离远一些，我就会听不见乐器演奏和歌唱的高音。人家柔和地说话时，我还勉强能听到一些，但是，我只能听到一些声音，却听不到他们到底在说些什么；如果人家高声叫喊，我简直是痛

不欲生。我经常诅咒造物主为什么这么惩罚我，为什么要我承受这样的灾难。普洛塔克要我学会忍耐，可是，我却要向我的命运挑战。我想到乡下住上六个月，这也许会对我有些好处。您瞧，面对病魔，我竟然逃到乡下去了，多么可怜啊！可是，除此之外，我别无选择。

这种悲剧式的愁苦，在贝多芬当时的一些作品中有所表现。人在孤独和伤心的时候，总是喜欢回忆起以前生命中的快乐时光；当“现在”太痛苦时，就生活在“过去”中。独自一人在维也纳遭受折磨的时候，贝多芬便隐匿到对故乡的思念中，那个时候创作的《七重奏》和《第一交响乐》便流露出对莱茵河畔的思念。

在这些痛苦之外，还有着另一种痛苦——来自爱情的痛苦。贝多芬的心灵里多少有些清教徒的气息，对于爱情，他总是怀有一种神圣而又纯洁的观念，这样的一个人注定会成为爱情的牺牲品。他的确如此。他不断地钟情于人，如痴如醉地为之倾倒，他不断地梦想着幸福，可是幻想总是不停地破灭，随后就是痛苦的煎熬。贝多芬的创作灵感也许可以从这种时而热爱、时而反抗的感情轮回中去找寻。

1801年，他与一位名叫绮丽爱苔·奇雀尔迪的姑娘恋爱了。这给他那封闭而痛苦的生活带来了一些变化，他和别人的交往也多起来了。贝多芬深爱着这位姑娘，可是这段爱情却让他付出了很高的代价。首先，这段爱情使他格外在意自己的残疾，使他无法娶他所爱的人。其次，绮丽爱苔风骚而又自私，这使得贝多芬非常地苦恼。1803年11月，绮丽爱苔嫁给了加仑堡伯爵。随后，她还利用与贝多芬从前的情爱，要求他来帮助他的丈夫。贝多芬立刻答应了。他在1821年和兴德勒会面时的谈话手记中写道：

她到维也纳来找我，一边哭着，但是我瞧不起她。这样的爱情对善良的心灵是一种摧残。

像贝多芬那样，在心灵已被疾病折磨得千疮百孔的时候，爱情的狂乱又把它带到了毁灭的悬崖边。他处于绝望的苦闷之中，甚至把给兄弟的信写成了遗嘱，上面写着：“等我死了以后再拆开”。他似乎已经到了生命的尽头。

可是他最终还是没有选择死的道路，这全靠他那坚强的道德情操的支持。在给兄弟的遗嘱中，他写道：

> 用最美好的道德情操教育你们的孩子，永远要记住这一点：使人得到幸福的是美德而不是金钱。这是我的经验之谈。在患难中支持我的是道德，使我没有自杀的，除了艺术之外也是道德。

在1810年5月给魏盖勒的信中，贝多芬又写道：

> 假如我不知道一个人在完成善的行为之前就不该结束生命的话，我早已不在人世了。如果我能够痊愈的话，我愿意拥抱整个世界!我感觉我的青春不过才刚刚开始而已。近来，我的精神好多了，我感觉我已经看到我人生的目标，我每一天都在向它靠近。能把人生活上千百次，那是多么美丽!

贝多芬坚毅的天性使他在命运的磨难面前没有屈服。他又重新站了起来，在人生的道路上继续前进。

这爱情，这痛苦，这意志，这时而沮丧时而自信和骄傲的转换，这些内心的悲剧，都反映在1802年的作品中。贝多芬渴望幸福，渴望爱情，他不相信自己已经到了无可救药的地步，贝多芬对未来充满了希望。

也就是在这段时间里，拿破仑也正在继续着他征服欧洲的进程，大革命也已经临近维也纳。贝多芬一直被它煽动着，为它而激动着，他很高兴地与亲友谈论着政局，对于局势的发展做出犀利的判断。贝多芬把他所有的同情都给了革命党人。在他生命的晚年，最熟知他的兴德勒说："他爱共和的原则。他主张无限制的自由与民族的独立……渴望法国实现普选，希望波拿巴建立起这个制度来，替人类的幸福奠定基石。"贝多芬在这段时间创作的音乐作品中有着许多强烈的进行曲和战斗的节奏。1804年，贝多芬创作了《英雄交响乐》。这是以波拿巴为题材并专门为献给他而写的，在最初的手稿上还写着"波拿巴"这个题目。但是，在这期间，贝多芬获悉了拿破仑称帝的消息之后，他大发雷霆，嚷道："那么他也不过是一个凡夫俗子!"愤慨之下，他撕去了题献的词句，换上了一个含有报复意味而又非常耐人寻味的题目："英雄交响乐——纪念一个伟人的遗迹"。1809年，拿破仑的军队已经驻扎到了逊波罗，并在这里与奥地利王国签订了维也纳条约。贝多芬的寓所离维也纳的城堡很近，拿破仑攻克维也纳的时候曾经炸毁城墙。贝多芬看到的是一种残垣断壁的悲惨景象，他开始痛恨拿破仑军队的野蛮，开始厌恶这些所谓的法国征服者。

1806年5月，贝多芬和德兰斯·特·伯伦斯维克定了婚。这位姑娘很早就爱上贝多芬了。贝多芬刚来到维也纳的初期，和她的哥哥朗索阿伯爵成为了朋友，当时，德兰斯还是一个小姑娘，跟着贝多芬学钢琴。贝多芬经常在伯爵家里为兄妹俩弹奏钢琴，每当这个时候，德兰斯和哥哥都会静穆地肃立在贝多芬的身旁，感受着他音乐里特有的神秘的庄严气息。从那时起，德兰斯就已经爱上了这个给人一种独特感觉的音乐天才。在经过朗索阿伯爵的同意后，德兰斯就和贝多芬订了婚。爱情再一次让性格激昂的贝多芬平静了下来。这段时间里，他兴致一直很好，心灵也很活跃，待人接物都很彬彬有礼，对于讨厌的人也能够忍耐了，穿着非常讲究，而且他还巧妙地不让大家觉察到他的耳聋。爱情是美好的，受着它的滋润，贝多芬的天才结出了最丰满的果实：《第四交响乐》就像一朵纯洁的花，《第五交响乐》则像一出古典的悲剧，而《田园交响乐》则像一个夏日的梦。他还从莎士比亚的《狂风暴雨》感悟创作了《热情奏鸣曲》，献给他深爱着的德兰斯。可是这段美好的爱情只持续到了1810年，婚约解除了。没人知道是为什么，也许是因为没有财产，或是因为地位的不同；也许是人家要他长时间地等待，要他为这段爱情保守秘密，而贝多芬不甘屈辱而反抗；也许是因为他那暴烈、多病、憎恨人类的性情，在无形之中使他所爱的人感到了为难，而他对此也感到了绝望，尽管他们彼此一直都深爱着对方。

爱情把他抛弃了。1810年，贝多芬又变成了孤独的人。可是，时光已经变迁，此时的贝多芬已经有了一定的影响力，风光的日子也来临了，甚至于王公大臣们对他都很尊敬。失去了爱情的贝多芬感到已经没有什么可畏惧的了，也没有什么需要敷衍的了。对于社会，对于习俗，对于别人的意见，他统统不予理睬。贝多芬开始变得更加地暴烈和狂妄。他感到在他的身体里有一种不可抑制的力量在左右着他，只有把它释放出来，他才会感到快乐，才会感到自由。

1812年，贝多芬在脱帕雷兹遇到了大诗人歌德。歌德很早就听说了贝多芬，也曾想法子认识他，贝多芬也非常佩服歌德的才华。但是他过于自由和过于暴烈的性情不能和歌德的性格相融合，而在散步过程中发生的一件事情却更让贝多芬看到了与歌德的巨大差异。他们两人在回来的路上遇到了王公贵族。他们远远地看见时，歌德就挣脱了贝多芬的手臂，站在大路的一旁，深深地弯着腰，把帽子拿在手里，等候着皇室成员的经过，而贝多芬却独自向歌德说着他想说的话；看到歌德那个样子，贝多芬按了按帽子，扣上外衣的纽扣，背着手径直朝最密的人丛中撞去。亲王与近臣密密层层的，太子鲁道夫向贝多芬脱帽致敬，皇后向他打招呼，那些大臣们也都认识他。贝多芬故意看着这群人马在歌德面前经过，事后，贝多芬还毫不客气地把歌德教训了一番。这让当时任魏玛大公枢密参赞的歌德永远不能原谅他，而贝多芬却不以为然。他在歌德面前炫耀着自己的高尚和伟大，藐视着王公贵族的世俗和渺小。他在信中曾经说道：

> 君王和公卿完全可以造就大批的教授和参赞，尽可以赏赐给他们各种头衔和勋章。但是，他们不能造就伟大的人物，不能造就超凡脱俗的心灵。而当像我和歌德这样两个人在一起时，这些君侯贵胄们应当感到我们的伟大。

这就是当时的贝多芬，一个桀骜不驯的人。

这个时期，贝多芬创作了《第七交响乐》和《第八交响乐》。在这两部作品里，贝多芬任由他思想的野马在音乐的草原上自由地驰骋，肆无忌惮地表现着象征自由的力量。《第七交响乐》单纯为了娱乐而创作，整个的曲调就像一条河流欢快地向四处流淌泛滥，或者就像是一场酒神的宴会。《第八交响乐》虽然没有这样夸张的表现，但也有力士般的刚强和儿童般的任性。

1812年，拿破仑进攻俄国失败而归。1813年，奥地利王国兴讨法国，不久普鲁士接踵而至。贝多芬受着战争的影响。1814年初，贝多芬创作了一首战士的合唱曲：《德意志的再生》；1814年11月29日，他在许多君王面前指挥了一支爱国歌曲：《光荣的时节》；1815年，他为攻陷巴黎谱写了一曲合唱：《大功告成》。这些顺应时事的作品，比他的其他任何作品都更能增加他的名声。1814年是贝多芬最辉煌的时候。在维也纳的会议上，人们把他看做欧洲的光荣。他在庆祝会上非常地活跃，亲王们也向他致敬。

但是，幸运的顶点往往也是悲剧的开始。

事实上，维也纳从未对贝多芬有过什么好感。像他那样一个个性激昂的天才，在如此轻佻浮华的城市中是不会长久立足的。1809年，贝多芬很想离开奥地利，到拿破仑弟弟的宫廷里去，那里条件十分优越。1809年，维也纳的三个富有的贵族：贝多芬的学生鲁道夫太子、罗伯高威兹亲王、凯斯基亲王，答应每年给他四千弗洛令，要他留在奥地利。可是，不幸的是这笔津贴并没有完全兑现，后来甚至完全停止了；而且从1814年维也纳会议开始，维也纳也把关注的目光从艺术移到了政治方面，音乐的时尚也被意大利风格占领了，贝多芬成了迂腐的象征。贝多芬的朋友和保护人也是分散的分散，逝世的逝世：凯斯基亲王死于1812年，罗伯高威兹亲王死于1816年。贝多芬也和他童年的朋友——爱来欧的哥哥吵翻了。从此他又孤独了。1816年，他在笔记中写道：

没有朋友，一个人孤零零地在这世界上。

他的耳朵也完全聋了。从1815年秋天开始，他只能用笔来代替口与人交流。1822年，有一次，贝多芬要求亲自指挥演奏。可是，他根本听不见台上的歌唱，他把节奏延缓了许多，结果当乐队跟着他的指挥进行时，歌手却已提前唱出了另一段歌词。整个局面都混乱了。另一名乐队指挥提议休息一会儿，并和歌唱者低声交换了几句话之后又重新开始。这次，同样的事情又发生了，不得不再休息一次。贝多芬开始不安起来，他不知道到底发生了什么事，没有一个人告诉他。这时他突然用一种命令式的口吻把兴德勒叫了过去。贝多芬让他把谈话写下来，兴德勒便写道："请您暂时停下来，等回去之后我再告诉您事情的原因。"贝多芬看了之后，当即跳下舞台，大声喊道："快走!"他一口气跑回家中，进了家门就一动不动地倒在床上，双手紧捂着脸，就这样一直到吃晚饭的时候。吃饭时，他一言不发，脸上带着一种痛苦的表情。饭后，贝多芬把兴德勒留住，说他不愿意一个人在家中。后来，贝多芬还要求兴德勒陪他去看耳科医生。这也许是他一生中最痛苦、最伤心的一天。两年以后，1824年5月7日，当他指挥《合唱交响乐》时，他完全没有觉察到全场的喝彩声，直到一个女歌手牵着他的手面向听众时，他才突然看见全场起立，挥舞着帽子，向他鼓掌致敬。

孤独的贝多芬与世人隔绝着，隐匿在自己的内心世界里。这个时候，他开始把自己投向了大自然的怀抱。他热爱花草、树木、田野、云彩，只要是属于大自然的，他都热爱。在维也纳的时候，他每天都要沿着城墙兜一圈。在乡间，从黎明到黑夜，他独自一人在野外散步，不戴帽子，顶着太阳，冒着风雨。他在完全地感受着大自然。也许只有大自然才可以抚平他那骚乱的精神世界。

不仅如此，他还要为了生计而奔波，被金钱弄得疲惫不堪。1818年的时候，他差不多到了行乞的地步，可是他还得装作生活并不困窘的样子。他为了要换取面包不得不拼命地创作，这对他来说是一件再痛苦不过的事了：他往往不能出门，因为他的靴子已经破得露出洞来了；他欠了出版商很多的债，可是他的作品又卖不出钱来。每写一首曲子，他都要花费三个月的时间，可是，他创作的三十多首曲子只给他挣来了三十到四十杜加的钱。嘎烈庆亲王要他创作的四重奏是他几乎用血泪完成的，结果却分文未拿到。贝多芬完全陷入了日常的琐碎和窘迫之中——没完没了的诉讼，追讨人家履行曾经给他津贴的承诺，甚至于在他弟弟去世之后，还要和他那卑贱的弟媳妇争夺侄儿的监护权。

贝多芬深深地爱着他的侄子卡尔，可是，这拿侄儿显然并不配受到这样的爱。贝多芬给他的信中经常充满着痛苦和愤慨：

> 难道我还得再受一次最卑下的无情无义的打击吗？也罢，如果我们之间的关系要破裂的话。就让它破裂吧！一切有着公正良心的人知道这件事之后，都会恨你，像你这样被娇惯坏的孩子，学一学真诚和朴实对你来说绝对没有什么坏处。你对待我的虚伪行为让我感到太痛苦了，我简直难以忘怀……上帝可以做证，我只想跑到千里之外，远离你，远离这个可怜的兄弟和这丑恶的家庭……我不能再信任你了。

可是就像任何做父母的一样，即使子女做得再不是，在痛苦和愤慨之后，宽恕和谅解也会接踵而来。贝多芬也一样：

> 我亲爱的孩子！一句话也不必说，到我的怀抱里来，我不会向你说一句严厉的话，我仍然会像以前一样爱你。来吧，一接到信就立刻回家里来吧。
>
> （在信封上还写着："如果你不来，我就为你而死。"）

贝多芬本想将他领上一条高尚的人生道路，然而，尽管为他筹划了无数个美好的前程，最后还是不得不答应他去经商。不仅如此，这个卑劣的侄儿还经常出入赌场，欠了不少债务。

在生活中经常会有这样一种情况：大人们总是希望孩子们能走上一条光荣而又高尚的人生道路，可是，孩子们总是非但不领情，而且还经常会走上一条相反的道路。同样，精神高尚的伯父对他的侄儿非但没有起到什么有益的帮助，反而使他恼怒、使他反抗，正如这个卑微的侄儿自己所说的那样："因为伯父要我上进，所以我变得更下流"。他甚至在1826年向自己的头上开了一枪，他没有死，倒是贝多芬差点因此丧命。这件事使得贝多芬精神崩溃，失去了生活的意志和力量，他似乎在一夜之间变成了一个七八十岁的老人。事实上，在几个月之后，贝多芬果然一病不起。卑微的侄儿痊愈了，可是，伟大的伯父却在受着精神的煎熬；甚至在贝多芬临终的时候，被他称为"儿子"的侄儿竟然没有在他的身旁。

不幸的爱情、凄凉的遭遇、痛心的亲情将贝多芬抛入了悲苦的深渊。生命怎么会如此？生命不应如此!贝多芬在内心深处呐喊着，斗争着。可是，在这世俗的社会里已经没有他的立足之处，他只有从艺术的世界里寻找生命的快乐。贝多芬把音乐当做了一项讴歌欢乐的事业。这是他毕生的信念，从1793年开始他就有了这样的念头。他一生要歌唱欢乐，要把歌唱欢乐作为他某一部伟大作品的结局。是否采用颂歌的形式以及在哪一部作品里采用等问题，是贝多芬一生为之踌躇的事情。即使是在《第九交响乐》中，他还是没有打定主意。直到最后，他还是想把欢乐颂留到第十或者第十一交响乐中。《第九交响乐》原来的名字是《以欢乐颂歌的合唱为结局的交响乐》。在交响乐中引进合唱有着极大的技术上的困难，对于如何处理乐器和人声的关系问题，贝多芬一直在思索，并且有些踌躇不定。他想把歌唱出现的时间尽量地向后延缓，甚至把欢乐的主题交给乐器来表现。在这首交响乐中，当欢乐的主题首次出现时，整个乐队突然停止了，出其不意的一片静默，这使得下面开始的歌唱带着一种神秘的气息，似乎是有神明出现似的。确实，"欢乐"就像一个神明，它在肃静庄重之中从天而降，含苞在一种超现实的宁静之中。当人声出现的时候，先是严肃的深沉的低音，慢慢地，慢慢地，"欢乐"开始了它的歌唱，生命变得美好无比；然后是进行曲的节奏，急促而热烈的男高音，宛如浩浩荡荡的军队；战争的激情之后，紧接着是一种宗教的沉湎，一种对于爱的信仰、对欢乐的信仰！

伟大的作品终于降临了，它来自天国，完全超越于世俗的庸俗和轻浮之上；它扫去了世俗的阴霾，给庸俗的心灵们带来了一丝高尚。但是，伟大的作品绝不会来自平庸的生活，它是苦难磨砺的结果。当时的贝多芬正处于颓废沮丧之中，正想移居到伦敦去，到那边去演奏他的《第九交响乐》。可是，就像以前一样，他的那些高贵的朋友们又来挽留他：

> 我们知道您最近完成了一部新的作品，在其中充分表现了您完美而又高尚的情操，渗透着您超越俗世的关怀。在您伟大的交响乐的王冠上又添了一颗耀眼的明珠。近年来，当外国的音乐席卷我们的国度的时候，人们竟然忘记了本国的艺术，那些正享有崇高地位的所谓的艺术家们对此却没有什么反应，这让人感到悲哀。可是唯有在您身上，我们看到了整个民族的希望，您不顾那些轻浮的时尚而专心致力于建立一个真善美的音乐王国，给世俗的心灵带去高尚的享受。您给整个民族带来了艺术的春天。

这封慷慨激昂的信表明了贝多芬在整个德国所享有的崇高的声望，这种声望不仅是在艺术方面，更为重要的是表现在道德方面。这封信深深地打动了贝多芬，他决定留下来。1824年5月7日，贝多芬在维也纳举行演奏会，场面异常热烈，观众有五次为他长时间地鼓掌，要知道，在这样一个非常讲究礼节的国家里，即使对于王公贵族的出场，人们最多也不过会鼓三次掌。贝多芬的交响乐引起了狂热的骚动，甚至有许多人感动得哭了起来。结果，大批的警察不得不出面干预以维持秩序。贝多芬在终场结束时感动得昏厥过去。可是，片刻的感动并不能彻底改变世俗的心灵，那只是一针满足人们暂时追求高尚的心理的抚慰剂而已。对于贝多芬而言，生活依旧没有任何的改变，音乐会没有给他带来任何物质利益，他的生活依然是那么窘迫，疾病依然折磨着他，他依然是那么孤苦伶仃。可是，命运的苦难让他更加坚毅。他战胜了疾病的痛苦，战胜了世俗的平庸，战胜了命运的悲苦。而这一切都源于他坚毅的品格、高尚的道德，还有他为之奋斗终身、奉献一切的精神圣地——音乐。他说："牺牲，永远让人生的一切愚昧为了你的艺术而去牺牲！艺术，这是高于一切的上帝！"

贝多芬在精神上享受着艺术的自由。可是，放眼尘封的欧洲，政治上的专制和反动深深地压迫着自由的思想。但是，没有哪一种权力能够钳制住贝多芬的思想。1819年，他公然声言："归根结底，基督不过是一个被钉死的犹太人而已。"为此，他差点被警察当局起诉。他在政治方面也是一样地无所顾忌，他非常大胆地抨击政府的腐败，尤其是司法部门的专制、势力、程序繁琐、完全妨碍诉讼的进程，警察权力的滥用，官僚政治的腐化与无能，贵族的颓废等等。1814年拿破仑失败以后，列强举行维也纳会议，重新瓜分欧洲。奥地利首相梅特涅野心勃勃，对内压制自由和进步，对外则梦想着重新称霸欧洲。同时，欧洲的其他国家在政治上也都日益地反动。但是，法国大革命的思想已经传遍了整个欧洲，洗刷着人们心灵的深处。1820年，西班牙和葡萄牙的革命已经开始；1821年，希腊的独立战争也拉开了序幕；1830年，法国爆发了七月革命；1848年，法国又爆发了二月革命……这一切都表明欧洲已经变成了一个反抗的世界。贝多芬就是当时德意志思想界的自由之声。贝多芬觉得他的职责就是把他的艺术奉献给"可怜的人类"，唤醒沉睡的心灵，鞭打他们的怯懦，并给他们以斗争的勇气。可是，死神已经走近了伟大的艺术家。1826年11月末，一件十分令人愤慨的事使他大发雷霆，他打着寒噤，浑身颤抖着。他终于病倒了。由于朋友都在远方，他就让他的侄儿去找医生。可是这个麻木不仁的家伙竟然忘记了这件事，直到两天之后才重新想起来。可是，医生来得太迟了，已经耽误了病情，而且治疗的情况也非常地糟糕。到了第八天，贝多芬开始剧烈地呕吐和腹泻。在这之后的三个月内，贝多芬用他那坚强的意志拖着残弱的身躯和病魔顽强地抗争着。1826年12月20日、1827年1月8日、2月2日和2月27日，贝多芬连续动了四次手术。可是，此时的贝多芬已经没有了年轻时的暴烈，弥留之际的他异常地安详。1827年3月26日，一场大风雪中，贝多芬咽下了最后的一口气。一只陌生人的手为他阖上了双眼。

悲苦的人生剧终于到了终场。这，对于受难的贝多芬而言，未尝不是一种解脱！

贝多芬——一个伟大的名字，已经有多少人赞美过您的伟大。您的伟大不仅仅是指您在艺术上的成就，更在于您在苦难中成就的道德的高尚和对人类的精神关怀。您是一切承受苦难而又不甘平庸、奋斗不息的人们最好的朋友和知己。当我们对世界的苦难感到忧伤时，您会来到我们身边奏响生命的悲歌；当我们与假、丑、恶斗争到疲惫不堪的时候，您会给我们以勇气和力量!

贝多芬——一个不幸的人，一个由贫困、残疾和痛苦铸就的伟人。世界没有给他欢乐，他却为世界创造了欢乐!正如他自己所说的：“用痛苦换来的欢乐。”

西西弗的神话[①]

◇ 阿尔贝·加缪

阿尔贝·加缪 （1913—1960），法国小说家，哲学家，戏剧家，评论家，存在主义文学领军人物，“荒诞哲学”的代表。于1957年获得诺贝尔文学奖，1960年不幸遭遇车祸去世。

诸神处罚西西弗不停地把一块巨石推上山顶，而石头由于自身的重量又滚下山去。诸神认为再也没有比进行这种无效无望的劳动更为严厉均惩罚了。

荷马说，西西弗是最终要死的人中最聪明最谨慎的人。但另有传说既他屈从于强盗生涯。我看不出其中有什么矛盾。各种说法的分歧在于是否要赋予这地狱中的无效劳动者的行为动机以价值。人们首先是以某件轻率的态度把他与诸神放在一起进行谴责，并历数他们的隐私。阿索玻斯的女儿埃癸娜[②]被朱庇特劫走。父亲对女儿的失踪大为震惊并且怪罪于西西弗。深知内情的西西弗对阿索玻斯说，他可以告诉他女儿的消息，但必须以给柯兰特城堡供水为条件。他宁愿得到水的圣浴，而不是天火雷电。他因此被罚下地狱。荷马告诉我们西西弗曾经扼住过死神的喉咙。普洛托[③]忍受不了地狱王国的荒凉寂寞，他催促战神把死神从其战胜者手中解放出来。还有人说，西西弗在临死前冒失地要检验他妻子对他的爱情。他命令她把他的尸体扔在广场中央，不举行任何仪式。于是西西弗重堕地狱。他在地狱

① 选自《人文精神读本·生命（中级版）》，黎尚主编，中央编译出版社2006年版。

② 阿索玻斯是希腊神话中的河神，埃癸娜是她的女儿。

③ 罗马神话中的冥王。

里对那恣意践踏人类之爱的行径十分愤慨。他获得普洛托的允诺重返人间以惩罚他的妻子。但当他又一次看到这大地的面貌，重新领略流水、阳光的抚爱，重新触摸那火热的石头、宽阔的大海的时候，他就再也不愿回到阴森的地狱中去了。冥王的召令、气愤和警告都无济于事。他又在地球上生活了多年，面对起伏的山峦、奔腾的大海和大地的微笑他又生活了多年。诸神于是进行干涉。墨丘利[①]跑来揪住这冒犯者的领子，把他从欢乐的生活中拉了出来，强行把他重新投入地狱，在那里，为惩罚他而设的巨石已准备就绪。我们已经明白：西西弗是个荒谬的英雄。他之所以是荒谬的英雄，还因为他的激情和他所经受的磨难。他藐视神明，仇恨死亡，对生活充满激情，这必然使他受到难以用言语尽述的非人折磨：他以自己的整个身心致力于一种没有效果的事业。而这是为了对大地的无限热爱必须付出的代价。人们并没有谈到西西弗在地狱里的情况。创造这些神话是为了让人的想象使西西弗的形象栩栩如生。在西西弗身上，我们只能看到这样一幅图画：一个紧张的身体千百次地重复一个动作：搬动巨石，滚动它并把它推至山顶；我们看到的是一张痛苦扭曲的脸，看到的是紧贴在巨石上的面颊，那落满泥土、抖动的肩膀，沾满泥土的双脚，完全僵直的胳膊，以及那坚实的满是泥土的人的双手。经过被缥缈空间和永恒的时间限制着的努力之后，目的就达到了。西西弗于是看到巨石在几秒钟内又向着下面的世界滚下，而他则必须把这巨石重新推向山顶。他于是又向山下走去。

正是因为这种回复、停歇，我对西西弗产生了兴趣。这一张饱经磨难近似石头般坚硬的面孔已经自己化成了石头!我看到这个人以沉重而均匀的脚步走向那无尽的苦难。这个时刻就像一次呼吸那样短促，它的到来与西西弗的不幸一样是确定无疑的，这个时刻就是意识的时刻。在每一个这样的时刻中，他离开山顶并且逐渐地深入到诸神的巢穴中去，他超出了他自己的命运。他比他搬动的巨石还要坚硬。

如果说，这个神话是悲剧的，那是因为它的主人公是有意识的。若他行的每一步都依靠成功的希望所支持，那他的痛苦实际上又在哪里呢？今天的工人终生都在劳动，终日完成的是同样的工作，这样的命运并非不比西西弗的命运荒谬。但是，这种命运只有在工人变得有意识的偶然时刻才是悲剧性的。西西弗，这诸神中的无产者，这进行无效劳役而又进行反叛的无产者，他完全清楚自

---

① 罗马神话中的商业神。

己所处的悲惨境地：在他下山时，他想到的正是这悲惨的境地。造成西西弗痛苦的清醒意识同时也就造就了他的胜利。不存在不通过蔑视而自我超越的命运。

如果西西弗下山推石在某些天里是痛苦地进行着的，那么这个工作也可以在欢乐中进行。这并不是言过其实。我还想象西西弗又回头走向他的巨石，痛苦又重新开始。当对大地的想象过于着重于回忆，当对幸福的憧憬过于急切，那痛苦就在人的心灵深处升起：这就是巨石的胜利，这就是巨石本身。巨大的悲痛是难以承担的重负。这就是我们的客西马尼[①]之夜。但是，雄辩的真理一旦被认识就会衰竭。因此，俄狄浦斯不知不觉首先屈从命运。而一旦他明白了一切，他的悲剧就开始了。与此同时，两眼失明而又丧失希望的俄狄浦斯认识到，他与世界之间的唯一联系就是一个年轻姑娘鲜润的手。他于是毫无顾忌地发出这样震撼人心的声音："尽管我历尽艰难困苦，但我年逾不惑，我的灵魂深邃伟大，因而我认为我是幸福的。"索福克勒斯的俄狄浦斯与陀思妥耶夫斯基的基里洛夫都提出了荒谬胜利的法则。先贤的智慧与现代英雄主义汇合了。

对于西西弗来说，石头及上山的路就是他的整个世界。因此他的幸福在于：他真诚地面对世界呈现给他的种种可能性。

人们要发现荒谬，就不能不想到要写某种有关幸福的教材。"哎，什么!就凭这些如此狭窄的道路？……"但是，世界只有一个。幸福与荒谬是同一大地的两个产儿。若说幸福一定是从荒谬的发现中产生的，那可能是错误的。因为荒谬的感情还很可能产生于幸福。"我认为我是幸福的。"俄狄浦斯说；而这种说法是神圣的。它回响在人的疯狂而又有限的世界之中。它告诫人们一切都还没有也从没有被穷尽过。它把一个上帝从世界中驱逐出去，这个上帝是怀着不满足的心理以及对无效痛苦的偏好而进入人间的。它还把命运改造成为一件应该

① 福音书中所说的耶稣被犹大出卖而遭祭司抓捕前所在的地方，位于橄榄山下。耶稣在此做最后的祷告，而门徒们都在沉睡。

在人们之中得到安排的人的事情。

西西弗无声的全部快乐就在于此。他的命运是属于他的。他的岩石是他的事情。同样，当荒谬的人深思他的痛苦时，他就使一切偶像哑然失声。在这突然重又沉默的世界中，大地升起千万个美妙细小的声音。无意识的、秘密的召唤，一切面貌提出的要求，这些都是胜利必不可少的对立面和应付的代价。不存在无阴影的太阳，而且必须认识黑夜。荒谬的人说“是”，但他的努力永不停息。如果有一种个人的命运，就不会有更高的命运，或至少可以说，只有一种被人看作是宿命的和应受到蔑视的命运。此外，荒谬的人知道，他是自己生活的主人。在这微妙的时刻，人回归到自己的生活之中，西西弗回身走向巨石，他静观这一系列没有关联而又变成他自己命运的行动，他的命运是他自己创造的，是在他的记忆的注视下聚合而又马上会被他的死亡固定的命运。因此，盲人从一开始就坚信一切人的东西都源于人道主义，就像盲人渴望看见而又知道黑夜是无穷尽的一样，西西弗永远行进。而巨石仍在滚动着。

我把西西弗留在山脚下!我们总是看到他身上的重负。而西西弗告诉我们，最高的虔诚是否认诸神并且搬掉石头。他也认为自己是幸福的。这个从此没有主宰的世界对他来讲既不是荒漠，也不是沃土。这块巨石上的每一颗粒，这黑黝黝的高山上的每一颗矿砂唯有对西西弗才形成一个世界。他爬上山顶所要进行的斗争本身就足以使一个人心里感到充实。应该认为，西西弗是幸福的。

荣誉与爱荣誉[①]

◇ 罗家伦

罗家伦（1897—1969），著名教育家、思想家。主要著作有《新民族观》、《新人生观》、《逝者如斯集》等。

我所提出的“荣誉”就是指英文的“Honour”或德文的“Ehrlichkeit”。这两个外国字，本都含有人格的意义，在中文方面，很难找到适当的译名，我现在译作“荣誉”。

人生的目的不仅是为生活，而且还需要荣誉的生存。荣誉是人格光辉的表现，也是整个人生不可分解的一部分。没有荣誉心的人，就谈不上人格；漆黑黯淡的过一世，这种生存有何意义？

西洋人很重视荣誉，他们把荣誉看得比生命还更重要。假如你说某人无荣誉，他一定认为这是对于他最大的侮辱。为了荣誉问题而实行决斗，也是常见的事。这种决斗办法的对不对，是另一问题，但他们对于荣誉的尊重，却不可小看。英国人对于内阁阁员，称作“The Right Honourable”，不是恭维他是最高贵的，而是恭维他是最荣誉的。美国西点（West Point）陆军军官学校的校训是三个字，就是“国家，责任，荣誉”（Country, Duty, Honour）；这是他们在军人精神教育上对于荣誉的重视。欧美许多学校的考试，还有所谓“荣誉制度”（Honour System），就是教员于出题以后，立刻退出教室，并不监考，他只在黑板上写一个大字，就是

---

① 选自《新世纪万有文库：新人生观》，罗家伦著，辽宁教育出社1997年版。

“Honour”（荣誉）。于是学生懔然于荣誉的观念，不敢作弊。万一有人作弊，不但学校立刻把他开除，而且这个人从此不齿于同学。

荣誉的观念，在中国社会，却太不发达了。为唤起一般人对于荣誉的认识和尊重起见，所以我特别提出这“荣誉与爱荣誉”的问题来讨论。

说到荣誉，往往就要联想到“名誉”。但是荣誉和名誉不同，荣誉不就是名誉。“名誉”在英文里面，是另一个字，即“Reputation”。名誉是外加的，而荣誉却是内足的。更明白一点说，名誉只是外界的称许，而荣誉则是内部发出来的光荣——也可说是光辉——与外界所加上的名誉相合而成的。所以荣誉具有内心的价值，较名誉还要可贵。西洋虽有名誉为第二生命的话，但荣誉却简直是第一生命，或是第一生命的一部分。不过，名誉和荣誉也有关联。人是社会的动物，多少都需要外界的刺激，外界的鼓励，外界的承认，才格外能自发的向上，自觉的求进步，所以人人都是要名誉的。“三代以下，唯恐不好名”，好名誉不一定就是坏事。苏联就常常采取以名誉来鼓励人努力工作的方法。所以他选择工作最努力的工人为“工人英雄”；用这工人的名字去名工厂，去名制度。对于到北极探险的人，也常常加以“英雄”的徽号；这都是用名誉来奖励人奋发有为的证据。这并没有害，而且有益。中国的老子曾经问过一句话：“名与身孰亲？”我想许多西洋人的回答一定是“名亲”！

荣誉不是名誉，更不是“虚荣”。“虚荣”在英文里面是“Vanity”，也可译为浮名。虚荣乃求他人一时之好尚，或是庸俗的称颂，而即沾沾自喜，以为满足的。虚荣的表现，就是好炫耀，好夸大，藉此以博得他人对自己的称赞。譬如女子常欢喜穿华美鲜艳的衣服，以引人的注意；男子则好出风头，往往做了一次什么会的主席，便自以为了不得，自以为是这小世界里的“小英雄”。这都是虚荣在作祟。虚荣是从错觉（Illusion）来的。错觉是虚荣的粮食，虚荣全靠他培养大的。所以错觉一旦幻灭，虚荣也就随之消散。荣誉则不然，他不是求之于外的，而是求之于内的，所以他可以自持，可以永久。西洋人说虚荣是女性的——但他不是优美的女性，是堕落的女性。男子何曾不好虚荣，不过女人较甚一点。普通女子都欢喜别人恭维她，捧她。如果男子要向女子求婚，最好多称赞她几声“安琪儿”或是“天仙化人”，那她便很容易落到情网里去了!这种虚荣，岂能和荣誉相提并论？

荣誉不但和“名誉”“虚荣”不同，而且和“野心”不同。“野心”在英文为

“Ambition”，他可说是一种男性的虚荣。男子大都好求自己政治的名誉、权力、地位、官阶，以作个人自私的满足。这种野心有时也能推动人去做有益的事，但动机仍是自私，所以很容易发生不良的结果。有些人野心一旦发作，便往往不问自己的能力如何，竟为所欲为，以求侥幸的成功。“小人行险以侥幸”，其结果鲜有不将自己的荣誉甚至身体埋葬于野心的灰烬之中。如果说野心是荣誉，那他只是堕落的荣誉。至于所谓“门第”、“头衔”、“豪富”，那是更说不上荣誉了。这些都可叫做“荣宠”，而决不是“荣誉”。不过也有一种荣宠，是靠自己努力的成绩换来的，不可一概厚非。譬如外国有些科学家，对于科学有重大贡献，政府特赐他一个荣誉的头衔，如德国大学教授得“政府枢密顾问”的头衔一样。这确是一种比较高贵的荣宠，虽然不是真正的荣誉。

荣誉既不是名誉，又不是虚荣，更不是野心或荣宠，那么真正的荣誉是什么呢？我以为真正的荣誉，必须具备以下几个条件。

第一，必须能维持生命的庄严。“人必自侮而后人侮之”。有荣誉心的人，必定有不可侮的身体，不可侮的精神，不可侮的行为——简单说有不可侮的生命。他的生命是完整的，不容稍有玷污。所谓“白圭之玷，尚可磨也，斯言之玷，不可为也!”他的理想的生命，是崇高、伟大、正直、坚强。所谓“仰之弥高，钻之弥坚”。他的生命是高贵的，庄严的，所谓“赫赫师尹，民具尔瞻”。所以别人尊重他，而不敢轻视他；爱敬他，而不敢亵渎他。

第二，必须能有所不为。有所不为，是人生最不容易做到的。“有所不为而后可以有为”，所以有荣誉心的人，对于标准以下的事，是绝对不干的。至于那一切欺骗、狭小、鄙吝、偷懒和其他种种“挖墙脚”的事，他更是不屑干的。这正是孟子所谓“非礼之礼，非义之义，大人弗为。”大人的对面是小人，是小丈夫，是贱丈夫。有荣誉心的人，是以“大人”自许的。

第三，必须是自足的，也是求诸己的。外界的称许，如系实至名归，也所不辞。譬如以科学上重大的贡献而得诺贝尔奖金的人，若是他配得的话，当然可以安心接受，何用推却？但凡事应该求诸自己，尽其在我，不必分心去猎取流俗的恭维。流俗的恭维，不仅靠不住，而且在有荣誉心的人看来，反为一种侮辱。名画家的画，并不在乎有多少外行的人赞美，而贵乎能得一个真正内行的人来批评。所谓“千人之诺诺，不如一士之谔谔”就是这个道理。即使内行的人也不称许，自己仍可得到安慰。因为自己的天才得到发挥，在自己的努力中，就有乐趣存在。古今中外，许多大艺术家，都是死后得名的，科学家也是如此。大科学家盖白勒（Kepler）在他一部名著“Weltharmonik”序上说道：“你的宽恕我引以自娱，你的忿怒我也忍受；此地我的骰子掷下来，我写成这本书给人读，是同时代的人读或后代的人读，我管他干么？几千年以后有人来读，我也可以等，上帝也等六千年以后才有人来臆度他的工作。”这种特立独行的精神，也可说是一种孤寂的骄傲，但是这决不是骄傲。翻开一部科学史来看，古今多少科学家，在生前享国际大名的，除了牛顿和爱因斯坦以外，还有几人呢？造化弄人，奇怪得很，生前最不求虚名者，往往死后最能得名。如果自己对人类真有贡献，即使名不可得，又有何妨？世间真正的价值，常埋藏在无名者之中。许多汲汲求名的人，实在可以休矣。

第四，必须自尊而能尊人。真正有荣誉心的人，不但爱自己的荣誉，而且也爱他人的荣誉。荣誉不是傲慢，乃是自尊而能尊人。“子以国士待我，我亦以国士报之。”其实毁灭了他人的荣誉，自己的荣誉，也就建设不起来。在侏儒国里，就算自己是长子，又有什么意思？要做长子，就要到长子国里去做，不要在侏儒国里做！有荣誉心的人，一定能尊人，能下人。他承认人的能力，赞叹人的特长，尊敬人的善处。能适当的自尊，也能适当的低头。上谄下骄的事，绝不在他的行动意识里面。

总而言之，荣誉就是人格，是人格最光荣的完成！

希伯来开辟神话[1]

◇ 《圣经》

起初，上帝创造天地。地是空虚混沌，渊面黑暗；上帝的灵运行在水面上。

上帝说，要有光，就有了光。上帝看光是好的，就把光暗分开了。上帝称光为昼，称暗为夜；有晚上，有早晨，这是头一日。

上帝说，诸水之间要有空气，将水分为上下。上帝就造出空气，将空气以下的水，空气以上的水分开了；事就这样成了。上帝称空气为天；有晚上，有早晨，是第二日。

上帝说，天下的水要聚在一处，使旱地露出来；事就这样成了。上帝称旱地为地，称水的聚处为海；上帝看着是好的。上帝说，地要发生青草，和结种子的菜蔬。

并结果子的树木，各从其类，果子都包着核；事就这样成了。于是地发生了青草，和结种子的菜蔬，各从其类，并结果子的树木各从其类，果子都包着核；上帝看着是好的；有晚上，有早晨，是第三日。

上帝说，天上要有光体，可以分昼夜，作记号，定节令、日子、年岁；并要发光在天空，普照在地上；事就这样成了。于是上帝造了两个大光，大的管昼，小的管夜；又造众星。就把这些光摆列在天空，普照在地上，管理

---

① 选自《旧约·创世界. 神的创造》。

希伯来神话传说森罗万象。

昼夜，分别明暗；上帝看着是好的；有晚上，有早晨，是第四日。

上帝说，水要多多滋生有生命的物；要有雀鸟飞在地面以上、天空之中。上帝就造出大鱼，和水中所滋生各样有生命的动物各从其类；又造出各样飞鸟，各从其类；上帝看着是好的。上帝就赐福给这一切，说滋生繁多，充满海中的水；雀鸟也要多生在地上。有晚上，有早晨，是第五日。

上帝说，地要生出活物来，各从其类；牲畜、昆虫、野兽各从其类；事就这样成了。于是上帝造出野兽，各从其类；牲畜各从其类；地上一切昆虫各从其类；上帝看着是好的。上帝说，我们要照着我们的形象、按着我们的样式造人，使他们管理海里的鱼、空中的鸟、地上的牲畜和全地，并地上所爬的一切昆虫。上帝就照着自己的形象造人，乃是照着他的形象造男造女。上帝就赐福给他们；又对他们说，要生养众多，遍满地面，治理这地；也要管理海里的鱼、空中的鸟，和地上各样行动的活物。上帝说，看哪，我将遍地上一切结种子的菜蔬，和一切树上所结有核的果子，全赐给你们作食物。至于地上的走兽，和空中的飞鸟等各样爬在地上有生命的物，我将青草赐给他们作食物；事就这样成了。上帝看着一切所造的都甚好；有晚上，有早晨，是第六日。

天地万物都造齐了。到第七日，上帝造物的工已经完毕，就在第七日歇了他一切的工，安息了。上帝赐福给第七日，定为圣日，因为在这日上帝歇了他一切创造的工，就安息了。

《告别》 麦绥莱勒（1926）

日本学者福泽谕吉曾在致友人的信中说“一身之独立而有一家之独立，有一家之独立，才能使一国独立、天下独立。”在这里，人的独立不仅是指人身的独立，更是灵魂的独立，思想的独立，精神的独立。“一个社会，如果缺少具备独立思考和判断能力的人，那么它的向上发展将难以被期待”。今天，“独立之精神，自由之思想”已成为中国知识分子共同追求的学术精神与价值取向。愿我们每个人的内心深处都有这样一块可以诗意栖居的圣地……

第五章

人人独立，国家就能独立

那年我们十二岁[①]

◇ 王安忆

王安忆（1954—），当代著名作家。小说诗歌文学作品曾多次获得全国优秀小说奖。主要著作有《长恨歌》等。

是1966年的冬季，“革命”的狂飙已走过上海的马路进入到城市的心脏——各级政府机关大楼。六月里扫“四旧”的热潮如同隔世般遥远，回想那摩登男女提着剪断的尖头皮鞋赤脚在街道上疾走的情景，令人有一种莫名的心悸的快意。这时候，上海的马路格外平静，革命的深入留给我们一个平淡的表面。

那年我们十二岁，正上小学五年级，革命没我们的事，我们只能在街头走来走去，看革命的热闹。我们奔跑着抢夺传单，妄图引起散发传单的红卫兵的注意；我们跟在红卫兵的游行队伍后面，怎么赶也赶不走；我们学会了许多造反的歌曲和口号，而这时，“革命”走过了街头，撇下我们这些热情的观潮者，我们走在上海凄消的马路上。街灯一盏一盏地亮了。我们都正在长身体的年龄，衣服有些嫌小，吊在身上。我们看上去，孩子不像孩子，少女不像少女，又幼稚，又矜持，有一副古怪的难看样子。这时，在我们前面走着两个女人。她们的短发和蓝布罩衫，带有经过“革命”扫荡之后的摩登的残迹，她们中的一个，裤腿尤其触人眼目，令人起疑。我们走在她们后面，许久，交换眼色道：你们看，她的裤腿！她的裤腿显然不到标准的六寸。我们沉默下来．一股激动紧张的情绪攫住了我们。我们无意识地跟着她们，

① 选自《童心》，阿正主编，鹭江出版社2000年版。

走过了一条马路。这时候。有一个冲动正在我们心中生出，并且迅速酝酿，变得不可抑制，这是个什么冲动呢？它似乎是一种想去触犯什么不可触犯的东西的要求。像我们这样的规矩的小学生，从来没有机会去触犯什么，现在有了一个机会。我们想：这人的裤腿不到六寸，而红卫兵们都不在街上了。我们心跳得很快，一步不舍地紧跟在她们后面。我们似乎面临了一个选择，选择的时机转瞬即逝。当我们走过一面橱窗，橱窗里的灯光照耀着我们，使人目眩，我们一步窜上前去，对那女人说："同志，等一等！"她们愕然地转过脸来，看着我们。我们牙齿打着战，脸色苍白，我们避开她们的眼睛，说："你的裤腿。"四下里忽地涌来了人群，包围了我们。本来行人稀少的黄昏的马路，顿时变得熙攘起来。

人们互相问着："怎么了？怎么了？"那瘦裤腿的女人倚在她的同伴身上，软弱地说："怎么了？"我们浑身战栗。手腿发软地说："你的裤腿。"有一种大祸临头的感觉笼罩着我们。我们中间那个比较勇敢的带头走进旁边的商店，向一个店员说："借你的皮尺用用。"店堂里霎那间挤满了人。我们用颤抖的手去量她的裤腿，果然不到六寸。那女人倒在一张椅子上，用惶恐的眼睛望着我们，等待我们的处罚。而我们不知道接下来应该做什么，停顿了一会才说："你自己回去想想吧！"或许就是在这一瞬间，我们被她们窥破了虚实。她的同伴接过皮尺重新量了一量，说："明明是六寸嘛！"她还量给我们看。我们的惶恐与窘迫是无法形容的，我们中间最软弱的一个退缩在角落里，一声不出。她们越发看出了我们的虚弱，便越发厉害，指着我的裤腿说："你的才真正不到六寸呢！"我穿的是一条童装背带裤，两侧镶有红边，短短地吊在脚踝上。那女人倚在她的同伴身上，悲愤地说："这么多的人都围过来了，多么难看啊！"店员们便用温和的言语安慰她，说："算了！算了！"我们从水泄不通的人群里挤了出去，天已经完全黑了，朝这里涌来的人群不断。上海这个城市，在任何年头，看热闹的劲头总是不减。我们互相间不说一句话，也不看一眼，匆匆分手，往自己家去了。

我们过后很长时间没有碰面，碰面会使人们想起这事，这使我们难堪。我们本想去触犯别人，别人的尊严就好像是一种权威，那是一个要使所有权威扫地的年代。不料，却使我们自己受了伤，而我们正是那种受不起伤的年龄。将什么样的受伤都要无意地夸大。这就是1966年的"街头革命"留给我们的最后的场景。

中国公学18年级毕业赠言

◇ 胡适

诸位毕业同学：

你们现在要离开母校了，我没有什么礼物送给你们，只好送你们一句话罢。

这一句话是："不要抛弃学问。"以前的功课也许有一大部分是为了这张毕业文凭，不得已而做的。从今以后，你们可以依自己的心愿去自由研究了。趁现在年富力强的时候，努力做一种专门学问。少年是一去不复返的，等到精力衰时，要做学问也来不及了。即为吃饭计，学问决不会辜负人的。吃饭而不求学问，三年五年之后，你们都要被后进少年淘汰掉的。到那时再想做点学问来补救，恐怕已太晚了。

有人说："出去做事之后，生活问题急须解决，哪有工夫去读书？即使要做学问，既没有图书馆，又没有实验室，哪能做学问？"

我要对你们说：凡是要等到有了图书馆方才读书的，有了图书馆也不肯读书。

凡是要等到有了实验室方才做研究的，有了实验室也不肯做研究。你有了决心要研究一个问题，自然会撙衣节食去买书，自然会想出法子来设置仪器。

至于时间，更不成问题。达尔文一生多病，不能多做工，每天只能做一点钟的工作。你们看他的成绩！每天花一点钟看十页有用的书，每年可看三千六百多页书；三十年读十一万页书。

诸位，十一万页书可以使你成一个学者了。可是，每天看三种小报也得费你一点钟的工夫；四圈麻将也得费你一点半钟的光阴。看小报呢？还是打麻将呢？还是努力做一个学者呢？全靠你们自己的选择！

易卜生说："你的最大责任是把你这块材料铸造成器。"

学问便是铸器的工具。抛弃了学问便是毁了你自己。

再会了！你们的母校眼睁睁地要看你们十年之后成什么器。

一只特立独行的猪[1]

◇ 王小波

王小波 （1952—1997），当代著名学者代表、作家，被誉为中国的乔伊斯兼卡夫卡。代表作有《黄金时代》、《白银时代》等。

插队的时候，我喂过猪、也放过牛。假如没有人来管，这两种动物也完全知道该怎样生活。它们会自由自在地闲逛，饥则食渴则饮，春天来临时还要谈谈爱情；这样一来，它们的生活层次很低，完全乏善可陈。人来了以后，给它们的生活做出了安排：每一头牛和每一口猪的生活都有了主题。就它们中的大多数而言，这种生活主题是很悲惨的：前者的主题是干活，后者的主题是长肉。我不认为这有什么可抱怨的，因为我当时的生活也不见得丰富了多少，除了八个样板戏，也没有什么消遣。有极少数的猪和牛，它们的生活另有安排。以猪为例，种猪和母猪除了吃，还有别的事可干。就我所见，它们对这些安排也不大喜欢。种猪的任务是交配，换言之，我们的政策准许它当个花花公子。但是疲惫的种猪往往摆出一种肉猪（肉猪是阉过的）才有的正人君子架势，死活不肯跳到母猪背上去。母猪的任务是生崽儿，但有些母猪却要把猪崽儿吃掉。总的来说，人的安排使猪痛苦不堪。但它们还是接受了：猪总是猪啊。

对生活做种种设置是人特有的品性。不光是设置动物，也设置自己。我们知道，在古希腊有个斯巴达，那里的生活被设置得了无生趣，其目的就是要使男人成为

---

① 选自《我的精神家园：王小波杂文自选集》，王小波著，文化艺术出版社1997年版。

亡命战士，使女人成为生育机器，前者像些斗鸡，后者像些母猪。这两类动物是很特别的，但我以为，它们肯定不喜欢自己的生活。但不喜欢又能怎么样？人也好，动物也罢，都很难改变自己的命运。

特立独行一词形容人的志行高洁，不同俗流。出自《礼记·儒行》。

以下谈到的一只猪有些与众不同。我喂猪时，它已经有四五岁了，从名分上说，它是肉猪，但长得又黑又瘦，两眼炯炯有光。这家伙像山羊一样敏捷，一米高的猪栏一跳就过；它还能跳上猪圈的房顶，这一点又像是猫——所以它总是到处游逛，根本就不在圈里呆着。所有喂过猪的知青都把它当宠儿来对待，它也是我的宠儿——因为它只对知青好，容许他们走到三米之内，要是别的人，它早就跑了。它是公的，原本该劁掉。不过你去试试看，哪怕你把劁猪刀藏在身后，它也能嗅出来，朝你瞪大眼睛，噢噢地吼起来。我总是用细米糠熬的粥喂它，等它吃够了以后，才把糠对到野草里喂别的猪。其他猪看了嫉妒，一起嚷起来。这时候整个猪场一片鬼哭狼嚎，但我和它都不在乎。吃饱了以后，它就跳上房顶去晒太阳，或者模仿各种声音。它会学汽车响、拖拉机响，学得都很像；有时整天不见踪影，我估计它到附近的村寨里找母猪去了。我们这里也有母猪，都关在圈里，被过度的生育搞得走了形，又脏又臭，它对它们不感兴趣；村寨里的母猪好看一些。它有很多精彩的事迹，但我喂猪的时间短，知道得有限，索性就不写了。总而言之，所有喂过猪的知青都喜欢它，喜欢它特立独行的派头儿，还说它活得潇洒。但老乡们就不这么浪漫，他们说，这猪不正经。领导则痛恨它，这一点以后还要谈到。我对它则不止是喜欢——我尊敬它，常常不顾自己虚长十几岁这一现实，把它叫做“猪兄”。如前所述，这位猪兄会模仿各种声音。我想它也学过人说话，但没有学会——假如学会了，我们就可以做倾心之谈。但这不能怪它。人和猪的音色差得太远了。

后来，猪兄学会了汽笛叫，这个本领给它招来了麻烦。我们那里有座糖厂，中午要鸣一次汽笛，让工人换班。我们队下地干活时，听见这次汽笛响就收工回来。我的猪兄每天上午十点钟总要跳到房上学汽笛，地里的人听见它叫就回来——这可比糖厂鸣笛早了一个半小时。坦白地说，这不能全怪猪兄，它毕竟不是锅炉，叫起来和汽笛还有些区别，但老乡们却硬说听不出来。领导上因此开了一个会，把它定成了破坏春耕的坏分子，要对它采取专政手段——会议的精神我已经知道了，但我不为它担忧——因为假如专政是指绳索和杀猪刀的话，那是一点门都没有的。以前的领导也不是没试过，一百人也逮不住它。狗也没用：猪兄跑起来像颗鱼雷，能把狗撞出一丈开外。谁知这回是动了真格的，指导员带了二十几个人，手拿五四式手枪；副指导员带了十几人，手持看青的火枪，分两路在猪场外的空地上兜捕它。这就使我陷入了内心的矛盾：按我和它的交情，我该舞起两把杀猪刀冲出去，和它并肩战斗，但我又觉得这样做太过惊世骇俗——它毕竟是只猪啊；还有一个理由，我不敢对抗领导，我怀疑这才是问题之所在。总之，我在一边看着。猪兄的镇定使我佩服之极：它很冷静地躲在手枪和火枪的连线之内，任凭人喊狗咬，不离那条线。这样，拿手枪的人开火就会把拿火枪的打死，反之亦然；两头同时开火，两头都会被打死。至于它，因为目标小，多半没事。就这样连兜了几个圈子，它找到了一个空子，一头撞出去了；跑得潇洒之极。以后我在甘蔗地里还见过它一次，它长出了獠牙，还认识我，但已不容我走近了。这种冷淡使我痛心，但我也赞成它对心怀叵测的人保持距离。

我已经四十岁了，除了这只猪，还没见过谁敢于如此无视对生活的设置。相反，我倒见过很多想要设置别人生活的人，还有对被设置的生活安之若素的人。因为这个原故，我一直怀念这只特立独行的猪。

笨蛋总比坏蛋强[①]

——2000年9月8日在北京大学中文系研究生新生与导师见面会上的讲话

◇ 李零

李零 （1948—），学者。著有《花间一壶酒》、《丧家狗》、《我读论语》等。

同学们好！欢迎大家到北京大学中文系来念研究生。领导要我和大家讲几句话，谈一点学问上的问题，我恐怕讲不好。

在做学问的问题上有很多老生常谈，这里不必讲，我也不会讲。比如啥叫“严谨”，啥叫“求实”，我就不会讲。至少比起老同志，我不会讲。我想和同学讲另外两个问题，供大家参考。这就是我希望我们的同学，大家在今后的求学道路上，第一要有志气，第二要守规矩。

什么叫“有志气”？这就是我们做学问，首先要志存高远，有胸襟、抱负和眼界。比如大家都读过王国维的《人间词话》，他说古今成就大事业和大学问的人，必定要经历三种境界：第一是“昨夜西风雕碧树，独上高楼，望尽天涯路”，第二是“衣带渐宽终不悔，为伊消得人憔悴”，第三是“众里寻他千百度，蓦然回首，那人却在灯火阑珊处”。我们要注意的是，他可不是一上来就讲埋头苦干，“衣带渐宽终不悔，为伊消得人憔悴”，而是说“独上高楼，望尽天涯路”。他是把站位高和眼界广放在第一位。

在做学问的问题上，“严”固然重要，但“宽”也不能少。我理解，“严”应该放在“宽”的前提下去讲。因

① 选自《花间一壶酒》，李零著，同心出版社2007年版。

为大能容小，小不能容大，有宽容才有自由，有自由才能做大学问，特别是人文领域的大学问。“兼容并包”、“思想自由”，这是蔡元培先生提倡的精神，真正的北大精神。当时新旧学术并存，从各国取经回来的人都有，没有这种精神怎么行？我理解，从难从严对年轻学者很重要，对他们的学术训练很重要，但对培养有创造精神的大学者还不够，强调过分，有时还起副作用，束缚思想，压抑个性。因为你们都是研究生，不是戏班子里练把式的小孩，站不直了就踢上一脚，不打不成材。学校呢，也不是军营，全靠立正稍息正步走。况且就是带兵，“团结、紧张、严肃”之外，也还得有“活泼”。中国古代治兵，向有“程李将兵”的不同。“程”是程不识，“李”是李广。程不识带兵是有规有矩，他训练的人也是中规中矩，但部下都不胜其苦，他自己也很苦，批改文件，通宵达旦，连觉都不睡。李广不是这样，他是靠个人魅力带兵，勇武豪爽，爱兵如子，纪律虽松，而士乐为之死。李广带兵，从现代管理学的角度讲，缺点是效率不高和难以复制，培养一百个可能也出不了一个，不像程不识，可以做到八九不离十。但做大学问，我可以讲一句话，没有李将军的“宽”那是绝对不行。这是为立志者着想，替他们营造环境，不能不事先考虑的一点。学生有没有志气，和当老师当领导的有没有气量直接有关。

我说的“有志气”含义太广，因为时间有限，这里只能讲几点。

第一，我不认为在权威的阳光底下就没有历史，前辈留下的问题堆积如山，我们都是当愚公的命；也不认为做学问就是积沙成塔，沙是我们，塔是学校、教育部和学术界，一味强调从小到大，不是“大道理管小道理”，而是“小道理管大道理”。相反，我们倒是应该从一开始就鼓励学生去发现问题，寻找方向，做别人没有做的事；让他们懂得庄子讲的“小不知大”，知道北溟有鱼，鲲鹏比这样的鱼还大；防止过早特化，学问越大，心眼越小，就像汪宁生先生讲的那种“现代夜郎”，一辈子蹲在十万大山里，根本不知天外有天，以为北京还没他们村子大。

第二，我以为“有志气”的学生要能看破主流学术，就像影评家讲好莱坞电影，它是一种“完美无缺的俗套”。对主流学术，我不主张用“颠覆”或“挑战”这样的字眼。因为你哪有这么大能耐？况且没有主流学术，我们的学术就难以为继，它是像吃饭穿衣一天都少不了的东西。可是话说回来，光有主流学术行不行？我看也不行。我认为，对主流学术，要预流或入流，但又不随波逐流。

现在社会上有很多咄咄怪事，学校里有很多咄咄怪事，“黑云压城城欲摧”，我看能杀开一条血路逃出来就不错了。“逃跑”也是一种志气。东方朔叫“避世金马门”。

第三，我想拿我老师送我的一句话转赠同学。他跟我说，趁你现在不出名，还不赶紧读书，人一出名就完蛋了，好像“浑身是宝”的肥猪，“只欠一死”。大家要知道，人一辈子能安安心心读书，拢共也没有几天。你们现在读书，没有声名之累，这是好事。我劝你们，一开始做学问，就要明白，你什么也不是。将来出了名，也要知道，你什么也不是。比如我这个名字吧，问我的人很多，还以为有什么深意。其实“零”是什么？“零”是nothing，你以为你是谁？你什么也不是。你就是在名片上印再多的头衔，也没有用。我觉得，如果能保持这种“什么也不是”，挺好，干吗非把帽子全都扣在自个儿头上，也不嫌捂得慌。这也是志气，而不是谦虚。

下面我再讲一下“守规矩”的问题。为什么我要讲这个问题？因为咱们的学术界，不讲规矩的人太多。不仅初出茅庐的学生可能不懂，就是写了一辈子文章的教授也未必明白。比如我们将来都要写硕士论文或博士论文，你干吗要写那么多脚注，列那么多参考书，这里面的讲究就非常多，你就是志气再大，才气再大，独具只眼，不拘一格，也得守这点规矩。下面我想举几个例子，讲一点我个人的看法，供各位思考。

第一，我想说，学术平等是学术规范的第一要义。去年在武汉开会，我发言说，咱们这个会议开得好，好在哪儿呢？就在它是“学不分古今中外，人不分长幼尊卑”。前一句话是王静安先生提倡，大家不反对，但后一句话在咱们这个学术界就有点不受听，甚至要被很多尊老不爱幼的人理所当然地加以反对。会议论文集的前言用了我的话，把后一句改成“人不分男女老少”，成了蒋介石发表的抗战宣言。它让我想起“文革”那阵儿的一场批判。当时，两报一刊批彭真，批他的“真理面前人人平等”，说这是抹杀阶级观点，不同阶级在真理面前怎么平等？现在我们的很多学者也是这个想法。他们不知道名片上那些东西什么也不是，懂规矩的杂志绝对不能印，我出自谁的门下也什么都不是，不知道“唯马首是瞻”、“唯马屁是拍”是很丢脸的事，不知道“当仁不让于师”才是作学生的本分。他们以为大人物都是千锤百炼，不犯错误，犯了也是“高级错误”，人人皆可谅之，该诛该讨的都是小人物。人不能犯错误，更不能犯常识性错误，这本身就是一种错误，而且是违反常识的错误。不犯错误不是人。大人物并不能例外。我可以不客气地讲，这种想法是违反学术规范，也违反学术道德的。如果有人一定要反对我的“一视同仁”，那我也是主张“长者从严，幼者从宽”。因为刚出道的人，人家热血沸腾怀抱的就是那么一点理想，焚膏继晷写出的就是那么一点心得，你去当头棒喝，你去一盆凉水，那也忒狠了点。要讲高抬贵手，那也是对年轻人。

第二，我要讲一下，我们的引文、书目和索引是干什么的。它是不是像有些人理解，只是点缀装潢，可有可无，或者掩饰无能，骗取稿费，我说绝对不是。因为据我所知，现在国际上的著作，他们的脚注、书目和索引，都是起目录学的作用，都是为了让人省心省力倒着往前查，学生也好，教授也好，谁都得从这儿入手和传递接力棒。其实更多是交代你踩着的肩膀。最重要的“肩膀”还应该有申谢。他们做论文，往往一上来就要交待研究背景，从背景中提出辩难和问题，目的也是一样。这些都是为了学术的交流和学术的传承，都是起教育作用的。他们引什么，不引什么，都不是凭个人好恶：好像我引谁是抬举谁，不引谁是瞧不起谁；谁要把我惹急了，我就一辈子也不引他；引了也是批他、臭他。他们最忌讳的就是把最新成果漏掉，对别人的东西挑着讲，跳着讲。至于我们大言不惭的“有人说”，不是泛泛批评一般的社会现象，而是引述具体意见，有时连引文都列出来了，那更是绝对不允许。我们的“有人说”分两种，一种是为尊者讳，这种并不太多。因为我们真要替大人物遮丑，惯用手法是假装不知道，或者找一转述其说的“软柿子”捏。还有一种是效泼妇骂街，隐其名而道其实，专门恶心人，不是“诲人不倦”，而是“毁人不倦”。比较常见是这种。我要告诉同学的是，这类做法等于自己给自己扣屎盆子，其令人不齿，可绝不是“硬伤”所能比。因为什么呢？隐匿比剽窃还不道德。

第三，我要讲的一点是，将来你们写论文，可能会批评很多说法。这很正常。但你们一定要记住，批评是要怀有极大敬意的，是要存宽仁深厚之心的。为什么我要这样讲呢？因为如果我们批评的对象是一塌糊涂，您老又何必劳心费神，如蝇逐臭，穷追不舍，非要拖着大家和你共享这种快乐呢？我认为批评的目的并不是匡谬正俗、矫端世风。它的根本目的还是为了推进学术。如果你的批评对象真值得批评，那一定说明人家还是做了很多努力，还是为你铺了路。如果你通过你的批评，超过了人家，既推进了自己，也推进了别人，难道你不应该感谢人家吗？所以，我理解，在学术规范的背后，最重要的还是“人”。很多人的不守规矩，关键还是“目中无人”，或者“拿人不当人”。

在我的心目中，学术并不是一个只有强者才配参加比本事显能耐的竞技场所，而是一个有求知欲望的人大家共同向往的艺术殿堂。我可能比别人笨一点，这没关系。因为笨蛋总比坏蛋强。我希望大家能把学术规范提高到一个做人的高度来认识：第一是襟怀坦荡，第二是光明磊落。

自由心灵，简单人生[①]

◇ 梁东元

梁东元 解放军总装备政治部创作员，一直关注并倾心于尖端科技与自然环境题材创作。著有《天啸》、《原子弹调查》、《596秘史》等。

陈省身 （1911—2004），美籍华人，国际数学大师，著名教育家，20世纪世界级的几何学家。

这是两年前，2002年4月的一次散漫的访问。访问者梁东元先生是总装备部创作室的创作员。获知陈省身先生去世的消息，他给本报（《南方周末》）发来了这篇极少人读过的旧文，以作悼念。

他写道，在这样的时候，我对陈先生所传布的自由、简单和快乐有了愈加深刻的理解，也隐约感觉到，也许要过很多年，我们才能渐渐脱却一些浮躁和浅薄，开始领悟陈先生之于这个世界的非同寻常的意义。

——2004年12月3日深夜，我正在网上游走，突然看到“陈省身”几个字从眼前倏然闪过……我把两年前采访陈先生时的合影找了出来，放在书架的正中间。在我和陈先生背后的墙上，是一只圆形的石英钟，上面的时针清楚地表明了那个瞬间：2002年4月5日13时13分04秒。

这场雨从睡梦中就下起来，到中午了还在哗啦啦下个不停。天地间白茫茫一片，街道，车辆，树木，路旁的建筑，撑开了的伞，全都湿漉漉的，显然洗去了不少市

① 摘自《南方周末》，2004年12月9日。

面上的喧嚣与浮躁，以及与浮躁同样轻飘飘的漫漫扬絮。

从天津西站到南开大学大约要走二三十分钟，出租司机是一位长相粗犷神色生动的中年人，高喉咙大嗓门，非常热情，一路上用他那地道的天津腔跟我们说话。我们跟他说起陈先生，他立马接过话说，陈省身？知道。大数学家，不得了！天津人懂点儿事的谁不知道啊！你要说这陈省身，那可是人才哪。司机一边骄傲着，一边还要左顾右盼，忙着找路旁哪儿有花店，以方便我们给陈先生买鲜花。

甫一坐定，陈先生就颇有些出其不意地说，你们今天应该向我道喜。看到我们面露疑惑，陈先生停顿了一下才解释说，以前患有静脉血栓，前些时候还住了两个来月的医院。今天上午刚又去查了，一看，血栓竟然没了。我们听明白后，忙说这倒真是件喜事，好消息。陈先生如小孩儿一般得意，连连说，是，好消息，好消息。

世界上最要紧的是自由

“对小孩子不能管得太凶，管得太多的小孩子不会有出息。我小的时候上学很晚，但出来以后家里就没再管过，后来的每一步路也都是靠自己。现在好多家长望子成龙，恨铁不成钢，把孩子管得连气都喘不过来，这样管出来的孩子你怎么能让他将来有自己的发展？”

陈省身先生说，这个世界上，最要紧的就是自由。

梁东元：您回国定居有两年了，在数学方面或其他科技方面，能不能感觉到，国内是否在向上走的一个趋势？

陈省身：是的，往前走。我老是讲，南开的数学现在就很好。在南开，现在我们找了一大批年轻的人才，很不容易。至于有些人出去了，不愿意回国，主要还是国内现在的待遇低了一点。另外，在国外朋友多，工作比较容易，条件很好，有效率。中国的行政部门管得有些多。

梁东元：这个管是指什么个管？是干涉太多吗？

陈省身：嗯，干涉太多。干涉太多，哪怕是好意的，想帮忙的，从长远看效果也不好。最好是不理他，他自己知道该怎么搞。真正的天才是自己蹦出来的。你要知道，顶理想的就是他一个人做工作。大家都鼓吹交流，讲科学需要合作，需要互相帮忙，这有一定道理，但不全对。真正好的工作，第一流的工作，是一个人做出来的。一个人的创见是自己努力和灵感的结晶，很少是和一群人讨论的结果。有时候，一个人忽然一下子就有了一个很好的想法。值得注意的是，你有了这个很好的想法，有时候不见得当时就能知道，也许要等多少年之后，才发现这个方法的绝妙之处。

梁东元: 您的话特别耐人寻味。对人才最大的爱护，是给他自由。

陈省身: 对极了，自由。最好的科学是发现出来的，不是计划出来的。可是国内你要做什么东西，政府都要你的报告，而看报告的人往往并不真正懂，这也只能浪费时间。

我想，最要紧的是，政府要让大家放开手脚，要多给予支持，不支持科学就不能发展。不过，有些人是不应该支持的。他不大行，打报告打得倒很好。现在中国出了一种新八股，一二三四，报告打得好极了，真正的工作他却不会做，所以并不行的。奇怪的是，这样的东西竟然还能起一点作用。

做事业首先要学会选择

一个有能力有决心的人，可以随不同的途径，完成自己的志愿。陈先生在回顾自己数十年的治学历程时，认为这一切结果之所以发生的其中一个重要原因，就是他在自己漫长人生的每一步都做出了正确的选择。

梁东元: 我曾看过一个资料。有一次，台湾清华大学请您和杨振宁、李政道、李远哲一起参加一个座谈会，中间有位姓黄的教授曾提出过这样的问题，就是如何选择研究的方向和领域。杨振宁先生说，大学中有很多优秀的研究生，他们自己和老师都不能预测未来的成就有多大，可是二三十年后，成就却可能悬殊。事后一回想，成功的同学在当时不见得就比不成功者优秀许多。这其中的一个基本道理是，有人走对了路，左右逢源，而有人却走错了路，再努力也很难有大成就。我们知道杨振宁先生曾是您的学生，他的这些见解，和您做学问首先要做出正确选择的观点也是非常一致的。

陈省身: 选择有时几乎就能决定一个人整个的命运，当然，这种选择是指关键时刻的那几步。也很难。中间有许多是靠机会。

学会选择，就是要自己知道该怎么走。老实讲，我那时候的选择，我老师都不知道。你自己有时也许不是太明确，但至少头脑要清楚，自己心里应该有一个大致的方向。比如数学，一个实际的问题是，一个人应否读数学，怎么样你才能成为一个好的数学家？英国大数学家Hardy说过，一个条件就是看你是否比老师强。

梁东元：学生一定要比老师强。这个标准可不低。

陈省身：中国的数学其实是很好的。中国人的数学才能是世界公认的。中国的数学也是全面的。这是一个可喜的现象。像国际数学奥林匹克的竞赛，中国就连续多年取得特别好的成绩。

说到中学生数学奥林匹克竞赛，我是支持的，我相信如果一起考，我是考不过这些孩子的。但是，数学竞赛题目都不是好的题目，因为在两三个钟头里由青少年学生能做出来的技巧性题目，不可能有很深的含义。这样的竞赛虽然也是一种能力的表现，但离研究一个好的数学问题还差得很远，更不能把奥林匹克数学竞赛获奖者等同于数学家。

梁东元：那么，什么才算是好的数学呢？难道还有坏的数学？

陈省身：好的数学就是有开创性的，有发展前途的。好的数学可以不断深入，有深远意义，能够影响许多学科。比如说，解方程就是好的数学。搞数学都要解方程，一次方程容易解，二次方程就不同，等等。这一类的数学是不断发展的，有永恒价值，所以是好的。而不好的数学就是那些仅限于把他人的工作推演一番的研究。还有一些数学虽然也蛮有意思，但也仅仅是一种游戏罢了。

梁东元：究竟怎么样才算不好的数学，这方面应该也有不少例子吧。

陈省身：举个例子，大家也许知道有个拿破仑定理。据说这个定理和拿破仑有点关系。它的意思是说，任何一个三角形，各边上各作等边三角形，接下来将这三个三角形的重心联结起来，那么就必定是一个等边的三角形。各边上的等边三角形也可以朝里面作，于是可以得到两个解。像这样的数学，就不是好的数学，为什么？因为它难以有进一步的发展。当然，你可以把它纯粹当作一种游戏，做事累的时候用来解闷，也是很有意思的。再把话说开来，比如现在世界上，还有国内每年发表的论文，多数是没有什么意义的平庸之作，只是在已经有的工作上做一些枝节的推广和改进，没有多大的创造性。

当然，选择好的方向，做好的数学，需要很强的能力。有能力做好的数学的人都是用功的，因为重复别人总是容易一些，但你想创新就要用功。

成功者的内心必定简单

把奥妙变为常识，复杂变为简单，数学是一种奇妙有力不可缺少的科学工具。陈省身先生认为，人生也是一样，你越是一个单纯的人，就越容易成功。陈省身先生一再说，人要简单。

梁东元：这里的简单，是不是也可以理解为简化？就是说一个人应该专心致志，心无旁骛，坚韧不拔做他所选定的事业？

陈省身：以前曾有记者先生问我是如何决定读数学的，我说是别的都做不好，所以就只能读数学了。我不像别人那么多才多艺，所以选择问题时也就十分简单，不用过多分心。

梁东元：简单实际上最不容易。生活中有那么多的诱惑，让人眼花缭乱。人的一生又那么短暂，但却把许多时间浪费掉了。那么，简单是不是也可以说成是一种数学思想？

陈省身：既是思想，也是目的。数学思想是人人都可以享用的，像数学中有一种非常重要的思想方法，化大为小，也就是把遇到的困难的事物尽量划分成许多小的部分，这样一来，每一小部分显然就容易解决。这样的方法每个人都可以用来处理日常问题的。

梁东元：在您的一本书中，您曾说，中国的大数学家如刘徽（魏晋时期）、祖冲之（南北朝）、李冶（金、元）等都生逢乱世，但他们却也做出了了不起的成就。

陈省身：只要有了人，有研究的精神，在哪里都能做事情。我一般不参加别的活动，只做我的数学。我现在这个住所叫作宁园，就有这么个意思。

一个人一生中的时间是一个常数，应该集中精力做好一件事。中国人浪费时间的事太多。我已经老了，本来数学是年轻人的事业，但我还想在前沿做数学，多做一点。

梁东元：相信这也是您的快乐所在。

快乐是人生第一要素

陈省身先生总是强调一种快乐人生，把不断寻找和发现乐趣作为生活的动力。快乐就是爱，就是使一切平常的东西变得有意义。陈省身先生说，生命有无意义，包括事业、家庭生活、健康长寿等等，都和快乐有关。

梁东元：一般人都比较害怕数学，可能是因为没有看到数学的美好，没有感到数学的乐趣。同时，可能现在社会上其他一些诱惑也影响到了数学。

陈省身：这些年，因为国家开放，年轻人都想经商赚钱，当然国家社会需要这样的人。但是做科学的乐趣是一般人不能理解的。在科学上做了基本的贡献，有历史的意义。我想对于许多人，这是一项了不得的成就。

梁东元：现在好像学生选学数学的也不是太多，家长或者社会上的看法也都倾向于别的门路。

陈省身：这是一个现象。现在许多有才能的学生都选择计算机、经济管理等热门学科，但正因为这样，若干年后，数学人才必然会出现紧缺。但是，数学这碗饭也不是随便什么人都能来端的，没有个十年八年的严格训练，做不了好的数学家。那么，不是想出国么？这很容易，只要你做了好的数学家，国内拿了博士学位，到国外去做博士后，甚至做教授，岂不比在国外打工挣学费更好。

梁东元：也就是说，这样才会得到更大的人生乐趣？

陈省身：实际上，解密物理学、生物学的本质奥妙，都离不开数学研究的突破。中国的数学政策，除了鼓励尖端的研究以外，还应该用来提高一般的数学水平。

梁东元：我们读过您七十五岁生日时写的诗，“何日闭门读书好，松风浓雾故人谈”。您的时间太宝贵了。

陈省身：不能再浪费时间，把精力和才华消耗在眼前的一点东西上。要静下心来，我现在九十多岁了，正在走向终点，但我还想为中国做一些事情。

梁东元：很抱歉，我们今天来也是在浪费您的时间。

陈省身：就是，你们这种找我，就是浪费我的时间。不过我很高兴看到你们。事情也有点矛盾。

和陈省身先生告别时，我们说，等到2008年北京奥运会举行时再来看望他老人家。我们的本意是想表达一种心愿，一种祝福，但这位银发满头的睿智老人却敏捷地摆摆手，用那始终沉静的语调缓缓说：不要等到那么晚。早点来。

真理面前半步也不后退[①]

◇ 布鲁诺

布鲁诺 （1548—1600），意大利16世纪著名的科学家、天文学家、无神论者，近代文化的先驱。他因怀疑宗教而长期受到迫害，后被囚禁整整八年，教廷用尽一切手段，始终没能使布鲁诺在真理面前后退半步。最终，布鲁诺为真理而殉道，已成为思想自由的象征，长期受到人们的怀念和尊崇。

前进，我亲爱的菲罗泰奥[②]，愿任何东西也不能迫使你放弃你宣传你那美妙的学说，无论是无知之徒的粗野咒骂，无论是苟安庸碌之辈的愤慨，无论是教条主义者和达官贵人的愤怒，无论是群氓的胡闹，无论是社会舆论的令人震惊，无论是撒谎者和心怀嫉妒者的诽谤，这些都损害不了你在我心目中的崇高形象，决不会使我离开你。

顽强地坚持下去，我的菲罗泰奥，坚持到底！不要灰心丧气，不要退却，哪怕那笨拙无知、拥有重权的高级法庭用种种阴谋来陷害你，哪怕它妄图使用一切可能的手段来抵制那美好的意图、你那种种著作的胜利。

你放心吧，这样的一天总会到来的。那时所有的人都会明白我所明白的东西，那时所有的人都会承认：对于每一个人来说，同意你的见解并颂扬你是那么容易做到，就像要比得上你却那么难于做到那样，所有的人，凡不是从头坏到脚的人，终有一天会在良心驱使之下给予你应得的赞扬。要知道，打开理性眼睛的，归根到底是内在的教师，因为我们理解思想上的财富并不是从

---

① 选自《著名科学家演讲鉴赏》，戴友夫主编，山东人民出版社1995年版。

② 菲罗泰奥，即布鲁诺自己的化身。

1600年2月17日坚持真理的布鲁诺被宗教裁判所烧死在鲜花广场。

外部，而是从内部，从自身的精神得到。在所有人的心灵中都有健全理智的颗粒，都有天赋的良心，它耸立于庄严的理性法庭之上，对善与恶、光明与黑暗进行评判并做出公正的判决。你那良好事业的最忠诚最卓越的捍卫者之所以能从每一个人意识的深处终于点燃起起义之火，要归功于这样的判决。而那不敢与你交朋友的人，那些胆怯地顽固维护自己的卑鄙无知的人，那些坚持充当赤裸裸的诡辩派和真理的不共戴天的敌人的人，他们将在自己的良心中发现审判官和刽子手，发现为你复仇的人，这位复仇者将能更加无情地在他们自己的思想深处惩罚他们，使他们再也无法向自己隐藏这些观点。当敌人给予你的打击被击退的时候，让一大群奇怪而凶恶的爱夫门尼德（希腊神话中的复仇女神，专在地狱里折磨人的灵魂）把他包围起来，让其狂怒倾泻在……敌人的内心动机上，并用自己的牙齿将他折磨至死。

前进！继续教导我们去认识关于天空、关于行星与恒星的真理，给我们讲解在无限多的天体中一个与另一个究竟有什么不同，在无限的空间中无限的原因与无限的作用为什么不仅是可能的，而且也是必然的。教导我们什么是真正的实体、物质和运动，谁是整个世界的创造者，为什么任何有感觉的事物都由同一要素和本原组成。给我们宣讲关于无限宇宙的学说。彻底推翻这些假想的天穹和天域——它们似乎应把这么多的天空和自然领域划分开来。教导我们讥笑这些有限的天域以及贴在其上的众星。让你那些所向披靡的论据万箭齐发，摧毁群氓所相信的、第一推动者的铁墙和天壳。打倒庸俗的信仰和所谓的第五本质。赐给我们关于地球规律在一切天体上的普遍性以及关于宇宙中心的学说。彻底粉碎外在的推动者和所谓各层天域的界限。给我们敞开门户，以便我们能够通过它一览广漠无垠的统一的星球世界。告诉我们其他世界是如何像我们这个世界那样，在以太的海洋里疾驰的。给我们讲解所有世界的运动如何由它们自身内部灵魂的力量来支配。并教导我们，在以这些观点为指导去认识自然的道路上，坚定不移地阔步前进。

我的世界观[①]

◇ 阿尔伯特·爱因斯坦

阿尔伯特·爱因斯坦（1879—1955），德国物理学家，诺贝尔物理学奖获得者。

我们这些总有一死的人的命运多么奇特！我们每个人在这个世界上都只做一个短暂的逗留；目的何在，却无从知道，尽管有时自以为对此若有所感。但是，不必深思，只要从日常生活就可以明白：人是为别人而生存的——首先是为那样一些人，我们的幸福全部依赖于他们的喜悦和健康；其次是为许多我们所不认识的人，他们的命运通过同情的纽带同我们密切结合在一起。我每天上百次地提醒自己：我的精神生活和物质生活都是以别人（包括生者和死者）的劳动为基础的，我必须尽力以同样的分量来报偿我所领受了的和至今还在领受着的东西。我强烈地向往着俭朴的生活。并且时常发觉自己占用了同胞的过多劳动而难以忍受。我认为阶级的区分是不合理的，它最后所凭借的是以暴力为根据。我也相信，简单淳朴的生活，无论在身体上还是在精神上，对每个人都是有益的。

我完全不相信人类会有那种在哲学意义上的自由。每一个人的行为不仅受着外界的强制，而且要适应内在的必然。叔本华说："人虽然能够做他所想做的，但不能要他所想要的。"这句格言从我青年时代起就给了我真正的启示；在我自己和别人的生活面临困难的时候，它

① 选自《大学人文读本·人与自我》，夏中义主编，广西师范大学出版社2003年版。

总是使我们得到安慰，并且是宽容的持续不断的源泉。这种体会可以宽大为怀地减轻那种容易使人气馁的责任感，也可以防止我们过于严肃地对待自己和别人；它导致一种特别给幽默以应有地位的人生观。

要追究一个人自己或一切生物生存的意义或目的，从客观的观点看来，我总觉得是愚蠢可笑的。可是每个人都有一些理想，这些理想决定着他的努力和判断的方向。就在这个意义上，我从来不把安逸和享乐看作生活目的本身——我把这种伦理基础叫做猪栏的理想。照亮我的道路，是善、美和真。要是没有志同道合者之间的亲切感情，要不是全神贯注于客观世界——那个在艺术和科学工作领域里永远达不到的对象，那么在我看来，生活就会是空虚的。我总觉得，人们所努力追求的庸俗目标——财产、虚荣、奢侈的生活——都是可鄙的。

我有强烈的社会正义感和社会责任感，但我又明显地缺乏与别人和社会直接接触的要求，这两者总是形成古怪的对照。我实在是一个“孤独的旅客”，我未曾全心全意地属于我的国家、我的家庭、我的朋友，甚至我最为接近的亲人；在所有这些关系面前，我总是感觉到一定距离而且需要保持孤独——而这种感受正与年俱增。人们会清楚地发觉，同别人的相互了解和协调一致是有限度的，但这不值得惋惜。无疑，这样的人在某种程度上会失去他的天真无邪和无忧无虑的心境；但另一方面，他却能够在很大程度上不为别人的意见、习惯和判断所左右，并且能够避免那种把他的内心平衡建立在这样一些不可靠的基础之上的诱惑。

我的政治理想是民主政体。让每一个人都作为个人而受到尊重，而不让任何人成为被崇拜的偶像。我自己一直受到同代人的过分的赞扬和尊敬，这不是由于我自己的过错，也不是由于我自己的功劳，而实在是一种命运的嘲弄。其原因大概在于人们有一种愿望，想理解我以自己微薄的绵力，通过不断的斗争所获得的少数几个观念，而这种愿望有很多人却未能实现。我完全明白，一个组织要实现它的目的，就必须有一个人去思考，去指挥、并且全面担负起责任来。但是被领导的人不应当受到强迫，他们必须能够选择自己的领袖。在我看来，强迫的专制制度很快就会腐化堕落。因为暴力所招引来的总是一些品德低劣的人，而且我相信，天才的暴君总是由无赖来继承的，这是一条千古不易的规律。就是由于这个缘故，我总强烈地反对今天在意大利和俄国所见到的那种制度。

像欧洲今天所存在的情况，已使得民主形式受到怀疑，这不能归咎于民主原则本身，而是由于政府的不稳定和选举制度中与个人无关的特征。我相信美国在这方面已经找到了正确的道路。他们选出了一个任期足够长的总统，他有充分的权力来真正履行他的职责。另一方面，在德国政治制度中，为我所看重的是它为救济患病或贫困的人做出了可贵的广泛的规定。在人生的丰富多彩的表演中，我觉得真正可贵的，不是政治上的国家，而是有创造性的、有感情的个人，是人格；只有个人才能创造出高尚的和卓越的东西，而群众本身在思想上总是迟钝的，在感觉上也总是迟钝的。

创立相对论的爱因斯坦被誉为20世纪的“世纪伟人”。

讲到这里，我想起了群众生活中最坏的一种表现，那就是使我厌恶的军事制度。一个人能够洋洋得意的随着军乐队在四列纵队里行进，单凭这一点就足以使我对他鄙夷不屑。他所以长了一个大脑，只是出于误会；光是骨髓就可满足他的全部需要了。文明的这种罪恶的渊薮，应当尽快加以消灭。任人支配的英雄主义、冷酷无情的暴行，以及在爱国主义名义下的一切可恶的胡闹，所有这些都使我深恶痛绝！在我看来，战争是多么卑鄙、下流！我宁愿被千刀万剐，也不愿参与这种可憎的勾当。尽管如此，我对人类的评价还是十分高的，我相信，要是人民的健康感情没有遭到那些通过学校和报纸而起作用的商业利益和政治利益的蓄意败坏，那么战争这个妖魔早就该绝迹了。

我们所能有的最美好的经验是奥秘的经验。它是坚守在真正艺术和真正科学发源地上的基本感情。谁要体验不到它，谁要是不再有好奇心，也不再有惊讶的感觉，谁就无异于行尸走肉，他的眼睛便是模糊不清的。就是这样奥秘的经验——虽然掺杂着恐惧——产生了宗教。我们认识到有某种为我们所不能洞察的东西存在，感觉到那种只能以其最原始的形式接近我们的心灵的最深奥的理性和最灿烂的美——正是这种认识和这种情感构成了真正的宗教感情；在这个意义上，而且也只是在这个意义上，我才是一个具有深挚的宗教感情的人。我无法想象存在这样一个上帝，它会对自己的创造物加以赏罚，会具有我们在自己身上所体验到的那种意志。我不能也不愿去想象一个人在肉体死亡以后还会继续活着；让那些脆弱的灵魂，由于恐惧或者由于可笑的唯我论，去拿这种思想当宝贝吧！我自己只求满足于生命永恒的奥秘，满足于觉察现存世界的神奇结构，窥见它的一鳞半爪，并且以诚挚的努力去领悟在自然界中显示出来的那个理性的一部分，倘若真能如此，即使只领悟其极小的一部分，我也就心满意足了。

独立之精神 自由之思想[1]

◇ 陈寅恪

陈寅恪 （1890—1969），中国现代历史学家、古典文学研究家、语言学家。

海宁王静安先生自沉后二年，清华研究院同仁咸怀思不能已。其弟子手先生之陶冶煦育者有年，尤思有以永其念。佥曰，宜铭之贞珉，以昭示于无竟。因以刻石之词命寅恪，数辞不获已，谨举先生之志事，以普告天下后世。其词曰：士之读书治学，盖将以脱心志于俗谛之桎梏，真理因得以发扬。思想而不自由，毋宁死耳。斯古今仁圣同殉之精义，夫岂庸鄙之敢望。先生以一死见其独立自由之意志，非所论于一人之恩怨，一姓之兴亡。呜呼！树兹石于讲舍，系哀思而不忘。表哲人之奇节，诉真宰之茫茫。来世不可知也，先生之著述，或有时而不彰。先生之学说，或有时而可商。唯此独立之精神，自由之思想，历千万祀，与天壤而同久，共三光而永光。

（节自《清华大学王观堂先生纪念碑铭》）

我的思想，我的主张完全见于我所写的王国维纪念碑中。王国维死后，学生刘节等请我撰文纪念。当时正值国民党统一时，立碑时间有案可查。在当时，清华

① 选自《陈寅恪的最后二十年》，陆键东著，生活·读书·新知三联出版社1995年版。

校长是罗家伦，是二陈（CC）派去的，众所周知。我当时是清华研究院导师，认为王国维是近世学术界最主要的人物，故撰文来昭示天下后世研究学问的人，特别是研究史学的人。我认为研究学术，最主要的是要具有自由的意志和独立的精神，所以我说“士之读书治学，盖将一脱心志于俗谛之桎梏。”“俗谛”在当时即指三民主义而言。必须脱掉“俗谛之桎梏”，真理才能发挥，受“俗谛之桎梏”，没有自由思想，没有独立精神，即不能发扬真理，即不能研究学术。学说有无错误，这是可以商量的，我对于王国维即是如此。王国维的学说中，也有错的，如关于蒙古史上的一些问题，我认为就可以商量。我的学说也有错误，也可以商量，个人之间的争吵，不必芥蒂。我、你都应该如此。我写王国维诗，中间骂了梁任公，给梁任公看，梁任公只笑了笑，不以为芥蒂。我对胡适也骂过。但对于独立精神，自由思想，我认为是最重要的，所以我说“唯此独立之精神，自由之思想，历千万祀，与天壤而同久，共三光而永光。”我认为王国维之死，不关与罗振玉之恩怨，不关满清之灭亡，其一死乃以见其独立自由之意志。独立精神和自由意志是必须争的，且须以生死力争。正如词文所示，“思想而不自由，毋宁死耳。斯古今仁圣同殉之精义，夫岂庸鄙之敢望。”一切都是小事，唯此是大事。碑文中所持之宗旨，至今并未改易。

我决不反对现政权，在宣统三年时就在瑞士读过资本论原文。但我认为不能先存马列主义的见解，再研究学术。我要请的人，要带的徒弟都要有自由思想、独立精神。不是这样，即不是我的学生。你以前的看法是否和我相同我不知道，但现在不同了，你已不是我的学生了，所以周一良也好，王永兴也好，从我之说即是我的学生，否则即不是。将来我要带徒弟也是如此。

因此，我提出第一条：“允许中古史研究所不宗奉马列主义，并不学习政治”。其意就在不要有桎梏，不要先有马列主义的见解，再研究学术，也不要学政治。不止我一人要如此，我要全部的人都如此。我从来不谈政治，与政治决无连涉，和任何党派没有关系。怎样调查也只是这样。

因此我又提出第二条：“请毛公或刘公给一允许证明书，以作挡箭牌。”其意是毛公是政治上的最高当局，刘少奇是党的最高负责人。我认为最高当局也应有和我同样的看法，应从我说。否则，就谈不到学术研究。

至如实际情形，则一动不如一静，我提出的条件，科学院接受也不好，不接受也不好。两难。我在广州很安静，做我的研究工作，无此两难。去北京则有此两难。动也有困难。我自己身体不好，患高血压，太太又病，心脏扩大，昨天还吐血。

你要把我的意见不多也不少地带到科学院。碑文你带去给郭沫若看。郭沫若在日本曾看到我的王国维诗。碑是否还在，我不知道。如果做得不好，可以打掉，请郭沫若做，也许更好。郭沫若是甲骨文专家，是“四堂”之一，也许更懂得王国维的学说。那么我就做韩愈，郭沫若就做段文昌，如果有人再做诗，他就做李商隐也很好。我的碑文已流传出去，不会湮没。

（节自《对科学院的答复》）

人人独立，国家就能独立[①]

◇ 福泽谕吉

福泽谕吉（1835—1901），日本近代启蒙思想家、教育家。主要著作有《福泽谕吉自传》、《劝学篇》、《文明概略论》等。

如国人没有独立的精神，国家独立的权利还是不能伸张。其理由有以下三点：

第一，没有独立精神的人，就不会深切地关怀国事。

所谓独立，就是没有依赖他人的心理，能够自己支配自己。例如自己能够辩明事理，处置得宜，就是不依赖他人智慧的独立；又如能够靠自己身心的操劳维持个人生活者，就是不依赖他人钱财的独立。如果人人没有独立之心，专想依赖他人，那么全国就都是些依赖他人的人，没有人来负责，这就好比盲人行列里没有带路的人，是要不得的。有人说“民可使由之，不可使知之”，假定社会上有一千个瞎子和一千个明眼人，认为只要由智者在上统治人民，人民服从上面的意志就行。这种议论虽然出自孔子，其实是大谬不然的。

在一个国家里面，才德足以担任统治者的，千人中不过一人。假如有个百万人口的国家，其中智者不过千人，其余九十九万多人都是无知的小民。智者以才德来统治这些人民，或爱民如子，或抚牧如羊；他们恩威并用，指示方向，人民也不知不觉地服从上面的命令，从而国内听不到盗窃杀人的事情，治理得很安稳。可是国

① 选自《心灵的日出——青春心智生活读本》（2），严凌君主编，商务印书馆2003年版。

人中便有主客的分别，主人是那一千个人里能统治国家的智者，其余都是不闻不问的客人。既是客人，自然就用不着操心，只要依从主人就行，结果对于国家一定是漠不关心，不如主人爱国了。在这种情形之下，国内的事情还能勉强对付，一旦与外国发生战事，就不行了。那时候无知的人民虽不至倒戈相向，但因自居客位，就会认为没有牺牲性命的价值，以致多数逃跑，结果这个国家虽有百万人口，到了需要保卫的时候，却只剩下少数的人，要想国家独立就很困难了。

福泽谕吉的教育思想对传播西方资本主义文明，对日本资本主义的发展起了巨大的推动作用。

原来政府管理政务，人民受其统治，只是为着便利而划分。如果面临关系全国之事，就人民的职责来说，是没有理由只把国事交给政府，而袖手旁观的。只要具有一国国籍的人，就有在那个国家里面自由自在地饮食起居的权利；既有他的权利，也就不能不有他的义务。

第二，在国内得不到独立地位的人，也不能在接触外人时保持独立的权利。

没有独立精神的人，一定依赖别人；依赖别人的人一定怕人；怕人的人一定阿谀谄媚人。若常常怕人和谄媚人，逐渐成了习惯以后，他的脸皮就同铁一样厚。对于可耻的事也不知羞耻，应当与人讲理的时候也不敢讲理，见人只知道屈服。所谓习惯、本性即指此事，成了习惯就不容易改变了。譬如现在日本平民已经被准许冠姓和骑马；法院的作风也有所改变；表面上平民与士族是平等了，可是旧习惯不是一下子就能改变过来的。因为平民的本性还是与旧日平民无异，所以在言语应对方面还是很卑屈。一见上面的人，就说不出一点道理来；叫他站就站；叫他舞就舞。那种柔顺的样子，就像家里所喂的瘦狗，真可以说是毫无气节和不知羞耻之极。

在以前锁国的时代，旧幕府实行严加约束的政策时，人民没有气节不仅不妨碍政事，反而便于统治。因此官吏就有意使人民陷于无知无识，一味恭顺，并以此为得计。可是到了现在与外国交往之日，如果还是这样，就有大害了。譬如，乡下商人想和外国商人交易，怀着恐惧的心情来到横滨。首先见到外国人身体魁伟、资本雄厚、洋行很大、轮船很快，就已经胆战心惊，等到接近外商，与他们讲价钱，或遇外商强词夺理时，不但惊讶，又畏惧他们的威风，结果明知他们无理，也只有忍受巨大的损失和耻辱。这种损失和耻辱不是属于他一个人，而是属于一国的，实在是糊涂愚蠢。但如果追溯其根源，却在于其先辈世代缺乏独立精神的商人的劣根性。商人常受武士欺凌，常在法院里挨骂，就是遇见下级的步卒，也要把他当作大人先生来奉承，其灵魂已彻底腐烂，决不是一朝一夕所能洗净。这些胆小的人们，一旦遇到那些大胆和剽悍的外国人，是没有理由不胆战心惊的。这就是在国内不能独立的人对外也不能独立的明证。

第三，没有独立精神的人会仗势做坏事。

国民独立精神愈少，卖国之祸即随之增大，这就是前面所说的仗势做坏事。

以上三点都是由于人民没有独立精神而产生的灾祸。生当今世，只有爱国心，则无论官民都应该首先谋求自身的独立，行有余力，再帮助他人独立。父兄教导子弟独立；老师勉励学生独立；士农工商全都应当独立起来，进而保卫国家。总之，政府与其束缚人民而独自操心国事，实不如解放人民而与人民同甘共苦。

能思想的芦苇[①]

◇ 帕斯卡尔 著　何兆武 译

我很能想象一个人没有手、没有脚、没有头（因为只是经验才教导我们说，头比脚更为必要）。然而，我不能想象人没有思想：那就成了一块顽石或者一头牲畜了。

思想形成人的伟大。

人只不过是一根苇草，是自然界最脆弱的东西；但他是一根能思想的苇草。用不着整个宇宙都拿起武器来才能毁灭；一口气、一滴水就足以致他死命了。然而，纵使宇宙毁灭了他，人却仍然要比致他于死命的东西更高贵得多；因为他知道自己要死亡，以及宇宙对他所具有的优势，而宇宙对此却是一无所知。

因而，我们全部的尊严就在于思想。正是由于它而不是由于我们所无法填充的空间和时间我们才必须提高自己。因此，我们要努力好好地思想；这就是道德的原则。

能思想的苇草——我应该追求自己的尊严，绝不是求之于空间，而是求之于自己的思想的规定。我占有多少土地都不会有用；由于空间，宇宙便囊括了我并吞没了我，有如一个质点；由于思想，我却囊括了宇宙。

人既不是天使，又不是禽兽；但不幸就在于想表现

帕斯卡尔（1623—1662），法国著名的科学家、思想家。毕生潜心学术和宗教哲学的研究。主要著作有《思想录》、《几何学的精神》等。

---

① 选自《智慧花园》，（古希腊）苏格拉底、（法）卢梭等著，郑林选编，文化艺术出版社2001年版。

为天使的人却表现为禽兽。

思想——人的全部的尊严就在于思想。

因此，思想由于它的本性，就是一种可惊叹的、无与伦比的东西。它一定得具有出奇的缺点才能为人所蔑视；然而它又确实具有，所以再没有比这更加荒唐可笑的事了。思想由于它的本性是何等地伟大啊！思想又由于它的缺点是何等地卑贱啊！

然而，这种思想又是什么呢？它是何等地愚蠢啊！

人的伟大之所以为伟大，就在于他认识自己可悲。一棵树并不认识自己可悲。

因此，认识（自己）可悲乃是可悲的；然而认识我们之所以为可悲，却是伟大的。

这一切的可悲其本身就证明了人的伟大。它是一位伟大君主的可悲，是一个失了位的国王的可悲。

我们没有感觉就不会可悲；一栋破房子就不会可悲。只有人才会可悲。

人的伟大——我们对于人的灵魂具有一种如此伟大的观念，以致我们不能忍受它受人蔑视，或不受别的灵魂尊敬；而人的全部的幸福就在于这种尊敬。

人的伟大——人的伟大是那样地显而易见，甚至于从他的可悲里也可以得出这一点来。因为在动物是天性的东西，我们于人则称之为可悲；由此我们便可以认识到，人的天性现在既然有似于动物的天性，那么他就是从一种为他自己一度所固有的更美好的天性里面堕落下来的。

因为，若不是一个被废黜的国王，有谁会由于自己不是国王就觉得自己不幸呢？人们会觉得保罗·哀米利乌斯不再任执政官就不幸了吗？正相反，所有的人都觉得他已经担任过了执政官乃是幸福的，因为他的情况就是不得永远担任执政官。然而人们觉得柏修斯不再做国王却是如此之不幸，——因为他的情况就是永远要做国王，——以致人们对于他居然能活下去感到惊异。谁会由于自己只有一张嘴而觉得自己不幸呢？谁又会由于自己只有一只眼睛而不觉得自己不幸呢？我们也许从不曾听说过由于没有三只眼睛便感到难过的，可是若连一只眼睛都没有，那就怎么也无法慰藉了。

对立性。在已经证明了人的卑贱和伟大之后——现在就让人尊重自己的价值吧。让他热爱自己吧，因为在他身上有一种足以美好的天性；可是让他不要因此也爱自己身上的卑贱吧。让他鄙视自己吧，因为这种能力是空虚的；可是让他不要因此也鄙视这种天赋的能力。让他恨自己吧，让他爱自己吧：他的身上有着认识真理和可以幸福的能力；然而他却根本没有获得真理，无论是永恒的真理，还是满意的真理。

因此，我要引人竭力寻找真理并准备摆脱感情而追随真理（只要他能发现真理），既然他知道自己的知识是彻底地为感情所蒙蔽；我要让他恨自身中的欲念，——欲念本身就限定了他，——以便欲念不至于使他盲目做出自己的选择，并且在他做出选择之后不至于妨碍他。

少年中国说[1]

◇ 梁启超

梁启超（1873—1929），中国近代史上著名的政治活动家、启蒙思想家、资产阶级宣传家、教育家、史学家和文学家。戊戌变法（百日维新）领袖之一。曾倡导文体改良的“诗界革命”和“小说界革命”。其著作合编为《饮冰室合集》。

日本人之称我中国也，一则曰老大帝国，再则曰老大帝国。是语也，盖袭译欧西人之言也。呜呼！我中国其果老大矣乎？梁启超曰：恶是何言，是何言，吾心目中有一少年中国在！

欲言国之老少，请先言人之老少。老年人常思既往，少年人常思将来。唯思既往也，故生留恋心；唯思将来也，故生希望心。唯留恋也，故保守；唯希望也，故进取。唯保守也，故永旧；唯进取也，故日新。唯思既往也，事事皆其所已经者，故唯知照例；唯思将来也，事事皆其所未经者，故常敢破格。老年人常多忧虑，少年人常好行乐。唯多忧也，故灰心；唯行乐也，故盛气。唯灰心也，故怯懦；唯盛气也，故豪壮。唯怯懦也，故苟且；唯豪壮也，故冒险。唯苟且也，故能灭世界；唯冒险也，故能造世界。老年人常厌事，少年人常喜事。唯厌事也，故常觉一切事无可为者；唯好事也，故常觉一切事无不可为者。老年人如夕照，少年人如朝阳；老年人如瘠牛，少年人如乳虎；老年人如僧，少年人如侠；老年人如字典，少年人如戏文；老年人如鸦片烟，少年人如泼兰地酒；老年人如别行星之陨石，少年人如大洋海之珊瑚岛；老年人如埃及沙漠之金字塔，少年人如西伯利亚之铁路；老年人如秋后之柳，少年人如春前之草；老年人

① 选自《少年中国说》，梁启超著，陕西师范大学2010年版。

如死海之潴为泽，少年人如长江之初发源。此老年与少年性格不同之大略也。梁启超曰：人固有之，国亦宜然。

《少年中国说》一文激情四溢，文中传达的强烈的进取精神令人振奋。

梁启超曰：伤哉老大也。浔阳江头琵琶妇，当明月绕船，枫叶瑟瑟，衾寒于铁，似梦非梦之时，追想洛阳尘中春花秋月之佳趣。西宫南内，白发宫娥，一灯如穗，三五对坐，谈开元、天宝间遗事，谱霓裳羽衣曲。青门种瓜人，左对孺人，顾弄孺子，忆侯门似海珠履杂遝之盛事。拿破仑之流于厄蔑，阿剌飞之幽于锡兰，与三两监守吏或过访之好事者，道当年短刀匹马，驰骋中原，席卷欧洲，血战海楼，一声叱咤，万国震恐之丰功伟烈，初而拍案，继而抚髀，终而揽镜。呜呼，面皴齿尽，白头盈把，颓然老矣！若是者，舍幽郁之外无心事，舍悲惨之外无天地，舍颓唐之外无日月，舍叹息之外无音声，舍待死之外无事业。美人豪杰且然，而况于寻常碌碌者耶！生平亲友，皆在墟墓，起居饮食，待命于人，今日且过，遑知他日，今年且过，遑恤明年。普天下灰心短气之事，未有甚于老大者。于此人也，而欲望以拏云之手段，回天之事功，挟山超海之意气，能乎不能？

呜呼，我中国其果老大矣乎？立乎今日，以指畴昔，唐虞三代，若何之郅治；秦皇汉武，若何之雄杰；汉唐来之文学，若何之隆盛；康乾间之武功。若何之烜赫！历史家所铺叙，词章家所讴歌，何一非我国民少年时代良辰美景、赏心乐事之陈迹哉！而今颓然老矣，昨日割五城，明日割十城；处处雀鼠尽，夜夜鸡犬惊；十八省之土地财产，已为人怀中之肉；四百兆之父兄子弟，已为人注籍之奴。岂所谓老大嫁作商人妇者耶？呜呼！凭君莫话当年事，憔悴韶光不忍看。楚囚相对，岌岌顾影；人命危浅，朝不虑夕。国为待死之国，一国之民为待死之民，万事付之奈何，一切凭人作弄，亦何足怪！

梁启超曰：我中国其果老大矣乎？是今日全地球之一大问题也。如其老大也，则是中国为过去之国，即地球上昔本有此国，而今渐渐灭，他日之命运殆将尽也。如其非老大也，则是中国为未来之国，即地球上昔未现此国，而今渐发达，他日之前程且方长也。欲断今日之中国为老大耶，为少年耶？则不可不先明“国”字之意义。夫国也者，何物也？有土地，有人民，以居于其土地之人民，而治其所居之土地之事，自制法律而自守之；有主权，有服从，人人皆主权者，人人皆服从者。夫如是，斯谓之完全成立之国。地球上之有完全成立之国也，自百年以来也。完全成立者，壮年之事也；未能完全成立而渐进于完全成立者，少年之事也。故吾得一言以断之曰：欧洲列邦在今日为壮年国，而我中国在今日为少年国。

夫古昔之中国者，虽有国之名，而未成国之形也，或为家族之国，或为酋长之国，或为诸侯封建之国，或为一王专制之国。虽种类不一，要之，其于国家之体质也，有其一部而缺其一部，正如婴儿自胚胎以迄成童，其身体之一二官支，先行长成，此外则全体虽粗具，然未能得其用也。故唐虞以前为胚胎时代，殷周之际为乳哺时代，由孔子而来至于今为童子时代，逐渐发达，而今乃始将入成童以上少年之界焉。其长成所以若是之迟者，则历代之民贼有窒其生机者也。譬犹童年多病，转类老态，或且疑其死期之将至焉，而不知皆由未完全、未成立也，非过去之谓，而未来之谓也。

且我中国畴昔，岂尝有国家哉？不过有朝廷耳。我黄帝子孙，聚族而居，立于此地球之上者既数千年，而问其国之为何名，则无有也。夫所谓唐、虞、夏、商、周、秦、汉、魏、晋、宋、齐、梁、陈、隋、唐、宋、元、明、清者，则皆朝名耳。朝也者，一家之私产也；国也者，人民之公产也。朝有朝之老少，国有国之老少，朝与国既异物，则不能以朝之老少而指为国之老少明矣。文、武、成、康，周朝之少年时代也。幽、厉、桓、赧，则其老年时代也；高、文、景、武，汉朝之少年时代也，元、平、桓、灵，则其老年时代也。自余历朝，莫不有之。凡此者，谓为一朝廷之老也则可，谓为一国之老也则不可。一朝廷之老且死，犹一人之老且死也，于吾所谓中国者何与焉？然则吾中国者，前此尚未出现于世界，而今乃始萌芽云尔。天地大矣，前途辽矣，美哉，我少年中国乎！

彼而漠然置之，犹可言也；我而漠然置之，不可言也。使举国之少年而果为少年也，则吾中国为未来之国，其进步未可量也；使举国之少年而亦为老大也，则吾中国为过去之国，其澌亡可翘足而待也。故今日之责任，不在他人，而全在我少年。少年智则国智，少年富则国富，少年强则国强，少年独立则国独立，少年自由则国自由，少年进步则国进步，少年胜于欧洲则国胜于欧洲，少年雄于地球则国雄于地球。红日初升，其道大光；河出伏流，一泻汪洋；潜龙腾渊，鳞爪飞扬；乳虎啸谷，百兽震惶；鹰隼试翼，风尘吸张；奇花初胎，矞矞皇皇；干将发硎，有作其芒；天戴其苍，地履其黄；纵有千古，横有八荒，前途似海，来日方长。美哉我少年中国，与天不老；壮哉我中国少年，与国无疆！

门槛[1]

◇ 屠格涅夫

我看见一所大厦。正面一道窄门大开着。门里一片阴暗的浓雾。高高的门槛前面站着一个女郎——一个俄罗斯女郎。

深暗的浓雾里吹着带雪的风，从建筑的深处透出来一股寒气，同时还有一个缓慢的、重浊的声音问着：

“啊，你想跨进门槛来做什么？你知道里面有什么东西在等着你？”

“我知道。”女郎这样回答。

“寒冷，饥饿，憎恨，嘲笑，轻视，侮辱，监狱，疾病，甚至于死亡？”

“我知道。”

“和人疏远，完全的孤独？”

“我知道，我准备好了。我愿意忍受一切的痛苦，一切的打击。”

“不仅是你的敌人，而且你的亲戚，你的朋友都要给你这些痛苦，这些打击？”

“是……便是他们给我这些，我也要忍受。”

“好。你也准备着牺牲吗？”

“是。”

“这是无名的牺牲！你会灭亡，甚至没有人……没

---

① 选自《门槛》，（俄）屠格涅夫著，巴金译，北方文艺出版社2008年版。

有人知道，也没有人尊崇地纪念你。”

“我不要人感激，我不要人怜悯。我也不要名声。”

“你甘心去犯罪？”

女郎低下了她的头。

“我也甘心……去犯罪……”

里面的声音暂时停住了。过后又说出这样的话语：

“你知道将来在困苦中你会否认你现在有这个信仰，你会以为你是白白地浪费了你的青春？”

“这一层我也知道。我只求你放我进去。”

“进来吧。”

女郎跨进了门槛。一幅厚帘子立刻放了下来。

“傻瓜！”有人在后面这样嘲骂。

“一个怪人。”不知从什么地方来了这一声回答。

学者的态度与精神[①]

◇ 宗白华

我向来最佩服的，是古印度学者的态度，最景仰的，是欧洲中古学者的精神。

古印度学者的态度怎么样？他们的态度就是：绝对地服从真理，猛烈地牺牲成见。

当龙树提婆的时候，印度学说的派别将近百种。他们互相争辩的激烈，可想而知，但他们争辩的态度，却很可注意。当未辩论以前，那辨论者往往宣言："若辩论败了，就自杀以报，或归依做弟子。"辩论之后，那辩论败的不是立刻自杀，就立刻归依做弟子，决不作强辩，决不作遁词，更没有无理的谩骂，话出题外，另生枝词的现象，像我中国学者的常态。这种态度，你看可佩服不佩服？这才真是"只晓得有真理，不晓得有成见"呢!这就是古印度学者的态度，我希望中国的新学者也有这种态度。

欧洲中古学者的精神又怎么样呢？他们的精神就是：宁愿牺牲性命，不愿牺牲真理。

欧洲中古时的学者，因发明真理，拥护真理，以致焚身入狱的，很不鲜见。他们那为着真理，牺牲生命时所受的痛苦，若给中国学者看了，很觉得不值得。但真理却因此昌明了!人类却因此进化了!那学者一时的生命与痛苦又算得什么，那学者的心中只晓得真理的价值，

① 选自《美学与意境》，宗白华著，人民出版社2009年版。

不晓得生命的价值，这才真是“学者的精神”！

总之，学者的责任本是探求真理，真理是学者第一种的生命。小己的成见与外界的势力都是真理的大敌。抵抗这种大敌的器械，莫过于古印度学者服从真理，牺牲成见的态度；欧洲中古学者拥护真理，牺牲生命的精神。

这种态度，这种精神，正是我们中国新学者应具的态度，应抱的精神!

影的告别[①]

◇ 鲁迅

鲁迅 （1881—1936），伟大的无产阶级文学家、思想家、革命家。代表作有《呐喊》、《彷徨》、《狂人日记》等。

人睡到不知道时候的时候，就会有影来告别，说出那些话——

有我所不乐意的在天堂里，我不愿去；有我所不乐意的在地狱里，我不愿去；有我所不乐意的在你们将来的黄金世界里，我不愿去。

然而你就是我所不乐意的。

朋友，我不想跟随你了，我不愿住。

我不愿意！

呜乎呜乎，我不愿意，我不如彷徨于无地。

我不过一个影，要别你而沉没在黑暗里了。然而黑暗又会吞并我，然而光明又会使我消失。

然而我不愿彷徨于明暗之间，我不如在黑暗里沉没。

然而我终于彷徨于明暗之间，我不知道是黄昏还是黎明。我姑且举灰黑的手装作喝干一杯酒，我将在不知道时候的时候独自远行。

呜乎呜乎，倘若黄昏，黑夜自然会来沉没我，否则我要被白天消失，如果现是黎明。

---

① 选自《野草》，鲁迅著，人民文学出版社1990年版。

朋友，时候近了。

我将向黑暗里彷徨于无地。

你还想我的赠品。我能献你甚么呢？无已，则仍是黑暗和虚空而已。但是，我愿意只是黑暗，或者会消失于你的白天；我愿意只是虚空，决不占你的心地。

我愿意这样，朋友——

我独自远行，不但没有你，并且再没有别的影在黑暗里。只有我被黑暗沉没，那世界全属于我自己。

1924年9月24日

生命诚可贵，

爱情价更高；

若为自由故，

两者皆可抛。

——裴多菲【匈牙利】

第六章

在自由和力量中飞翔

在自由和力量中飞翔[①]

◇ 沃尔特·惠特曼

我，不愿跟爱唱的小鸟争一个长短；
我渴望去那寥廓的天宇高高飞翔。
是雄鹰和海鸥深深地打动了我的心，
那金丝雀和学舌鸟决不是我的理想。
我，不习惯用甜点的颤音柔声啼啭，
我要去自由、欢乐、力量和意志的
蓝天展翅翱翔。

① 选自《金果小枝》，华宇清编，薛菲译，黑龙江人民出版社1982年版。

像自由一样的字眼[①]

◇ 兰斯顿·休斯

兰斯顿·休斯　（1902—1967），最杰出的现当代美国黑人诗人。被誉为“黑人民族的桂冠诗人”。

有像自由一样的字眼，
讲起来甜蜜而又舒坦。
日日夜夜，岁岁年年，
自由在拨动我的心弦。

有像自由一样的字眼，
几乎使得我大声呐喊。
你如果知道我的经历，
你就会明白我的情感。

① 选自《新语文读本·小学卷》，王尚文、曹文轩、方卫平主编，广西教育出版社2002年版。

小狗[①]

◇ 亚力山大·索尔仁尼琴

亚历山大·索尔仁尼琴（1918—2008）俄罗斯作家。1970年，“因为他在追求俄罗斯文学不可或缺的传统时所具有的道义力量”，荣获诺贝尔文学奖。

“自由是一切生灵在其生命历程中所追求的一种永恒理想，对自由的渴望是生命本能的需求。”

在我们的后院里，一个小男孩把他那名叫夏里克的小狗链了起来；自从是小雏狗它便是一团被枷铐着的绒毛球。

有一天，我带给它几根鸡骨头，还是热的，而且很香。那小男孩刚刚解开皮链，放开那条可怜的小狗，让它在院子里奔跑。雪很深，像羽毛。夏里克跃踏得像一只兔子，先是用后脚跳，接着用前脚跳，从院子这头跳到那头，一来一回，把嘴巴插进雪里。

它向我奔来，全身毛茸，对我跳起来，嗅嗅骨头，走了，肚皮拖在雪地里。

我不要你的骨头，它说，只要还我自由……

① 选自《诺贝尔文学奖获得者散文诗选》，薛菲编，颜元叔译，浙江文艺出版社1994年版。

四大自由[①]（节选）

◇ 富兰克林·罗斯福

在1941年1月6日致国会的咨文中，富兰克林·罗斯福总统提出了四项“人类的基本自由”，“四大自由”思想是美国历史上最重要的思想之一。被认为是关于美国人民准备为之奋斗的原则的最简要声明，且对此后世界的发展产生了巨大的影响。

富兰克林·罗斯福（1882—1945），美国历史上唯一蝉联四届（第四届未任满）的总统，在20世纪的经济大萧条和第二次世界大战中扮演了重要的角色。被学者评为是美国最伟大的三位总统之一。

在我们力求安宁的未来岁月中，我们盼望有一个建立在四项人类基本自由之上的世界。

第一是言论和发表意见的自由——在世界每一个地方。

第二是每个人以自己的方式崇拜上帝的自由——在世界每一个地方。

第三是不虞匮乏的自由——从全球的角度说，意味着保证使每个国家的居民过上健康的和平时期生活的经济共识——在世界每一个地方。

第四是免受恐惧的自由——从全球的角度说，意味着世界范围的裁军，它是如此全面彻底，以致任何国家都无法对他国发动武装侵略——在世界每一个地方。

---

① 选自《美国读本》，（美）戴安娜·拉维奇编，陈凯、林本椿等译，国际文化出版社2005年版。

作为美国历史上最伟大的总统之一，罗斯福在美国历史上留下了不可磨灭的印记。

这并不是对遥远将来的幻想。它是我们自己的时代、我们这一代人就能实现的一个世界的确切基础。这一世界恰恰是专制主义所谓“新秩序”的对立面，独裁者们企图用炸弹的威力来创造那种秩序。

与那种“新秩序”针锋相对，我们提出一更大的概念——精神秩序。一个良好的社会能够面对世界职权的阴谋或外国革命而无所畏惧。

自英国有史以来，我们一直在从事变革，即不间断的和平革命，这场革命平静稳步地发展，不断适应变化中的情况而无须使用集中营或万人冢。我们拜求的世界秩序是自由国家的合作，在一个友好文明的社会中一同工作。

这个国家把它的命运托付给千百万自由的男女公民的双手、头脑和心灵，把它的信念建立在上帝所引导的自由上。自由意味着任何地方人权至上。我们支持为争取和捍卫人权而斗争的人们。我们的力量在于我们目标一致。

这一崇高观念除胜利无其他结局。

自由的精神[①]

◇ 勒尼德·汉德

美国作家E. B. 怀特说，“人类的自由精神实质上是历久不衰的；它不断生发，从未被血与火扑灭过。”那么，勒尼德·汉德是怎样定义自由的精神的呢？

勒尼德·汉德　(1872—1961，)美国最伟大的法官之一，1944年5月21日，他应邀在纽约市中央公园一个大型集会演讲，以纪念“我是一个美国人日”(I am an American Day)。他这篇发表在大战关键时期的讲话被广泛印发。

我们在这里集会，是为了肯定一种信仰，一种对共同目的、共同信念和共同的献身精神的信仰。

我们中间的一些人已经选择美国作为自己的国家，另外一些人则是做出同样选择者的后代。因此，我们有权把自己看做一个精英群体，它的成员们勇于同过去决裂，勇于面对在一个陌生土地上遇到的危险和孤寂。激励我们或我们的先辈做出这一选择的目标是什么呢？那就是我们追求自由：免遭压迫的自由，远离贫困的自由，独立自主的自由。我们那时努力追求这一目标，而今我们相信自己已经通过奋斗达到了这一目标。当我们说我们首要的目标是追求自由的时候，意旨何在呢？我常常怀疑人们是否对宪法、法律和法庭寄予了过多的希望。这些都是虚幻的希望，请相信我，这些真的是虚幻的希望。自由只存在于人们心中，如果它在人们心中死去，没有任何宪法、法律或法院能够挽救它，任何宪法、法律

① 选自《美丽英文·感动一个国家的文字(英汉典藏版)》，艾柯编译，天津教育出版社2006年版。

或法庭甚至对此无能为力。而当自由存在于人们心中时，没有必要用任何宪法、法律或法庭去挽救它。那么人们心中必须存在的自由是什么？它不是冷酷无情，不是恣意放纵的意志，不是为所欲为的自由。这些是对自由的否定，会直接毁灭自由的精神。假如在一个社会中，人们认为不应该对他们的自由加以控制，那么它很快会变成一个只让一小部分凶狠残暴的人拥有自由的社会，这是我们以痛苦的经验换来的一点教训。

什么是自由的精神？

我不能给它准确地定义，只能告诉你们我自己的信念：自由的精神就是反对唯我独尊的精神；自由的精神就是尽量去理解别人的精神；自由的精神就是不带任何偏见地将别人的利益与自己的利益一起考虑的精神；自由的精神就是即使一只麻雀落地也该引起关注的精神；自由的精神也就是基督的精神，他在大约两千年之前教给人类从未学过并且永远难忘的一课：有可能出现一个王国，在那里，人们对最伟大者和最渺小者不分贵贱，一视同仁。现在，这种精神，这种从未存在、或许永不会有的、唯独美国才具有的精神、唯独美国人的良知和勇气才能创造的精神，它以某种形式深藏在大家心中，它让我们的年轻人此刻正为之奋战和牺牲，它让我们看到一个自由、繁荣、安全、富足的美国——如果我们不能把人类所有美好的愿望当做信号、航标和准则，并为之奋斗不已，我们将不能抓住自由精神的真谛，我们将懈怠对自由精神的承诺。为了确定大家共同分享这一信仰，我请求大家举起手跟随我一起宣誓：

我宣誓效忠于星条旗，效忠于美利坚合众国——一个建立在团结、自由与公正之上的联邦国家。

自由与恐惧[1]

◇ 林贤治

林贤治 （1948—），著名学者，诗人。著有诗集《骆驼和星》、《梦想或忧伤》等。

你怎样理解“人的全部尊严就在于思想”，思想者的全部的命运是什么？最黑暗的地方也有光，这让人看到了前行路上的希望。

人的全部尊严就在于思想。

然而，因为思想的缘故，也可以失去全部的人的尊严。一个触目的事实是：迄今大量的思想都是维护各个不同的“现在”的。其实无所谓传统，传统也是现在。“现实的就是合理的”，成了万难移易的信条。这些思想，以专断掩饰荒谬，以虚伪显示智慧，以复制的文本和繁密的脚注构筑庞大的体系，俨然神圣的殿堂。而进出其中的思想家式的人物，几乎全是权门的谋士、食客、嬖妇、忠实的仆从。还有所谓纯粹的学者，躲进象牙之塔，却也遥对廊庙行注目礼。唯有少数人的思想是不安分的、怀疑的、叛逆的。这才是真正的思想！因为它总是通过否定——一种与实际变革相对应的思维方式——肯定地指向未来。

未来，是人类的希望所在。

我们说“思想”，就是指向未来自由开放的叛逆性思想。叛逆之外无思想。思想的可怕便在这里。罗丹的《思想者》，那紧靠在一起的头颅与拳头，不是显得一

---

① 选自《沉思与反抗》，林贤治著，复旦大学出版社2010年版。

样的沉重有力吗？因此，世代以来，思想者被当作异端而遭到迫害是当然的事情，尽管他们并不喜欢镣铐、黑牢和火刑柱。对待同类的暴虐行为，修辞家叫作“惨无人道”，仿佛人世间真有这样一条鸟道似的；其实，在动物界，却从来未曾有过武器、刑具，以及那种种残酷而精巧的布置。人类的统治，是无论如何要比动物更为严密的。

统治者为了维持现状，必须使人们的思想与行动标准化、一体化，如同操纵一盘水磨或一台机器。然而，要做到“书同文，车同轨”倒也不算太难，难的是对付肇祸的思想。它们隐匿在每一副大脑中，有如未及打开的魔瓶，无从审察其中的底蕴。倘使连脑袋一并割掉吧，可恼的是，却又如同枯树桩一般的不能复生了。置身于枯树桩中间，难道可以配称“伟大的王者”吗？于是，除了堵塞可容思想侧身而过的一切巷道，如明令禁止言论、出版以及集会结社的自由之外，统治者还有一项心理学方面的发明，便是：制造恐怖！

恐怖与恐惧，据说是颇有点不同的。恐惧有具体的对象，恐怖则是无形的。正所谓“不测之威”。究其实，两者只是程度不同而已。统治者力图使思想者在一种不可得见的无形威吓之下，自行放弃自己的思想，犹如农妇的溺婴一样——亲手扼杀由自己艰难孕就的生命，而又尽可能地做到无人知晓！

恐惧呵！恐惧呵！恐惧一旦成为习惯，便成了人们的日常需要；如果实在没有某种可怕的事物，也得努力想象出来，不然生活中就缺乏了什么东西。就这样，恐惧瘟疫般肆虐蔓延，吞噬着健康的心灵，甚至染色体一样相传不绝。结果，如同韦尔斯所说的那样，人一生出就成了“依赖者”，绝不会进一步提出问题。恐惧把人们牢牢地抓在一起。为了维护某种安全感，人们必须趋同。只要有谁敢于显示思想的隐秘的存在，便将随即招致众人的打击和唾弃——“千夫所指，无疾而死”。

思想者是孤立的。除了自我救援，他无所期待。

苏格拉底自称“马虻”，虽然对雅典城邦这匹“巨大的纯种马”有过讽刺，毕竟是一个不太喜欢冒险的人。他曾经说：“如果我置身于社会政治生活中，像一个正直的人那样总是伸张正义，在任何事情上都以正义为准则，你们想，我能活到现在吗？”无奈他百般明哲，也无法保存自己，到底被国家的法律和公民的舆论两条绳索同时绞死了！

临终之前，苏格拉底显得相当豁达。他说：

“我们各走各的路吧——我去死，而你们去活。哪一个更好，唯有神知道。”

简直是预言！事实证明，所有热爱思想的余生者，活着都不见得比苏格拉底之死更好一些。他死得舒服，至少没有太多的痛苦：一杯酒而已。而活着的人们，在长长的一生中，却不得不每时每刻战战兢兢地等待可能立即降临的最严厉的惩罚。可怕的不在死亡而在通往死亡的无尽的途中。

比起苏格拉底，伽利略要勇敢得多。在黑暗的中世纪，“真正信仰的警犬”遍布各地，科学和哲学沦为神学的婢女；这时候，他无所顾忌地宣传哥白尼，同时也是自己发现和证实的“日心说”。即使形势于他不利，他仍然与专制势力苦苦周旋。然而，到了最后一次审判，他终至被迫发表声明，宣布他一贯反对的托勒密的“地心说”是“正确无疑”的；接着，在圣马利亚教堂举行了“抛弃仪式”——抛弃自己的“谬误”！当他，一个七十岁的老人，跪着向“普世基督教共和国的红衣主教”逐字逐句地大声宣读他的抛弃词时，心里当是何等愤苦呵——

> 我永远信仰现在信仰并在上帝帮助下将来继续信仰的神圣天主教的和使徒的教会包含、传播和教导的一切。因为贵神圣法庭早就对我做过正当的劝诫，以使我抛弃认为太阳是世界的中心且静止不动的伪学，不得坚持和维护它，不得以任何口头或书面形式教授这种伪学，但我却撰写并出版了叙述这一受到谴责的学说的书……
>
> 我宣誓，无论口头上还是书面上永远不再议论和讨论会引起对我恢复这种嫌疑的任何东西，而当我听到有谁受异端迷惑或有异端嫌疑时，我保证一定向贵神圣法庭或宗教裁判员、或地点最近的主教报告。此外，我宣誓并保证尊重和严格执行贵神圣法庭已经或者将要对我做出的一切惩罚……

最诚实的人终于说了胡话。

虽然他依样清醒，然而，却着实害怕了。心理学家说，害怕，是可以习得的第二内驱力。

布鲁诺，塞尔维特，接连大批的非自然死亡。在教会的无所不在的权势底下，像罗克尔·培根和达·芬奇这样的人物也都只好噤若寒蝉。斯宾诺莎害怕他的著作给自己带来不幸，这个被称为“沉醉于上帝的人”，不得不接连推迟《伦理学》的出版，一直到死。沉默是明智的，“沉默是金”。

在意大利，科学沉沦了几个世纪不能复苏。等到伽利略死后两百年，他的著作，才获准同哥白尼、开普勒等人的著作一起从《禁书目录》中删去。这种平反，对他来说未免来得太晚了一点吧？据说，他在公开悔过以后曾这样喃喃道：“但是它仍然在转动着！”

有谁能说清楚，这是暮年茕立中的一种自慰，还是自嘲？

至于霍布斯，有幸生于以宽容见称于世的英国，且文艺复兴的浪潮汹涌已久，竟也无法逃脱恐惧的追逮。他在自传中说，他是他母亲亲生的孪生子之一，另一个就叫“恐惧”。恐惧，是怎样折磨着这个天性脆弱的思想者呵！

当时，在英国，王权和国会两派政治势力纷争无已。霍布斯惧怕内战，写了一篇鼓吹王权的文章，引起国会派的不满，不得不逃往巴黎。在巴黎，他写成《利维坦》一书，抨击神授君权和大小教会，又遭到法国当局和流亡王党分子的反对，只好悄悄逃回英国。查理二世复辟后，情况稍有好转，时疫和大火便接踵而来。教会扬言，所有这一切都是霍布斯渎神的结果；一个委员会特别对他进行了调查，并禁止出版他任何有争议的东西。于极度惊怖之中，他只好将手头的文稿统统付之一炬！著名的《利维坦》把国家比作一头怪兽。在书中，霍布斯一面强调君主的绝对威权，人民只有绝对服从的义务；一面却又承认，当君主失去保护人民的能力时，他们有权推翻他。这种把权力至上主义同民主思想混在一起的做法，很令人想起另一位政治思想家。莎士比亚称他为“凶残的马基雅维里”，又有人称他为“罪恶的导师”。的确，马基雅维里写过《君主论》，为了迎合新君主而大谈其霸术，可是，如果改读他的《罗马史论》，定当刮目相看的吧？何况还有《曼陀罗花》！

——这就是思想者的全部的命运所在！

即使卢梭，一个天性浪漫的启蒙思想家，生活在18世纪的空气里，不幸地竟也因为爱与思想，颠沛流离了整整一生。他这样描述自己的境遇：“全欧洲起了诅咒的叫声向我攻击，其情势的凶险，是前所未有的。我被人看做基督教的叛徒，一个无神论者，一个疯子，一只凶暴的野兽，一只狼。”

霍布斯说：“人对人是狼。”这个命题，到底是他深思熟虑的结论呢，还是回想亡命生涯时的失声呼喊？

如果容许用统计学计量的话，思想者的遗产其实也十分简单，无非有限数目的著作和一些断简残章而已。然而，有多少人从中辨认过惊恐爬过的痕迹？只要有人向世界显露了一个带矛盾性的思想，只消一句“历史局限性”之类的话，便可以轻松地打发过去了！什么叫“局限性”？怎么知道前人意识不到他所应意识的东西呢？他们的思想触角实际上延伸到了哪里？这里仅凭文字著作或档案材料就可以作证的吗？难道据此就可以大言不惭地说来者已经“突破”了他们？其实，他们当中早就有人说过：“真理太多了。”这是自嘲呢，抑或嗤笑后来的饶舌者呢？只要社会性质没有产生根本性的变化，专制和恐怖依然笼罩着人们，人们就很难避免不去重复前人的思想。甚至可以认为，对于真理，来者只是进一步诠释了前人的结论，而不是重新发现。翻开历史，多少独立的人走了过来，结果竟无从寻找他们的脚印。谁也无法判断：那是暴风厉雪所掩埋，还是一面走，一面复为自己所发现的世界所震骇，不得不回头用脚跟给悄悄擦掉！

思想的创造和真理的发现是一回事。思想者呵！你们发现了什么？

法国启蒙时代有一个叫霍尔巴赫的人，他这样讲述历史的秘密：“许多思想家都宣传所谓两重真理说——一种是公开的，另一种是秘密的；但是既然通往后一种的线索已经失掉了，那么他们的真实观点我们便无从了解，更不必说有所补益。”

幸而最黑暗的地方也有光，不然太令人失望了。

今天，思想居然有史，至少证明了许多秘密的思想线索没有完全消失，统治者的恐怖政策决不是绝对可靠的。是的，人们逃避过自由，同时收获过逃避的果实；但是，当他们一旦惊恐于自己的惊恐，逃避自己的逃避时，一个新的开放社会也就到来了！

危险思想与言论自由

◇ 李大钊

李大钊（1889—1927），中国共产主义运动的先驱，中国共产党主要创始人之一。

思想本身，没有丝毫危险的性质。只有愚暗与虚伪，是顶危险的东西。只有禁止思想，是顶危险的行为。

近来——自古已然——有许多人听见几个未曾听过、未能了解的名辞，便大惊小怪起来，说是危险思想。问他们这些思想有什么危险，为什么危险，他们认为危险思想到底是些什么东西，他们都不能说出。像这样的人，我们和他共同生活，真是危险万分。

我且举一个近例，前些年科学的应用刚刚传入中国，一般愚暗的人都说是异端邪教。看待那些应用科学的发明的人，如同洪水猛兽一样。不晓得他们也是和我们同在一个世界上“一样生存”而且比我们进化的人类细胞，却说他们是“鬼子”，是“夷狄”。这种愚暗无知的结果，竟造出一场义和拳的大祸。由此看来，到底是知识思想危险呢？还是愚暗无知危险？

听说日本有个议长，说俄国的布尔什维克是是行托尔斯泰的学说，彼邦有识的人惊为奇谈。现在又出了一位明白公使，说我国人鼓吹爱国是无政府主义。他自己果然是这样愚暗无知，这更是可怜可笑的话。有人说他这话不过是利用我们政府的愚暗无知和恐怖的心理，故意来开玩笑。唉呀！那更是我们莫大的耻辱！

原来恐怖和愚暗有密切的关系，青天白日，有眼的人在深池旁边走路，是一点危险也没有的。深池和走路的行为都不含着危险的性质。若是“盲人瞎马，夜半深池”，那就是最可恐怖的事情。可见危险和恐怖，都是愚昧造出来的，都是黑暗造出来的。

李大钊作为革命的先行者，他播撒的种子已在中国大地上生根、发芽、开花、结果。

人生第一要求，就是光明和真实，什么东西什么境界都不危险。知识是引导人生到光明与真实境界的灯烛，愚暗是达到光明与真实境界的障碍，也就是人生发展的障碍。

思想自由与言论自由，都是为保障人生达于光明与真实的境界而设的。无论什么思想言论，只要能够容他的真实而没有矫揉造作的尽量发露出来，都是于人生有益，绝无一点害处。

说某种主义学说是异端邪说的人，第一要知道他自己所排斥的主义、学说是什么东西，然后把这种主义学说的真相尽量传播，使人人都能认识他是异端学说，大家自然不去信他，不至于受他的害。若是自己未曾认清，只是强行禁止，就犯了泯没真实的罪恶。假使一种学说确与情理相合，我们硬要禁止他，不许公然传步，那是绝对无效。因为他的原素仍然在情理之中，情理不灭，这种学说也终不灭。

假使一种学说确与情理相背，我以为不可禁止，不必禁止。因为大背情理的学说，正应该让大家知道，大家才不去信。若是把他隐藏起来，很有容易被人误信的危险。

禁止人研究一种学说的，犯了使人愚暗的罪恶。禁止人信仰一种学说的，犯了教人虚伪的罪恶。益也终不灭。世间本来没有“天经地义”与“异端邪说”这种东西，就说是有，也要听人去自由知识，自由信仰。就是错知识了、错信仰了所谓邪说异端，只要他的知识与信仰，是本于他思想的自由，知念的真实，一则得了自信，二则免了欺人，都是有益于人生的，都比那无知的排斥、自欺的顺从还好得多。

禁止思想是绝对不可能的，因为思想有超越一切的力量。监狱、刑罚、苦痛、贫困、乃至死杀，思想都能自由去思想他们，超越他们。这些东西，都不能钳制思想，束缚思想，禁止思想。这些东西，在思想中全没有一点价值，没有一点权威。

思想是绝对的自由，是不能禁止的自由，禁止思想自由的，断然没有一点的效果。你要禁止他，他的力量便跟着你的禁止越发强大。你怎样禁止他、制抑他、绝灭他、摧残他，他便怎样生存发展传播滋荣。因为思想的性质力量，本来如此。我奉劝禁扼言论思想自由的注意，要利用言论自由来破坏危险思想，不要借口危险思想来禁止言论自由。

自由①

◇ 郑振铎

郑振铎（1898—1958），著名作家、学者、文学评论家、文学史家、翻译家、艺术史家，也是国内外闻名的收藏家，训诂家。

"'自由'他在什么地方呢？"

一个国王，一个军官，一个农夫和一个孩子，会集在"生之旷原"中，这样地互相问讯着。

国王说道："唉，我找'自由'许久许久了，但是终没有找到。别人以为我是王，一定可以脱离了一切的束缚。其实我是终日被'尊严'与'荣誉'的金冠覆盖着的。一天到晚的我都被包围在锦绣的金幕里，何曾看见'自由'呢？但是你们，你们是平常的百姓，可也曾找到了'自由'么？请告诉我。"

"没有，陛下！"军官答道，"我受你的支配，'责任'与'赏罚'的魔鬼终日跟随着我，那里还有工夫去寻找'自由'呢！但是你们，你们无责任的人，可也曾找到了'自由'么？请告诉我们。"

"唉，没有！"农夫悲声答道，"我是终日被'工作'、'饥饿'与'赋税'所困扰的。他们布了一层层的铁网在我四周，使我身里、心里都没有丝毫的余暇，哪里曾看见什么'自由'呢？但是你，小孩子，你是个快乐的，立在'生之网'以外的人，可也曾找到了'自由'么？请告诉我们。"

"没有，没有。"小孩子答道，"我母亲爱护我。她

---

① 选自《百年老课文》，胡继华、马自力、汪福安主编，北岳文艺出版社2003年版。

一步也不许我离开。而且我还没有读书，不知道‘自由’到什么地方去找。”

他们徘徊于“生之旷原”，这样地互相问讯着，只是找不到“自由”。

到了“死之宫”，在那里谁也是大而深陷的眼窝，细而白长的骨格，在那里“尊严”、“责任”、“饥饿”与一切束缚人类的身与心的恶魔都徘徊门外而不能进去；在那里一切都是寂静而不安，超脱了所有束缚。

在“死之宫”里，他们最后找到了“自由”了。

自由①

◇ 阿克顿

自由：人类良知的守护神

阿克顿（1834—1902），英国学者、历史学家。他的著作《自由与权力》中有一句廉洁的名言广为传颂："权力使人腐败，绝对的权力绝对使人腐败。"

人们给自由所下的定义多种多样——这表明：在对自由的认识上，无论是在热爱自由的人们当中，还是在厌恶自由的人们之中，持有相同理念的人微乎其微。

自由的涵义包括以下五个方面的内容：（一）它是对身处弱势的少数人的权利的保障。（二）它是理性对理性的支配，而不是意志对意志的支配。（三）它是对超越于人类的上帝所尽的义务。（四）它是理性支配意志。（五）它是公理战胜强权。

自由所追求的事业也就是正义和德性所追求的事业——反对自由也就是反对正义和德性，也就是在捍卫错误和罪行。

权威和秩序只是维护人类眼前的现实利益——自由则是要维护人类永恒的精神利益。

自由能促使我们不受国家、社会、无知和错误的干扰而履行我们的义务。我们自由度的大小是同我们能在多大程度上摆脱为生存竞争所进行的搏杀以及与诱惑、性格发生的冲突这些障碍成正比的——这些障碍乃自由之内在敌人。

① 选自《自由与权力》，（英）阿克顿著，侯健等译，商务印书馆2001年版。

不仅是个人对上帝的一种责任感使得我们需要自由，而且也是一种其他的责任感———一种对自以为是可能产生祸害的敬畏感，更使我们天然地拥护和热爱自由。没有任何人能真正意识到自己的责任，相反，人们很害怕给自己增加责任。

自由的本义：自我驾驭。自由的反面：驾驭他人。

自由是防止自己被他人控制的保障之法。要做到这一点，就需要人们具有自我控制能力并因此接受宗教的、精神的熏陶：即具有受过教育、拥有知识、身心健康等素养。

如果真理不是绝对的话，那么，自由便是真理得以诞生的条件。

自由与道德是密切相关、须臾不可离的。

自由作为道德问题的紧迫性远远大于其作为政治问题的紧迫性。

在自由问题上，有这么一种保守的情形：认为自由对所有的人来说，都是一种奢侈品而不是一种必需品。贫困和无知的人们无法享受它。首先应当给予他们的不是自由而应当是其他东西。

应当利用你手中的权力去增进他们的福利，并且牺牲自由以换取安全、安分守己和繁荣。上述观点在普通人的人生观与幸福观中占有很大市场。从根本上说，普通人的幸福是依赖于外在表象的东西，而不是内在真实的东西。因此，那就坚定地给予他们这些虚幻的东西吧，并给予他们来自上面的指导和监护。

对于上述情形，除了能从宗教上找到理由进行反驳外，在别的领域找不到理由来回击上述论点。如果幸福是群体生活的目标的话，那么，自由便是多余的了。因为自由并不一定使人幸福。

自由是存在于幸福之外的其他世界的东西，它是一种义务的范畴，而非权利的范畴。它要求为了实现一种超现实生活的目标而付出痛苦、牺牲。如果没有这样的目标，那么，也就没有任何其他目标值得付出牺牲的代价。

自由是义务的存在状态，是良知的守护者。自由与良知相伴而生，相伴而长。

自由之核心的和最高的目标就是良知的统治。宗教只是在17世纪产生过这种良知的统治力量——就像它曾在19世纪30年代拯救过奴隶制一样。

自由与道德：总有一些人千方百计地割裂二者的关系，企图把自由奠基于权利和快乐的领域而不是奠基于义务的领域。始终如一地坚持二者的一致性吧!自由是良知的统治得以成长的条件。自由就是让良知来指导我们的行为,自由就是良知的主宰。

自由与国家

自由作为一种理念而存在——作为一种人们所安享的状态而存在——作为一种客观的安全感而存在。

自由根源于、存在于免遭国家权力任意干涉的私人内部领域之中。对良知的尊重与敬畏是所有公民自由的萌芽,也是基督教用以促进自由的方法。这也就是为什么说在欧洲,自由萌生于教会与国家权力的相互对立之中。

自由乃至高无上之法律。它只受更大的自由的限制。

没有任何与个体私人目标相对立的公共目标值得以牺牲个体灵魂和精神的代价去换取。相反,习以为常的原则应该是个体利益优先于无所不包的国家利益才对。因此,整体的权力同自由之间的相安无事片刻也难以达成——这就是说,屈从者的良知和按照其他原则行事是最可耻的事情。

自由是意志和法律之间的和谐。

自由在政治生活中表现为不依附于各种利益、各种狂热激情、各种偏见或各个阶级的一种状态。

没有安全保障,自由就等于零。

一种权利可以被放弃——但义务却不能。因此,自由作为一种权利比作为一种义务更缺少安全性。

自由要求具有牺牲精神。它假定事物存在着众多的可能性状态——这就要求在相互竞争的众多利益之间要相互做出妥协和牺牲部分利益。

《自由引导人民》这幅画有一种紧张、激昂的气氛,给人以激动人心的力量。

要求更多的权威去保护少数，抗衡多数，或保护弱者，抗衡强者，这与自由不相抵触，但是却与自由得以产生的条件相抵触。

自由的试金石就是身处弱势的少数人所享有的地位和安全状态。

法律在社会生活中占支配地位以控制国家的力量。如果在所有领域都只是一种力量占优势支配地位，那么，就没有办法制衡这种力量。因为正是通过其他力量的相互联合，我们才防止了一种力量占绝对支配地位的情形。所以，自由要求通过代议制让所有的各种社会力量都获得其正当的作用范围。自由的神圣职责就是防止不正当的支配优势的出现，以保护弱者抗衡强者。自由建构于权力之间势均力敌的相互斗争和对峙的基础上。权力之间的相互制衡使自由得以安然无恙。平等蕴含着一个产生自由的伟大因素——它意味着宽容。

伴随着新闻自由而来的就是良知自由。腐败比惨无人道的绞刑架、手指夹或脚趾夹等刑具要好多了；但是，腐败也会导致同上述刑具同样的目的。腐败会损害吞噬自由。法律是具有地域性和民族性的。自由则没有地域性和民族性。自由的本质就是不要信奉过去和往事的神圣不可侵犯性。

两种自由概念[①]

◇ 以塞亚·伯林

以塞亚·伯林 （1909—1997），英国学者、观念史学家和政治理论家，也是20世纪最杰出的自由思想家之一。

贾汉贝格鲁： 说到自由，能否解释一下您对积极自由和消极自由的划分？

伯林： 有两个各自独立的问题。一个是："多少个门向我敞开？"另一个是："这里谁负责，谁管理？"这两个问题相互交织又相互区别，它们要求不同的回答。多少个门向我敞开？关于消极自由的问题是：拦在我面前有什么障碍要排除？其他人怎样妨碍着我？其他人这样做是有意的还是无意的？是间接的还是有制度依据的？关于积极自由的问题是：谁管我？别人管还是自己管？如果是别人，他凭借什么权利？什么权威？如果我有权自主，自己管自己，那么，我会不会失去这个权利？能不能丢掉这个权利？放弃这个权利再恢复这个权利？具体怎样做？还有，谁制定法律？或谁执行法律？征求过我的意见吗？是多数人在统治吗？为什么？是因为上帝、牧师，还是党？是出于公共舆论的压力？传统的压力？还是慑于什么权威？这便是与消极自由不同的问题。这两个问题连同各自的附属问题都是重要的且合理合法的，对两者都必需做出回答。有人怀疑我捍卫消极自由而反对积极自由，以为消极自由更文明，那只是因为我觉得，积极自由在正常生活中虽然更重要，但与消极自由相比

① 选自《伯林谈话录》，（伊朗）贾汉贝格鲁著，杨祯钦译，译林出版社2002年版。

更频繁地被歪曲和滥用。其实这两个问题都是切切实实、不可回避的。对它们怎样的回答决定着一个社会的性质——自由社会还是独裁社会？民主社会还是专制社会？世俗社会还是神权社会？个人主义的社会还是社群主义的社会？如此等等。这两个概念在政治和道德上都曾被歪曲到各自的对立面。乔治·奥威尔对此有过很好的描述。有人说："我可以代为表达你的真正愿望。也许你以为你知道自己需要什么，而我、元首、我们比你自己更了解你，向你提供你所需要的东西，只要你认清了你的'真正'的需要。"我则说，如果国家不采用强制措施，自由也会对老虎和绵羊一视同仁，甚至前者吃掉后者也是在所难免的。但实际上这是对消极自由的歪曲。当然，资本家不受限制的自由就会损害工人的自由，工厂主或父母无限制的自由会让小孩子沦为煤矿的雇佣者。弱者一定要保卫自己不受强者侵犯，就此而言，自由就要减少。如果积极自由充分地实现，消极自由就会被减少。关于两种自由之间要保持平衡，尚未有明确的原则对此予以阐释。积极自由和消极自由两者都是明确有效的概念，而我觉得历史上虚伪的积极自由所造成的危害比现代虚伪的消极自由所造成的危害更大。当然这可能有争议。本杰明·贡斯当是我非常钦佩的思想家，他的论文《古代自由与现代自由的比较》是我所了解的讨论两种自由的最好的作品。

贾汉贝格鲁：这正好是我想问的。在贡斯当和卢梭关于古代自由与现代自由两者对比的争论中，您站在哪一边？

伯林：我站在贡斯当一边。贡斯当认为有两种自由，他不否认古代雅典人所拥有的自由的价值。在古代雅典人看来，自由意味着在议会中一个人可以指控别的任何人，谁也不能妨碍别人（不管地位多么低微）向法庭提出对他人的诉状，不能妨碍别人公开地谴责他人，不能妨碍别人自由地观察、批评和谈论，而不管这会带给当事人多少不快。但是，现代的自由概念允许人们拥有一定程度的隐私权。隐私这个概念在古代很少见，实际上是中世纪的思想。帕斯卡尔就说过，世界上一切罪恶其实都是因为人们不安静地坐在房间里而造成的。现代自由确认了人们的隐私权。

贾汉贝格鲁：但是，这是私人自由，不是公共自由？

伯林：对。私人自由和公共自由任何一方不受控制的实施都会破坏另一方。隐私确实是个新概念，比人们通常所想的还要新。新概念之所以能产生，是因为有新观念出现。再拿"真诚"这一概念来说吧。可以说，在古代和中世纪，真诚并没有被视为一种美德。真理才是一种根本性的价值；殉难的信念之受称赞，只是在有证据证明它是一个真理性而不是谬误性的信念时。任意一个犹太人或基督教徒都认为，由于异教徒所信奉的东西的确是荒谬的，因此对他们持有这一谬论的那份真诚没什么好钦佩的。随意一个十字军东征的参加者都会说，穆斯林信奉的东西当然是虚假的，因此对他们这种颠倒是非的真诚也没什么好感动的。宗教战争期间，新教徒被看成是把灵魂引向地狱的邪恶的教唆者，是必须被抵制的放毒者，如果必要应该处死他们。可是，事实上，他们宣讲他们的教义，不是为了挣钱，不是为了争权，也不是出于虚荣心，而仅仅因为他们对所讲的东西深信不疑，而且准备着为那些可怕的异端邪说而献身——但没有一个东正教徒会说如此真诚是该受钦佩的。总之，重要的只是真理，而不是真诚。我觉得，把真诚看作一种美德不过是17世纪晚期前后的事。真诚地相信错误的东西是很危险的，是没有道德价值或精神价值的，至少是令人遗憾的。

多样性作为一种正面的价值，也是一个新观念。旧观念认为，真理只有一个，谬误可有许许多多。对于任何一个真正的问题，原则上只能有一个正确的答案，其余的答案必定全是错误的。如果认为一个问题有两方面，可以有两个或更多的互不相容的答案，其中任何一个答案都可被诚实的理性的人所接受，这就是一种很新的观念。有人认为，伯里克利[①]在他著名的葬礼演说中已经多多少少谈到了此种观念。他接近了而没有确立这一新看法。如果雅典的民主是好的，斯巴达或波斯就不会被承认。自由社会的好处在于容许各种各样相互冲突的意见存在而不被压制，这种观念在西方确实是比较新的。

---

① 古希腊奴隶主民主政治的杰出代表，古代世界最著名的政治家之一。

自由与责任[①]

◇ 西园寺昌美

西园寺昌美 西园寺家族是日本历史上著名的望族。西园寺昌美是西园寺公爵次子裕夫的妻子，夫妻长期致力于世界和平等公益事业。

也许你认为自己是自由的，但是如果你对自己的一切行动和选择不负有完全的责任，那么你就说不上是完全自由的。由此看来，世上大多数的人一半是自由的，一半是被约束的吧。但是我认为人本来如果不拥有百分之百的自由，那是无法充分地发挥自己的生命力的。

自由从来就有严格的自我责任相伴随。所以在各种约束下活着反而会使人感到轻松。人生的一切或由法律所规定，或由宗教、习惯所束缚，或者有的人按着圣人贤者的思想和教诲安排自己的人生。教规或法定越多，人虽然失去的自由也越多，但个人对自我责任的逃避却反而更容易。一切都可以归罪于某个团体、民族或是某个宗教、时代。所以就宗教来说，如果人类仍然热衷于以仪式、教祖为主的宗教，那么人类在人格上就很难得到发展。

克制自己的主张，伪装自己的思想，这种人生会在人的心里积存下很多的不满，久而久之不满会变成愤恨，而愤恨总有一天会爆发。其结果或是使人生病，或是诱发事故灾难。

如果人能够在自我责任下自由地安排自己的人生，我认为这个世界上是不会有战争发生的。因为没有自我安排人生的自由，所以就会出现欺侮别人，谴责别人，

---

① 选自《读者》，2000年十三期。

或是束缚别人的人。如果做父母的都能对孩子们这样说："我什么财产也不留给你们，活着的时候自己用，剩下了分给没有钱的人用。但是我尽力让你们接受各种教育。到了一定的年龄你们可以自由地选择自己的生活方式，做自己愿意做的工作，自己养活自己，自己体会自己的人生，自己接受自己之选择所带来的结果。"孩子能在这样的教育中成长，用这种方式安排自己的人生，那么我认为社会中的愤恨、不平、嫉妒、憎恶、竞争就会慢慢地消失。

尊重自由而且意志坚强的人都是能够对自己的一切负责的人，同时对自己的一切拥有绝对的选择自由。如果一个人逃避自己的责任，那他就算不上是一位合格的人。

《聪明的少女》 麦绥莱勒（1923）

“人最宝贵的是生命，生命对于每个人只有一次……”，生命是大自然的奇迹，快乐和痛苦是生命之歌的基本旋律，生命在流动、生长、奔涌、升腾，有时，它极其脆弱，刹那间就灰飞烟灭。有时又无比强大，蕴藏着巨大潜能，让你不能不为之震撼。

庄子说：方生方死，方死方生。生命从降生的那一刻起就开始走向死亡，直到有一天到达终点，死亡始终和生命如影随形。“与其视死亡为恐怖，倒不如采取一种宗教性的虔诚，从而冷静地看待死——视之为人生必不可免的归宿，以及对尘世罪孽的赎还。”因为死亡，让我们感激生命的获得，心存感激，我们的灵魂变得宁静与安详。超越死亡，向死而生，我们才不但能拥有一份好好活着的感动，更能沉静从容地面对生命流淌的永恒……

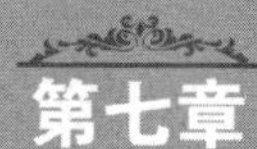

第七章

生之灿烂，死之静美

历史①

◇ A. 弗朗斯 著　陈家宁 译

A. 弗朗斯，法国作家。

当年轻的兹米尔王子在波斯继承了他父亲的王位之后，他把他国度里有学问的人全召集在一起说：

“我的导师，博学的扎布教导我说，君王如果能得益于历史的教训，那么他在执政时便会避免掉许多错误。因此我希望能够学习各国的历史。我命令你们编一部世界史，而且是一部最全面的史书，一点遗漏都不许有。”

有才华的学者们答应执行年轻国王的命令。他们从宫中一回来就立即开始工作。二十年即将过去，他们来到了国王面前，身后跟着由十二头骆驼组成的骆驼队，每头骆驼都驮着五百卷书。学者们的书记官拜倒在宝座前的台阶上，说了下面一番话：

“陛下，您的国土上的学者们有幸将一本世界史呈献给您。这本世界史是遵陛下的命令而编写的，共有六千册，内容包括各国习俗以及王朝的兴衰。我们还编入了古代的大事记。我们竟能将这些史料保存至今真是幸运，因此我们在地理位置、历史年代等方面都进行了详尽的注释，仅序言部分就需要一头骆驼运载，附录部分一头骆驼甚至都驮不动。”

国王回答道：

---

① 选自《世界少年文学作品精选》，陈家宁、吴家鑫编，世界知识出版社1990年版。

“先生们，感谢你们的辛勤劳动，但是，我国事繁忙。另外，在你们工作的期间我也增添了年岁。正如波斯的诗人所说，我已经走完了生命旅程的一半。即使我将来能寿终正寝，我也无法读完这样长的一部史书，还是把它放回到国家档案馆去吧。至于我嘛，你们能给我写一本在凡人的有生之年能够读完的简明些的历史书就不错了。”

波斯学者们又工作了二十年，然后用三头骆驼给国王运来了一千五百册书。

“陛下。”那位书记官轻声禀报，“这是我们的新作。我认为我们没有遗漏任何重要的东西。”

“这我相信，”国王回答说，“可是我不能读这本书。我老了，长篇巨著对我的年龄不合适。请进一步精选一下，不要太长。”

学者们毫不迟疑地又开始了工作。过了十年之后他们又回到了王宫，这次是一头小象驮着五百册书。

“我自认为这次写得很简明扼要了。”书记官说。

“还不十分简明。如果你想让我在临死之前了解到人类的历史，就写一本更为简明的吧!”

书记官五年之后又出现在王宫里。他一手拄着拐杖，一手牵着一头小毛驴，毛驴背上驮着一本大书。

“快一点，”大臣对他说，“国王就要死了。”

国王已生命垂危，他用失神的目光注视着学者和他的书，然后叹了一口气说：

“我临死还没了解到人类的历史。”

“陛下，”事实上这位博学的智者本人也已暮年黄昏，“我可以将人类的历史总结为三句话，他们诞生，他们受苦，他们死亡。”

就这样，波斯王在临终前了解到了人类的历史。

生命[1]

◇ 金克木

金克木（1912—2000），学者，作家，著有诗集《蝙蝠集》，散文集《天竺旧事》，小说《旧巢痕》、《难忘的影子》，专著《梵语文学史》，译著《我的童年》、《印度古诗选》等。

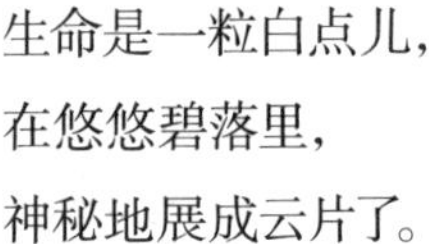

生命是一粒白点儿，
在悠悠碧落里，
神秘地展成云片了。

生命是在湖的烟波里，
在飘摇的小艇中。

生命是低气压的太息，
是伴着芦苇啜泣的呵欠。

生命是在被擎着的纸烟尾上了，
依着袅袅升去的青烟。

生命是九月里的蟋蟀声，
一丝丝一丝丝的随着西风消逝去。

生命是一片叶子，歌唱着泥土的芳香。

① 选自《一个甲子的风雨人情：笔会60年珍藏版》，文汇报笔会编辑部编，文汇出版社2006年版。

谈生命[1]

◇ 冰心

冰心 （1900—1999），原名谢婉莹，现代著名女作家、翻译家、儿童文学家。代表诗集有《繁星·春水》，通信集《寄小读者》等。

我不知道生命是什么，我只能说生命像什么。

生命像东流的一江春水，他从生命最高处发源，冰雪是他的前身。他聚集起许多细流，合成一股有力的洪涛，向下奔注，他曲折地穿过了悬崖削壁，冲倒了层沙积土，挟卷着滚滚的沙石，快乐勇敢地流走，一路上他享受着他所遭遇的一切；有时候他遇到巉岩前阻，他愤激地奔腾了起来，怒吼着，回旋着，前波后浪的起伏催逼，直到他过了，冲倒了这危崖他才心平气和的一泻千里。有时候他经过了细细的平沙，斜阳芳草里，看见了夹岸的桃花，他快乐而又羞怯，静静地流着，低低地吟唱着，轻轻地度过这一段浪漫的行程。有时候他遇到暴风雨，这激电，这迅雷，使他的心魂惊骇，疾风吹卷起他，大雨击打着他，他暂时浑浊了，扰乱了，而雨过天晴，只加给他许多新生的力量。有时候他遇到了晚霞和新月，向他照耀，向他投影，清冷中带些幽幽的温暖：这时他只想憩息，只想睡眠，而那股前进的力量，仍催逼着他向前走……终于有一天，他远远的望见了大海，呵！他已经到了行程的终结，这大海，使他屏息，使他低头，她多么辽阔，多么伟大！多么光明，又多么黑暗！大海庄严的伸出臂儿来接引他，他一声不响的流入她的怀里。他消

① 选自《一个甲子的风雨人情：笔会60年珍藏版》，文汇报笔会编辑部编，文汇出版社2006年版。

慈祥的冰心老人晚年被尊为“文坛祖母”。

融了归化了，说不上快乐，也没有悲哀！也许有一天，他再从海上蓬蓬的雨点中升起，飞向西来，再形成一道江流，再冲倒两旁的石壁，再来寻夹岸的桃花。

然而我不敢说来生，也不敢信来生！生命像一棵小树，他从地底聚集起许多生力，在冰雪下欠伸，在早春润湿的泥土中，勇敢地快乐地破壳出来。他也许长在平原上，岩石上，城墙上，只要他抬头看见了天，呵！看见了天！他便伸出嫩叶来吸收空气，承受日光，在雨中吟唱，在风中跳舞，他也许受着大树的荫遮，也许受着大树的覆压，而他青春生长的力量，终使他穿枝拂叶的挣脱了出来，在烈日下挺立抬头！他遇着骄奢的春天，他也许开出满树的繁花，蜂蝶围绕着他飘翔喧闹，小鸟在他枝头欣赏唱歌，他会听见黄莺清吟，杜鹃啼血，也许还听见枭鸟的怪鸣。他长到最茂盛的中年，他伸展出他如盖的浓荫，来荫庇树下的幽花芳草，他结出累累的果实，来呈现大地无尽的甜美与芳馨。秋风起了，将他叶子，由浓绿吹到绯红，秋阳下他再有一番的庄严灿烂，不是开花的骄傲，也不是结果的快乐，而是成功后的宁静和怡悦！终于有一天，冬天的朔风，把他的黄叶干枝，卷落吹抖，他无力的在空中旋舞，在根下呻吟，大地庄严地促出臂儿来接引他，他一声不响的落在她的怀里。他消融了，归化了，他说不上快乐，也没有悲哀！也许有一天，他再从地下的果仁中，破裂了出来。又长成一棵小树，再穿过丛莽的严遮，再来听黄莺的歌唱。

然而我不敢说来生，也不敢信来生。宇宙是一个大生命，我们是宇宙大气风吹草动之一息。江流入海，叶落归根，我们是大生命中之一叶，大生命中之一滴。在宇宙的大生命中，我们是多么卑微，多么渺小，而一滴一叶的活动生长合成了整个宇宙的演化运行。

要记住：不是每一道江流都能入海，不流动的便成了死湖；不是每一粒种子都能成树，不生长的便成了空壳！生命中不是永远快乐，也不是永远痛苦，快乐和痛苦是相生相成的。等于水道要经过不同的两岸，树木要经过常变的四时。

在快乐中我们要感谢生命，在痛苦中我们也要感谢生命。快乐固然兴奋，苦痛又何尚不美丽？我曾读到一个警句，是“愿你生命中有够多的云翳，来造成一个美丽的黄昏。”世界、国家和个人的生命中的云翳没有比今天再多的。

石缝间的生命[①]

◇ 林希

林希 （1935—），作家，著有诗集《无名河》等以及小说多种。

石缝间倔强的生命，常使我感动得潸然泪下。

是那不定的风把那无人采撷的种籽撒落到海角天涯。当它们不能再找到泥土，它们便把最后一线生的希望寄托在这一线石缝里。尽管它们也能从阳光分享到温暖，从雨水里得到湿润，而唯有那一切生命赖以生存的土壤却要自己去寻找。它们面对着的现实该是多么严峻。

于是，大自然出现了惊人的奇迹，不毛的石缝间丛生出倔强的生命。

或者只就是一簇一簇无名的野草，春绿秋黄，岁岁枯荣。它们没有条件生长宽阔的叶子，因为它们寻找不到足以使草叶变得肥厚的营养，它们有的只是三两片长长的细瘦的薄叶，那细微的叶脉告知你生存该是多么艰难；更有的，它们就在一簇一簇瘦叶下又自己生长出根须，只为了少向母体吮吸一点乳汁，便自去寻找那不易被觉察到的石缝。这就是生命。如果这是一种本能，那么它正说明生命的本能是多么尊贵，生命有权自认为辉煌壮丽，生机竟是这样地不可扼制。

或者就是一团一团小小的山花，大多又都是那苦苦的蒲公英。它们的茎叶里涌动着苦味的乳白色的浆

---

① 选自《老师推荐的100篇美文——走在哲理的小径上》，欧权主编，石油工业出版社2007年版。

汁，它们的根须在春天被人们挖去作野菜。而石缝间的蒲公英，却远不似田野上的同宗生长得那样茁壮。它们因山风的凶狂而不能长成高高的躯干，它们因山石的贫瘠而不能拥有众多的叶片，它们的茎显得坚韧而苍老，它们的叶因枯萎而失去光泽；只有它们的根竟似那柔韧而又强固的筋条，似那柔中有刚的藤蔓，深埋在石缝间狭隘的间隙里；它们已经不能再去为人们作佐餐的鲜嫩的野菜，却默默地为攀登山路的人准备了一个可靠的抓手。生命就是这样地被环境规定着，又被环境改变着，适者生存的规律尽管无情，但一切的适者都是战胜环境的强者，生命现象告诉你，生命就是拼搏。

石缝间顽强的生命，让人肃然起敬。

如果石缝间只有这些小花小草，也许还只能引起人们的哀怜；而最为令人赞叹的，就在那石岩的缝隙间，还生长着参天的松柏，雄伟苍劲，巍峨挺拔。它们使高山有了灵气，使一切的生命在它们的面前显得苍白逊色。它们的躯干就是这样顽强地从石缝间生长出来，扭曲地、旋转地，每一寸树衣上都结着伤疤。向上，向上，向上是多么地艰难。每生长一寸都要经过几度寒暑，几度春秋。然而它们终于长成了高树，伸展开了繁茂的枝干，团簇着永不凋落的针叶。它们耸立在悬崖断壁上，耸立在高山峻岭的峰巅，只有那盘结在石崖上的树根在无声地向你述说，它们的生长是一次多么艰苦的拼搏。那粗如巨蟒，细如草蛇的树根，盘根错节，从一个石缝间扎进去，又从另一个石缝间钻出来，于是沿着无情的青石，它们延伸过去，像犀利的鹰爪抓住了它栖身的岩石。有时，一株松柏，它的根须竟要爬满半壁山崖，似把累累的山石用一根粗粗的缆绳紧紧地缚住，由此，它们才能迎击狂风暴雨的侵袭，它们才终于在不属于自己的生存空间为自己占有了一片天地。

如果一切的生命都不屑于去石缝间寻求立足的天地，那么，世界上就会有一大片一大片的大地方成为永远的死寂，飞鸟无处栖身，一切借花草树木赖以生存的生命就要绝迹，那里便会沦为永无开化之日的永远的黑暗。如果一切的生命都只贪恋于黑黝黝的沃土，它们又如何完备自己驾驭环境的能力，又如何使自己在一代一代的繁衍中变得愈加坚强呢？世界就是如此奇妙。试想，那石缝间的野草，一旦将它们的草籽撒落到肥沃的大地上，它们一定会比未经过风雨考验的娇嫩的种籽具有更为旺盛的生机，长得更显繁茂；试想，那石缝间的蒲公英，一旦它们的种籽，撑着团团的絮伞，随风飘向湿润的乡野，它们一定会比其他的花卉生长得茁壮，更能经暑耐寒；至于那顽强的松柏，它本来就是生命的崇高体现，是毅力和意志最完美的象征，它给一切的生命以鼓舞，以榜样。

愿一切生命不致因飘落在石缝间而凄凄艾艾。愿一切生命都敢于去寻求最艰苦的环境。生命正是要在最困厄的境遇中发现自己，认识自己，从而才能锤炼自己，成长自己，直到最后完成自己，升华自己。

石缝间顽强的生命，它既是生物学的，又是哲学的，是生物学和哲学的统一。它又是美学的，作为一种美学现象，它展现给你的不仅是装点荒山枯岭的层层葱绿，它更向你揭示出美的、壮丽的心灵世界。

石缝间顽强的生命，它是具有如此震慑人们心灵的情感力量，它使我们赖以生存的这个星球变得神奇辉煌。

热爱生命[①]（节选）

◇ 杰克·伦敦

杰克·伦敦　（1876—1916），美国著名现实主义作家，著有《野性的呼唤》、《白牙》、《海狼》等。

一切，总算剩下了这一点——
他们经历了生活的困苦颠连；
能做到这种地步也就是胜利，
尽管他们输掉了赌博的本钱。

他们两个一瘸一拐地，吃力地走下河岸，有一次，走在前面的那个还在乱石中间失足摇晃了一下。他们又累又乏，因为长期忍受苦难，脸上都带着愁眉苦脸、咬牙苦熬的表情。他们肩上捆着用毯子包起来的沉重包袱。总算那条勒在额头上的皮带还得力，帮着吊住了包袱。他们每人拿着一支来复枪。他们弯着腰走路，肩膀冲向前面，而脑袋冲得更前，眼睛总是瞅着地面。

“我们藏在地窖里的那些子弹，我们身边要有两三发就好了。”走在后面的那个人说道。

他的声调，阴沉沉的，干巴巴的，完全没有感情。他冷冷地说着这些话；前面的那个只顾一瘸一拐地向流过岩石、激起一片泡沫的白茫茫的小河里走去，一句话也不回答。

后面的那个紧跟着他。他们两个都没有脱掉鞋袜，虽然河水冰冷——冷得他们脚腕子疼痛，两脚麻木。每逢走到河水冲击着他们膝盖的地方，两个人都摇摇晃晃

① 选自《热爱生命》，（美）杰克·伦敦著，外文出版社2009年版。

地站不稳。跟在后面的那个在一块光滑的圆石头上滑了一下，差一点没摔倒，但是，他猛力一挣，站稳了，同时痛苦地尖叫了一声。他仿佛有点头昏眼花，一面摇晃着，一面伸出那只闲着的手，好像打算扶着空中的什么东西。站稳之后，他再向前走去，不料又摇晃了一下，几乎摔倒。于是，他就站着不动，瞧着前面那个一直没有回过头的人。

他这样一动不动地足足站了一分钟，好像心里在说服自己一样。接着，他就叫了起来："喂，比尔，我扭伤脚腕子啦。"

比尔在白茫茫的河水里一摇一晃地走着。他没有回头。

后面那个人瞅着他这样走去；脸上虽然照旧没有表情，眼睛里却流露着跟一头受伤的鹿一样的神色。

前面那个人一瘸一拐，登上对面的河岸，头也不回，只顾向前走去，河里的人眼睁睁地瞧着。他的嘴唇有点发抖，因此，他嘴上那丛乱棕似的胡子也在明显地抖动。他甚至不知不觉地伸出舌头来舐舐嘴唇。

"比尔！"他大声地喊着。

这是一个坚强的人在患难中求援的喊声，但比尔并没有回头。他的伙伴干瞧着他，只见他古里古怪地一瘸一拐地走着，跌跌冲冲地前进，摇摇晃晃地登上一片不陡的斜坡，向矮山头上不十分明亮的天际走去。他一直瞧着他跨过山头，消失了踪影。于是他掉转眼光，慢慢扫过比尔走后留给他的那一圈世界。

靠近地平线的太阳，像一团快要熄灭的火球，几乎被那些混混沌沌的浓雾同蒸气遮没了，让你觉得它好像是什么密密团团，然而轮廓模糊、不可捉摸的东西。这个人单腿立着休息，掏出了他的表，现在是四点钟，在这种七月底或者八月初的季节里——他说不出一两个星期之内的确切的日期——他知道太阳大约是在西北方。他瞧了瞧南面，知道在那些荒凉的小山后面就是大熊湖；同时，他还知道在那个方向，北极圈的禁区界线深入到加拿大冻土地带之内。他所站的地方，是铜矿河的一条支流，铜矿河本身则向北流去，通向加冕湾和北冰洋。他从来没到过那儿，但是，有一次，他在赫德森湾公司的地图上曾经瞧见过那地方。

他把周围那一圈世界重新扫了一遍。这是一片叫人看了发愁的景象。到处都是模糊的天际线。小山全是那么低低的。没有树，没有灌木，没有草——什么都没有，只有一片辽阔可怕的荒野，迅速地使他两眼露出了恐惧神色。

“比尔！”他悄悄地、一次又一次地喊道：“比尔！”

他在白茫茫的水里畏缩着，好像这片广大的世界正在用压倒一切的力量挤压着他，正在残忍地摆出得意的威风来摧毁他。他像发疟子似的抖了起来，连手里的枪都哗喇一声落到水里。这一声总算把他惊醒了。他和恐惧斗争着，尽力鼓起精神，在水里摸索，找到了枪。他把包袱向左肩挪动了一下，以便减轻扭伤的脚腕子的负担。接着，他就慢慢地，小心谨慎地，疼得闪闪缩缩地向河岸走去。

他一步也没有停。他像发疯似的拼着命，不顾疼痛，匆匆登上斜坡，走向他的伙伴失去踪影的那个山头——比起那个瘸着腿，一瘸一拐的伙伴来，他的样子更显得古怪可笑。可是到了山头，只看见一片死沉沉的，寸草不生的浅谷。他又和恐惧斗争着，克服了它，把包袱再往左肩挪了挪，蹒跚地走下山坡。

谷底一片潮湿，浓厚的苔藓，像海绵一样，紧贴在水面上。他走一步，水就从他脚底下溅射出来，他每次一提起脚，就会引起一种吧咂吧咂的声音，因为潮湿的苔藓总是吸住他的脚，不肯放松。他挑着好路，从一块沼地走到另一块沼地，并且顺着比尔的脚印，走过一堆一堆的、像突出在这片苔藓海里的小岛一样的岩石。

他虽然孤零零的一个人，却没有迷路。他知道，再往前去，就会走到一个小湖旁边，那儿有许多极小极细的枯死的枞树，当地的人把那儿叫作“提青尼其利”——意思是“小棍子地”。而且，还有一条小溪通到湖里，溪水不是白茫茫的。

溪上有灯心草——这一点他记得很清楚——但是没有树木，他可以沿着这条小溪一直走到水源尽头的分水岭。他会翻过这道分水岭，走到另一条小溪的源头，这条溪是向西流的，他可以顺着水流走到它注入狄斯河的地方，那里，在一条翻了的独木船下面可以找到一个小坑，坑上面堆着许多石头。这个坑里有他那支空枪所需要的子弹，还有钓钩、钓丝和一张小鱼网——打猎钓鱼求食的一切工具。同时，他还会找到面粉——并不多——此外还有一块腌猪肉同一些豆子。

比尔会在那里等他的，他们会顺着狄斯河向南划到大熊湖。接着，他们就会在湖里朝南方划，一直朝南，直到麦肯齐河。到了那里，他们还要朝着南方，继续朝南方走去，那么冬天就怎么也赶不上他们了。让湍流结冰吧，让天气变得更凛冽吧，他们会向南走到一个暖和的赫德森湾公司的站头，那儿不仅树木长得高大茂盛，吃的东西也多得不得了。

这个人一路向前挣扎的时候，脑子里就是这样想的。他不仅苦苦地拼着体力，也同样苦苦地绞着脑汁，他尽力想着比尔并没有抛弃他，想着比尔一定会在藏东西的地方等他。

他不得不这样想，不然，他就用不着这样拼命，他早就会躺下来死掉了。当那团模糊的像圆球一样的太阳慢慢向西北方沉下去的时候，他一再盘算着在冬天追上他和比尔之前，他们向南逃去的每一寸路。他反复地想着地窖里和赫德森湾公司站头上的吃的东西。他已经两天没吃东西了；至于没有吃到他想吃的东西的日子，那就更不止两天了。他常常弯下腰，摘起沼地上那种灰白色的浆果，把它们放到口里，嚼几嚼，然后吞下去。这种沼地浆果只有一小粒种籽，外面包着一点浆水。一进口，水就化了，种籽又辣又苦。他知道这种浆果并没有养分，但是他仍然抱着一种不顾道理，不顾经验教训的希望，耐心地嚼着它们。

走到九点钟，他在一块岩石上绊了一下，因为极端疲倦和衰弱，他摇晃了一下就栽倒了。他侧着身子、一动也不动地躺了一会。接着，他从捆包袱的皮带当中脱出身子，笨拙地挣扎起来勉强坐着。这时候，天还没有完全黑，他借着留连不散的暮色，在乱石中间摸索着，想找到一些干枯的苔藓。后来，他收集了一堆，就升起一蓬火——一蓬不旺的，冒着黑烟的火——并且放了一白铁罐子水在上面煮着。

他打开包袱，第一件事就是数数他的火柴。一共六十六根。为了弄清楚，他数了三遍。他把它们分成几份，用油纸包起来，一份放在他的空烟草袋里，一份放在他的破帽子的帽圈里，最后一份放在贴胸的衬衫里面。做完以后，他忽然感到一阵恐慌，于是把它们完全拿出来打开，重新数过。

仍然是六十六根。

他在火边烘着潮湿的鞋袜。鹿皮鞋已经成了湿透的碎片。毡袜子有好多地方都磨穿了，两只脚皮开肉绽，都在流血。一只脚腕子胀得血管直跳，他检查了一下。它已经肿得和膝盖一样粗了。他一共有两条毯子，他从其中的一条撕下一长条，把脚腕子捆紧。此外，他又撕下几条，裹在脚上，代替鹿皮鞋和袜子。接着，他喝完那罐滚烫的水，上好表的发条，就爬进两条毯子当中。

他睡得跟死人一样。午夜前后的短暂的黑暗来而复去。

太阳从东北方升了起来——至少也得说那个方向出现了曙光，因为太阳给乌云遮住了。

六点钟的时候，他醒了过来，静静地仰面躺着。他仰视着灰色的天空，知道肚子饿了。当他撑住胳膊肘翻身的时候，一种很大的呼噜声把他吓了一跳，他看见了一只公鹿，它正在用机警好奇的眼光瞧着他。这个牲畜离他不过五十尺光景，他脑子里立刻出现了鹿肉排在火上烤得嗞嗞响的情景和滋味。他无意识地抓起了那支空枪，瞄好准星，扣了一下扳机。公鹿哼了一下，一跳就跑开了，只听见它奔过山岩时蹄子得得乱响的声音。

这个人骂了一句，扔掉那支空枪。他一面拖着身体站起来，一面大声地哼哼。这是一件很慢、很吃力的事。他的关节都像生了锈的铰链。它们在骨臼里的动作很迟钝，阻力很大，一屈一伸都得咬着牙才能办到。最后，两条腿总算站住了，但又花了一分钟左右的工夫才挺起腰，让他能够像一个人那样站得笔直。

他慢腾腾地登上一个小丘，看了看周围的地形。既没有树木，也没有小树丛，什么都没有，只看到一望无际的灰色苔藓，偶尔有点灰色的岩石，几片灰色的小湖，几条灰色的小溪，算是一点变化点缀。天空是灰色的。没有太阳，也没有太阳的影子。他不知道哪儿是北方，他已经忘掉了昨天晚上他是怎样取道走到这里的。不过他并没有迷失方向。

这他是知道的。不久他就会走到那块“小棍子地”。他觉得它就在左面的什么地方，而且不远——可能翻过下一座小山头就到了。

于是他就回到原地，打好包袱，准备动身。他摸清楚了那三包分别放开的火柴还在，虽然没有停下来再数数。不过，他仍然踌躇了一下，在那儿一个劲地盘算，这次是为了一个厚实的鹿皮口袋。袋子并不大。他可以用两只手把它完全遮没。他知道它有十五磅重——相当于包袱里其他东西的总和——这个口袋使他发愁。最后，他把它放在一边，开始卷包袱。可是，卷了一会，他又停下手，盯着那个鹿皮口袋。他匆忙地把它抓到手里，用一种反抗的眼光瞧瞧周围，仿佛这片荒原要把它抢走似的；等到他站起来，摇摇晃晃地开始这一天的路程的时候，这个口袋仍然包在他背后的包袱里。

他转向左面走着，不时停下来吃沼地上的浆果。扭伤的脚腕子已经僵了，他比以前跛得更明显，但是，比起肚子里的痛苦，脚疼就算不了什么。饥饿的疼痛是剧烈的。它们一阵一阵地发作，好像在啃着他的胃，疼得他不能把思想集中在到“小棍子地”必须走的路线上。沼地上的浆果并不能减轻这种剧痛，那种刺激性的味道反而使他的舌头和口腔热辣辣的。

他走到了一个山谷，那儿有许多松鸡从岩石和沼地里呼呼地拍着翅膀飞起来。它们发出一种“咯儿——咯儿——咯儿”的叫声。他拿石子打它们，但是打不中。他把包袱放在地上，像猫捉麻雀一样地偷偷走过去。锋利的岩石穿过他的裤子，划破了他的腿，直到膝盖流出的血在地面上留下一道血迹；但是在饥饿的痛苦中，这种痛苦也算不了什么。他在潮湿的苔藓上爬着，弄得衣服湿透，身上发冷；可是这些他都没有觉得，因为他想吃东西的念头那么强烈。而那一群松鸡却总是在他面前飞起来，呼呼地转，到后来，它们那种“咯儿——咯儿——咯儿”的叫声简直变成了对他的嘲笑，于是他就咒骂它们，随着它们的叫声对它们大叫起来。

有一次，他爬到了一定是睡着了的一只松鸡旁边。他一直没有瞧见，直到它从岩石的角落里冲着他的脸窜起来，他才发现。他像那只松鸡起飞一样惊慌，抓了一把，只捞到了三根尾巴上的羽毛。当他瞅着它飞走的时候，他心里非常恨它，好像它做了什么对不起他的事。随后他回到原地，背起包袱。

时光渐渐消逝，他走进了连绵的山谷，或者说是沼地，这些地方的野物比较多。一群驯鹿走了过去，大约有二十多头，都呆在可望而不可即的来复枪的射程以内。他心里有一种发狂似的、想追赶它们的念头，而且相信自己一定能追上去捉住它们。一只黑狐狸朝他走了过来，嘴里叼着一只松鸡。这个人喊了一声。这是一种可怕的喊声，那只狐狸吓跑了，可是没有丢下松鸡。

傍晚时，他顺着一条小河走去，由于含着石灰而变成乳白色的河水从稀疏的灯心草丛里流过去。他紧紧抓注这些灯心草的根部，拔起一种好像嫩葱芽，只有木瓦上的钉子那么大的东西。这东西很嫩，他的牙齿咬进去，会发出一种咯吱咯吱的声音，仿佛味道很好。但是它的纤维却不容易嚼。

它是由一丝丝的充满了水份的纤维组成的：跟浆果一样，完全没有养分。他丢开包袱，爬到灯心草丛里，像牛似的大咬大嚼起来。他非常疲倦，总希望能歇一会——躺下来睡个觉；可是他又不得不继续挣扎前进——不过，这并不一定是因为他急于要赶到“小棍子地”，多半还是饥饿在逼着他。他在小水坑里找青蛙，或者用指甲挖土找小虫，虽然他也知道，在这么远的北方，是既没有青蛙也没有小虫的。

他瞧遍了每上个水坑，都没有用，最后，到了漫漫的暮色袭来的时候，他才发现一个水坑里有一条独一无二的、像鲦鱼般的小鱼。他把胳膊伸下水去，一直没到肩头，但是它又溜开了。于是他用双手去捉，把池底的乳白色泥浆全搅浑了。正在紧张的关头，他掉到了坑里，半身都浸湿了。现在，水太浑了，看不清鱼在哪儿，他只好等着，等泥浆沉淀下去。

他又捉起来，直到水又搅浑了。可是他等不及了，便解下身上的白铁罐子，把坑里的水舀出去；起初，他发狂一样地舀着，把水溅到自己身上，同时，固为泼出去的水距离太近，水又流到坑里。后来，他就更小心地舀着，尽量让自己冷静一点，虽然他的心跳得很厉害，手在发抖。这样过了半小时，坑里的水差不多舀光了。剩下来的连一杯也不到。

可是，并没有什么鱼；他这才发现石头里面有一条暗缝，那条鱼已经从那里钻到了旁边一个相连的大坑——坑里的水他一天一夜也舀不干。如果他早知道有这个暗缝，他一开始就会把它堵死，那条鱼也就归他所有了。他这样想着，四肢无力地倒在潮湿的地上。起初，他只是轻轻地哭，过了一会，他就对着把他团团围住的无情的荒原嚎啕大哭；后来，他又大声抽噎了好久。

他升起蓬火，喝了几罐热水让自己暖和暖和、并且照昨天晚上那样在一块岩石上露宿。最后他检查了一下火柴是不是干燥，并且上好表的发条，毯子又湿又冷，脚腕子疼得在悸动。可是他只有饿的感觉，在不安的睡眠里，他梦见了一桌桌酒席和一次次宴会，以及各种各样的摆在桌上的食物。

醒来时，他又冷又不舒服。天上没有太阳。灰蒙蒙的大地和天空变得愈来愈阴沉昏暗。一阵刺骨的寒风刮了起来，初雪铺白了山顶。他周围的空气愈来愈浓，成了白茫茫一片，这时，他已经升起火，又烧了一罐开水。天上下的一半是雨，一半是雪，雪花又大又潮。起初，一落到地面就融化了，但后来越下越多，盖满了地面，淋熄了火，糟蹋了他那些当作燃料的干苔藓。

这是一个警告，他得背起包袱，一瘸一拐地向前走；至于到哪儿去，他可不知道。他既不关心小棍子地，也不关心比尔和狄斯河边那条翻过来的独木舟下的地窖。他完全给“吃”这个词儿管住了。他饿疯了。他根本不管他走的是什么路，只要能走出这个谷底就成。他在湿雪里摸索着，走到湿漉漉的沼地浆果那儿，接着又一面连根拔着灯心草，一面试探着前进。不过这东西既没有味，又不能把肚子填饱。

后来，他发现了一种带酸味的野草，就把找到的都吃了下去，可是找到的并不多，因为它是一种蔓生植物，很容易给几寸深的雪埋没。那天晚上他既没有火，也没有热水，他就钻在毯子里睡觉，而且常常饿醒。这时，雪已经变成了冰冷的雨。他觉得雨落在他仰着的脸上，给淋醒了好多次。天亮了——又是灰蒙蒙的一天，没有太阳。雨已经停了。刀绞一样的饥饿感觉也消失了。他已经丧失了想吃食物的感觉。他只觉得胃里隐隐作痛，但并不使他过分难过。他的脑子已经比较清醒，他又一心一意地想着“小棍子地”和狄斯河边的地窖了。

他把撕剩的那条毯子扯成一条条的，裹好那双鲜血淋淋的脚。同时把受伤的脚腕子重新捆紧，为这一天的旅行做好准备。等到收拾包袱的时候，他对着那个厚实的鹿皮口袋想了很久，但最后还是把它随身带着。

雪已经给雨水淋化了，只有山头还是白的。太阳出来了，他总算能够定出罗盘的方位来了，虽然他知道现在他已经迷了路。在前两天的游荡中，他也许走得过分偏左了。因此，他为了校正，就朝右面走，以便走上正确的路程。

现在，虽然饿的痛苦已经不再那么敏锐，他却感到了虚弱。他在摘那种沼地上的浆果，或者拔灯心草的时候，常常不得不停下来休息一会。他觉得他的舌头很干燥，很大，好像上面长满了细毛，含在嘴里发苦。他的心脏给他添了很多麻烦。他每走几分钟，心里就会猛烈地怦怦地跳一阵，然后变成一种痛苦的一起一落的迅速猛跳，逼得他透不过气，只觉得头昏眼花。

中午时分，他在一个大水坑里发现了两条鲦鱼。把坑里的水舀干是不可能的，但是现在他比较镇静，就想法子用白铁罐子把它们捞起来。它们只有他的小指头那么长，但是他现在并不觉得特别饿。胃里的隐痛已经愈来愈麻木，愈来愈不觉得了。他的胃几乎像睡着了似的。他把鱼生吃下去，费劲地咀嚼着，因为吃东西已成了纯粹出于理智的动作。他虽然并不想吃，但是他知道，为了活下去，他必须吃。

黄昏时候，他又捉到了三条鲦鱼，他吃掉两条，留下一条做第二天的早饭。太阳已经晒干了零星散漫的苔藓，他能够烧点热水让自己暖和暖和了。这一天，他走了不到十哩路；第二天，只要心脏许可，他就往前走，只走了五哩多地。但是胃里却没有一点不舒服的感觉。它已经睡着了。

现在，他到了一个陌生的地带，驯鹿愈来愈多，狼也多起来了。荒原里常常传出狼嗥的声音，有一次，他还瞧见了三只狼在他前面的路上穿过。

又过了一夜；早晨，因为头脑比较清醒，他就解开系着那厚实的鹿皮口袋的皮绳，从袋口倒出一股黄澄澄的粗金沙和金块。他把这些金子分成了大致相等的两堆，一堆包在一块毯子里，在一块突出的岩石上藏好，把另外那堆仍旧装到口袋里。同时，他又从剩下的那条毯子上撕下几条，用来裹脚。他仍然舍不得他的枪，因为狄斯河边的地窖里有子弹。

这是一个下雾的日子，这一天，他又有了饿的感觉。他的身体非常虚弱，他一阵一阵地晕得什么都看不见。现在，对他来说，一绊就摔跤已经不是稀罕事了；有一次，他给绊了一跤，正好摔到一个松鸡窝里。那里面有四只刚孵出的小松鸡，出世才一天光景——那些活蹦乱跳的小生命只够吃一口；他狼吞虎咽，把它们活活塞到嘴里，像嚼蛋壳似的吃起来，母松鸡大吵大叫地在他周围扑来扑去。他把枪当作棍子来打它，可是它闪开了。他投石子打它，碰巧打伤了它的一个翅膀。松鸡拍击着受伤的翅膀逃开了，他就在后面追赶。

那几只小鸡只引起了他的胃口。他拖着那只受伤的脚腕子，一瘸一拐，跌跌冲冲地追下去，时而对它扔石子，时而粗声吆喝；有时候，他只是一瘸一拐，不声不响地追着，摔倒了就咬着牙、耐心地爬起来，或者在头晕得支持不住的时候用手揉揉眼睛。

这么一追，竟然穿过了谷底的沼地，发现了潮湿苔藓上的一些脚印。这不是他自己的脚印，他看得出来。一定是比尔的。不过他不能停下，因为母松鸡正在向前跑。他得先把它捉住，然后回来察看。

母松鸡给追得精疲力尽；可是他自己也累坏了。它歪着身子倒在地上喘个不停，他也歪着倒在地上喘个不停，只隔着十来尺，然而没有力气爬过去。等到他恢复过来，它也恢复过来了，他的饿手才伸过去，它就扑着翅膀，逃到了他抓不到的地方。这场追赶就这样继续下去。天黑了，它终于逃掉了。由于浑身软弱无力绊了一跤，头重脚轻地栽下去，划破了脸，包袱压在背上。他一动不动地过了好久，后来才翻过身，侧着躺在地上，上好表，在那儿一直躺到早晨。

又是一个下雾的日子。他剩下的那条毯子已经有一半做了包脚布。他没有找到比尔的踪迹。可是没有关系。饿逼得他太厉害了——不过——不过他又想，是不是比尔也迷了路。走到中午的时候，累赘的包袱压得他受不了。于是他重新把金子分开，但这一次只把其中的一半倒在地上。到了下午，他把剩下来的那一点也扔掉了，现在，他只有半条毯子、那个白铁罐子和那支枪。

一种幻觉开始折磨他。他觉得有十足的把握，他还剩下一粒子弹。它就在枪膛里，而他一直没有想起。可是另一方面，他也始终明白，枪膛里是空的。但这种幻觉总是萦回不散。他斗争了几个钟头，想摆脱这种幻觉，后来他就打开枪，结果面对着空枪膛。这样的失望非常痛苦，仿佛他真的希望会找到那粒子弹似的。

经过半个钟头的跋涉之后，这种幻觉又出现了。他于是又跟它斗争，而它又缠住他不放，直到为了摆脱它，他又打开枪膛打消自己的念头。有时候，他越想越远，只好一面凭本能自动向前跋涉，一面让种种奇怪的念头和狂想，像蛀虫一样地啃他的脑髓。但是这类脱离现实的遐思大都维持不了多久，因为饥饿的痛苦总会把他刺醒。有一次，正在这样瞎想的时候，他忽然猛地惊醒过来，看到一个几乎叫他昏倒的东西。他像酒醉一样地晃荡着，好让自己不致跌倒。在他面前站着一匹马。一匹马！他简直不能相信自己的眼睛。他觉得眼前一片漆黑，霎时间金星乱迸。他狠狠地揉着眼睛，让自己瞧瞧清楚，原来它并不是马，而是一头大棕熊。这个畜生正在用一种好战的好奇眼光仔细察看着他。

这个人举枪上肩，把枪举起一半，就记起来。他放下枪，从屁股后面的镶珠刀鞘里拔出猎刀。他面前是肉和生命。他用大拇指试试刀刃。刀刃很锋利。刀尖也很锋利。

他本来会扑到熊身上，把它杀了的。可是他的心却开始了那种警告性的猛跳。接着又向上猛顶，迅速跳动，头像给铁箍箍紧了似的，脑子里渐渐感到一阵昏迷。

他的不顾一切的勇气已经给一阵汹涌起伏的恐惧驱散了。处在这样衰弱的境况中，如果那个畜生攻击他，怎么办？

他只好尽力摆出极其威风的样子，握紧猎刀，狠命地盯着那头熊。它笨拙地向前挪了两步，站直了，发出试探性的咆哮。

如果这个人逃跑，它就追上去；不过这个人并没有逃跑。现在，由于恐惧而产生的勇气已经使他振奋起来。同样地，他也在咆哮，而且声音非常凶野，非常可怕，发出那种生死攸关、紧紧地缠着生命的根基的恐惧。

那头熊慢慢向旁边挪动了一下，发出威胁的咆哮，连它自己也给这个站得笔直、毫不害怕的神秘动物吓住了。可是这个人仍旧不动。他像石像一样地站着，直到危险过去，他才猛然哆嗦了一阵，倒在潮湿的苔藓里。

他重新振作起来，继续前进，心里又产生了一种新的恐惧。这不是害怕他会束手无策地死于断粮的恐惧，而是害怕饥饿还没有耗尽他的最后一点求生力，他已经给凶残地摧毁了。这地方的狼很多。狼嗥的声音在荒原上飘来飘去，在空中交织成一片危险的罗网，好像伸手就可以摸到，吓得他不由举起双手，把它向后推去，仿佛它是给风刮紧了的帐篷。

那些狼，时常三三两两地从他前面走过。但是都避着他。一则因为它们为数不多，此外，它们要找的是不会搏斗的驯鹿，而这个直立走路的奇怪动物却可能既会抓又会咬。

傍晚时他碰到了许多零乱的骨头，说明狼在这儿咬死过一头野兽。这些残骨在一个钟头以前还是一头小驯鹿，一面尖叫，一面飞奔，非常活跃。他端详着这些骨头，它们已经给啃得精光发亮，其中只有一部分还没有死去的细胞泛着粉红色。难道在天黑之前，他也可能变成这个样子吗？生命就是这样吗，呃？真是一种空虚的、转瞬即逝的东西。只有活着才感到痛苦。死并没有什么难过。死就等于睡觉。它意味着结束，休息。那么，为什么他不甘心死呢？

但是，他对这些大道理想得并不长久。他蹲在苔藓地上，嘴里衔着一根骨头，吮吸着仍然使骨头微微泛红的残余生命。甜蜜蜜的肉味，跟回忆一样隐隐约约，不可捉摸，却引得他要发疯。他咬紧骨头，使劲地嚼。有时他咬碎了一点骨头，有时却咬碎了自己的牙，于是他就用岩石来砸骨头，把它捣成了酱，然后吞到肚里。匆忙之中，有时也砸到自己的指头，使他一时感到惊奇的是，石头砸了他的指头他并不觉得很痛。

接着下了几天可怕的雨雪。他不知道什么时候露宿，什么时候收拾行李。他白天黑夜都在赶路。他摔倒在哪里就在哪里休息，一到垂危的生命火花闪烁起来，微微燃烧的时候，就慢慢向前走。他已经不再像人那样挣扎了。逼着他向前走的，是他的生命，因为它不愿意死。他也不再痛苦了。他的神经已经变得迟钝麻木，他的脑子里则充满了怪异的幻象和美妙的梦境。

不过，他老是吮吸着，咀嚼着那只小驯鹿的碎骨头，这是他收集起来随身带着的一点残屑。他不再翻山越岭了，只是自动地顺着一条流过一片宽阔的浅谷的溪水走去。可是他既没有看见溪流，也没有看到山谷。他只看到幻象。他的灵魂和肉体虽然在并排向前走，向前爬，但它们是分开的，它们之间的联系已经

《热爱生命》这部小说以雄壮、粗犷的笔触，记述了一个悲壮的故事，生动展示了人性的伟大与坚强。

非常微弱。

有一天，他醒过来，神智清楚地仰卧在一块岩石上。太阳明朗暖和。他听到远处有一群小驯鹿尖叫的声音。他只隐隐约约地记得下过雨，刮过风，落过雪，至于他究竟被暴风雨吹打了两天或者两个星期，那他就不知道了。

他一动不动地躺了好一会，温和的太阳照在他身上，使他那受苦受难的身体充满了暖意。这是一个晴天，他想道。

也许，他可以想办法确定自己的方位。他痛苦地使劲偏过身子，下面是一条流得很慢的很宽的河。他觉得这条河很陌生，真使他奇怪。他慢慢地顺着河望去，宽广的河湾蜿蜒在许多光秃秃的小荒山之间，比他往日碰到的任何小山都显得更光秃，更荒凉，更低矮。他于是慢慢地，从容地，毫不激动地，或者至多也是抱着一种极偶然的兴致，顺着这条奇怪的河流的方向，向天际望去，只看到它注入一片明亮光辉的大海。他仍然不激动。太奇怪了，他想道，这是幻象吧，也许是海市蜃楼吧——多半是幻象，是他的错乱的神经搞出来的把戏。后来，他又看到光亮的大海上停泊着一只大船，就更加相信这是幻象。他眼睛闭了一会再睁开。奇怪，这种幻象竟会这样地经久不散！然而并不奇怪，他知道，在荒原中心绝不会有什么大海，大船，正像他知道他的空枪里没有子弹一样。

他听到背后有一种吸鼻子的声音——仿佛喘不出气或者咳嗽的声音。由于身体极端虚弱和僵硬，他极慢极慢地翻一个身。他看不出附近有什么东西，但是他耐心地等着。

又听到了吸鼻子和咳嗽的声音，离他不到二十尺远的两块岩石之间，他隐约看到一只灰狼的头。那双尖耳朵并不像别的狼那样竖得笔挺；它的眼睛昏暗无光，布满血丝；脑袋好像无力地、苦恼地耷拉着。这个畜生不断地在太阳光里眨眼。它好像在正当他瞧着它的时候，又发出了吸鼻子和咳嗽的声音。

至少，这总是真的，他一面想，一面又翻过身，以便瞧见先前给幻象遮住的现实世界。可是，远处仍旧是一片光辉的大海，那条船仍然清晰可见。难道这是真的吗？他闭着眼睛，想了好一会，毕竟想出来了。他一直在向北偏东走，他已经离开狄斯分水岭，走到了铜矿谷。这条流得很慢的宽广的河就是铜矿河。那片光辉的大海是北冰洋。那条船是一艘捕鲸船，本来应该驶往麦肯齐河口，可是偏了东，太偏东了，目前停泊在加冕湾里。他记起了很久以前他看到的那张赫德森湾公司的地图，现在，对他来说，这完全是清清楚楚，入情入理的。

他坐起来，想着切身的事情。裹在脚上的毯子已经磨穿了，他的脚破得没有一处好肉。最后一条毯子已经用完了。枪和猎刀也不见了。帽子不知在什么地方丢了，帽圈里那小包火柴也一块丢了，不过，贴胸放在烟草袋里的那包用油纸包着的火柴还在，而且是干的。他瞧了一下表。时针指着十一点，表仍然在走。很清楚，他一直没有忘了上表。

他很冷静，很沉着。虽然身体衰弱已极，但是并没有痛苦的感觉。他一点也不饿。甚至想到食物也不会产生快感。

现在，他无论做什么，都只凭理智。他齐膝盖撕下了两截裤腿，用来裹脚。他总算还保住了那个白铁罐子。他打算先喝点热水，然后再开始向船走去，他已经料到这是一段可怕的路程。

他的动作很慢。他好像半身不遂地哆嗦着。等到他预备去收集干苔的时候，他才发现自己已经站不起来了。他试了又试，后来只好死了这条心，他用手和膝盖支着爬来爬去。有一次，他爬到了那只病狼附近。那个畜生，一面很不情愿地避开他，一面用那条好像连弯一下的力气都没有的舌头舐着自己的牙床。这个人注意到它的舌头并不是通常那种健康的红色，而是一种暗黄色，好像蒙着一层粗糙的、半干的粘膜。

这个人喝下热水之后，觉得自己可以站起来了，甚至还可以像想象中一个快死的人那样走路了。他每走一两分钟，就不得不停下来休息一会。他的步子软弱无力，很不稳，就像跟在他后面的那只狼一样又软又不稳；这天晚上，等到黑夜笼罩了光辉的大海的时候，他知道他和大海之间的距离只缩短了不到四哩。

这一夜，他总是听到那只病狼咳嗽的声音，有时候，他又听到了一群小驯鹿的叫声。他周围全是生命，不过那是强壮的生命，非常活跃而健康的生命，同时他也知道，那只病狼所以要紧跟着他这个病人，是希望他先死。早晨，他一挣开眼睛就看到这个畜生正用一种如饥似渴的眼光瞪着他。它夹着尾巴蹲在那儿，好像一条可怜的倒楣的狗。早晨的寒风吹得它直哆嗦，每逢这个人对它勉强发出一种低声咕噜似的吆喝，它就无精打采地呲着牙。

太阳亮堂堂地升了起来，这一早晨，他一直在绊绊跌跌地，朝着光辉的海洋上的那条船走。天气好极了。这是高纬度地方的那种短暂的晚秋。它可能连续一个星期。也许明后天就会结束。

下午，这个人发现了一些痕迹，那是另外一个人留下的，他不是走，而是爬的。他认为可能是比尔，不过他只是漠不关心地想想罢了。他并没有什么好奇心。事实上，他早已失去了兴致和热情。他已经不再感到痛苦了。他的胃和神经都睡着了。但是内在的生命却逼着他前进。他非常疲倦，然而他的生命却不愿死去。正因为生命不愿死，他才仍然要吃沼地上的浆果和鲦鱼，喝热水，一直提防着那只病狼。

他跟着那个挣扎前进的人的痕迹向前走去，不久就走到了尽头——潮湿的苔藓上摊着几根才啃光的骨头，附近还有许多狼的脚印。他发现了一个跟他自己的那个一模一样的厚实的鹿皮口袋，但已经给尖利的牙齿咬破了。他那无力的手已经拿不动这样沉重的袋子了，可是他到底把它提起来了。比尔至死都带着它。哈哈！他可以嘲笑比尔了。

他可以活下去，把它带到光辉的海洋里那条船上。他的笑声粗厉可怕，跟乌鸦的怪叫一样，而那条病狼也随着他，一阵阵地惨嗥。突然间，他不笑了。如果这真是比尔的骸骨，他怎么能嘲笑比尔呢；如果这些有红有白，啃得精光的骨头，真是比尔的话？

他转身走开了。不错，比尔抛弃了他；但是他不愿意拿走那袋金子，也不愿意吮吸比尔的骨头。不过，如果事情掉个头的话，比尔也许会做得出来的，他一面摇摇晃晃地前进，一面暗暗想着这些情形。

他走到了一个水坑旁边。就在他弯下腰找鲦鱼的时候，他猛然仰起头，好像给戳了一下。他瞧见了自己反映在水里的险。脸色之可怕，竟然使他一时恢复了知觉，感到震惊了。这个坑里有三条鲦鱼，可是坑太大，不好舀；他用白铁罐子去捉，试了几次都不成，后来他就不再试了。他怕自己会由于极度虚弱，跌进去淹死。而且，也正是因为这一层，他才没有跨上沿着沙洲并排漂去的木头，让河水带着他走。

这一天，他和那条船之间的距离缩短了三哩；第二天，又缩短了两哩——因为现在他是跟比尔先前一样地在爬；到了第五天末尾，他发现那条船离开他仍然有七哩，而他每天连一哩也爬不到了。幸亏天气仍然继续放晴，他于是继续爬行，继续晕倒，辗转不停地爬；而那头狼也始终跟在他后面，不断地咳嗽和哮喘。他的膝盖已经和他的脚一样鲜血淋漓，尽管他撕下了身上的衬衫来垫膝盖，他背后的苔藓和岩石上仍然留下了一路血渍。有一次，他回头看见病狼正饿得发慌地舐着他的血渍、他不由得清清楚楚地看出了自己可能遭到的结局——除非——除非他干掉这只狼。于是，一幕从来没有演出过的残酷的求生悲剧就开始了——病人一路爬着，病狼一路跛行着，两个生灵就这样在荒原里拖着垂死的躯壳，相互猎取着对方的生命。

如果这是一条健康的狼，那末，他觉得倒也没有多大关系；可是，一想到自己要喂这么一只令人作呕、只剩下一口气的狼，他就觉得非常厌恶。他就是这样吹毛求疵。现在，他脑子里又开始胡思乱想，又给幻象弄得迷迷糊糊，而神智清楚的时候也愈来愈少，愈来愈短。

有一次，他从昏迷中给一种贴着他耳朵喘息的声音惊醒了。那只狼一跛一跛地跳回去，它因为身体虚弱，一失足摔了一跤。样子可笑极了，可是他一点也不觉得有趣。他甚至也不害怕。他已经到了这一步，根本谈不到那些。不过，这一会，他的头脑却很清醒，于是他躺在那儿，仔细地考虑。

那条船离他不过四哩路，他把眼睛擦净之后，可以很清楚地看到它；同时，他还看出了一条在光辉的大海里破浪前进的小船的白帆。可是，无论如何他也爬不完这四哩路。这一点，他是知道的，而且知道以后，他还非常镇静。他知道他连半哩路也爬不了。不过，他仍然要活下去。在经历了千辛万苦之后，他居然会死掉，那未免太不合理了。命运对他实在太苛刻了，然而，尽管奄奄一息，他还是不情愿死。也许，这种想法完全是发疯，不过，就是到了死神的铁掌里，他仍然要反抗它，不肯死。

他闭上眼睛，极其小心地让自己镇静下去。疲倦像涨潮一样，从他身体的各处涌上来，但是他刚强地打起精神，绝不让这种令人窒息的疲倦把他淹没。这种要命的疲倦，很像一片大海，一涨再涨，一点一点地淹没他的意识。有时候，他几乎完全给淹没了，他只能用无力的双手划着，漂游过那黑茫茫的一片；可是，有时候，他又会凭着一种奇怪的心灵作用，另外找到一丝毅力，更坚强地划着。

他一动不动地仰面躺着，现在，他能够听到病狼一呼一吸地喘着气，慢慢地向他逼近。它愈来愈近，总是在向他逼近，好像经过了无穷的时间，但是他始终不动。它已经到了他耳边。那条粗糙的干舌头正像砂纸一样地磨擦着他的两腮。他那两只手一下子伸了出来——或者，至少也是他凭着毅力要它们伸出来的。他的指头弯得像鹰爪一样，可是抓了个空。敏捷和准确是需要力气的，他没有这种力气。

那只狼的耐心真是可怕。这个人的耐心也一样可怕。

这一天，有一半时间他一直躺着不动，尽力和昏迷斗争，等着那个要把他吃掉、而他也希望能吃掉的东西。有时候，疲倦的浪潮涌上来，淹没了他，他会做起很长的梦；然而在整个过程中，不论醒着或是做梦，他都在等着那种喘息和那条粗糙的舌头来舐他。

他并没有听到这种喘息，他只是从梦里慢慢苏醒过来，觉得有条舌头在顺着他的一只手舐去。他静静地等着。狼牙轻轻地扣在他手上了；扣紧了；狼正在尽最后一点力量把牙齿咬进它等了很久的东西里面。可是这个人也等了很久，那只给咬破了的手也抓住了狼的牙床。于是，慢慢地，就在狼无力地挣扎着，他的手无力地掐着的时候，他的另一只手已经慢慢摸过来，一下把狼抓住五分钟之后，这个人已经把全身的重量都压在狼的身上。他的手的力量虽然还不足以把狼掐死，可是他的脸已经紧紧地压住了狼的咽喉，嘴里已经满是狼毛。半小时后，这个人感到一小股暖和的液体慢慢流进他的喉咙。这东西并不好吃，就像硬灌到他胃里的铅液，而且是纯粹凭着意志硬灌下去的。后来，这个人翻了一个身，仰面睡着了。

捕鲸船“白德福号”上，有几个科学考察队的人员。他们从甲板上望见岸上有一个奇怪的东西。它正在向沙滩下面的水面挪动。他们没法分清它是哪一类动物，但是，因为他们都是研究科学的人，他们就乘了船旁边的一条捕鲸艇，到岸上去察看。接着，他们发现了一个活着的动物，可是很难把它称作人。它已经瞎了，失去了知觉。它就像一条大虫子在地上蠕动着前进。它用的力气大半都不起作用，但是它老不停，它一面摇晃，一面向前扭动，照它这样，一点钟大概可以爬上二十尺。

三星期以后，这个人躺在捕鲸船“白德福号”的一个铺位上，眼泪顺着他的削瘦的面颊往下淌，他说出他是谁和他经过的一切。同时，他又含含糊糊地、不连贯地谈到了他的母亲，谈到了阳光灿烂的南加利福尼亚，以及桔树和花丛中的他的家园。

没过几天，他就跟那些科学家和船员坐在一张桌子旁边吃饭了，他馋得不得了地望着面前这么多好吃的东西，焦急地瞧着它溜进别人口里。每逢别人咽下一口的时候，他眼睛里就会流露出一种深深惋惜的表情。他的神志非常清醒，可是，每逢吃饭的时候，他免不了要恨这些人。他给恐惧缠住了，他老怕粮食维持不了多久。他向厨子，船舱里的服务员和船长打听食物的贮藏量。他们对他保证了无数次，但是他仍然不相信，仍然会狡猾地溜到贮藏室附近亲自窥探。

看起来，这个人正在发胖。他每天都会胖一点。那批研究科学的人都摇着头，提出他们的理论。他们限制了这个人的饭量，可是他的腰围仍然在加大，身体胖得惊人。

水手们都咧着嘴笑。他们心里有数。等到这批科学家派人来监视他的时候，他们也知道了。他们看到他在早饭以后萎靡不振地走着，而且会像叫花子似的，向一个水手伸出手。那个水手笑了笑，递给他一块硬面包，他贪婪地把它拿住，像守财奴瞅着金子般地瞅着它，然后把它塞到衬衫里面。别的咧着嘴笑的水手也送给他同样的礼品。

这些研究科学的人很谨慎。他们随他去。但是他们常常暗暗检查他的床铺。那上面摆着一排排的硬面包，褥子也给硬面包塞得满满的；每一个角落里都塞满了硬面包。然而他的神志非常清醒。他是在防备可能发生的另一次饥荒——就是这么回事。研究科学的人说，他会恢复常态的；事实也是如此，“白德福号”的铁锚还没有在旧金山湾里隆隆地抛下去，他就正常了。

一片叶子落下来[1]

◇ 利奥·巴斯卡利亚

利奥·巴斯卡利亚，美国作家。

春天已经过去，夏天也这样走了。叶子弗雷迪长大了。他长得又宽又壮，五个叶尖结实挺拔。春天的时候，他还是个初生的嫩芽，从一棵大树树顶的大枝上冒出头来。

弗雷迪的身旁有成百上千的叶子，都跟他一模一样——看起来是这样。不过，他很快就发现没有两片叶子是真的一样的，尽管大家都长在同一棵树上。弗雷迪的左边是阿弗烈，右边的叶子是班，他的头顶上是那个可爱的女孩子克莱。他们一起长大，学会了在春风吹拂时跳跳舞，在夏天懒洋洋地晒晒太阳，偶然来一阵清凉的雨就洗个干干净净的澡。

弗雷迪最好的朋友是丹尼尔。他是这根树枝上最大的叶子，好像在别的叶子都还没来的时候就先长出来了。弗雷迪还觉得丹尼尔是最聪明的。丹尼尔告诉大家说，他们都是大树的一部分，说他们生长在公园里，说大树有强壮的根深深埋在地底下。早上飞来枝头上唱歌的小鸟、天上的星星月亮和太阳，还有季节的变化，不管什么东西，丹尼尔都有一套道理解释。

弗雷迪觉得当叶子真好。他喜欢他的树枝、他轻盈的叶子朋友、他高高挂在天上的家、把他推来推去的

---

① 选自《一片叶子落下来》，（美）利奥·巴斯卡利亚著，任溶溶译，南海出版公司2007出版。

风、晒得他暖洋洋的太阳，还有在他身上洒下温柔洁白身影的月亮。

夏天特别好。他喜欢漫长炎热的白天，而温暖的黑夜最适合做梦。那年夏天，公园里来了许多人。他们都来到弗雷迪的树下，坐在那里乘凉。

丹尼尔告诉他，给人遮荫是叶子的目的之一。“什么叫目的？”弗雷迪问。“就是存在的理由嘛！”丹尼尔回答。“让别人感到舒服，这是个存在的理由。为老人遮荫，让他们不必躲在炎热的屋子里，也是个存在的理由。让小孩子们有个凉快的地方可以玩耍，用我们的叶子为树下野餐的人扇风，这些，都是存在的目的啊！”

弗雷迪最喜欢老人了。他们总是静静坐在清凉的草地上，几乎动也不动。他们喃喃低语，追忆过去的时光。小孩子也很好玩，虽然他们有时会在树皮上挖洞，或是刻下自己的名字。不过，看到小孩子跑得那么快，那么爱笑，还是很过瘾。

但是弗雷迪的夏天很快就过完了。就在十月的一个夜里，夏天突然消失。弗雷迪从来没有这么冷过，所有的叶子都冷得发抖。一层薄薄的白色东西披在他们身上，太阳出来就马上融化，变成晶莹的露水，搞得大家全身湿漉漉的。

又是丹尼尔告诉他们：他们刚经历生平第一次降霜。表示秋天到了，冬天也不远了。

转瞬之间，整棵树，甚至整个公园，全染上了浓艳的色彩，几乎找不到绿色的叶子。阿弗烈变成深黄色，班成了鲜艳的橙色，克莱儿是火红色，丹尼尔是深紫，弗雷迪自己则是半红半蓝，还夹杂着金黄。多么美丽啊！弗雷迪和他的朋友把整棵树变成如彩虹一般。

“我们都在同一棵树上，为什么颜色却各不相同呢？”弗雷迪问道。“我们一个一个都不一样啊！我们的经历不一样，面对太阳的方向不一样，投下的影子不一样，颜色当然也会不一样。”丹尼尔用他那“本来就是这样”的一贯口吻回答，还告诉弗雷迪，这个美妙的季节叫做秋天。

有一天，发生了奇怪的事。以前，微风会让他们起舞，但是这一天，风儿却扯着叶梗推推拉拉，几乎像是生气了似的。结果，有些叶子从树枝上被扯掉了，卷到空中，刮来刮去，最后轻轻掉落在地面上。

所有叶子都害怕了起来。“怎么回事？”他们喃喃地你问我，我问你。“秋天就是这样。”丹尼尔告诉他们，“时候到了，叶子该搬家了。有些人把这叫做

作者巴斯卡利亚说："这是献给所有曾经经历生离死别的孩子，与不知该如何解释生死的大人的。"它对我们进行了一次生命教育。

死。""我们都会死么？"弗雷迪问。"是的。"丹尼尔说。"任何东西都会死。无论是大是小是强是弱。我们先做完该做的事。我们体验太阳和月亮、经历风和雨。我们学会跳舞、学会欢笑。然后我们就要死了。""我不要死！"弗雷迪斩钉截铁地说。"你会死吗，丹尼尔？""嗯。"丹尼尔回答，"时候到了，我就死了。""那是什么时候？"弗雷迪问。"没有人知道会在哪一天。"丹尼尔回答。

弗雷迪发现其他叶子不断在掉落。他想："一定是他们的时候到了。"他看到有些叶子在掉落前和风挣扎撕打，有些叶子只是把手一放，静静地掉落。

很快地，整棵树几乎都空了。"我好怕死。"弗雷迪向丹尼尔说，"我不知道下面有什么。"

"面对不知道的东西，你会害怕，这很自然。"丹尼尔安慰着他，"但是，春天变夏天的时候，你并不害怕。夏天变秋天的时候，你也不害怕。这些都是自然的变化。为什么要怕死亡的季节呢？"

"我们的树也会死么？"弗雷迪问。

"总有一天树也会死的。不过还有比树更强的，那就是生命。生命永远都在，我们都是生命的一部分。"

"我们死了会到哪儿去呢？"

"没有人知道，这是个大秘密！"

"春天的时候，我们会回来吗？"

"我们可能不会再回来了，但是生命会回来。"

"那么这一切有什么意思呢？"弗雷迪继续问。

"如果我们反正是要掉落、死亡，那为什么还要来这里呢？"

丹尼尔用他那"本来就是这样"的一贯口吻回答，"是为了太阳和月亮，是为了大家一起的快乐时光，是为了树荫、老人和小孩子，是为了秋天的色彩，是为了四季，这些还不够吗？"

那天下午，在黄昏的金色阳光中，丹尼尔放手了。他毫无挣扎地走了。掉落的时候，他似乎还安详地微笑着。“暂时再见了，弗雷迪。”他说。然后就剩弗雷迪一个了，他是那根树枝仅存的一片叶子。

第二天清早，下了头一场雪。雪非常柔软、洁白，但是冷得不得了。那天几乎没有一点阳光，白天也特别短。弗雷迪发现自己的颜色褪了，变得干枯易碎。一直都好冷，雪压在身上感觉好沉重。凌晨，一阵风把弗雷迪带离了他的树枝。一点也不痛，他感觉到自己静静地温和地柔软地飘下。

往下掉的时候，他第一次看到了整棵树，多么强壮、多么牢靠的树啊！他很确定这棵树还会活很久，他也知道自己曾经是它生命的一部分，感到很骄傲。

弗雷迪落在雪堆上。雪堆很柔软，甚至还很温暖。在这个新位置上他感到前所未有的舒适。他闭上眼睛，睡着了。他不知道，冬天过了春天会来，也不知道雪会融化成水。他不知道，自己看来干枯无用的身体，会和雪水一起，让树更强壮。尤其，他不知道，在大树和土地里沉睡的，是明年春天新叶的生机。

天蓝色的彼岸[①]（节选）

◇ 艾利克斯·希尔

艾利克斯·希尔，英国作家，著有《神秘的易拉罐》、《躲藏的人》等。

小男孩哈里因车祸去了另一个世界，正等着去天蓝色的彼岸，但他挂念着自己的爸爸、妈妈、姐姐、老师和同学们，却又不知如何传达他的心声，直到他碰上一个叫阿瑟的幽灵。阿瑟带着哈里偷偷溜回人间，来向亲人和朋友们告别，并向他们表示歉意和爱……

第6节：一群非常和善的死人

我渐渐有点明白了，人死了，并不是一切就“完了”、“结束”了。

阿瑟走后，我又开始自己游荡，一边走一边想着自己的心事。我渐渐有点明白了，人死了，并不是一切就“完了”、“结束”了。如果真是这样，那么所有的死人都应该呆在这“另一个世界”，但实际上绝对不是这样。过去的好些人都没有呆在“这里”，所以他们肯定是“奔向”了别的地方，说不定就是那个“天蓝色的彼岸”，也就是遥远的地平线那边。大概我也应该“奔向”

① 选自《天蓝色的彼岸》，（英）艾利克斯·希尔著，张雪松译，新世界出版社2004年版。

那里。但去得了去不了那里，可能要看你能不能完成自己未了的心愿，也就是说完成你还没有干完的事情。但我该怎样完成我还没干完的事情呢？真是个伤脑筋的问题！

我又闲逛了半天，跟路上见到的每一个人点头问好。我虽然不停地走着，但不知道到底应该去哪里。

我在卡车轧到我身上前几分钟，都跟“雅丹”说了些什么呀！

多傻的话呀，“我要是在哪天死了，你准保会后悔的！”

你可以想象一下，有一天你死了，每个人都很难过，大家都痛哭不止。特别是把你的小棺材放进墓穴中，大家都会说：哎，多好的一个小男孩啊！多好的一个小女孩啊！真可惜！——虽然你偶然也很淘气，或者很惹人烦。

也许你从来没有这样想过，但我活着的时候却真的这样想过。我有时在夜里躺在床上，还没有睡着，就开始胡思乱想。要是我一觉睡着，再也不醒，大家会怎么样？他们会怎么说，我爸妈该怎么把这个不幸的消息告诉亲友？

我幻想到了自己的葬礼，想到了鲜花，还想到我学校里的人肯定都不敢相信我已经死了。那些跟我吵过嘴，打过架的同学，肯定特别内疚、难过。这可真够他们受的！但我发现我在心里其实早就原谅他们了。曾把我后背弄伤的杰菲·唐金斯，肯定最难过了，因为他还没有机会跟我道歉呢。他准得难受好几个月，甚至几年，或者是他的整个余生。说不定他从此开始善待小孩，向慈善团体捐自己的零花钱，帮助老太太过马路，到处助人为乐——就是为了减少对我的负罪感。大人们一定会很奇怪，“是什么让坏小子杰菲·唐金斯变化这么大？他怎么完全变了一个人。简直快成圣徒了。在他妈看不见的时候，也不去掰蜘蛛的腿了，也不往蜗牛身体里撒盐了。”

除了我之外，没有人会知道是什么原因让杰菲·唐金斯完全变了一个人。但我也不会把这件事告诉任何人，因为我已经死了。不过这真是一个感化人的范例！

在我的幻想里，我一度想我在那个活人的世界中，只不过是安安静静地躺着。我的意思是说，我虽然死了，但我在那里，可以看见每一个人，听见他们哭泣的声音，并不停地说着：“可怜的哈里，他是多好的一个孩子啊！我们再也不会有这么杰出的孩子了！”我为他们十分难过，因为他们永远失去了我。我甚至没有办法想象，没有我他们可怎么活下去。他们可能还要开个大会，集体讨论一下没有我他们可该怎么办；或者他们还要买好多啤酒，要借酒消愁。

只要你一想到，每个人对你的死都是那么悲痛欲绝，你浑身就会感到热乎乎的，就像吃了好多浓浓的辣椒粉。你觉得自己简直就是悲剧中的英雄了。如果你还不是病死在床上，那可就更好了。比如你舍身抢救落水儿童。胳膊里挟着小孩，奋力游到岸边，把小孩交到泣不成声的母亲手里，自己却因虚脱死在岸边的泥地上，谁都会为此把他全部的敬仰都放在你一个人身上。人们会为你立一座纪念碑，还要给你颁发勋章，虽然你已经死了，戴不了它了。就算是当地所有的鸽子，也都会飞来，争着往你头上落。

如果你愿意，这些都可以成为你的想象。不管人家怎样难过，你都不会感到伤心，一直都会感觉十分良好。至少原来我一直是这么设想的。但实际的情况呢？你不完成你还没有干完的事情，你会一直感觉到难受。

就这样，我不停地在“另一个世界”里走着，不断同路上遇到的人友好地打招呼，脑子里却总想着自己被卡车压死前几分钟，对雅丹说的话。总的来说，我路上遇到的人都很有礼貌——除了“呜呕”那个山顶洞人以外。我跟他说：“你好！”他却光冲你叫“呜呕”。不过他对谁都是那样，或许他根本听不懂我在说什么。我向每个迎面走来的人点点头，他们也冲我点点头，然后就各自赶路去了。

如果你说：“你好！”

别人也会礼貌地回答说：“你好！”——当然，“这里”也有好些语言不通的老外，他们只能挥手微笑。

没错，他们是一群非常和善的死人。仔细想想，这事可真有些奇怪。要知道，我活着的时候，可是恐怖电影的爱好者，特别喜欢看那些写鬼魂的小说，比如鬼魂从地下伸出一只手，抓住你的腿，一下子把人拉到坑里那样的情节。那些书的名字总爱带“毛骨悚然”、“墓地幽灵”、“从棺材中爬出的杀手”这类的字眼。

但实际上，这里的“人”们一点也不像那样。虽然这里有个别“人”看上去有点怪，但他们一般都很正常，决不会无缘无故地来拉你的腿，把你拽进坑里。我已经在“另一个世界”里不知道走了多少英里了，但还是没有看到一个坑。这里到处都是树、篱笆和田野，跟“家乡”没有什么两样。另外“这里”还有一些样子很奇怪的长椅，你可以坐在上面歇一会，欣赏一下四周的景致。

但是这里绝没有什么“令人毛骨悚然的干尸”，绝对没有。要是你不信我的，你只好去想象一下你那已经死了很久的老祖母，或是其他什么人。她和蔼得连苍蝇都吓不跑，怎么能跑回去抓你的腿，把你拖进坑里呢！如果她真能“回去”（当然这也不是完全不可能，我一会就跟你说这事），她只会告诉你多穿几件衣服，不要着凉，千万别忘了带围脖。但是你能凭这些就编一个恐怖故事吗？——就说你的老奶奶复活了，来告诉你别忘了带围脖、带手套，小心别冻着了。我怎么也想不出来，这怎么能拍成一部恐怖电影。

我在“另一个世界”里焦急地走来走去，绝对不是什么漫步。我希望找个办法，能让我哪怕只“回去”一小会，让时钟向后倒退几格，那样我就可以再活一段时间。我不是倒回去重新再活一遍，只不过想退回十分钟，这样我对“雅丹”说的最后一句话就可以是：“再见，雅丹！我爱你！”或者“虽然咱俩刚刚打了架，但你还是我的好姐姐，雅丹！”或者什么也不说都没有关系，至少比说“我要是在哪天死了，你准保会后悔的”强得多。

第14节：“死党”和“死敌”

我想，我可能就像转学走了一样，渐渐地就被人们给忘了。

一天又一天的，就没有人想起我了。这让我很难过，真的很难过。

我刚走进操场，下课铃就响了，教室的门都打开了，学校里的每一个人都向操场里冲去。这是上午的大课间。

他们都从我身边跑过，我所有的朋友、同班同学。他们中还有人直接从我身上穿了过去。我有点兴奋，我想我应该叫他们的名字：

“特里！丹！达那！西蒙！是我，看，是我，哈里，是我！我回来了，我回来看你们了，是我！”

杰菲·唐金斯也来了，他就是我跟你说过的那个把我后背弄伤的坏小子、臭小子。他长得又高又胖又凶。他拿着一个塑料足球，正找人跟他一起玩。哼！谁会跟他一起玩。没有人会跟他一起玩，就是在我活着的时候，也没有人跟他一起玩，因为人人都知道他跟我有仇。没有人会再跟他一起玩了，永远不会有人跟他一起玩了！

我跟你说起过，我希望坏小子杰菲·唐金斯会为我的死感到难过，为再没有机会向我道歉而抱恨终生，说不定由此变好，好用来表示他认罪的诚心。就算是臭小子杰菲变成了一个又胖又秃的臭老头，他还得为这事后悔不已。

我向他吐舌头。

“坏杰菲，臭杰菲！”

但坏小子杰菲·唐金斯径直从我身边穿了过去，钻进了操场。

今天在操场上值班的是戴蒙德先生，他还和原来一样高，留着两撇小胡子。

“嘿，戴蒙德先生。是我，哈里！你好吗？”

当然，他没有任何反应，他看不见我，也听不到我说话。我知道没人能看见我，能听见我说话。但是我还是特别想叫他们，想在他们面前挥手，我也承认，我这样做有点像个疯子。

彼得出来了，他是我最好的朋友，最好的。我们都认识好多好多年了。我们上同一所幼儿园、同一所小学，我们从一开始就是一个班的。我可以清楚地记得我妈生气时，曾经把我甩在后面不理我，我又哭又喊地去追她，去抓她的手。但彼得从来不这样，在我的记忆里，他从来都是对我一张笑脸。

我们俩在班里的座位也都挨着，就在教室的最前面。我们还常一起吃中午饭，放学一起回家。

“嗨，彼得！”虽然我知道他听不见，但是我还是忍不住去叫他。而且，我希望，说不定，我们俩会有点心灵感应什么的呢，既然我能用意念移动一片树叶，说不定我也能让活人感觉到我。这是完全可能的。

“转过来，”我盯着他想，“转过来，彼得。我就在你后头。”我使出吃奶的力气，使劲地想。

但是没有用，他还是没有转过来。

我干脆站到了他旁边，但他把手插到兜里，往操场里头走去，想找别人一起玩。我知道彼得一定特别想念我。就算是没有人想我，彼得也会想我的。我敢在这件事情上跟任何人打赌。

“我在这儿，彼得，就在你旁边。”

但是他还在四处张望。

“是我，哈里，我是哈里。”

彼得跺了跺脚，把手从兜里掏了出来，看样子天很冷，他往手里哈了哈气，然后两手一插，夹在了胳肢窝下面。

以前，在课间我和彼得经常踢球，特别是上午这个大课间，我们总要踢一会，有时我们也玩手球。就算是下雨，我们都要在操场上玩。在教室里，我们还爱玩“海盗船长”、“找土匪”或者其他什么别的游戏。反正我们总是有的玩。

现在彼得只有一个人了，没人陪他玩了。看他真是有点可怜，他再也没有我跟他做伴儿了。每个小孩都和别人一起玩得特开心，只有彼得一个人在旁边呆着，当然我跟他一样在操场上也是一个“人”。但是彼得还活着，这就是跟我最大的区别。彼得就在操场上孤零零地站着，等着看有没有人叫他一起玩。

“嗨，彼得！”

彼得四处看是谁在叫他。

“彼得，彼得！”

是坏小子杰菲·唐金斯在叫他。

彼得没理他，我也没理他。但杰菲又叫了。

“彼得！嗨，你耳朵被堵上了吗？你聋了！”

杰菲只会说这一套，从来不会说好听一点的话。

“你要干什么？杰菲。”彼得开口了。

杰菲差不多跟彼得有二十米远，他这时手里还抱着那个足球，显然没有人愿意和杰菲一起玩。

“踢球吗？彼得，”杰菲说，“你在那边，我就在这里，咱们来回踢。”

彼得没吭声。

我知道彼得在想什么。他的想法肯定跟我一样。有点怕，我也会的。怕坏小子杰菲。杰菲是我一辈子的死敌，还想站在那里跟我最好的朋友踢球。

就算是为了我，彼得也肯定不会过去的，但我真担心，坏小子杰菲会把不听他话的彼得打一顿。杰菲肯定敢那么干，我真替彼得担心。真不希望彼得为了我，被坏小子杰菲打一顿。

彼得动了动嘴唇。肯定是压住心里的怒气，不让它爆发出来。彼得又动了动嘴唇，我想彼得马上就会开口说话了，他准会告诉坏小子杰菲你还不配跟我彼得踢球，甭想！

我简直等不及彼得说话了。

“好的，杰菲，踢过来吧。”

什么？我简直不相信自己的耳朵！

杰菲把球踢了过去，彼得跑上前接着。一会他们又跑到了操场的另一头，杰菲想把球从彼得那里抢过来，他抢到了，彼得又在后面追他，彼得又把球抢了回来，往用两棵树代表的临时球门里踢。

杰菲跑到大门前去守门，彼得第一次踢歪了，他连踢了三次才进。彼得像往常进球一样，高兴得又蹦又跳。杰菲一屁股坐在足球上也乐了。“哈哈！哈哈！”彼得笑的声音更大了，他跑过去一脚把球从杰菲屁股底下给踢出去，杰菲干脆一下子躺在了操场上。彼得也猛地扑到了杰菲身上，看那样子，好像他们是世界上最要好的朋友似的。不一会，又来了五个人跟他们一起踢。

我只有站在旁边看着的份。我简直不敢相信，我最好的“死党”和最大的“死敌”，竟然在一起踢球，而且还高兴成那个样子。我很难过，这是怎么搞的？怎么搞的？怎么一切都乱套了？

我回头往学校的大门口看了看，想看看阿瑟是不是还在那里瞧着我，我真希望他已经走了。但是他还在，还在原来的位置。而且阿瑟还用一种可怜同情的眼神看我，虽然他不大清楚我跟彼得的关系，不过估计他什么都猜到了。

我赶快扭回头，装作没有去看他，毫不在意的样子，又去四处看别人做游戏。

看见自己最好的“死党”和最大的“死敌”在一起玩，而且还玩得那么开心，那滋味可真不好受。他们简直是旁若无人！说老实话，我都有点恨彼得了！我转过头不去看他们了。

第29节：我的坟就在这儿

我有好多好多事可想。各种各样的事情都进入了我的脑海。比如说，“天蓝色的彼岸”是个什么样的地方，那里会有什么在等着你，你能在那里看见什么，恐怕那里还不是一个很差劲的地方吧。

我没有注意我脚下的路，我只是让我的脚不停地走。我的两只脚就像一对火车轮子，我就像坐在上面的旅客。

我发现自己已经走到大教堂前面的广场上了，我看看教堂上面的钟。我和阿瑟离开“另一个世界”到这儿，已经过了好长时间了。现在都下午三点半了。

雅丹应该放学了。妈妈也该下班了。爸爸的工作没有准点，你从来都不知道他几点回家。他有时夜里还加班，有时会在家里泡上一个下午。他喜欢电台不用坐班的工作，可以在别人上班的时候出去到处溜达。

我脚下没停，继续走着。现在所有的学校都放学了。大街上到处是小孩。拿着午餐盒的小孩，背着书包的小孩，肩上搭着校服的小孩，穿着牛仔裤的小孩。

我那幽灵的喉咙被哽咽住了。我特别气愤，特别难过，特别痛苦，立刻就热泪盈眶。自从我死了以后，我第一次感到我是那么不平，那么悲愤，我要大声叫："这不对！这不公平！我要再活过来！我只是一个小孩，我不应该死。都怪那个蠢货卡车司机。我不该死！太不公平了。"

但是我又想，谁又该死呢？那些倒霉的事应该发生在谁身上呢？谁都不该。我想，事情就是那么发生了，不管你应该不应该。

这真的不公平，我想。我身边的那些小孩，从我旁边走过，甚至从我身上穿过。他们又吵又闹，还一边走一边动手，有些人只跟自己的同伴说话，讲些笑话，还开别人的玩笑。

我想再活过来。我说不出地想再活过来。我想成为他们中的一个。我以往根本没把这些当回事——都是不值一提的"小儿科"，像踢个球呀，吃个松脆饼呀——可我现在多么怀念它们。

我是多么妒忌他们，多妒忌他们还活着。我知道他们不是每个人都开心，他们中有人刚打输了架，正在难过。还有人正在担心他们的考试，或者他们家里还有更不开心的事情。但是我就是嫉妒他们，甚至嫉妒他们的不开心。真的，我就是嫉妒。因为至少他们还活着，我却死了。

或许，这正是阿瑟不想让我一个人留在这里的原因。这可能就是他临走时跟我说的"意外"。这也可能发生在你的身上。危险不是来自于别人，而是来自于你自己，是你自己内心当中的危险和丧气。

我继续走，去试着忘记他们，不去看所有在我周围的小孩。我穿过广场的时候，眼睛紧紧盯着脚下的小道。但我能听见踢足球的声音，我能听见骑自行车的声音，我能听见卖冰激凌小贩放出的音乐声，是《雪人》的调子，我能听见，我能听见所有人说话的声音和他们的笑声，我还能听见——

没有关系，没有关系。

我继续低着头，沿着石子铺成的小道走。那条小道在广场上弯弯曲曲，就像是一条蛇，一直伸向老教堂的后院，最终指向我家门前的那条大路。

声音渐渐远去了，卖冰激凌小贩的音乐声也越来越远了，就像冰激凌自己逐渐融化了一样。越来越弱的音乐声，还在到处寻觅着又热又渴，需要凉快一下的小孩。

我抬起了头。现在安全了。我走出了广场。我现在终于不在广场上了。但我的状态可没有好得可以叫你竖起大拇指，甚至比刚才更差了。

我发现自己来到教堂后院的墓地。

我慢慢地走着，从每一个墓碑前走过，看上面的字，甚至连那些没有刻字的也看。我找到年龄最大和年龄最小的死者。我不知道我为什么要这么做，只是好奇，我想。

突然，我停了下来，我想到了自己，“我的坟墓呢？我是不是也被埋在了这里。”我离开了小道，跑到了墓地的后面，新死的人都安葬在那里。我找到了最新的一排，沿着它找下去，我的坟就在这儿，倒数第四个。

我在那里，我真的在那里。他们把它做的真不错，比我想象的好得多。你真该来看看！如果你路过，你一定要来看看。他们都走了，但给我留下了这么棒的一个头像。可能是花岗岩的，也可能是磨光大理石的。多好的颜色呀，是一种暖色，棕色，还略带一点红晕，给人秋天一样的感觉。真是一块好石头，我觉得你甚至都可以从中开采出宝石来。设计得很好，手工也干净利索。石头上刻有我的名字，我出生的日期，还有我被撞的日子。这里还有一个说明，告诉我，家里每一个成员都参加了一点雕刻我头像的工作，以此说明他们是多么爱我，而且永远爱我，在我离开后他们是多么难过。脚下的土地上还插着一束鲜花，都是红色的玫瑰，因为我最喜欢红色了。

顺着花向上看，是——我的爸爸。

第30节：非常想拉着爸爸的手

他接着说：“我明天还会再来，跟平常一样，哈里。”

我能说什么呢？我不能用语言来表达，或许这根本就无法用语言来表达。但我还要告诉你：当你活着而别人死了的时候，你会感到特别的难过，你会再也见不到他们了。但是当你是一个幽灵的时候，你确实会看见别人，但是你再也不能跟他们说话，他们也再也看不见你了。你再也不能走过去和他们握手，再也不能跟他们踢足球，再也不能和他们撒娇，再也不能用胳膊抱住他们……

我特别怀念那种感觉，风吹在脸上。也许你还活着，根本没把这当回事。但我真的很想那种感觉。

没有比这个更糟的事情了！

这就是我的感受，非常糟。我不想再说它了。

我们在那里站了一会，只有我和我爸爸，我爸爸盯着我的头像，我盯着我爸爸，两个人都感到很难受。最后，他看了看手表，决定回去了。他说："再见了，哈里。"

我说："嗨，爸爸！"显然他没有听见我叫他。

他接着说："我明天还会再来，跟平常一样，哈里。"

不想让爸爸每天都这么伤心，我对他说："爸，不用每天都来看我。一个星期一次都够了，爸，老实说，一个月一次也可以；或者你假期的时候再来，我不会在乎的。真的，如果你假期想外出，没时间来这里，那也没关系，你可以叫对门的摩根叔叔替你来。我宁可这样，你也别成天难过。"

但是，他当然没有听到我的话。

"再见了，哈里，"他说，"再见。"

他走了，走在墓地的小路上。我快步跟上他。他走的不是很快，不像他平常那样，总是风风火火的。他拖着脚步，搭拉着胳膊，想着心事。

"爸！"我叫道，"我跟你一起走。"

他继续走，朝家的方向走。我很快就追上了他。你知道吗，这让人感觉是他离开了，而不是我。

"爸，你现在回家吗？"我说。我猜他是要回家。他还有什么别的地方可去吗？"我们一起走吧。"我提议。

他继续走，我伸出我幽灵的手去拉他的手。我们一起在小道上走，手拉着手，我的手拉着爸爸的手。

最近，也就是在我出车祸前的一段日子，我开始不愿意被人看见我拉着我爸的手，因为我觉得自己长大了，再那样做很不好意思。你知道的，其实你也一样。你开始不愿意妈妈再亲你的脸了，至少不愿意让人看见。但是，现在我非常想拉着爸爸的手，我一点也不在乎被人看见。哪怕全世界都看见我拉着爸爸的手走在外面，我都不在乎。我真的希望他们能看见。我真的希望我能拉着爸爸的手。

我们进家门的时候，我等不及爸爸开门，直接从门中穿了过去。我迫不及待地往厨房跑，在那里，我妈妈一定在那里准备下午茶呢，雅丹也会那里，还穿着校服，正往嘴里塞饼干。

十分正确，我闯进厨房的时候，发现她们确实都在那里。但是你一看到她们的样子，那么难过！你一定能想到家里有人刚去世，而且就是在刚刚才去世的。我猜，是不是有别人在刚才去世了。也许是阿尔特，我的猫因为我再也没有骑着自行车回家，就在刚才因伤心而死了。我希望那不是真的。我真的会为这件事情伤心不已的。虽然我知道那只是一只猫，但是有人会跟宠物建立起很深的感情。你只要想想在路灯杆子上的斯坦，你就会明白了。

爸爸开门进来了，她们抬头看他。没有说“嗨”，没有说“今天过的不错吧”，没有说“塞车了吗”，也没有说“买报纸了吗”，什么也没有说。只是看了他一眼。每人看了他一眼。爸爸冲她们点了点头说：“我去了一趟。”然后就坐在了桌子旁边。

“我今天上午去了一趟。”妈妈说。

“我放学后去了一躺，”雅丹说，“我走的时候你肯定还没到。”

“是的，”爸爸说，“肯定。”

三个人就那么坐着，像是在沙滩上日光浴，一句话也不说。看见他们是那么难过，我都想离开这了。我的意思不是说在“另一个世界”里有多好，但在这里实在是太悲伤了，太悲伤了。在那里还可以跟阿瑟随便说点什么，跟他在一起至少你还能高兴高兴，虽然他都一百五十多岁了。但在这里，令人难以相信，他们脸色是那么黯淡，表情是那么悲伤！谁见了一家三口像他们那样，坐在厨房的餐桌边，都会受不了的。

第35节：噢，哈里

“噢，哈里，”她说。“噢，哈里。”

雅丹的房间总是那么整洁，不像我的。妈妈说这是因为女孩子天生比男孩子喜欢整洁。但我不这么想。我就见过像会动的果皮箱一样的女生，她们的卧室就像刚刚有一辆垃圾车在里面发生了爆炸。

我曾经在彼得家住过一晚上，他带我去看他姐姐的房间。

“进来看看吧，哈里，”彼得说，“你会吓一跳的。”

他说的一点也没错，第一眼就让我惊讶，里面有那么多乱七八糟的东西，门是怎么被推开的。向里面张望了一下，你简直难以置信。他姐姐仿佛是一个收破烂的。到处是垃圾。漫画书、纸、杂志、令人心跳的海报，上面还用口红写着“我爱你”。地板上有一件尼龙裤，壁橱里还垂下来一双长筒袜，就像被扯破的蜘蛛网还挂在那里。

“她不会介意我们看到这些吧，彼得？”我问他，“我的意思是说，她不在里面吧？”

他耸耸肩膀说：“天晓得她在不在。”

他是对的，你怎么能知道呢？就在我们鬼鬼祟祟向里看的时候，她就在屋子里，埋在一大堆旧文化衫下面，你怎么能看出来呢？

“你妈妈怎么不管呢，彼得？”我说，“她没有被气疯了吗？”

“曾经管过，”他说，“但总是老样子。最后她放弃了，她说如果波珀——那是他姐姐的名字——在她有生之年不自己保持自己房间的清洁，妈妈就再也不管收拾她的房间了。所以就成这样了——僵持不下。”

收音机还在呢喃，做着背景音乐。我从来不知道雅丹怎么能干什么事情都开着收音机。但她就能做到这样。甚至她做作业的时候，也放着音乐。有时，爸爸会上来说：“这么吵，你怎么能集中精力呢？这不干扰你吗？”

雅丹会说：“爸爸，唯一干扰我的就是你上来问我为什么收音机不干扰我。OK？”

爸爸下楼不管她了，但过了一会，他又上来问同样的问题。

收音机的声音特别柔和，我听见电台主持人的声音了，他在介绍一首新歌，我以前从来没有听过的。也不可能听过——那是最新录制的新歌。我又一次感到自己是属于过去世界的，没有了我，世界继续不停地运行。

雅丹坐到了书桌前——这不是一张真正的书桌，它更应该被叫做梳妆台，但是雅丹把它当作书桌用。她不那么爱打扮，真的。美不是打扮出来的。所以她不像有些人，把一辈子的时间都花在照镜子上了。

她把我的一些照片贴在了墙上。有些是好几年前的老照片，她肯定是在我死后把它们找出来的，因为我敢肯定，以前这里没有贴我的相片。

她刚才正在预习历史。书摊开在梳妆台上，旁边还有一张垫板和几根铅笔，是准备划重点用的。

我看见她坐下，拿起已经打开的历史书，试图集中精神去读它。但是她的目光又投向了那些老照片。那里有我自己一个人的照片，也有我和雅丹的合影。其中有一张照片，里面的雅丹还很小，而我只是婴儿——可能那时我刚刚出生。她抱着我，爸爸在旁边帮着她，妈妈则十分担心地看着，好像雅丹马上就会把我摔下来，磕着脑袋瓜儿似的（可能她还真有点想磕我的脑袋）。还有以后的好多照片，那时我们都大一点了。她总是比我大三岁，总是我的大姐姐，我总是她烦人的小弟弟，揪她的辫子，让她不舒服。

还有我们外出度假的照片，家庭生活照，过圣诞节时的照片和我们俩生日时的照片。有许多我们小时候的照片。还有全家福，我，雅丹，爸爸，妈妈，站在一起，对着新买的照相机自动快门笑。

看，我在这儿，我们都在这儿。我们以后再也不能聚在一起了。

我又感到难过了——但我没有陷入这种感觉。我有使命，我得去完成我还没干完的事情。我得原谅雅丹，并得到雅丹的原谅。我不能让雅丹在余生中总是悔恨她对我说的最后一句话。

“我要是在哪天死了，你准保会后悔的！”我曾对她说。

“你放心吧，我不会，”她回敬我说，“我高兴还来不及呢！”

我真的再也回不来了。

“雅丹，”我说，“雅丹，我是哈里。我在这里，就在你旁边。但是你不用害怕。我现在是幽灵了，这没什么。这挺好的，什么也不用怕。我永远不会去吓唬你的。我只是回来看看你，向你说对不起。你能听见我的话吗，雅丹？你知道我在这里吗？”

但是她又把目光转移到历史书了，拿了起来，翻了一页。她不知道我就站在她身后，站得那样近，几乎都要碰着她了。“我的手在你肩膀上呢，雅丹。你能感觉得到吗？你能吗？是我，哈里，别害怕。”

但是她还在继续读历史书，一会又停了下来，拿起一支铅笔，开始划重点，在亨利八世，以及他的几位妻子的名字下面都划上了圈。

“雅丹——是我。”

这不管用。我没有办法联系上她。我想到了阿尔特，怎么它一见到我，全身的毛就都竖起来了。我真奇怪，为什么猫怎么这么敏感，而人却怎么一点反应都没有。也许事情就是这样，猫就是猫，人就是人，没有什么道理好讲。

“雅丹……”

没有任何反应。

她抬起头，好像开始走神了，我想你平常做作业也一样。她在看我四岁时候的照片。照片上的我正要吹蜡烛，她在旁边帮我。

“噢，哈里，”她说。“噢，哈里。”

她伸手去摸了摸照片，就好像那不是一张纸，而是有血有肉似的。

第36节：我也爱你，雅

我并不是一个坚强的人，但是我能在该坚强的时候坚强。你该明白，有些时候，你必须坚强。

我看见了桌子上的铅笔。我记起了那片枫树叶子，杰菲的圆珠笔，还有阿瑟控制的那台老虎机。我知道我能行，必须行。

我把我的思想，我所有的思想，都集中在那支铅笔上。

“求你了，”我集中一点地想，“听话、听话、听话、听话……”

它真的动了，铅笔动了。笔尖向上升了起来，就在空气中保持住了平衡，就像有一个幽灵手拿着它一样——感觉上是这样。

“我的天！”雅丹呼吸都急促了，她一下跳了起来，把身后的椅子都碰翻了。我想告诉她“别害怕，雅丹，别害怕。”但是我没有精力去分神。我全力以赴，把所有精神都用在那支铅笔上，把它从空中平移到垫板上的白纸前头。

雅丹渐渐地不那么惊恐了，只是等着，等着看。她双手扶在桌子上，很用力，就像是想把它推走似的。

她没有尖叫，没有跑。她没有叫爸爸和妈妈，只是站着，等着。她观察到那支铅笔开始向纸上移动了，越来越近了，她说："哈里？哈里？是你吗？"

我把铅笔移动到白纸的正上方，让它写了一个字，"是"。

她没有动，只是盯着铅笔和它写的字。

"哈里，"她说，"我太抱歉了，哈里，我为我所说的话道歉。自从你出事以后，我时时刻刻都想着这事。我无法挽回它。哈里，我真希望时光能倒流。我很抱歉，哈里。"

我让这支铅笔写："我知道，我也很抱歉，雅丹。"

现在写出来的字，跟我生前写的字很像，只是字迹有点模糊，笔画比较细长。不管怎么说，我毕竟不是用原来的"肉"手写字。我只能用意念让铅笔写字，我不知道我还能坚持多久。我已经筋疲力尽了。

我想着那支铅笔，使出最大力气想着。

"原谅我，雅丹，"我写道，"请原谅我说的话。"

她沉默了一会，什么也没说，只是立在那里，盯着纸上的字。她哽咽着说："当然，我原谅你，哈里。当然。你也原谅我，对吧，哈里。你知道我不是那个意思，我只是一时生气了。我说了傻话。原谅我，哈里。我爱你。"

我的力气就要用光了。我努力让那支铅笔写下我最后要说的话。我努力着，你不知道我有多努力。我几乎写完了，我几乎写完了。

"我也爱你，雅——"

笔在我写完最后一个字之前掉了下来，我再也写不动了。

"哈里？你还在吗？"

她在房间里四处看。

"哈里？"

第37节：又大又绚丽夺目的彩虹

我当然就在这里，但是我的力气都用尽了。我也没有什么要说和要做的了。

我对整个"活人的世界"也再没有什么可说的了，这个"活人的世界"也没有什么对我有用的话了。

我感到，是该我离开的时候了。

该走了，再也不回来了。

我现在感觉内心终于安宁了。虽然也悲伤、遗憾，但是却很平静。我让雅丹也有了这种感受，这让我们如释重负。我想起了我的校长哈里特先生，他在一次令人厌倦的校会上，读了一段《圣经》：决不要在你怨恨的时候让太阳下山。这句话的意思是说，在你睡觉前，决不能生气或敌视任何人，特别是不要敌视你所爱的人。因为你有可能今天晚上一躺下，明天早晨就再也起不来了。那么你去哪里了呢？我告诉你，你会到处游荡，去完成你还没完成的事情，就像我一样。

我没干完的事情总算是完成了。我已经道完歉了。我现在能走了，前往"另一个世界"边境之外的地方，超越太阳总不下山的地方。我可以消失在"天蓝色的彼岸"了。

"再见，雅丹，"我说，"现在，再见了。好好活着。别担心我。我很好。死亡早晚总会发生，我们最终都要死。我想可能发生在我身上早了点。但别为我难过。我很好。我又交了新朋友。我不孤单。再见，雅丹，再见。"

"哈里，"她对着空房间说话，"你还在吗？我爱你，哈里。我一直爱你。在我们打架的时候，我也爱你。我很抱歉我门上原来贴的那张纸。我随时欢迎你进来。你可以借我的钢笔、铅笔、水彩笔，什么都行。真的，这是实话——哈里？"

我吻了她的脸，给了她一个幽灵的拥抱，然后赶快离开了。我没有回头看，我不能再耽搁了，我不能忍受长时间的告别。我想最好是快一点。我知道这有点绝情，但这却是最好的处理方法。

我下楼来到厨房，跟爸爸、妈妈说再见，我和他们拥抱，吻别。我多希望他们能看我最后一眼。

但我再也不能呆下去了。

你该明白，我多想保留我原来的记忆。在原来的记忆里，他们能看见我，我们生活在一起，而且还是那么幸福，从来都不难过也不悲伤。我想记住他们的是这些，我也希望他们记住我的也是这些。

我离开了我家的房子，走上了马路，头也没回。我并不是一个坚强的人，但是我能在该坚强的时候坚强。你该明白，有些时候，你必须坚强。

我又穿过广场，看见了阿尔特。它栖息在一根悬空的树枝上，仿佛打算要像鸟那样飞起来。

“嗨，阿尔特，”我叫它，“又看见你了。”

但是它浑身的毛又都竖起来了，它的爪子四处乱抓，就像它在捉一只迎面飞过来的麻雀。它从树枝上掉了下来，看那样子，它的九条命大概丢了四条半，它的脚一着地，就以时速十万千米的速度从广场上穿了过去。

那是我最后一次见它。

这时，天开始下雨了。我站在一棵树阴下。这不是因为我怕被淋湿了，现在雨根本就淋不到我。我只是想，像我生前一样，像正常人一样享受雨天的快乐。

真是瓢泼大雨，但这也说明它下不长，雷阵雨都是这样的。远处的天已经开始放晴了，颜色由灰变蓝。大约十分钟后，雨停了，太阳又出来了。

向足球场尽头望去，正像我希望的，出现了——又大又绚丽夺目的彩虹。

我赶紧以最快的速度奔过去，好尽早回到“另一个世界”。

第43节：我已经消融了

我能听见海浪的声音，但我什么也看不见，或许这只是我的幻觉。

我想，我刚才听见阿瑟和他妈妈说再见了。我想，我就在刚才甚至还跟他们挥手致意了。我的记忆和思维在逝去，它们正消失在“天蓝色的彼岸”中，就像鸟儿飞向广阔的天空。

我就在这儿，站在岸边，看着那深沉而美丽的天蓝色。

我站在这里努力地想，就像我在雅丹房间里移动铅笔时那样努力地想。我想我能想到的一切，想把它们都发送出去，就像电台广播发送信号一样，我希望每一个人都能收到我的电波，这样他们就都能知道我的想法了。

我想把我的故事告诉其他人。不是每一个人都会这么做的，真的。不是大多数普通人都会这么做。人们生生死死，没有人讲述他们自己的故事。他们不这么做，是因为他们觉得自己很普通，别人对此是不会感兴趣的。但我不这么想。

我希望每一个人都知道我的故事。

现在，是我说再见的时候了。再见了，你们当中的每一位。如果你在繁忙的马路上骑自行车，一定会小心的，对吧？尽量加倍的小心。低头检查你的鞋带前，一定要先下车，交通事故可能随时发生，这是真的。

好了，我该说再见了。再见了，爸爸、妈妈和雅丹，还有那只猫，阿尔特。这辈子我过得不错。我知道它短了点，但别为我难过。我很好。我只是为我死后还活着的人们难过，因为我的死让他们太伤心了。

但是，听着，还有一件事，你要知道，你必须不能怕——死。你看看我就该知道了，我虽然有时真的是很难受，但总的来说那真的不算什么。老实说，没有什么可担心的。一件事情都已经发生了，你还怕它做什么呢？所以不用害怕。没关系的，不用害怕。不要为我们死去的人难过，我们都很好。当你加入到我们的行列当中时，你也不用担心，因为一切都很好，没有关系。

再见了。谢谢你的阅读。我的故事到现在也就算是讲完了，马上就要结束了。我现在就要消逝了，消逝在“天蓝色的彼岸”中，正像阿瑟妈妈说的，落叶归于泥土。我将获得新生，但我不再是哈里了。可这不等于说你不会看见我。我还在学校里、广场上、足球场中——在所有的照片和记忆中。

好了，我已经消融了，就像我以前从甲板上跳水，把整个身体都潜入水中。我走了。

小女孩和死神[①]

◇ 约克·舒比格

约克·舒比格（1936—），德国作家，代表作有《大海在哪里》、《有一只狗，它的名字叫天空》等。

有一天，一个小女孩正在做功课，这时候，死神来了。

“小女孩，时辰已尽，跟我走吧。”

“等一下，”小女孩说，“我得先写完功课。”

“好吧，”死神答到，“做功课很重要，赶快做吧！”

看死神的样子又老又疲倦，小女孩让他坐在她的床上。继续埋头用功：

“5×？=40，5×8=40；3×6=？，3×6=16。”

“错了，”死神一直在看着，“等于18。”

“没错。”小女孩坚持道。

“是18”。死神又说了一遍。

“那你是怎么算出来的？”小女孩问道。

死神很仔细地为她讲了一遍。

“谢谢。”她明白了。

小女孩继续大声地算题，死神在一边听着，不住地点头。

“6×7等于几？”女孩问，“这个我总是忘。”

“42。”他告诉她。

“对。”她说，“——那9×8呢？这个，我们还没学

---

① 选自《当世界年纪还小的时候》，（德）约克·舒比格著，林敏雅译，华夏出版社2000年版。

过呢。”

舒比格的故事总是让人惊喜，猜不到结局。

死神想啊想。

他实在是太老太累了，很多原来学过的东西又都忘记了。

“9×8，我也不知道。”他不得不承认。

“你以前算术一定是非常棒。”小女孩说。

“是啊，”死神说，“我曾经是最好的之一。”

“9×8你忘记了，真可惜。”

“嗯，真是不好意思。”死神道。

“你肯定是只忘了9×8这一道题，”小女孩安慰他，“如果你又想起来了，你就又是最棒的了。”

“是的。”死神说。

“那好吧，”小女孩提了个建议，“我去问问老师，他知道结果。等你明天再来的时候，我告诉你。”

“你真是个好孩子。”死神说着站起身，“那我先走了。”

从走廊那边，传来了他的声音：“明天，你可是真的要和我走啦啊。”

“呼！”小女孩嘘了口气。

后来呢？

嗯，后来——后来，第二天的同一时间，死神又来了。小女孩告诉他，9×8等于72。

后来呢？

后来，死神说：“是啊，等于72！”他笑了。那小女孩接着说：“那你现在又是最棒的了。”

后来呢？

后来，小女孩又说：“老师又给我们留了新的作业，明天要交的。我们走之前，我得把它们写完，我可不想留个不做作业的坏名声。如果你愿意帮我，我们很快就会做完。”

死神只好又帮助她来写功课，当然，他们又遇到了难题，连死神也解不出的难题。

后来呢？

嗯，后来……

那一天以后，一个月以后，一年以后呢？等到这女孩子长大了，不用上学了？死神是不是更老了呢？

獾的礼物[①]

◇ 苏珊·华莱 著 彭懿 杨玲玲 译

苏珊·华莱 （1961—），英国书画作家。《獾的礼物》是她的第一本图画书，此书一经出版，就一鸣惊人。获奖无数。

獾是一个让人依靠和信赖的朋友，总是乐于帮助大家。他已经很老了，老到几乎无所不知，老到知道自己快要死了。

獾并不怕死。死，仅仅是意味着他离开了他的身体，獾不在乎。因为随着岁月的流逝，他的身体早就不听使唤了。他只是担心他离去之后朋友们的感受。为了让他们有心理准备，獾告诉过他们，不久的某一天，他会去下面的长隧道，当这一天到来时，希望他们不要太悲伤。

有一天，当獾看着鼹鼠和青蛙比赛冲下山坡时，他觉得自己特别的老、特别的累。他多想和他们一起跑啊，可是他知道他的老腿跑不动了。他久久地看着鼹鼠和青蛙，分享着朋友们的快乐。

他很晚才回到家。他向月亮道了声晚安，然后就拉上窗帘，把寒冷的世界关在了外面。他慢慢地朝深深的地下走去，那儿有温暖的火炉在等着他。

他吃过晚饭，坐在书桌前面写信。写完信，他在火炉边的摇椅上坐了下来。他轻轻地来回摇晃着，很快就熟睡过去了，他做了一个奇怪却很美的梦，一点都不想他从前做过的梦。

---

① 选自《獾的礼物》，（英）苏珊·华莱编绘，杨玲玲、彭懿译，少年儿童出版社2006年版。

獾给每个朋友都留下了离别礼物。

让獾吃惊的是，他正在奔跑。他的前头是一条好长好长的隧道。他觉得双腿非常强壮，稳稳地朝着隧道跑去。他不再需要拐杖了，他把它扔到了隧道的地上。獾飞快地跑着，在长长的隧道里越跑越快，最后，他的脚爪离开了地面。他觉得自己在翻腾、旋转，起起落落，跌跌撞撞，却没有受伤。他觉得自由了，好像已经脱离了他的身体。

第二天，獾的朋友们都焦急地聚集到了他的门外。他们担心，是因为它没有像平时那样出来说早安。

狐狸报告了一个悲伤的消息，獾死了，他把獾的信读给大家庭。信写得很简单："我去下面的长隧道了，再见。獾"

所有的动物都爱獾，大家都非常伤心。特别是鼹鼠，他非常失落，孤独，难过得要命。

那天晚上，鼹鼠在被窝里，一直想着獾。眼泪顺着他那天鹅绒般的鼻子流下来，他紧紧抱着的毯子都湿透了。

外面开始下雪了。冬天来了，很快，厚厚的积雪就把动物们的家埋了起来。接下来的几个月里，他们会待在温暖而舒适的家中度过寒冬。

雪盖住了乡村，却掩盖不住朋友们的悲伤。

獾总是在别人需要他的时候出现。现在不在了，动物们都不知道该怎么办了。獾说过希望他们别难过，但这真的很难。

春天快到了，动物们常常互相串门，常常说起獾还活着的那些日子。

鼹鼠很会用剪刀，他说起了獾教他怎样用一张折纸，剪出一长串鼹鼠的事。那天，他剪了一地的纸鼹鼠。最后，他终于剪出了一长串手拉手的鼹鼠，他说他还记得当时的那份喜悦。

青蛙是一个滑冰高手。他会想起他怎样在獾的帮助下，在冰上迈出打滑的第一步。獾亲切地带着他滑，直到他敢自己滑。

狐狸想起他小时候总是系不好领带，是獾教会了他。

“把宽的一头，从右边搭到左边，从后面绕一圈，然后朝上拉，再向下穿过领结口，抓住细的一头，把领结推到脖子上。”

现在，狐狸会系各种各样的领结，有些系法还是他自己发明的呢。当然，他自己的领带也总是系得无可挑剔。

獾把自己烤姜饼的独家秘方，教给了兔子太太，还教她怎样烤出兔子形状的姜饼。兔子太太出色的厨艺，在全村都出了名。当她说起獾给她上的第一堂烹饪课时，她说那么久了，好像还能闻到刚出炉的姜饼的香味儿。

所有的动物对獾都有一种特殊的回忆——他教过他们的一些事情，他们现在做得好极了。獾给每个朋友都留下了离别礼物，他们可以永远珍藏下去。有了这些礼物，他们就能够互相帮助。

等到最后的积雪融化了的时候，动物们的悲伤也慢慢地融化了。每当提到獾的名字，说起獾的又一个故事，大家都露出了微笑。

一个温暖的春日，鼹鼠走到他最后一次看到獾的山坡上，他想要谢谢獾送给他的离别礼物。

“谢谢你，獾。”他轻轻地说，他相信獾能听到。

是的……獾一定会听到。

一封来自冰岛的信[①]

◇ 印第安娜·厄娜

詹姆斯·T·克莱芒斯，美国哲学博士，美国“不同宗教信仰的自杀尝试者和幸存者服务组织”创始人。著有《对自杀的观察》、《有关自杀的训诫》等。

2000年12月，我应一位冰岛的路德教牧师的邀请，去那里帮助他提供教会的关怀和为教区提供对自杀的认识，因为年初教区内四个年轻男子自杀了。在我第一次见到他们的家人后，印第安娜·厄娜同我谈到了她的伙伴的死和她自己的自杀尝试，并争取获得帮助把幸存者聚集起来。

——詹姆斯·T·克莱芒斯

亲爱的读者：

我想故事就从我如何见到詹姆斯·T·克莱芒斯开始。去年，在冰岛的这个地方他参加了一个教育性的预防自杀研讨会，这个矮小的，但心胸博大的人引起了我的注意。他的激情和力量使我相信，这就是值得我去倾听的人。他就是我找到的能帮助我的人。

自杀!自从1999年7月11日以来，自杀的意识就攫住了我的心灵。那天，我最好的朋友、我的未婚夫、我未出世的孩子的父亲舍弃了自己的生命。

那是一个我永生难忘的日子。

他当时二十五岁，他的生命还没有铺成玫瑰花床。

---

① 选自《约拿的孩子们》，詹姆斯·T·克莱芒斯著，刘煜、姜华译，华文出版社2003年版。

从十二岁起他就跟毒品和酒精进行了失败的战斗。一定是有什么东西破碎了，有什么事情在夺走自己生命的人的肉体或心灵中发生了，有什么东西驱使着一个人将这个罪行付诸行动。这是一种疾病，是个人的软弱或纯粹是精神异常吗？

他不仅被我，他的亲友所热爱和尊重，而且被许多认识他或听说过他的其他人所热爱和尊重。他是一个非常有才华的音乐家，并能在激励年轻音乐家方面起模范作用。他死时，在摇滚乐小组里是鼓手，在他的职业生涯中他同很多乐队合作过。尽管他很年轻，他已经出版了一些盒带和一张CD盘。具有讽刺意味的是，他自己的音乐在他的葬礼上演奏了。

正像我早些时候所说，他同毒品和酒精斗争了很长时间。他经历了许多康复治疗而没有成功。他的梦想是过一种没有毒品的普通生活。有几个时期他不吸毒，但持续时间不长，最后他下决心试图帮助其他瘾君子同他共享他自己的生活经历。他是我如今不吸毒的原因。

那是一个美丽、温暖、阳光明媚的星期二，我在两个密友的陪伴下情绪高涨地去见我未婚夫。另一个朋友已于6月28日结束了自己的生命，这对我是个冲击，因为仅在数星期前他一直像我当时那样。

现在，虽然仍旧悲痛，并怀着孕，我感觉到我的生活在好转。在我发现我怀孕三个月后，我决定采取一个重大步骤——搬回我家里。我感到我不能呆在我未婚夫和我所处的充斥着毒品的环境里了。我决心戒掉吸毒恶习，并在一次同我父母一起去的野营旅行中经历完最坏的脱瘾征候，当时我的一个姐妹正在附近的城中参加游泳比赛。

前一个周末，我和未婚夫在一起度过。平时我们不住在一起。他仍在一个我不再属于的世界，一个我不能逗留，甚至我无法去访问的世界，但我们彼此相属。在我搬走前，上个月他曾有过严重的情绪动荡，时而欢乐，时而抑郁，泪水涟涟。

他想为我们营造一个舒适的家。他用绘画和装饰物装点了我们的公寓房间。他从财务上清理了我们的旧账。他清洗了窗户、地板、墙壁和所有其他什物。如果一个客人要抽烟，他会跳起来去洗烟灰缸。对于我，这有点过分了，但那时候他一直非常整洁，我把这看作是为我们未出世的孩子准备一个舒适的家。那个星期六晚上，他把我赶回家，我们温存地道别，沉浸在浓浓的爱意中。

有好长时间我从没感觉这么好过，但是我觉得我内心有点不踏实，因为他没打来过电话。于是，我同朋友们去他的房子找他。当我们来到他住所的街道上，一股寒气穿过脊背——他房子外面停着一辆警车。我的第一想法是这是警察在辑毒。我让我的朋友呆在车里，我走到房前，在那儿我遇见了三个警官。他们都戴着防护手套，其中一个人提着一个大手提箱。他们问我想去哪儿，一听说我去找他后，他们问我和他是什么关系。我告诉他们我是他的未婚妻，接着我听到他们中一个人说，“他死了，是自杀!”

时间停止了。我感到我的心像是跳了出来，并被重重地踩踏着。一阵天旋地转，我就倒下了，口吐白沫，一下子晕了过去……

当我苏醒过来，站了起来，试着找到感觉。我的四肢麻木，呼吸困难。警察就站在那儿，可能不知道要做什么和说什么。

我的头脑拒绝接受眼前发生的一切。“这一定是个谎言!这不是真的!自杀的不是他!不是我未出世的孩子的父亲!不是这个我知道的令人终生爱着的人!”我向他们倾泄出一连串问题。他究竟对他自己干了什么？一阵长时间的沉默，好像他们在衡量眼前的这个问题。最后，一个警官决定告诉了我。

“他上吊了，我们刚刚把他放下来。”

就这么回事。我的心停止了跳动，眼泪夺眶而出，禁不住抽泣起来。当我的心在哭泣时，我的思想把我拉回了几个月前。我和他曾谈论我们将如何死、死的理由和葬礼。他告诉我，他最坏的噩梦是吊死。难道这里面有一个隐藏的日程安排吗？这个想法更加打击了我。

在他死后的那天，我又来到我们先前的公寓，发现一切都毁坏了。他曾努力建立和维护的一切都毁坏了。家具四处乱扔，所有东西离开了墙，变成了碎片。在宣布他死前六小时，我还在他的公寓里，一切还很完美。

这就是事后发生的事。为什么？为什么是他？为什么是现在？为什么我没这么做或那么做？我要是……？我本来应该和他在一起吗？如果……他仍会活着吗？自我怀疑吞噬了你健全的心智。后来我愤怒了。对上帝愤怒。上帝怎么能让这种事发生？

我的愤怒夺走了我对至高权力的信念。如果有什么至高权力的话，这种事就不允许发生。

为什么你要打破

我脆弱的心?
我们总能抖落
过去的卑鄙丑恶。

喂!你仅仅给我留下了谎言。
我们很孤单,我们的孩子和我。
睁开你闭上的眼睛,
你不只是杀了自己!
为什么!?

——印第安娜·厄娜

后来,我开始读书,读关于至高权力,关于自杀行为和一些自助的书籍。在许多书中,有一本真正与众不同,在最绝望的数小时帮助了我。书名是《同上帝对话》,其中一句话一直萦绕在心头:“上帝给了我们选择的自由和十条戒律”。我无法相信,我们的造物主,上帝会注视我们,要我们毁掉自己。

为什么!
我恰恰站在那儿看着你死去。
该死的,为什么我做不了什么?为什么!
现在我有了可爱的男孩。
你能看见吗?
他像你还是像我?
他有美丽的蓝眼睛。
在那里我看不见谎言。
我的可爱孩子救了我,
为什么所有的人都看不到?
为什么你不让这孩子拯救你的灵魂?
他没有父亲,那本来是你的角色。
我看到了你眼睛深处,只看见了谎言。
大大的黑眼睛,

我从中只看到了死亡。

——印第安娜·厄娜

有人宁愿死而不向那些最亲近的人求助，这不是不可信的吗？那是骄傲到极点吗？从外向里看，同你爱的人在一起，没有什么不能改进或解决的。

但我也是在墙的另一边，我在一个令人窒息的世界感到孤单：情形就像失去一个所爱的人，经济上破产，染上了不可控的毒瘾，感到强烈的内疚和羞愧一样。

当我第一次尝试舍弃生命时我十三岁，当时我割破手腕（实际上是被严重地划伤了），还吞吃了一大把安眠药片。

第二次自杀尝试是1997年新年前夕的一次风暴中。那时，在经历了一段时期由毒品带来的抑郁症和一种可怕的生活方式后，我跳到海里。当时我男朋友把我从冰冷的大西洋拖出来，说服我生存了下来。

第三次是一次认真的自杀尝试，想结束我的生命和我未出世的孩子的生命，当时我怀孕快三个月了。我服麻醉品有三个星期了，一直没离开过住处，很难入睡和进食。

我完全是故意服药过量。我从来没注射过这么多毒品，我想这次必死无疑。

我最后才想到将来，那已与我无关。我感到我的家人已抛弃了我，我不想再继续生活在我创造的地狱中了。一种只有魔鬼才可能创造的生活。

我处在一个独特的位置上去理解我孩子的父亲在决定结束自己的生命时到底在逃避什么。我本希望我能告诉他还有其他方式。今天我有一个可爱的儿子，自己的公寓，一份工作，而且我还要上学。我在同孩子们、成年人、老年人、瘾君子、残疾人和病人一起工作。每天我告诉自己，活着、目见耳闻、能自我表达和身体健康是多么幸运。每一天都是宝贵的，不管一天结束时多糟糕，日出时，充满着新的希望和梦想的另一天会到来。

明亮的火焰

纪念克利斯汀·儒纳·N·加逊（生于1974年3月2日；死于1999年7月11日）——我的未婚夫和我们孩子的父亲

为什么你没看见美丽的亮光。
我腹中的我们的孩子，可能拯救你。
现在你躺在地下，
而我还呆在这儿，孤独萦绕。

——印第安娜·厄娜

虽然很冷，可阳光温暖着你；
虽然很黑，可月光照亮你的路径。
没有云遮住你，
星星伴着你回家。

——佚名

…………

今天，印第安娜·厄娜在她的家乡养育着她的儿子。她在一家日托中心并为当地社会服务部门工作，她和一些有问题的十几岁少年们在一起。在有关自助、面对悲痛，清除毒品等所有事情上，她不断地教育自己。印第安娜·厄娜在教堂、学校、同政府官员公开谈论使用毒品的世界。她目前正协助自杀预防小组组织筹资音乐会。

——詹姆斯·T·克莱芒斯

珍爱生命[①]

◇ 邵燕祥

邵燕祥，当代诗人、作家。著有《献给历史的情歌》、《在远方》、《如花怒放》等。

茫茫银河系，亿万斯年才只在地球上出现了生命。又是亿万斯年才进化出人类。没有生命的世界多么荒凉；生命多么宝贵，任何对人类生存环境的破坏都是犯罪，何况对人的生命扼杀和摧残！

对于每一个个体的人说来，生命只有一次。人的生命是一次机缘，是一项权利，是一种尊严，不仅值得倍加珍重，甚至值得用生命去保卫。

我不想说“文学的永恒主题是爱和死”，我想说整个人类活动包括文学的永恒主题是：爱和生！

人的生命来自自然，死亡应该是生命的自然结束。凡以外力干预生命的进程，导致死亡的，古来叫作死于非命。置人于死地是犯罪。迫使人自杀同样是犯罪。

从理论上说，人有自己选择死亡的权利，而实际生活中的自杀，许多实为他杀。

如大家知道的邓拓、老舍、傅雷、翦伯赞，从法律观点鉴定为自杀可能是符合实际的，然而揆情度理，溯本追源，难道不是他杀么？

人们，珍爱生命，你自己的和别人的！

对于自杀现象的研究，是社会学不可推卸的责任。对任何自杀现象的评价都要持郑重的态度，以免形成误导。我认为，许多青少年的自杀，更加可以认定为假

① 选自《一窗四季》，邵燕祥著，中国文联出版公司1998年版。

手于青少年的无知和轻信实现的他杀，是社会和教育要负责、要检讨的。

因此，我诅咒那种赞美自杀甚至是唆使自杀的轻率言论，不管它以评论的、抒情的还是叙事的形式出现。

“文革”中我被“隔离”后，曾在传给妻子的短笺上说：“如果你得到我死亡的通知，请相信，绝对是他杀而不是自杀。”因为从1947年起，鲁迅的一句话就成为我所服膺的信条，一直伴我度过漫长的岁月，那就是：“名列于该杀之林则可，悬梁，服毒，是不来的。”

感激与宁静[①]

◇ 人邻

人邻，中国作家协会会员。已出版《白纸上的风景》、《残照旅人》、《闲情偶拾》、《最后的美》等。

死亡的时间，也应该是感激的时间。我们应该感激我们得到了生命，不管是苦难还是幸福。也因为有这样的诞生，我们才有可能体验到了我们从嗷嗷待哺到苍老的漫长旅程。

是那些苦难叫我们更深地领悟了我们即将带走的孤寂的一生。幸福，也并不会叫我们更多地留恋人世，使那些幸福叫我们知道了那个幸福是多么的短暂和虚无。我们只是来过了，将要过去。将要和这个世界重新融合在一起，不分彼此，一直到我们再次偶然或者是必然的诞生为另一个完全不同的生命。

那个人也许还会写下这样的句子：

需要抚爱的，可以丢弃了。
墙慢慢风化。
门窗重新汲取水分，发芽，变绿。
道路飘浮，变成尘土。
一切呀！宁静，遥远。

人生是无所谓苦难，也无所谓幸福的，只是时间进入了我们，然后流失一直到苍老、消失。

---

① 选自《闲情偶拾》，人邻著，生活·读书·新知三联书店2006年版。

因此死亡也应该是宁静的，甚至是有些美感，虚无缥缈的美感。那些结束生命的绳子，应该结成蝴蝶一样，轻盈飞舞。甚至是没有一丝风，它们自己也会那样，轻盈地，没有一丝尘土的飞舞。

生命的幸运[①]（外一则）

◇ 何怀宏

有一天，有两个小女孩谈起她们的生命所经历过的危险。

一个说，她有过四次“蒙难”呢，第一次，是她生下时太小太小了，都以为养不活了，是她奶奶把她养活了；第二次，是她小时候得了一种什么怪病，是她爸爸好不容易从外地赶回来，给她输血，才救活了她；第三次，是她吃饭不小心把鱼刺卡喉咙里了，是她大姑想办法弄出鱼刺救了她；第四次，是她走路不注意，差点掉进了一个深潭，幸亏她妈妈把她一把拉住了，才没掉下去。

另一个说，在她还没有出生之前，在还没有“我”之前，“我”就有过两次生命危险呢，第一次，是“我”外婆打仗时去背伤员，身上的水壶被一颗子弹打穿了，水都流光了，你想想，如果子弹偏那么一点，打中了“我”外婆，就没有“我”外婆，哪里还会有“我”？连“我”妈妈都不会有了！“我”和“我妈妈”、“我外婆”就都没有了，就都像水一样流光了！第二次，是“我”出生之前，妈就怀过一个“哥哥”，但后来流产了，要是妈的第一胎生了，“我”就不能够出生了，即使让再生一个，那生下来的也可能不是我了，你说多悬啊！

她们共同的结论是：活到现在真不容易。确实，生

---

① 选自《画说哲学·珍重生命》，何怀宏著，广东教育出版社2003年版。

命是一个幸运，甚至于，是一个奇迹。我们每一个人都可能经历了一些我们知道的危险，但可能还有许多我们并不知道的危险呢。也许那天你没出门，对你就是一个幸运；也许那天即使你出门了，但走的是这条路而不是那条路，对你也是一个幸运；也许即使你出门走的是那条路，但你在那条路口前停了停，而没有照直往前走，对你也还是一个幸运；因为，可能恰恰就在那一天的那一个时候，有一个喝醉了酒的司机在那条路口开车撞倒了一个人，当然，那不是你，你是幸运的，但你可能并不知道这一幸运。

这还是出生以后我们所不知道的危险，还有出生以前我们所不知道的危险呢。也许你的母亲在怀着你的时候明智地拒绝了一次去外地的出差；也许她没有去挪动那袋大米；也许她在那个寒流袭来的早晨及时地加了衣服而没有感冒发烧；这些对你都可能是一种幸运，因为那样的话，流产的就可能不仅是你的“哥哥”，而且还有“你”了。

或者更早，也许你的母亲年轻时，那天没有突生一念去一朋友家而遇见你父亲；你的祖父那天没有跌一跤而躺在床上想换个职业；甚至于你根本不知道名姓的那个祖先在很久很久以前的某一个黄昏没有打一个喷嚏；一切可能就都不一样了，这世界上可能就没有你了。

离我们的生命越是遥远，越是哪怕最微小的事件也有最重大的意义，都可能改变后面整个一长串生命系列的命运。

当然，如果是那样，如果还没有“我”，还没有“自我意识”，没有对幸运或不幸的感觉，也就无所谓“我”的幸运或不幸了，那所有本来有可能出生、却还是没有出生的“人们”如何能感到自己的不幸呢？而又有多少有潜在的生命可能、却终于没有出生的“人们”呢？

无论如何，现在这生命是握在你的手里了，那么，珍惜它吧，你的生命，这是在无数的偶然性中、在各种各样的危险中很不容易才产生出来的、世界上最美丽的花朵！

珍惜生命

我们都知道司马光小时候打破缸救出一个溺水的同伴的故事，现在我们假设那是发生在这样一个人家里，这家的主人、也就是那口缸的主人抱怨司马光说：“你为什么不跳到缸里去救人呢？这样缸就不会损坏了，你也还是有可能把那孩子救上来，如果这样，岂不更好？或者，即使你没有把那孩子救起来，甚至你自己也死了，但至少大缸不会损坏，我们还多了一个小英雄。”

这些假设显然是不合情理的。如果真有说这些话的人，那他一定是一个非常冷酷的人。

对于人来说，人的生命比什么都重要，尤其是孩子的生命，远比一口缸重要，比一只羊重要，比一栋房屋重要，比一片树林重要，所以，当发生火灾的时候，抢救人远比抢救物更重要，抢救孩子又要比抢救大人更重要。

而在救人的时候，也还要考虑力所能及。孩子啊，我们除了要有一颗勇敢和挚爱的心，也还要有冷静和智慧的头脑。

我们今生可能确实会碰到不站出来就会后悔、不站出来就会被钉上耻辱柱的时刻，就像在克拉玛依火灾中一些不顾孩子、只管自己仓皇逃命的人们所面临的时刻，但我还要补充一句，这主要是在我们长大了的时候。

你们现在还很小，生命的道路还很长。确实有一些很危险、但却必须做的事情，那也应当由我们大人来做。

有一个电影叫《瓦尔特保卫萨拉热窝》，其中抗击法西斯的地下组织有一次危险的接头，一个老人知道了，他不让自己的孩子去，说：“不，你们要活到战后去，享受和平。”结果他去了，被密集的枪弹打中，倒在了街头的教堂前。

但现在萨拉热窝又打起来了，士兵们互相射击，平民们也生活在炮弹不时从天而降的天空之下。那里的一个小女孩每天在阴冷、潮湿的地下室里写她的日记，她写道：“人们为什么要打仗？”

小女孩的日记已经在世界上广为流传，但战争还在继续。可见大人们常常也并不比孩子们更聪明。

人当然不能苟且地活着，不能丧失尊严、毫无廉耻地活着，不能在牺牲和伤害他人的基础上活着，但是，那种要么苟活、要么赴死的境况应当说是越来越罕见了，并且，这也不同珍惜生命的真理冲突，甚至它就包含在这一真理之中。

总之，我们要记住，生命是最宝贵的。你的生命、我的生命、他的生命，我们每一个人的生命都很宝贵。我们必须好好地珍惜这生命。

六岁的美丽①

◇ 张波

就在昨天，就在我所居住的房间隔壁，有一个六岁的男孩坠楼死去了。

我是在出事的第二天早上得知这个消息的，那一刻我的心中突然地涌出了一种悲凉。有好一阵子，我的魂灵肯定是逸出了我的躯壳飘飘地飞向了一个遥远的所在，在天之极高处云之极白处孤独地徜徉着，试图去寻那个因了其幼小而更为孤独的魂灵。我希望能够与他的魂灵再有一次邂逅。然后，我想送他一程。

我忆起来了，在头一天的晚上我还曾听到了隔壁传来过女性痛不欲生的哭声。现在看来，那哭者无疑是男孩的母亲了。那母亲该是如何地心如刀绞悲伤欲绝呢?

当那母亲的哭声透过厚厚的墙壁传达过来的时候，我那时正无所事事地看着窗外一如昨日的夜色，看着这偌大的水泥森林灯火璀璨，广九铁路上有一辆全封闭的空调列车咣咣当当地驶了过去，一个并不出名的矿泉水广告在我的面前极显赫地辉煌着，其面积大得足以令人感觉到它即将破窗而入……这无疑是一个平平淡淡的夜晚，平淡是同前一天，前两天……没有任何区别。也就是在这时，我真切地听到了那位母亲的哭声，那哭声也确实使我产生了短暂的诧异，然而片刻之

① 选自《精读文萃》，刘锡庆选编，北京师范大学出版社2002年版。

后——仅仅是片刻我就忘记了这哭声，去从事自己的那些鸡毛蒜皮的事情了，全然没有想到就在我所居住的918号房间一墙之隔920号房间发生了那样一件痛心的事情。

我想我是记得那男孩的模样的。这几天，他和他那三岁的弟弟总在宾馆的走廊里和电梯上跑来跑去的。他大约是一个顽皮的男孩，常常是风一阵地把走廊里所有的房门都敲上一遍，然后躲在一个角落里窃笑，偷看我们这些被他捉弄了的大人们气急败坏的样子。幸而，楼层的服务小姐们对他还是很友好的，对于我们的责问，小姐们常常宽容地解释说："小孩子调皮呢。"我和他只有过一次交往，那是在电梯门前，我对他说："你好。"他歪着头看看我，同样大声说了句："你好。"便兔子一样敏捷地跑得没了踪影。

可这男孩却死了。这六岁的男孩。

听说，那天下午他的母亲在睡觉，他和他那三岁的弟弟爬到了窗台上，他们打开了铝合金拉窗，向着窗外高瞻远瞩。站在九层楼的高度看出去，我想这个原本平庸的世界可能就会显得不那么平庸了，人如蚁，路似蛇，山如黛，水似银，还有悠悠白云，湛湛蓝天，灿烂阳光……这一切对于这两个男孩、特别是对这六岁的男孩产生了什么刺激，我此时仍然无法揣摸，那一刻这六岁的男孩的心里该涌出了什么样的诡奇而绮丽的想象呢？

反正就在这时，他突然对他三岁的弟弟说："我会飞呢，我飞给你看……"说着，这六岁的男孩双臂一张，便像只鸟一样地飞了出去。

片刻之后，那三岁的弟弟独自从窗台上爬下来，去推他们的母亲，说："妈妈，哥哥飞出去了……"熟睡的母亲却没有意识到这句话所包含的危机，翻了个身又睡了。

男孩死于去医院的路上。据送他的人说，男孩死得很安详，也很平静，只鼻孔处淌了少许的血，鲜红得如同一朵小花，开放在他那稚嫩的小小的脸上。

这美丽是多么的残酷，这残酷又是多么的美丽呀。那么多的人听了这悲惨的一幕都唏嘘不已，一洒同情之泪，感叹说这孩子太淘气了……可我要说，不！他不是淘气，他只是犯了一个错误，或者说是一个小小的疏忽——他想飞，却忘记了自己并没有翅膀啊。

难道不是吗？你、我、他，我们谁不曾有过这飞翔的欲望？在我们每个人的童年，甚至直到长大成人之后，你敢说你就从来没有做过飞天之梦吗？我们梦过太空，梦过月亮，梦过自己成了神仙，在蔚蓝色的天空上随心所欲地飞啊飞啊……谁知道这愿望竟会是伤人的刀刃？难道天真也是一种罪过？那么理想呢，难道它只是一个通往悲剧终点的美丽的路标么？这六岁的男孩是死于“飞”的愿望是确实的了。他当然还小，是一个学龄前的儿童，他不懂事，不知道科学，不知道人活在世上其实对于许多事情都无能为力，更不知道人要活下来就得老老实实地遵守很多规则。他只是活在自己的世界里，活在他眼中和心中的世界里，这世界是鲜活而充满生机的。是可以由他来左右和改变的，所有的生命都是他的朋友，都能够同他沟通和交流。于山他是一块石，于水他是一条鱼，于花他是一只蝶，于天他当然便是一只鸟了……“我会飞呢”——这是男孩留给我们的最后一句话，我想这句话绝对不是男孩心血来潮的信口开河，他一定是在许多个夜晚里瞪着乌黑的双眼细细地想象过关于飞的所有细节，一定无数次地伫立于窗前呆呆地注视过那些飞来飞去的小鸟，向它们询问有关飞翔的技巧。昨天下午，当他拉开宾馆九楼的铝合金窗，面对着蓝天白云的时候，他突然意识到他有了一个起飞的点，立刻，飞的欲望笼罩了他的全部身心，久久深藏于心底的理想之水猛然决坝而出，他明确无疑地感觉到丰美的羽毛一瞬间布满全身，尤其以胳膊上的羽毛最为粗壮有力，他渴望已久的某种进化已经在这一刻得到了最为完美的完成……如此，他才郑重地说出了最后的那句话，然后双翅一张，向着他的世界飞去了。

“我会飞呢”——男孩的这句平平常常的话会令多少名言显得苍白呢？

“我会飞呢”——男孩这句平平常常的话又会令我们这些少梦甚至是无梦的大人们感到怎样的一种惊心动魄呢？

其实我们也有过多梦的季节，其实我们也曾有过自己的六岁，其实我们也幻想过飞翔啊。只是，我们都懂事得太早，我们都被大人小心地呵护着，我们一直没有寻找到那个起飞的点……所以，我们就都活着并且一直活到了今天。

可就在昨天，就在我们所熟悉的平庸得没法再平庸的生活中，有一个六岁的男孩却死了，只因为他想飞。

我痛惜这六岁男孩的早夭；但我也近乎残忍地意识到了这六岁的生命所迸发出的夺目的美丽。与此同时，我还为自己为成长而付出的一种大丢失而感到了深深的悲凉。

所以，对于这个只有一面之交的六岁的男孩，我无意写一篇哀伤的悼文。望着这城市灰蒙蒙的因而让人不断丧失着想象力的天空，反省着长久地浸泡在世俗中而日益淡薄着理想主义光芒的生活，我愈发觉得那男孩形同天使。他通体放射着圣洁之光，在我们这些凡夫俗子必须仰视的高度上轻盈地飞翔着。倘若我的魂灵能够与他的魂灵有一次短暂的邂逅，我想我会对他说：男孩，你飞吧，用你心中的那对翅膀。

论死亡[1]

◇ 弗兰西斯·培根

弗兰西斯·培根（1561—1626），英国近代唯物主义哲学家、政治家、语言学家。著有《新工具》、《新大西岛》。

犹如儿童畏惧黑暗，人类对死亡的恐惧，也由于听信太多的鬼怪传说而增大。

其实，与其视死亡为恐怖，倒不如采取一种宗教性的虔诚，从而冷静地看待死——视之为人生必不可免的归宿，以及对尘世罪孽的赎还。

如果将死亡看作人对大自然的被迫献祭，那么当然会对死亡心怀恐惧。但是，在那种宗教的沉思中，也难免掺杂有虚妄与迷信。在一些修道士的苦行录中，可以读到这样的说法：试想一指受伤就何其痛苦！那么当死亡侵损人的全身时，其痛苦更不知大多少倍。实际上，死亡的痛苦未必比手指的伤痛为重——因为人身上致命的器官，并非也是感觉最灵敏的器官啊！所以，塞涅卡[2]（以一个智者和一个普通凡人的身份）讲的是对的："与死俱来的一切，甚至比死亡本身更可怕。"这是指将死前的呻吟与痉挛，惨白的肤色，亲友的悲嚎，丧具与葬仪，如此种种，把死亡的过程衬托得十分可怖。

然而，人类的心灵并非真的如此软弱，以至不能抵御和克服对死亡的恐惧。人类可以召唤许多伴侣，帮助人克服对死的恐怖——仇忾之心压倒死亡，爱情之心

---

① 选自《人生论》，（英）培根著，王义国译，东方出版社2011年版。

② 古罗马哲学家、作家、道德哲学家。

蔑视死亡，荣誉感使人献身死亡，哀痛之心使人奔赴死亡。而怯懦软弱却会使人在死亡尚未到来之前心灵就先死了。

在历史中我们曾看到，当奥陶大帝伏剑自杀后，他的臣仆们只是出自忠诚的同情（一种软弱的感情），而甘愿毅然从之殉身。而塞涅卜说："厌倦和无聊也会使人自杀，乏味与空虚能致人于死命，尽管一个人既不英勇又不悲惨。"但有一点也应当指出。那就是，死亡无法征服那种伟大的灵魂。这种人，直到生命的最后一刻，也始终如一不失其本色。

在奥古斯都[①]大帝的弥离之际他唯一关注的只是爱情："永别了，丽维亚，不要忘记我们的过去！"

提比留斯大帝根本不理会死亡的逼近，正如塔西佗所说："他虽然体力日衰，智慧却敏锐如初。"

菲斯帕斯幽默地迎候死亡的降临，他坐在椅子上说："难道我就将这样成为神吗？"

卡尔巴之死来自不测，但他却勇敢地对那些刺客们说："你们杀吧，只要这对罗马人民有利！"随后他从容地引颈就戮。

塞纳留斯直到临死前所惦念的还是工作，他的遗言是："假如还需要我办点什么，就快点拿来。"诸如此类，视死如归，大有人在。

那些斯多葛[②]学者们未免把死亡看得过于严重了。以至他们曾不厌其烦地讨论对于死亡的种种精神准备。而朱维诺[③]却说得好："死亡也是大自然赐给人类的恩惠之一。"

死亡与生命都是自然的产物，一个婴儿的降生也许与死亡同样痛苦。在炽热如火的激情中受伤的人，是感觉不到痛楚的。而一个坚定执着、有信念的心灵也不会为死亡畏惧而陷入恐怖。

人生最美好的挽歌，无过于当你在一种有价值的事业中度过了一生后能够说："主啊，如今请让你的仆人离去。"

死亡还具有一种作用，它能够消歇尘世的种种困扰，打开赞美和名誉的大门——正是那些生前受到妒恨的人，死后却将为人类所敬仰！

---

① 奥古斯都、提比留斯、菲斯帕斯、塞纳留斯均为古罗马皇帝及英雄人物。

② 斯多葛又称斯多葛学派，因在雅典广场的廊苑聚众讲学而得名。

③ 罗马作家。

论死亡[①]

◇ 科尔曼

科尔曼，英国作家。

三天前，我的一位友人坠楼自尽。他在中午时分，攀上高楼的顶层。他四顾，天色碧蓝。时间正是晚冬，风拂动他的头发。下面有稀疏的人在街上行走。他惊栗着。他想："生，或是死，这是一个问题。"随后他摇摇头，暗笑自己的浅薄。生与死不是什么问题，而是一个现实，一个对任何生物来说都是不可规避的现实。他向前跨一步。他的脚下意识地往后退缩。我是生存着的。我能够感觉到自己的呼吸、自己的心跳、自己的肌肤在风的吹拂下松弛下来。他往前面一跃。

其实，生与死只是这一步之遥。向前是死，往后是生。正如莎士比亚的哈姆雷特所言，死亡的世界，没有任何一个人回来过。的确，谁也不能告诉我们死亡究竟意味着什么。是万劫不复的轮回，抑或是永恒的沉静？也许恐龙们亦曾经思考过这个问题。刹那间的闪亮，划过脑际，随后，是沉沉的无尽黑暗。

人若有灵魂，便会从躯体中飞长起来。据说你会感到自己浮起，在空中看到自己的肉身。你不知道究竟是怎么回事，便兀自进入一个隧道。你在飞翔，向上面，你抬起头，似乎窥见一丝光明灿烂美好。你想起自己短暂而漫长的生命，渺小而重要。你叹息，长长的叹息，这是

---

① 选自《爱我们的仇敌》，赛妮亚主编，中国民族摄影艺术出版社2004年版。

古往今来人类皆敬畏死亡。

忘川的水洗涤你卑污的魂魄。你真的忘却了一切人间的沧桑，向那光明的尽头飞去。

而我们其实都是怕死的。正因为我们不知道，于是才产生恐惧。想象遥远的古代。先人们用色彩涂抹自己的身体和脸，然后跳着奇异的舞蹈，匍匐在神明的脚下。据说中国的无数帝王曾经命令臣子寻找不死的药物。埃及人也认定自己死后能够复活。还有一些文化认为生命有如一个圆周，或者螺旋，既无聊而又有着深远的意义。莎士比亚说，死就是蜕去生的躯壳。但是，然后又会发生什么呢？确实，活着的人是不知道的。

斯特拉文斯基曾经做过一个梦。梦中许多精灵纷纷落入一个池塘里。他试图伸手去救它们，可是池水突然变成一个黝暗深沉的洞穴有一股吸力，将他拉下去。

斯特拉文斯基说，他深信在我们的生命之上还有一种存在，一种超越了人的想象力的存在。这种存在包容了一切。渗透进入世人的生命的每一个缝隙。我们不知不觉地沉浸在这种存在里面。当我们有时在半夜里乍然然醒来，眼睁睁地凝视那笼罩着一切的漆黑沉寂。这时，我们或许能够听到一种搏动，被我们的感觉承载着，令我们感到它的存在。

古往今来，人类敬畏死亡。这既是由于于死亡所意味着的“不存在”，同时也更是因为死亡是上苍赋予我们每一个人的一份不可推托的馈赠。而等到人打开这份礼物时，一切目前具有意义的，都随人的肉身一起消散而去了。